PETER GRADENWITZ

LEONARD BERNSTEIN

PETER GRADENWITZ

LEONARD BERNSTEIN

Unendliche Vielfalt
eines Musikers

Mit persönlichen Beiträgen von

Leonard Bernstein

Yehudi und Diana Menuhin
Christa Ludwig
Dietrich Fischer-Dieskau
Isaac Stern
Nikolaus Harnoncourt
Antal Dorati
Fredric R. Mann
Lukas Foss
Virgil Thomson
Philharmoniker Hans Novak
Abba Eban
Stephen Wadsworth

und Burton Bernstein

Atlantis Musikbuch-Verlag

CIP-Titelaufnahme der Deutschen Bibliothek

Gradenwitz, Peter:

Leonard Bernstein : unendliche Vielfalt eines Musikers / Peter Gradenwitz. Mit persönl. Beitr. von Leonard Bernstein... – 2., erg. Aufl. – Zürich : Atlantis Musikbuch-Verl., 1990

ISBN 3-254-00162-1

2., ergänzte Auflage, 1990

Gestaltung: Heinz Unternährer, Zürich
Gesamtherstellung: Wilhelm Röck, Weinsberg
Printed in Germany

ISBN 3-254-00162-1

Dem Andenken Felicias gewidmet

INHALTSVERZEICHNIS

ZU DIESEM BUCH

Ein Komponist erfolgreicher Broadway-Shows, der Sinfonien schreibt, ein weltberühmter Dirigent, der Opern komponiert, ein Ballettkomponist, der Universitätsvorlesungen hält und sie fürs Fernsehen produziert – das sind Musiker, die sich in das Konzept des herkömmlichen Musikschrifttums nicht leicht einbringen lassen. Wenn aber eine Persönlichkeit gar alle nur möglichen musikalischen Talente in sich vereinigt, ein eigenes Musical am Broadway dirigiert, Konzerte mit den Wiener Philharmonikern bei den Salzburger Festspielen und Opernaufführungen am Teatro alla Scala und an der Wiener Staatsoper leitet, mit den New Yorker Philharmonikern und mit dem Israel Philharmonic Orchestra die Welt bereist, selbst Opern schreibt und am Fernsehen klassische und zeitgenössische Musik einem Millionenpublikum nahezubringen versucht – dann scheint das an die Grenzen des menschlich Möglichen zu rühren. Leonard Bernstein, dessen Werk und Persönlichkeit die vorliegende Studie gewidmet ist, ist wohl ein einmaliges Phänomen geistiger und musikalischer Vielseitigkeit, dabei ein ewig Suchender, der in allem, in jedem Ding, in jeder Erscheinung, jeglicher Musik das unter der Oberfläche Latente, Verborgene zu begreifen bemüht ist. In einem seiner Bücher spricht er «von der unendlichen Vielfalt der Musik» – eine unendliche Vielfalt kennzeichnet auch ihn selbst. Den Unterschied zwischen «ernster» und «leichter» Musik gibt es für ihn nicht: «For me every music is serious» – alle Musik ist für mich ernst, heißt es in einem seiner zahlreichen selbstkritischen Essays.

Es gibt über Leonard Bernstein bereits eine beträchtliche Anzahl von Büchern und Artikeln – fast alle haben anekdotischen Charakter. Über einzelne Aspekte seines musikalischen Schaffens sind an amerikanischen Universitäten Dissertationen verfaßt worden. Zu seinen Kompositionen haben Leonard Bernstein selbst und sein langjähriger Assistent Jack Gottlieb wertvolle Kommentare geschrieben, die in Konzertprogrammen und als Beigaben zu Schallplattenveröffentlichungen zugänglich sind. Von großer informativer Bedeutung ist der von Jack Gottlieb zusammengestellte, ausführlich dokumentierte und mit wichtigsten Lebensdaten eingeleitete Katalog der musikalischen Werke, der Schallplattenaufnahmen seiner Kompositionen, der Schriften, Filme und Videobänder, der Auszeichnungen, Fernsehsendungen und Werkerläuterungen.

Die Grundlage unserer Studie bildet eine über fünfunddreißigjährige Vertrautheit mit der musikalischen Persönlichkeit Leonard Bernsteins und seinem Werk. Obwohl Musiker und Musik den Verfasser von der ersten Bekanntschaft an – wie Menschen auf der ganzen Welt – fasziniert haben, bemüht sich dieses Buch um eine möglichst objektive und kritische Darstellung, um eine analytische Wertung der Musik und der Schriften des Komponisten wie des Denkers.

Die verschiedenen Aspekte von Leonard Bernsteins Leben, Wirken und Werk bringen es in dieser Studie mit sich, daß Daten und Fakten sich gelegentlich in verschiedenen Zusammenhängen wiederholen; die Werke sind in dem biographischen Teil in ihren chronologischen Zusammenhang gestellt und werden später ihren Gattungen entsprechend nochmals chronologisch behandelt.

Der Verfasser dankt allen Persönlichkeiten, die eigene Erinnerungen und Erlebnisse zu diesem Buch beigetragen haben – in Gesprächen, Aufzeichnungen und Briefen –, vor allem aber Leonard Bernstein selbst, der in vielen – sehr persönlichen – Unterhaltungen wertvolle Ergänzungen zum «Bernstein-Bild» des Verfassers vermittelt hat. Der Dank an Musikverlage, Institutionen, Orchester, Bibliotheken und Archive, die dem Verfasser mit Material und Auskünften zur Seite standen, kann hier nur pauschal ausgesprochen werden. Ebenfalls ist den Verlagen zu danken, die die Wiedergabe copyrightgeschützten Materials gestattet haben.

Für den Kenner der deutschen Ausgaben von Leonard Bernsteins Schriften sei noch vermerkt, daß der Verfasser alle Zitate in eigener Übersetzung aus dem Amerikanischen vorlegt, da ihm manche wichtigen Aussagen Bernsteins in den deutschen Fassungen nicht immer dem Sinn und der tieferen Bedeutung der Originaltexte entsprechend wiedergegeben scheinen.

ZUR ZWEITEN AUFLAGE

Seit dem Erscheinen der ersten Ausgabe dieses Buches im Jahre 1984 hat sich der so phänomenal vielseitige Leonard Bernstein – «one of the most generously endowed musical talents of any age» nennt ihn Steven Ledbetter, Musikwissenschaftler und Programmredakteur des Boston Symphony Orchestra – neue Sphären kreativer und musikpädagogischer Wirkungskreise erschlossen. Seit 1986 hat er sein erzieherisches Talent jungen Musikern zur Verfügung gestellt, die aus vielen Ländern zu dem von Justus Frantz ins Leben gerufenen sommerlichen Schleswig-Holstein-Festival kommen, und hat in bisher vom Musikleben der Welt kaum berührten ländlichen Schlössern und Höfen musiziert. Mit einem Team junger Sänger hat er eine Perle des Opernrepertoires in einer von jugendlichem Geiste durchzogenen Schallplatte neu gestaltet. Er hat originelle neue Werke geschaffen und ist als Siebzigjähriger, dessen Geburtstag die Welt am 25. August 1988 in Tanglewood und am Bildschirm gefeiert hat, voller Aktivität und voller Pläne.
Inzwischen ist Leonard Bernstein auch eine Reihe neuer Schriften gewidmet worden, darunter wertvolle Einzeldarstellungen in Dissertationen und auch Biographisches, das in persönliche Intimsphären eindringt und die Bedeutung des Interpreten und Komponisten Bernstein kaum erschließt. Der Verfasser dieses Buches hat für das neue Kapitel «Neue Werke – neue Pläne» und die auf neuesten Stand gebrachten Anhänge zunächst Leonard Bernstein selbst zu danken, der ihm in Salzburg, Jerusalem und Tel Aviv wieder für ausführliche Gespräche zur Verfügung stand. Für wertvolle Unterstützung und Beschaffung von Partituren, Manuskripten und Daten ist der Verfasser vor allem dem unermüdlichen, stets hilfreichen Harry Kraut, dem Bibliographen Jack Gottlieb, dem «Amberson»-Archivisten Charlie Harman und Leonard Bernsteins Assistenten Craig Urquhart dankbar, die auch die Veröffentlichung von zum Teil bisher unveröffentlichtem Material möglich machten.

Sommer 1989 P. G.

MUSIK IN AMERIKA – AMERIKANISCHE MUSIK

«Wir schreiben hier in diesem Lande erst seit fünfzig Jahren Musik, und die Hälfte dieser Zeit Musik, die direkt von Brahms und Kompanie entliehen ist.»
Leonard Bernstein, November 1954

Als Leonard Bernstein zum ersten Mal nach Europa kam – ein junger amerikanischer Musiker, von dem man kaum mehr wußte, als daß er anstelle des erkrankten Bruno Walter fast unvorbereitet die Leitung eines Konzerts der New Yorker Philharmoniker in New Yorks Carnegie Hall übernommen und einen sensationellen Erfolg errungen hatte–, war über Musik und Musiker des nordamerikanischen Kontinents in Europa fast nichts bekannt. Die meisten in Amerika wirkenden Dirigenten hatten ihre Karriere in Europa begonnen: im vorrevolutionären Rußland und in den anderen Ländern des europäischen Ostens, in Italien, in Frankreich, im Deutschland der zwanziger und frühen dreißiger Jahre. Von Zeit zu Zeit erfuhr man zwar etwas über gebürtige amerikanische Dirigenten und Komponisten, aber keiner von ihnen hatte außerhalb Amerikas wirklich einen Namen. Sinfonie- und Kammermusik amerikanischer Komponisten war in europäischen Konzertsälen kaum je zu hören; «amerikanische Musik» – das bedeutete für den europäischen Musiker und Musikliebhaber: Negro Spirituals, Jazz und George Gershwins «Rhapsody in Blue», die Paul Whiteman mit seinem Orchester 1924 nach Europa gebracht hatte. George Antheils Oper «Transatlantic» war 1930 in Frankfurt uraufgeführt worden, bald aber vom Spielplan verschwunden. Namen anderer amerikanischer Komponisten erschienen hier und da höchstens als Autoren von Filmmusiken.

So erregte das fast kometenhafte Erscheinen eines nicht in Europa ausgebildeten Dirigenten, der dazu für sein erstes Auftreten in der

«Alten Welt» auch eine ganze Reihe neuester Werke amerikanischer Komponisten – darunter eigene Musik – mitbrachte, ganz besonders Aufsehen. Bei seinem New Yorker Debüt war Leonard Bernstein 25 Jahre alt gewesen. Seine ersten Konzerte in «Old Europe» dirigierte er im Frühjahr 1946 27jährig in Prag und London. Seine Programme enthielten Musik von William Schuman, Samuel Barber, Roy Harris, Aaron Copland, George Gershwin sowie seine eigene erste Sinfonie «Jeremiah».

Die von Leonard Bernstein für diese Konzerte ausgewählten Kompositionen waren – mit Ausnahme des Gershwin-Werks – in den Jahren von 1936 bis 1942 entstanden, und die Mehrzahl der Musiker und Hörer erlebte hier wahrhaftig Musik aus einer «Neuen Welt». Der älteste der Komponisten war Roy Harris (1898–1979); seine Dritte Sinfonie, eines der bedeutendsten Werke der neuen amerikanischen Musik, war 1938 vollendet worden. Aaron Copland und William Schuman waren 1900 bzw. 1910 geboren; Coplands «El Salón México» (1936) und Schumans «American Festival Overture» (1939) trugen charakteristische, auf den amerikanischen Ursprung hinweisende Züge. Samuel Barbers «Second Essay for Orchestra» (1942) war die Komposition eines 32jährigen amerikanischen Lyrikers. Keinen dieser in Europa vorgestellten Komponisten – und gewiß nicht George Gershwin, der seine «Rhapsody in Blue» 25jährig geschrieben hatte – zählte Leonard Bernstein zu den in seinem Essay «Was wurde aus der großen amerikanischen Sinfonie?» (1954) erwähnten Schöpfern einer «Musik, die direkt von Brahms und Kompanie entliehen ist». Wenn er in dieser Schrift den Beginn der Musik Amerikas fünfzig Jahre zurückverlegt, so blickt er auf eine Komponistengeneration zurück, die etwa durch Namen wie John Knowles Paine (1839–1906), George W. Chadwick (1854–1931), Edgar Stillman Kelley (1857–1944), Arthur Foote (1853–1937), Horatio Parker (1863–1919), Mrs. H. H. A. Beach (1867–1944) und Henry F. Gilbert (1868–1928) charakterisiert ist – die sogenannte *Boston* oder *New England Group*.

Zu dieser Altersgruppe gehörte auch Edward MacDowell (1861–1908), der – als «Amerikas Grieg» bezeichnet – der erste amerikanische Komponist war, dessen Musik in Europa bekannt wurde. Die den «Bostoners» folgenden Komponisten – Frederick Shepherd Converse (1871–1940), Henry Hadley (1871–1937), Daniel Gregory Mason (1873–1953), David Stanley Smith (1877–1949) etwa – waren Spätromantiker wie die «Bostoner». Auf sie folgten amerikanische Impressionisten, deren bedeutendste Charles Martin Löffler (1861–1935) und Charles Tomlinson Griffes (1884–1920) waren. Erst mit den Werken des spät entdeckten Charles Ives (1874–1954) und der gegen Ende des 19. Jahrhunderts geborenen amerikanischen Komponisten nahm die in Amerika geschaffene Musik eigenständige Züge an.

Der Hinweis Leonard Bernsteins auf den Beginn einer amerikanischen Musik und seine Wahl charakteristischer Werke für die von ihm dirigierten Konzerte zwingen Historiker wie Analytiker, einmal mehr die Frage zu stellen: Gibt es eine nationale Musik – eine Musik, die ein bestimmtes Volk kennzeichnet und in den Schöpfungen seiner Komponisten zum Ausdruck kommt? Man hat zwischen einer geistig-nationalen und einer folkloristisch-nationalen Einstellung bei Komponisten unterschieden, hat versucht, in der Musik solcher Komponisten, die sich kosmopolitisch und universal zu zeigen bemüht sind, nationale Eigenheiten nachzuweisen, und hat in vielen Werken national bewußter Musiker vergeblich nach Echos von Volksmusik gesucht. Die Frage wirkt heute fast anachronistisch, in einer Zeit, in der die Medientechnologie Musik aller Zeiten, Länder und Völker überall in der Welt bekanntmacht, in einer Zeit, in der musikalische Stil- und Ausdrucksmittel, Formen, Strukturen, Techniken und Tendenzen von Komponisten aller Nationen und Generationen akzeptiert und aufgearbeitet werden. Jedoch haben nationalmusikalische Bestrebungen zu verschiedenen Epochen in der Vergangenheit eine große Rolle gespielt, bedingt vor allem durch das Erwachen nationalen Bewußtseins in Gemeinschaften und bei Völkern, die in der Kulturgeschichte der Welt bislang noch keinen Platz gefunden hatten.

Die Romantik und die nationale Romantik sind eng miteinander verbunden und vor allem für Länder von Bedeutung, die wie die Vereinigten Staaten als Schmelztiegel von Zivilisationen und Kulturen nach einer eigenen, einigenden Identität suchen.

Die Frage nach einer charakteristischen amerikanischen Musik haben amerikanische Komponisten selbst des öfteren gestellt, und jeder von ihnen hat sie anders beantwortet. Virgil Thomson, der bedeutende Kritiker, Chronist und Komponist sagte: «Es ist ganz einfach, amerikanische Musik zu schreiben. Alles was man zu tun hat, ist Amerikaner zu sein und dann jene Art von Musik zu komponieren, die man will.» Ähnlich hat sich Aaron Copland ausgedrückt, der in seinen frühen Kompositionen folkloristische Einflüsse und Elemente des Jazz verwendet hat, später aber erklärte: «Ich fühle nicht länger die Notwendigkeit, nach einem bewußten Amerikanismus zu suchen. Weil wir hier in Amerika leben und arbeiten, können wir sicher sein, daß unsre Musik, wenn sie reif ist, auch amerikanische Qualität haben wird.» Zu den treffendsten Beiträgen zum Problem einer nationalen Musik gehört eine Bemerkung des brasilianischen Komponisten Heitor Villa-Lobos: «Ein wahrhaft schöpferischer Musiker kann aus seiner eigenen Phantasie heraus Melodien erfinden, die authentischer sind als Folklore selbst.» Leonard Bernstein ist in seiner Meinung über echte amerikanische Musik mit dem Romantiker Edward MacDowell einig, der um die Jahrhundertwende schrieb: «Bevor eine Nation einen Musikschöpfer findet, der ihren Genius widerhallen läßt, muß sie vorerst Männer finden, die ihn repräsentieren, d. h. die als Teile ihrer Nation ihr Land lieben. Wir müssen die jugendfrische, optimistische Vitalität, die zähe Unerschrockenheit und Stärke des amerikanischen Menschen darstellen können. Dies hoffe ich in der amerikanischen Musik zu finden.» Und Bernstein in einem seiner Fernsehkonzerte «für junge Hörer»: «Denkt daran, wieviele Rassen und Menschen aus allen Teilen der Welt unser Land ausmachen... Unsere Komponisten wurden von der reichsten, der vielfältigsten Volksmusik der Welt genährt... Da sind alle die verschiedenen Akzente, die wir in unserer Sprache haben: etwas Mexikanisches in manchen Texas-Akzenten, ein bißchen Schwedisch im Akzent von Minnesota, etwas Slawisches im Brooklyn-Akzent und ein bißchen Irisch im Bostoner Akzent. Aber alles dies ist Amerikanisch... Und wenn ihr alle diese ‹Akzente› (in der Musik) hört, dann fühlt ihr deutlich, was es heißt, Amerikaner zu sein – ein Abkömmling aller Völker der

Welt» (in «Was macht Musik amerikanisch?», 4. Fernsehsendung für junge Hörer).

Mit den New Yorker Philharmonikern, deren Chefdirigent er 40jährig 1958 wurde, führte Bernstein eine lange Reihe amerikanischer Kompositionen der letzten hundert Jahre auf, beginnend mit der Zeit, die er die «Kindergartenphase der amerikanischen Musik» nannte. Er lenkte dabei die Aufmerksamkeit von Musikern und Publikum auch auf frühe Komponisten einer bewußt nationalen Musik, ohne allerdings auf die allerersten Versuche dieser Art zurückzugreifen, die – wenn auch musikalisch wenig bedeutend – historisch nicht uninteressant sind, da sie spätere Entwicklungen beeinflußt haben.

Da wirkte zu Beginn des 19. Jahrhunderts in Kentucky und später in von Indianern bevölkerten Städten ein Komponist, der in John R. Parkers «Euterpiad» (1822) « der Beethoven Amerikas» genannt wurde. Er war als Anton Philip Heinrich 1781 in Böhmen geboren und nannte sich in Amerika Anthony. Via Malta war er nach Amerika gekommen und fühlte sich bereits wenige Jahre nach seiner Einwanderung als amerikanischer Komponist. In seinem 1820 veröffentlichten Buch «Dawning of Music in Kentucky, or the Pleasures of Harmony in the Solitudes of Nature» schreibt er, er wünsche «zum mindesten einen *Stern des Westens* zu kreieren» und «niemand wäre stolzer» als er selbst, *«amerikanischer Musiker* genannt zu werden». Seine Werke tragen Titel wie «The Wildwood Troubadour, a musical Auto-Biography», «The Indian Carnival or The Indian's festival of dreams», «Gran sinfonia misteriosa indiana», «The treaty of William Penn with the Indians – Concerto grosso – An American national dramatic divertissement». Er konnte auf einen Brief von Heinrich Marschner (vom 10. Mai 1849) stolz sein, der Originalität, Poesie und Tiefe seiner Musik rühmte, die jedoch anderen exzentrisch und bombastisch erschien. Unzweifelhaft hat aber die Beschäftigung mit indianischer Folklore und ihre Verarbeitung in Heinrichs Musik spätere Komponisten Amerikas beeinflußt. Er starb achtzigjährig 1861 in New York; in der Library of Congress sind an die 200 Werke von ihm erhalten, ein Großteil gedruckt.

Der älteste in Bernsteins Konzerten vorgestellte Komponist der

«Kindergartenphase» war William Henry Fry, Verfasser der ersten öffentlich aufgeführten Oper eines in Amerika geborenen Musikers. Seine «Leonora» wurde im Juni 1845 in Philadelphia uraufgeführt und als «Bellini-epigonales» Werk bezeichnet. Leonard Bernstein erinnerte in einem Konzert an seine «Santa Claus (Christmas) Symphony« von 1853.

William Henry Fry (1813–1864) beklagte sich bitter darüber, daß die 1842 gegründete «Philharmonic Society of New York» – die Gründungsgesellschaft der New Yorker Philharmoniker – in ihren Programmen keinen Platz für die Musik amerikanischer Komponisten habe. Ein Konzertmeister des Orchesters war der Geiger und Komponist George F. Bristow, und eine «Ouvertüre» von Bristow gehörte zu den ersten zeitgenössischen Werken, die das Orchester im Programm hatte. Später folgten vereinzelte Kompositionen anderer Amerikaner. Gründer des Orchesters war der *Connecticut Yankee* Ureli Corelli Hill (1802–1875), der als Geiger zeitweilig Schüler von Louis Spohr in Deutschland gewesen war und erster Dirigent der Philharmoniker wurde: So hatte das Orchester als Gründungsdirigenten tatsächlich einen gebürtigen Amerikaner.

Eins der charakteristischen frühen Werke amerikanischer Musik folkloristischer Neigung war die Fantasie «Nights in the Tropics» von Louis Moreau Gottschalk, der zu seiner Zeit als Pianist und Komponist berühmt war und heute noch von Pianisten gern gespielt wird. Er war 1829 in New Orleans als Sohn eines englischen Juden und einer kreolischen Mutter geboren worden und ging als 13jähriger nach Paris, um dort – unter anderem bei Hector Berlioz – zu studieren. Berlioz lobte sein Klavierspiel enthusiastisch, und Chopin sagte voraus, er würde ein «König der Pianisten» werden. Als er 1853 nach Amerika zurückkam, begann er eine Reihe sensationeller Konzerttourneen. 1869 starb er in Rio de Janeiro. Seine Verarbeitung von Negermelodien und kreolischen Weisen wirkte auf spätere amerikanische Komponisten nachhaltiger als die Musik Anthony Philip Heinrichs. Gottschalks Werk hatte in Leonard Bernsteins Programmen ebenfalls seinen Platz.

Auch unter den Werken anderer früher Komponisten wählte

Bernstein für seine Konzerte Musik mit folkloristischem Hintergrund aus. Von den Kompositionen der «Boston Group» spielten die New Yorker Philharmoniker unter seiner Leitung «Melpomene» von George Chadwick, ein 1891 uraufgeführtes Werk, die «Suite on Negro themes» von Henry Gilbert, die 1911 in Boston uraufgeführt worden war, und die «Indian Suite», das 1896 zuerst gespielte Opus 48 von Edward MacDowell. Die weiteren Programme enthielten Musik von amerikanischen Komponisten, die sich von «Brahms und Kompanie» unabhängig machten – Komponisten der zwischen 1874 und 1900 geborenen Generation und des eigentlichen 20. Jahrhunderts.

Die Vielseitigkeit des musikalischen Geschmacks des Dirigenten Bernstein und ebenso die Vielfalt amerikanischen Schaffens beleuchtet ein Blick auf die Namen, die in Bernsteins philharmonischen Programmen der ersten Reihen vertreten sind. Sie enthalten Werke, mit denen er schon lange vor dem Antritt seiner bedeutenden Position vertraut war und die er auch schon früher dirigiert hatte, darunter Kompositionen, die in Haltung oder Stil seine eigene Musik beeinflußten.

Eins der ersten neueren Werke, die Leonard Bernstein mit den New Yorker Philharmonikern zur Aufführung brachte, war die Zweite Sinfonie von Randall Thompson. Dies war das erste Orchesterstück überhaupt, das er je dirigiert hatte. Bald nachdem er 1939 als Klavier- und Dirigierstudent in das Curtis Institute of Music in Philadelphia eingetreten war, forderte ihn sein Lehrer, der Dirigent Fritz Reiner, auf, mit dem Studentenorchester des Instituts diese Sinfonie einzustudieren und aufzuführen. Thompson war Direktor des Instituts und Bernsteins Lehrer in der Kunst des Instrumentierens; zwischen ihm und seinem Schüler hatte sich eine warme Freundschaft entwickelt. Bernstein absolvierte die nicht leichte Aufgabe mit größtem Erfolg und zur Zufriedenheit seines Lehrers – wie auch seiner selbst, denn er sagte später, dirigieren habe ihm damals «das natürlichste Ding in der Welt» geschienen. Die Zweite Sinfonie des 1899 in New York geborenen Randall Thompson, eines Kompositionsschülers von Ernest Bloch, war 1932 in Rochester uraufgeführt worden. Sie ist das Werk eines Komponisten, der eine Musik zu schreiben bemüht ist, die «die Herzen seiner Hörer zu seinen Lebzeiten erreicht und bewegt» und «unser eigenes musikalisches Erbe in jeder Äußerung, jeder Inflexion, jedem lebendigen Bild» ausdrückt. Seine sinfonische Musik hat kein «Programm» und will «vorherrschend melodisch und sachlich wie die Sinfonien des 18. Jahrhunderts» sein. Dabei ist die melodische Erfindung von amerikanischer Folklore verschiedener Provenienz beeinflußt, während Jazzrhythmen in den lebhaften Sätzen und Blues-Stimmung im langsamen Satz anklingen. Kein Zweifel, daß die künstlerische Einstellung und die musikalische Gestaltungsweise dieses Komponisten, dessen Sinfonie das erste vom Dirigierdebütanten Bernstein gründlich studierte Werk war, für den späteren Komponisten Bernstein grundlegende Bedeutung gewannen.

Ein weiteres größeres Werk in Bernsteins New Yorker Programmen lenkte verstärkt die Aufmerksamkeit des Komponisten Bernstein auf das neuere amerikanische Musiktheater: «The Mother of Us All», Virgil Thomsons zweite, 1947 entstandene Oper auf einen Text der 1945 verstorbenen Dichterin Gertrude Stein. Der 20jährige Bernstein hatte während seiner Studentenzeit in Harvard eine eigene Bühnenmusik zu Aristophanes' «Die Vögel» komponiert und dirigiert und kurz darauf vom Klavier aus eine Aufführung der satirischen Oper «The Cradle Will Rock» (1936) von Marc Blitzstein (1905–1964) geleitet. In Boston hatte er 1942 im Institute of Modern Art Aaron Coplands Schuloper «The Second Hurricane» (1937) einstudiert. 1944 dirigierte er in New Yorks Metropolitan Opera House die Premiere seines eigenen ersten Stücks für die Bühne, des Balletts «Fancy Free», in dessen Musik Blues, Jazz, Folklore und Sentiment leicht geschürzt miteinander vereint sind. Das erste große Opernerlebnis hatte er, als ihm Serge Koussevitzky die amerikanische Erstaufführung von Benjamin Brittens Operntragödie «Peter Grimes» übertrug – sie fand in Tanglewood im August 1945 statt, zwei Monate nach der Uraufführung im Sadler's Wells Theatre in London unter Leitung von Reginald Goodall. 1952 schrieb Leonard Bernstein seine kleine Opernkomödie «Trouble in Tahiti», 1956 vertonte er die damals wenig erfolgreiche Version Lillian Hellmans von Voltaires «Candide»; 1957 kam «West Side Story». Bernsteins elf Jahre währendes Engagement als musikalischer Direktor der New Yorker Philharmoniker begann im Oktober 1958.

Virgil Thomsons «The Mother of us all» behandelt Leben und Werk der Frauenrechtlerin Susan B. Anthony und konfrontiert Gestalten aus verschiedenen Epochen der amerikanischen Geschichte miteinander. Scharfe Charakterisierung und ein gewissermaßen unpersönlicher Romantizismus kennzeichnen Virgil Thomsons Musik, die trotz Amerikanismen auch den Widerhall von Thomsons Pariser Jahren spüren läßt, in denen er die Zusammenarbeit mit Gertrude Stein begonnen hatte und Kontakt mit französischen und nach Paris emigrierten Dichtern, Künstlern und Musikern pflegte. Der Komponist bekennt, daß «sowohl im Text wie in der Musik eine Nostalgie, etwas vom ländlichen Amerika des 19. Jahrhunderts» enthalten sei; «sophisticated simplicity» war die damals geprägte, schwerlich übersetzbare Bezeichnung für seinen Stil. Das stilistisch nur scheinbar einfache Werk wurde in seinen ersten Aufführungen zum Erstaunen des Komponisten von College-Studenten gemeistert – bei seiner Uraufführung im Mai 1947 an der Columbia University, New York, von Studenten und Professionellen unter Leitung von Otto Luening. Sir Thomas Beecham wollte es zur Feier seines 70. Geburtstages 1949 in London zur Aufführung bringen, doch die Leitung der BBC lehnte es ihm ab. Für den von jeher lyrisch empfindenden Leonard Bernstein hatten die nostalgischen Züge in Thomsons Oper ebenso großen Reiz wie die sophistischen, die Amerikanismen ebenso wie der Charme einer sich simpel gebenden melodischen Linie. Mit dem «Pariserischen» in Thomsons Musik hatte Bernstein vor allem durch Francis Poulencs Oper «Les Mamelles de Tirésias» (1947) besondere Erfahrung: er leitete die amerikanische Erstaufführung an der Brandeis University im Juni 1953 – kurz bevor er nach Italien berufen wurde, um am Teatro alla Scala in Mailand Cherubinis «Medea» zu dirigieren – mit Maria Callas in der Titelpartie.

Unter den Sinfonien amerikanischer Komponisten in Bernsteins philharmonischen Konzerten verdient ein Werk besondere Beachtung: die Zweite Sinfonie des 1874 geborenen Charles Edward Ives. Sie war von den New Yorker Philharmonikern bereits acht

Jahre vor Bernsteins Ernennung zum Chefdirigenten unter seiner Leitung gespielt worden: der Komponist Ives war zu jener Zeit 77 Jahre alt und hatte den größten Teil seiner Musik noch nie aufgeführt gehört. Seine Bedeutung als Schöpfer einer idiomatischen amerikanischen Musik und als Wegbereiter neuer Formen, neuer Klänge und neuer Stilmittel – die europäische Komponisten des 20. Jahrhunderts viel später für sich entdeckten – wurde erst erkannt, als er längst zu komponieren aufgehört hatte. Die Emanzipation der Dissonanz Arnold Schönbergs, die Befreiung der Melodie von symmetrischem Rhythmus und harmonischer Eindeutigkeit, die offene Form und die Mikrotonalität späterer Komponisten vorwegnehmend, blieb Charles Ives zu seiner Zeit ein einsamer, unverstandener, auch unbeachteter Komponist. Seine bedeutendsten Werke – Kammermusik, zwei große Klaviersonaten, vier Sinfonien – waren in den Jahren von 1890 bis 1916 entstanden und kaum bekanntgeworden. Danach schrieb Ives noch eine Reihe von Liedern und Musik für Viertelton-Klavier oder für zwei Klaviere in verschiedener Stimmung, die Viertelton-Intervalle ergibt, und hörte in den zwanziger Jahren überhaupt zu komponieren auf. Dirigenten, die von Ives erfahren hatten, ließen sich gelegentlich Partituren von ihm senden, doch es kamen keine Aufführungen zustande, und viele Partituren gingen überhaupt verloren. Die Originalpartitur der 1904 vollendeten 3. Sinfonie verlangte Gustav Mahler 1910 zu sehen; er wollte sie in Europa aufführen. Mahler starb, bevor es zur Aufführung kam, und die Partitur scheint ebenfalls verlorengegangen zu sein. Eines der wenigen Orchesterwerke, die Ives in Europa bekanntgemacht haben – aber auch das erst nach seinem Tod (1954) –, ist das bereits im Frühjahr 1908 komponierte zweiteilige Stück, das er «The Unanswered Question« betitelt hat – mit dem heute kaum mehr zitierten Untertitel «A cosmic Landscape». Leonard Bernstein hat gerade dieses Werk in vielen Konzerten in aller Welt aufgeführt und sich nicht nur mit der Musik identifiziert, sondern den Namen der Komposition – und seine persönliche Deutung der Grundidee – als Leitgedanken und Titel seinen sechs Charles-Eliot-Norton-Vorlesungen an der Harvard-Universität 1973 vorangestellt. In der 33 Jahre nach ihrer Entstehung erstmalig veröffentlichten Komposition ist eine «kosmische Landschaft» durch entfernt voneinander plazierte Spieler eines Kammerorchesters – wir würden es heute als «Stereoeffekt» bezeichnen – angedeutet. Ein kleines Streicherensemble spielt – so verlangt es Ives – gedämpft hinter oder am Rande des Konzertpodiums «und charakterisiert das Schweigen der Seher, die, selbst wenn sie eine Antwort auf die Ewige Existenzfrage hätten, nicht antworten können». Auf dem Podium fragt eine Solotrompete die «Ewige Frage» immer wieder von neuem, «während die kämpfenden Beantworter (Flöten und andere Menschen) herumirren, um vergeblich das Unsichtbare zu entdecken und der Trompete die unerreichbare Antwort zu geben». Sie müssen schließlich resignieren, «sie mokieren sich über das unaufhörliche Wiederholen der Trompete und geben es auf». Zum Ende wird die Frage ein zweites Mal gestellt, «und ungestört erklingt das Schweigen aus der Ferne». Musikalisch zeichnet Charles Ives den «Konflikt» dadurch, daß die «schweigenden» Streicher, «die Seher», in weit auseinander liegenden konsonanten Tönen und in einer das ganze Stück durchziehenden Ruhe spielen, während das der «fragenden» Trompete gegenüberstehende Bläserensemble laut und dissonant diskutiert. Die Dissonanzen werden im Verlauf des Stückes schärfer und schneidender, je lauter und ausladender die Trompete die Frage hören läßt. Wenn dann die erregten Ruhestörer den Kampf aufgeben, endet das Werk mit leisen konsonanten Akkorden, die wie aus weiter Ferne ertönen, in reinem G-Dur. Leonard Bernstein fragt dazu – in seinem fünften Harvard-Vortrag, veröffentlicht im Buch «Die offene Frage»: «Ist dieser strahlende Schluß-Dreiklang die Antwort? Ist Tonalität ewig – unsterblich? Viele haben es geglaubt, und manche glauben es noch immer. Und dennoch hängt die Frage der Trompete in der Luft, unaufgelöst und unsere Ruhe störend.» Bernstein sieht hier «das Dilemma des neuen Jahrhunderts» dargestellt: «Auf der einen Seite Tonalität und syntaktische Klarheit, auf der anderen Atonalität und syntaktische Verwirrung.» In Alban Bergs Violinkonzert (1935) sieht Bernstein eine «letzte Lösung der Zweideutigkeit»: Die auf zwölftöniger Thematik und Entwicklung aufgebaute Komposition endet in B-Dur. Am Ende seiner sechsten und letzten Harvard-Vorlesung stellt dann Bernstein selbst seine Frage und gibt damit eine Grundlage zur Analyse seines kompositorischen Werks. Er zeigt dort seine eigene musikalische Auseinandersetzung mit den divergierenden Kräften Konsonanz-Dissonanz, Tonalität-Pantonalität, gebundene und freie musikalische Syntax, harmonisch definierbare und zwölftönig aufgebaute, rein melodisch erfundene Thematik: «Ich glaube, daß es auf Ives' *Offene Frage* eine Antwort gibt», beschließt er seine Vorlesungen, die Frage um so weniger gelöst belassend: «Ich weiß zwar nicht mehr genau, welche Frage er stellt, aber ich weiß, die Antwort ist *Ja.*»

Charles Ives stellte «The Unanswered Question» im Jahr 1908 – Jahrzehnte vor Komponisten, die größeren Ruhm als er erringen sollten. Die in einer «kosmischen Landschaft» ertönende «unbeantwortete Frage» – vielleicht meinte Ives sogar, sie sei *«unbeantwortbar»* – hat zu Ives' Zeit wohl schon Gustav Mahler, viel später aber erst Igor Strawinsky (nach seiner strengeren dodekaphonischen Schaffensperiode der fünfziger Jahre) und auch Arnold Schönberg in seinen letzten Werken beschäftigt. Für Leonard Bernstein wurden die ideologisch-musikalischen und die strukturellen Grundlagen, wurde die Auseinandersetzung zwischen tonalen, freitonalen und nicht tonal bestimmten Melodielinien, die Charles Ives' Kompositionen charakterisieren, zu einem entscheidenden Erlebnis. Das Problem der Tonalität wird in einem großen Teil der Schriften Bernsteins angeschnitten, am ausführlichsten in den sechs Harvard-Vorlesungen. Der «Kampf» zwischen chromatischen, in späteren Werken strikt dodekaphonischen Melodiethemen und tonal-harmonischen «Antworten» zieht sich durch Leonard Bernsteins musikalische Werke, vor allem seit der Mitte der sechziger Jahre, und zeigt einmal ernste – wie in «Halil» (1981) –, bisweilen aber auch heitere Züge – wie im «Divertimento» für Orchester (1980).

Die gewichtige, 1902 vollendete Zweite Sinfonie von Ives dirigierte Bernstein als Gastdirigent der New Yorker Philharmoniker bei der Uraufführung am 22. Februar 1951 vor einem Publikum, das kaum je den Namen des in Danbury, Connecticut, lebenden Komponisten, geschweige denn seine Musik gehört hatte. Bernstein war 32 Jahre alt. Er ließ die Sinfonie auch in den folgenden

Wiederholungskonzerten spielen und setzte sie wieder aufs Programm, als er 1958 Chefdirigent der New Yorker Philharmoniker wurde. Zwei der fünf Sätze der Sinfonie gehen – nach Ives' Notizen – auf Kirchenmusik für Orgel zurück; das Finale schrieb er nach einer früheren Ouvertüre «Amerikanische Wälder» (1889)–, in der ein volkstümliches Lied von Stephen Foster «von rustikalen Tänzen überlagert wird». Ives, Sohn eines Militärkapellmeisters, hatte in seiner Jugend professionellen Musikunterricht genossen, beschloß aber später, Musik und Komposition nur noch als leidenschaftliche Nebenbeschäftigung auszuüben; als erfolgreicher Versicherungskaufmann konnte er sich dabei völlige Unabhängigkeit vom professionellen und kommerziellen Musikbetrieb leisten. Zum Bekanntwerden seiner Musik hat er kaum etwas getan, und Dirigenten wie Musiker, die seine Partituren sahen, erklärten sie auch für unaufführbar. Der Zwiespalt in seiner Natur führte schließlich 1918, als er 44 Jahre alt war, zu einem körperlichen Zusammenbruch; die ihm verbleibenden 36 Jahre lebte er zurückgezogen und komponierte nur noch selten. Er ließ privat einige seiner Werke drucken, aber erst 1927 wurde seine Musik zum ersten Mal einem breiteren Publikum vorgeführt, als der Dirigent Eugene Goossens in New Yorks Town Hall Ausschnitte aus einigen Orchesterwerken in einem «International Referendum Concert» (dem u.a. Darius Milhaud beiwohnte) spielen ließ. 1930 spielte das Chamber Orchestra of Boston unter Leitung von Nicolas Slonimsky Ives' «Three Places in New England» und wiederholte die Aufführung in den Konzerten einer Tournee; auch in europäischen Städten dirigierte Slonimsky Musik von Ives. Es dauerte lange, bis die musikalische Welt die Bedeutung des Komponisten erkannt hatte. Einer der ersten Bewunderer seiner Persönlichkeit und seiner Musik war Arnold Schönberg: Unter seinen Notizen fand sich eine Eintragung, die Gertrud Schönberg nach dem Tode ihres Mannes 1951 an Charles Ives sandte: «Ein großer Mann lebt in diesem Land – ein Komponist. Er hat das Problem gelöst, wie man sein Selbst erhält und lernt. Er beantwortet Nichtbeachtung durch Verachtung. Er hat es nicht nötig, Lob oder Tadel anzunehmen. Sein Name ist Ives.»
Leonard Bernstein hat wesentlich zum Durchbruch der Musik

Charles Ives' beigetragen. Zur Uraufführung der Zweiten Sinfonie im Februar 1951 lud er den Komponisten nach New York ein. Ives hatte einmal geäußert, er würde sich überwinden und einer Aufführung eines seiner Werke beiwohnen – er war immer skeptisch, wie sie ausfallen und aufgenommen würde –, wenn sie in New Yorks Carnegie Hall stattfände; er konnte sich dann aber doch nicht entschließen, Bernsteins Aufforderung zu folgen, obwohl ihm versprochen wurde, daß er, wann immer er wolle, einer Orchesterprobe als einziger im verdunkelten Saal beiwohnen könne. Die Gattin des Komponisten kam mit Tochter und Schwiegersohn zur Premiere und wohnte ihr zusammen mit anderen Familienmitgliedern in einer Loge nahe dem Podium bei. Das Publikum, zunächst sicherlich befremdet, wurde durch die wohl ungewöhnlich intensive Darstellung, durch die völlige Identifizierung des jugendlichen Dirigenten mit dem ausdrucksstarken Werk in dessen Bann gezogen und spendete Werk und Aufführung schließlich enthusiastischen Beifall. Die verwunderte Mrs. Ives hörte man «in herzzerbrechender Überraschung» vor sich hinsagen: «Ja, sie *mögen* diese Musik, nicht wahr?!» So berichtet Henry Cowell, amerikanischer Komponist und Pianist (1897–1965), der sich für die Musik Charles Ives' in Konzerten und Vorträgen schon früh eingesetzt und kurz nach dem Tode des Komponisten ein Buch über ihn («Charles Ives and his Music», 1955) veröffentlicht hat. Seine Zweite Sinfonie hörte der Komponist in Bernsteins Interpretation in einer Rundfunksendung kurz nach der Uraufführung – die Aufführungen nach Ernennung Bernsteins zum Chefdirigenten hat er nicht mehr erlebt. Als Howard Taubman 1949 – damals Musikredakteur der New York Times – Ives in einem der wenigen Interviews, zu denen dieser je bereit war, darauf hinwies, daß er alle musikalischen Entdeckungen und Neuerungen der Zeit vorweggenommen hatte, war die spontane Antwort des 75jährigen Komponisten: «Das ist nicht meine Schuld!«
Der «Fall Ives» verdient im Zusammenhang mit dem Versuch einer Charakterisierung der musikalischen Entwicklung und der kompositorischen Weltanschauung Leonard Bernsteins in Grundhaltung und Auswirkung analysiert zu werden. Das Schicksal des heute als großer Meister und bedeutende Gestalt der Musik aner-

kannten Charles Ives und seiner zur Zeit ihrer Entstehung unverstandenen, wenn überhaupt beachteten Werke ist dem seines Zeitgenossen Gustav Mahler nicht unähnlich; auch dieser geniale Vorbote der Musik des 20. Jahrhunderts bedurfte eines Musikers wie Leonard Bernstein, der sich begeistert und unermüdlich für seine Sinfonien einsetzte, um ihm die verdiente Anerkennung zu verschaffen. Mahlers in die Zukunft weisende Sinfonien entstanden etwa zur gleichen Zeit wie die wichtigsten Kompositionen von Charles Ives: zwischen 1895 und 1910. Arnold Schönberg erkannte früh Mahlers Größe, so wie er später in Amerika das Genie Ives' richtig einschätzte. Mahlers Sinfonien wurden seit den zwanziger Jahren von bedeutenden Dirigenten aufgeführt und nach dem Zweiten Weltkrieg auch auf Schallplatten eingespielt. Doch erst die flammende Identifizierung Leonard Bernsteins mit Mahlers Geistigkeit, Weltschmerz und Lebensbejahung, mit Gestalt und Gehalt seiner Werke, erwirkte den Durchbruch, begeisterte das Konzertpublikum der Welt und regte die Fachwelt an, sich mit der ungewöhnlichen Musik der Jahrhundertwende ernsthaft zu beschäftigen. 1967 lag Bernsteins erste Gesamtaufnahme aller Mahler-Sinfonien vor (auf 15 CBS-Platten), und sie bewies die innere Verwandtschaft – auf Rasse, Temperament und Berufung als Dirigent und Komponist beruhend – des modernen Amerikaners mit dem letzten Sinfoniker der europäischen Romantik.

Wie Charles Ives und wie Gustav Mahler zeigt sich Leonard Bernstein bewegt von Fragen und Zweifeln, von Schmerz und Freude an der Welt, von Gefühlen der Einsamkeit auch inmitten äußeren Trubels, von der musikalischen Konfrontation zwischen Dissonanz und Konsonanz, chromatisch freier und harmonisch gebundener Melodie, asymmetrisch pulsierendem und tänzerisch symmetrischem Rhythmus, durchsichtig polyphonem Musizieren und geballten Klangfarben. «Wehe, wenn (dem Künstler) Leben und Träumen einmal zusammenfließen – so daß er die Gesetze der einen Welt in der anderen schauerlich büßen muß», schrieb Gustav Mahler im Winter 1909 an Bruno Walter. Im selben Brief heißt es: «Merkwürdig! Wenn ich Musik höre – auch während des Dirigierens –, höre ich ganz bestimmte Antworten auf meine Fragen –

und ich bin vollständig klar und sicher. Oder eigentlich, ich empfinde ganz deutlich, daß es gar keine Fragen sind.» Und Ives in seinen «Essays before a Sonata» (1919): «Selbst Unklarheit kann bisweilen Wahrheit anzeigen» und «Dissonanzen werden jetzt schön», «je näher wir zu einem bloßen Ausdruck von Gefühlen kommen, um so weiter entfernen wir uns von Kunst ... Sollte nicht der Verstand einen Teil ausmachen?» In diesem Sinn verlangte auch Arnold Schönberg die richtige Verbindung von «Herz und Hirn» für ein echtes Kunstwerk.

Für die amerikanische Musik wurde Charles Ives' Theorie und Praxis des Verwendens von «Lokalkolorit» wichtig – wie das Volkstümliche auch bei Mahler eine große Rolle spielte. Ives hat in vielen Werken Kirchengesänge oder Volksmelodien zitiert oder imitiert und mit eigener Musik überlagert; in den «Essays before a Sonata» schrieb er: «Wenn Lokalkolorit, nationales Kolorit, eine echte Färbung des universalen Kolorits darstellt, ist das göttlich. Und es ist Teil einer Substanz der Kunst, nicht einer Manier.» Bernstein entfernt sich hier von den Komponisten der älteren Generation. Die indianischen Melodien und die Negerweisen haben die Schöpfer einer amerikanischen Musik nicht in ihrem ursprünglichen Umfeld erlebt – nicht in der eigenen Welt der Indianer und nicht in den Reservaten der Neger. Bernstein sieht die wahre amerikanische Volksmusik im Jazz: Ergebnis der Begegnung von amerikanischer Negermusik mit europäischer Musik nach dem Ersten Weltkrieg. Außer dem Jazz spielt in Bernsteins Musik Folklore oder Lokalkolorit keine merkliche Rolle, mit Ausnahme einer Vorliebe für lateinamerikanische Rhythmen und religiöse hebräische Psalmodie, deren melodische Charakteristika auch in jene seiner Kompositionen hineinspielen, die keine eigentliche Beziehung zu jüdischer Thematik haben.

Gustav Mahler und die amerikanischen Komponisten, die Leonard Bernstein an die Spitze seiner amerikanischen Aufführungen mit den New Yorker Philharmonikern stellte – vor allem Randall Thompson, Virgil Thomson und Charles Ives –, sind auch für seine kompositorische Entwicklung von Einfluß gewesen. Dazu kamen weitere Aufführungen – manche davon Erstaufführungen – von sinfonischen Werken von Edgar Varèse (1885–1965), Wallingford Riegger (1885–1961), John J. Becker (1886–1961) – er experimentierte mit neuartigen Kombinationen von Musik, Tanz und dramatischer Handlung – Carl Ruggles (1876–1971), dem Freund Aaron Copland, dessen Musik starken Einfluß auf Bernstein nahm, Walter Piston (1894–1976), Roy Harris (1898–1979), dessen Dritte Sinfonie ein Meisterwerk der neuen amerikanischen Musik ist, Roger Sessions (1896–1985) und Musik von den damals jüngsten Komponisten: die Dritte Sinfonie von Ned Rorem (* 1923), «Elegie» von Kenneth Gaburo (* 1927) und die Zweite Sinfonie des Jazzmusikers William Joseph Russo (* 1928), die die Koussevitzky Foundation auf Bernsteins Anregung in Auftrag gegeben hatte und die den Titel «The Titans» erhielt: Leonard Bernstein dirigierte das Werk mit den New Yorker Philharmonikern zum erstenmal am 16. April 1959 – Rorems Dritte Sinfonie erklang bei derselben Gelegenheit. In späteren Jahren standen als Werke amerikanischer Komponisten Coplands «Inscape» und «Connotations for Orchestra», Sinfonien und das Violinkonzert von David Diamond (* 1915), vier Werke von William Schuman, ein Klavierkonzert von Ben Weber (1916–1979), «Relata II» von Milton Babbitt (* 1916), das «Concerto for Orchestra» von Elliott Carter (* 1908), «Hymn and Fuguing Tune No. 16» des Ives-Biografen Henry Cowell (1897–1965) – ein Jahr nach dem Tod des Komponisten aufgeführt, das von Otto Luening und Vladimir Ussachevsky gemeinsam geschaffene «Concerted Piece for Tape Recorder and Orchestra», «Triplum» von Gunther Schuller (* 1925) und drei sinfonische Kompositionen von Lukas Foss – «Introductions and Goodbyes», «Phorion» und «Time Cycle». Lukas Foss, 1922 in Berlin geboren, war 1937 über Paris nach Amerika gekommen und hatte wie Bernstein am Curtis Institute in Philadelphia – bei teils denselben Lehrern – studiert und ebenfalls mit Koussevitzky in Tanglewood gearbeitet. Foss besitzt die gleiche vielseitige Begabung wie Bernstein als Komponist, Pianist und Dirigent. Die beiden haben sich bereits in jungen Jahren angefreundet und oft in Konzerten und bei Schallplattenaufnahmen miteinander musiziert.

Die Reihe der Namen und Kompositionen, die Leonard Bernstein in seinen Konzerten bekannt machte, liest sich wie ein Kompendium der amerikanischen Musikgeschichte, mit Repräsentanten verschiedenster kompositorischer Richtungen und Stile. Aus der älteren Geschichte fehlt eigentlich nur ein einziger kurioser Komponist sinfonischer Musik, Verfasser einer «Lincoln Symphony», einer «Centennial Overture» zum hundertsten Jahrestag der amerikanischen Unabhängigkeitserklärung und mehrerer Opern. Es war Silas Gamaliel Pratt (1846–1916), der seine sinfonischen Werke sogar in Berlin und London dirigierte; in Bayreuth traf er Liszt und Wagner und soll zu diesem gesagt haben: «Herr Wagner, Sie sind der Silas Gamaliel Pratt von Europa!» Die «Kindergartenphase» der amerikanischen Musik, Komponisten der Bostoner Gruppe, die Neuerer der ersten Hälfte des 20. Jahrhunderts und die jüngsten Komponisten waren in den Programmen mit charakteristischen Werken vertreten. Unter den in der zweiten Hälfte des 20. Jahrhunderts stärker hervorgetretenen Komponisten, die – viele unter ihnen von Ives und Varèse beeinflußt – weniger an Problemen einer an Amerika orientierten Musik als an einem Anschluß an universale Bewegungen zur Erneuerung von Stil- und Ausdrucksmitteln interessiert sind, haben nur wenige eigentliche Orchestermusik geschrieben, und ihr Werk liegt damit außerhalb des von einem Dirigenten wie Leonard Bernstein gepflegten Bereichs. Hierzu gehören John Cage (* 1912) und seine Schüler und Freunde wie Morton Feldmann (1926–1987) und Christian Wolff (* 1934) und eine ganze Reihe jüngerer Musiker, für die neue Spiel- und Klangexperimente, ungewöhnliche Instrumentalzusammenstellungen, Verfremdungen gebräuchlicher Klangkörper oder Schlagwerk-Klangspiele im Vordergrund stehen. Sie tragen dabei Wesentliches bei zum bunten Kaleidoskop des großen amerikanischen Kontinents und der Musik in aller Welt und üben spürbar Einfluß aus auf Komponisten ihrer eigenen und der jüngeren Generation. Die Musik Leonard Bernsteins hat sich mit ihnen kaum auseinandergesetzt.

Bernstein mit Vater Samuel und Schwester Shirley im Mai 1947

LEONARD BERNSTEIN – JUGEND, BILDUNG, AUFSTIEG

«Mein Sohn ein Klesmer – ein armseliger Bettelmusikant? Nie und nimmer!»
Samuel Bernstein

«Ich glaube, ich hätte ein ganz annehmbarer Rabbi werden können. Doch davon konnte keine Rede sein, denn Musik war das einzige, was mich erfüllte.»
Leonard Bernstein

In der Familienchronik der Bernsteins – und unter den Vorfahren von Leonard Bernsteins Mutter, den Resnicks – finden sich keine Künstler und Musiker vor dem 1918 geborenen Leonard; dabei sind auch die jüngeren Geschwister Shirley und Burton künstlerisch begabt. Burton, 13 Jahre jünger als Leonard, hat erfolgreiche Romane und Biografien geschrieben; in seinem 1982 erschienenen Buch «Family Matters. Sam, Jennie, and the Kids» hat er die Geschichte seiner Familie nacherzählt und auch aus dem Lebensweg seines berühmten Bruders viele vorher nicht bekannte Fakten und Daten berichtet.

Die Bernsteins waren im russischen Wolynien, in dem ihnen speziell zugewiesenen jüdischen Ansiedlungsgebiet ansässig gewesen; ihre Abstammung können sie bis zum Beginn des 19. Jahrhunderts zurückverfolgen. Der Name Bernstein mag von früheren Bernstein-Kaufleuten stammen oder mit dem Wohnort Bereschdiw zusammenhängen; vielleicht gab es auch einmal einen Ort mit Namen Bernstein, so wie es heute ein österreichisches Städtchen Bernstein im Burgenland – nicht weit von Wien – gibt (das Leonard Bernstein anläßlich eines Besuches zum Ehrenbürger machte). Die frühen Vorfahren waren Rabbiner und Schriftgelehrte, doch der Urgroßvater – um 1840 geboren – war ein

Grobschmied, der in seinen Dreißigern bei einem Feuer in seiner Werkstatt umkam. Bezalel Bernstein war in seinem Beruf «aus der Art geschlagen», doch einer seiner Söhne, Yudel, kehrte zur früheren Lebensweise der Bernsteins zurück und wurde ein ultraorthodoxer Rabbi. Bei dem tragischen Tod seines Vaters war er zwölf Jahre alt; er blieb bei seiner verarmten Mutter in Bereschdiw, während seine Brüder zu anderen Verwandten kamen. Er heiratete Dinah Malamud aus der nahegelegenen Stadt Koretz, deren beide Brüder Herschel und Schlomo für den ältesten Sohn, den am 5. Januar 1892 geborenen Schmuel Josef, später eine große Rolle spielen sollten.

Schmuel Josef wuchs in der engen Welt des Ghettos zu einer Zeit heran, in der die Judenfeindlichkeit der russischen Nachbarschaft immer stärker spürbar wurde und auch Überfälle auf das «Schtetl» der Juden nicht selten waren. Schmuel Josef wollte Rabbi werden wie seine Vorfahren und näheren Verwandten, aber es plagten ihn auch Zweifel. Als er elf Jahre alt war, erlebte er, wie sein Onkel Herschel, der jüngere Bruder seiner Mutter, durch Flucht einer Rekrutierung entgangen war – als Soldaten waren die Juden dem Zaren gerade gut genug ... In einem Brief an die Familie berichtete er, daß er in einer Stadt des amerikanischen Westens als Barbierlehrling arbeitete und sich einige Dollar verdiente. Schmuels Sehnsucht nach einem Ausbruch aus der Enge des «Schtetl» und nach einer anderen Existenz kannte keine Grenzen, als Onkel Herschel ihm 1908 – er war inzwischen 16 Jahre alt – in einem Brief aus Hartford, Connecticut, etwas Geld als Hilfe für eine Flucht sandte. In abenteuerlichen und beschwerlichen Fußmärschen mit nur gelegentlichen Fahrmöglichkeiten erreichte er Danzig, von wo ihn ein Boot nach Liverpool mitnahm. Dort fand er ein Auswandererschiff mit Ziel Amerika. Onkel Herschel empfing ihn im New Yorker Hafen und ermöglichte ihm die Einreise. Schmuel Josef wurde Samuel Joseph, Herschel Malamud hatte seinen Namen in Harry Levy geändert.

Das Friseurgeschäft des Onkels konnte es sich noch nicht leisten, eine bezahlte Hilfskraft anzunehmen, und so mußte Samuel – kurz Sam genannt – sich anderweitig nach Arbeit umsehen. Wie Tausende anderer armer Immigranten begann er zwölf Stunden am

Tag sechs Wochentage lang auf dem Fischmarkt Fische zu säubern – die zwei Jahre dieser schmutzigen und aufreibenden Arbeit nannte er später seine «Universitätsjahre». Inzwischen hatte das Geschäft des Onkels zu florieren begonnen, und er konnte Sam als Lehrling einstellen. Als eines Tages ein Geschäftsreisender in den Laden kam und dort Sams fleißige Aufräumarbeit beobachten konnte, lud er ihn ein, nach Boston zu kommen, um dort in einer Kosmetikfirma zu arbeiten, die Friseurgeschäfte belieferte. Sam nahm an, und so begann er einen kommerziellen Beruf zu erlernen, in dem er bei harter Arbeit so erfolgreich wurde, daß er schließlich eine eigene Firma, die *Samuel Bernstein Hair Company*, gründen konnte, deren Fortführung er von seinen Kindern erhoffte.

Im Oktober 1917 heiratete Samuel Bernstein Jennie (ursprünglich Charna) Resnick, die 1898 in Schepetowka – nicht weit vom Bereschdiw der Bernsteins entfernt – geboren war und in nicht weniger abenteuerlicher Weise wie Sam, allerdings mit ihrer Familie, siebenjährig nach Amerika kam. Auch ihre Familienmitglieder waren religiöse Juden, der rabbinischen Mystik und dem Chassidismus jedoch weniger zugeneigt als die Bernsteins. Die Vorfahren waren Handwerker; der Vater war ein Metallschmied, der als charmanter Geschichtenerzähler beliebt war. Jennie fristete ihr Leben als Arbeiterin in einer Fabrik und hatte nur Zeit für eine Abendschule, um Englisch zu lernen und sich etwas Bildung anzueignen. Die Familie lebte in Lawrence, etwa 40 km nördlich von Boston, und dort hatte Sam sie 1916 bei einem Ausflug mit einem Freund kennengelernt. Nach der Hochzeit in Lawrence nahm Sam seine junge Frau mit nach Boston, doch als das erste Kind erwartet wurde, wollte Jennie bei ihrer Familie sein, und so wurde Leonard – am Sonntag, 25. August 1918 – in Lawrence, Massachusetts, geboren. Shirley Anne wurde in Boston am 3. Oktober 1923 geboren und am 31. Januar 1932 folgte Burton.

Samuel und Jennie Bernsteins Erstgeborener wurde ursprünglich nach Jennies Großvater Louis genannt, und das blieb sein eingeschriebener Name, bis er ihn im Alter von 16 Jahren gesetzlich in Leonard umändern ließ. Zu Hause war er dagegen immer nur Leonard – und natürlich *Lenny* , aus Gründen, die Burton Bernstein, dessen Familienchronik wir hier gefolgt sind, nicht erklären kann. Louis-Leonard war ein schwächliches, von Asthmaanfällen und Heuschnupfen geplagtes Kind, das dauernd zum Arzt geschleppt und mit Spritzen behandelt werden mußte. Dazu wechselten die Eltern, die in ihrer Ehe in vielem nicht miteinander harmonierten, dauernd die Wohnung in Boston und Umgebung. Leonard war scheu und schloß sich nur schwer anderen Kindern an, und der dauernde Wechsel der Nachbarschaft trug auch zu seinem Wunsch bei, am liebsten allein gelassen zu werden. Zu Hause fühlte er sich am sichersten; an den Spielen und am Sport der Nachbarkinder, die den merkwürdigen Jungen auch gerne hänselten, nahm er nicht teil. Er machte den Eltern die größten Sorgen, doch sie fühlten, daß etwas Besonderes in ihm steckte. Denn trotz einer körperlichen Zurückgebliebenheit und Schwäche war er in der Schule immer der Beste und war voller origineller Einfälle. Als er zehn Jahre alt war – und seine Schwester gerade fünf –, interessierte er sich im Geschichtsunterricht für die Verfassung des alten Rom; er erfand darauf mit einem Schulfreund ein Land «Rybernia» – aus dem Namen des Freundes Eddie Ryack und seinem eigenen zusammengefaßt. Die beiden ernannten sich zu Konsuln dieses Landes, entwarfen eine Verfassung und Gesetze und sprachen in einer selbsterfundenen «rybernianischen» Sprache, die nur den als «Bürger» des «Landes» aufgenommenen Knaben und Mädchen verständlich war. Noch heute benutzen die drei Bernstein-Kinder zum Spaß diese nur ihnen verständliche Sprache.

In Leonard Bernsteins Leben gab es viele Fälle eines Zusammentreffens wichtiger Ereignisse, die von entscheidendem Einfluß auf seine Entwicklung und seinen Lebensweg wurden. Der erste solche Fall ist die fast gleichzeitige «Gründung» des Landes «Rybernia» und die Entdeckung der Musik als Retterin aus der Not seiner Kindheit. Im Alter von acht Jahren hatte ihn in der Synagoge Orgelmusik und Chorgesang zu Tränen gerührt, und wenn die Familie Verwandte oder Freunde besuchte, in deren Haus ein Klavier stand, hatte er immer versucht, sich von der Gesellschaft hinwegzustehlen und sich am Klavier Klänge und Melodien zusammenzusuchen. Als dann eines Tages der Zehnjährige aus dem Religionsunterricht nach Hause kam, fand er zu seinem größten Erstaunen – und Entzücken – im Wohnzimmer ein Klavier vor; die Bernsteins hatten vorher niemals ein Klavier in der Wohnung gehabt. Samuel Bernsteins Schwester Clara, die in der Nähe gewohnt hatte, zog nach New York, und da sie selbst kaum je musizierte, hatte sie beschlossen, ihr Piano bei ihrem Bruder Sam zu belassen. Sie wußte wohl, daß Sams Ältester Musik gerne hatte, konnte aber kaum ahnen, was für einen Einschnitt der Besitz eines Klaviers im Leben Leonards bedeuten würde. Leonard selbst fühlte das sofort: «Ich war unglücklich, bevor ich die Musik entdeckte», gestand er uns in einem Gespräch: «Ich war ein kleiner, schwacher, kränklicher Junge, blaß, unglücklich, hatte immer eine Bronchitis oder Ähnliches, und dann als ich zehn Jahre alt war, passierte das mit dem Klavier. Plötzlich fand ich meine Welt. Ich wurde innerlich stark, ich wuchs, wurde sogar sehr groß. Ich trieb Sport, gewann Medaillen und Pokale, war der beste Taucher. Es geschah alles gleichzeitig. Es veränderte mein Leben. Das Geheimnis, die Erklärung ist, daß ich ein Universum fand, in dem ich sicher war: die Musik. Ich war in ihm beschützt, ich hatte in ihm ein Heim. Niemand konnte mir mehr etwas anhaben, mir weh tun – auch nicht mein eigener Vater. Niemand konnte mich verletzen, wenn ich in meiner Welt der Musik war, wenn ich am Klavier saß. Das war meine Sicherheit.»

Am Klavier fing Leonard bald an zu improvisieren und sich ein «System» von Harmonien einzurichten. Jede freie Minute saß er am Klavier. «Mein Vater war beunruhigt. Er liebte mich. Er wollte für mich nur das Beste. Sicherheit für meinen Lebensweg war für ihn das Wichtigste. Ich sollte in sein – allmählich aufblühendes – Geschäft eintreten oder aber wie die Vorfahren ein gelehrter Rabbi werden. Aber Musik? Ein Musiker ist ein *Klesmer* – er wollte nicht, daß ich ein Bettler würde.» Und die Mutter? «Meine Mutter hatte Verständnis für mich. Sie hörte meinem Klavierspiel gerne zu und weinte dabei oft. Aber sie hatte nicht viel mitzureden.» Der Vater meinte, daß das Klavierspielen seinen Lenny doch nur von seinen Schularbeiten ablenke, und er unterbrach ihn oft, wenn er seiner Meinung nach zu lange am Klavier saß. Einmal wurde die Familie spät nachts von seinem Klavierspiel geweckt. Der Vater stürmte ins Zimmer: «Lenny, weißt du, wie spät es ist? Es ist zwei Uhr nachts! Um Himmels willen, was machst du da?» Worauf Lenny: «Ich *muß* das tun. Die Klänge sind in meinem Kopf und sie müssen heraus!» (EWEN, S. 20)

Es war nur natürlich, daß Leonard bald darum bat, Klavierstunden nehmen zu dürfen. Eine Nachbarin, Frieda Karp, war bereit, ihn für einen Dollar pro Stunde zu unterrichten, und Vater Samuel hatte nichts dagegen einzuwenden. Die Lehrerin kam einmal in der Woche zu Bernsteins in die Wohnung. Ein Jahr lang ging es recht gut, aber dann fühlte sich Leonard von ihrer Methode nicht mehr befriedigt. Er ging auf eigene Faust in das New England Conservatory of Music und fragte, ob man ihm einen guten Klavierlehrer empfehlen könne. Man empfahl ihm Miß Susan Williams. Als Leonard dem Vater mitteilte, er wolle die Lehrerin wechseln und die bessere Lehrkraft würde drei Dollar für die Stunde bekommen, wurde Samuel wütend – nicht so sehr des Geldes wegen, sondern wegen seiner Überzeugung, daß der Unterricht bei einer professionellen Lehrerin Lenny der Musik noch viel näher bringen würde, womit auch sein Interesse an der Familienfirma noch mehr in Frage gestellt wäre. Obwohl die Mutter Lennys Bitte unterstützte, blieb der Vater hart: Klavierstunden für drei Dollar würde er auf keinen Fall bezahlen. Doch Lenny ließ sich nicht so leicht beugen. Er fand die Möglichkeit, sich heimlich in Tanzkapellen etwas Geld für seinen Unterricht zu verdienen, und er gab auch an gleichaltrige sowie etwas jüngere Kinder weiter, was er bereits gelernt hatte. Zwei Jahre lang finanzierte er auf diese Weise die Klavierstunden bei Susan Williams und machte gute Fortschritte.

Der Vater fand sich allmählich mit dem Klavierspielen des Sohnes ab, doch gab er die Hoffnung nicht auf, daß es Lenny selbst bald satt haben und dann doch für das Geschäft Interesse gewinnen würde. Er nahm ihn sogar zu einem Konzert mit – zum ersten Konzert, das Samuel Bernstein je besucht hat. Leonard war inzwischen 14 Jahre alt geworden. Das Konzert des «Boston Pops Orchestra» hinterließ auf Vater und Sohn einen unvergeßlichen Eindruck mit Maurice Ravels «Boléro». Kurz darauf hörten Samuel und Leonard in Bostons «Symphony Hall» einen Klavierabend von Sergei Rachmaninow: Für Leonard war das große Erlebnis dieses Konzerts die erste Bekanntschaft mit einer späten Beethoven-Sonate, einer Musik, die dem Vater völlig fremd blieb. Zu dieser Zeit glaubten Leonard und ein musikalischer Freund, daß Lenny zu einem wirklich bedeutenden Lehrer gehen sollte, und sie dachten dabei, er müsse dem besten Klavierpädagogen in Boston, dem aus Deutschland stammenden Heinrich Gebhard, vorspielen. Gebhard verlangte allerdings allein für eine Prüfungsstunde 25 Dollar und für Klavierunterricht den damals astronomisch scheinenden Betrag von 15 Dollar pro Stunde. Doch es wurde arrangiert, daß Gebhard den 14jährigen Lenny anhörte. Er erkannte seine Musikalität, fand aber, daß ihm die eigentlichen Grundlagen des Klavierspiels und die richtige Technik fehlten. Er schlug vor, daß Leonard bei seiner jungen Assistentin studieren solle, was auch schon deshalb günstiger war, als bei ihr die Stunde nur sechs Dollar kostete. Die Assistentin war einverstanden – und so begann Leonard Bernsteins Jahrzehnte überdauernde und weiterbestehende Verbundenheit mit Helen Coates, zuerst seine Klavierlehrerin und seit 1944 seine bewanderte, tüchtige, die Organisation seines beruflichen Lebens betreuende Sekretärin.

Nach vier Jahren Studium bei Helen Coates war Leonard reif für Heinrich Gebhard und kam auf den Weg eines wirklich professionellen Musikers. Der Vater war weiterhin über diese Entwicklung unglücklich, doch die Mutter ging gerne mit Leonard in die Konzerte des Bostoner Sinfonieorchesters. Samuel Bernstein machte es Freude, wenn der Sohn gelegentlich leichte Musik spielte und bei öffentlichen Anlässen Applaus einheimste. Doch er blieb bei seiner Überzeugung, daß Klavierspielen kein Beruf und kein Lebenszweck für einen Sohn des Samuel Bernstein sei, und daß Leonard als Musiker im Hauptberuf sicherlich scheitern würde. Er versuchte immer wieder, ihn für sein Business zu interessieren, und tatsächlich war Lenny bereit, einmal im Sommer für sechs Wochen bei ihm zu arbeiten – doch er fand das «einfach schrecklich».

Sam Bernstein war ein warmherziger, um die Zukunft seiner Kinder besorgter Familienvater. Er hatte von seinen Vorfahren eine hohe Moral und Religiosität, eine hohe Achtung vor Lernen und Wissen ererbt; in seinen ersten amerikanischen Jahren hatte er armseliges Leben, Schmutz und Elend kennengelernt und sich durch Fleiß, Geschick und Glück zu einem angesehenen und erfolgreichen Geschäftsmann hinaufentwickelt. Glück und Geschick hatten ihm auch über die Jahre der amerikanischen Depression hinweggeholfen – sein Business wurde in jener Zeit nicht beeinträchtigt. Nun hatte er drei wohlgeratene, begabte Kinder – und keines von ihnen sollte seine blühende Firma übernehmen und weiterführen? Damit konnte sich Sam Bernstein nicht abfinden; es machte ihn ewig traurig. Als sein Sohn Lenny schon weltberühmt war und man von den Schwierigkeiten wußte, die ihm der Vater in den Weg gelegt hatte, fragte er: «Wie konnte ich wissen, daß mein Sohn Leonard Bernstein einmal *der* Leonard Bernstein werden würde?!»

Wir lernten Samuel Bernstein kennen, als er mit seinen Kindern Leonard und Shirley 1947 nach Palästina kam, wo Leonard zum erstenmal das «Palestine Orchestra» dirigierte, aus dem später das Israel Philharmonic Orchestra hervorging. Sams Gefühlswärme, seine Begeisterungsfähigkeit, auch sein gutmütiger Humor schafften ihm schnell Freunde im Lande, und einer der Höhepunkte seines Aufenthalts war eine Ansprache, die er in einem Kibbuz in der Jesre'el-Ebene hielt. Unter den zahlreichen Mitgliedern der Gemeinschaft der landwirtschaftlichen Siedlung gab es bei den Älteren viele Einwanderer aus dem Herkunftsland Samuel Bernsteins, und sie konnten sich mit ihm auf russisch oder jiddisch unterhalten. Seine kurze Ansprache hielt er in – nun schon amerikanisch gefärbtem – Jiddisch; und als Lenny in seine Worte auch etwas Hebräisch einflechten konnte, kam der als großer Künstler im Konzert des Abends bewunderte Dirigent auch als Freund und ideologisch Gleichgesinnter zur Geltung.

1935 hatte Leonard Bernstein sein Abschlußexamen an der Boston Latin School «mit Auszeichnung» bestanden. Die Musik hatte die Schulbildung nicht beeinträchtigt – Samuel Bernstein war stolz auf seinen Sohn, wie er auch stolz war, Leonard als Klaviersolisten mit dem Schulorchester erleben zu können. Für die Schule hatte Lenny auch ein Lied komponiert, für das er mit Lawrence F. Ebb

den Text verfaßt hatte. Der gute Schulabschluß machte es möglich, Leonard auf die Universität zu schicken.
Inzwischen hatte Leonard ein weiteres einschneidendes Erlebnis gehabt. Im Rundfunk hörte er die Übertragung eines Konzerts des Bostoner Sinfonieorchesters unter der Leitung von Sergei Koussevitzky, der Sergei Prokofjews «Klassische Sinfonie» und Igor Strawinskys «Sacre du Printemps» dirigierte. Das war 1934, und Lenny war 16 Jahre alt; er sagt, er habe dabei «plötzlich entdeckt, daß Musik eine Zukunft hätte». Erstes Ergebnis dieser «Entdekkung» war, daß er selbst eine Sonatine für Klavier in «dieser modernen musikalischen Sprache» zu komponieren versuchte.
Der Weg Leonard Bernsteins als Musiker war durch nichts aufzuhalten, schon in diesen jungen Jahren zeigte sich eine außergewöhnlich vielseitige musikalische Begabung. Im Alter von 14 Jahren hatte er während eines Aufenthaltes im Sommerhaus der Bernsteins in Scharon, an einem See südlich von Boston, eine Aufführung von Bizets «Carmen» organisiert, in der alle männlichen Nachbarn die weiblichen Rollen spielten und sangen und die Mädchen die männlichen Partien. Ein schon bärtiger Klassenkamerad war Micaela und Lenny war Carmen, den Don José mimte und sang seine damalige «Flamme» Beatrice Gordon, ein anderes Mädchen den Escamillo. Wenn Lenny auf der «Bühne» die Carmen darstellte, spielte ein junges Mädchen Klavier, sonst begleitete er selbst. Die neunjährige Schwester Shirley rezitierte einen vom Bruder verfaßten Prolog. Bühne, Kostüme und Akteure hatten in der kleinen Gemeinde einen Riesenerfolg, und zwei Sommer später wurde dann Gilbert und Sullivans Operette «Der Mikado» aufgeführt, wobei diesmal die Geschlechter nicht «vertauscht» waren. Lenny spielte wieder die Hauptrolle, Nanki-Poo, und die inzwischen 12jährige Shirley brillierte als Yum-Yum. Wieder war es ein Riesenerfolg, und im darauffolgenden Jahr kam Gilbert und Sullivans «H.M.S. Pinafore» an die Reihe. Hierfür hatte Lenny eine Einlage choreographiert: Nach der Ballettmusik aus Verdis «Aida» erfand er eine Tanzszene, in der Shirley und ein etwa gleichaltriges Zwillingspaar als «ägyptische Bauchtänzerinnen» auftraten. Später half dem jungen «Regisseur«, «Produzenten» und «musikalischen Leiter» die in diesen Aufführungen gesam-

melte Erfahrung, in einem Sommer-Camp eine weitere Gilbert-Sullivan-Operette, die Piratenparodie «Pirates of Penzance», zu produzieren. Bei dieser Gelegenheit traf er zum ersten Mal einen jungen Burschen aus der Bronx, Adolph Green, der die Rolle des Piratenkönigs übernahm. Es entstand eine enge Freundschaft, und Adolph Green wurde später der erfolgreiche Mitarbeiter an den Texten zu Bernsteins Musicals «On the Town» und «Wonderful Town».

Alle diese Arbeiten und Aufführungen amüsierten zwar den Vater Bernstein, sie waren aber seinem puritanischen Geist doch zuwider. Er sah das «Künstlervölkchen» ungern in seinem Haus. Leonard hat bei all seinen vielseitigen Neigungen und «leichten» künstlerischen «Amüsements» dabei auch etwas vom «bourgeoisen» Geist des Elternhauses in sich behalten; des öfteren hat er auch gesagt, daß «etwas vom Rabbi» in ihm sei. Stimmt es, fragten wir ihn, daß sich etwas Puritanisches in seiner Weltanschauung erhalten habe – wie viele Freunde es immer wieder betonen? «Das ist doch klar, wie könnte es anders sein», antwortete Leonard Bernstein. «Das ist eine Kombination des Erbes meines religiösen Vaters und unseres Lebens in Boston. Dies ist ja die Heimat des Puritanismus – Boston, Massachusetts. Ich glaube, ich hätte ein ganz annehmbarer Rabbi werden können. Doch davon konnte ja keine Rede sein, denn Musik war das einzige, was mich erfüllte.»

Als Schüler mit einem ausgezeichneten Abgangszeugnis des Gymnasiums konnte Leonard 1935 als 17jähriger an der renommierten Harvard-Universität in Cambridge, Massachusetts, immatrikuliert werden. Der Vater freute sich wieder, denn nun würde der Sohn wenigstens ein ernsthaftes Studium beginnen. Leonards Hauptinteresse galt neben der Musik der Philosophie und der Ästhetik, der Literatur- und Sprachwissenschaft. Als er fast 35 Jahre nach dem Abschluß seiner Studien im Jahre 1973 nach Harvard als Vortragender zurückkehrte, erzählte er seinen Schülern von seinen ersten «wissenschaftlichen» Erlebnissen als Student, und er unterstrich, was für ihn damals – und dann für das Leben – das Wichtigste war: «Ein Verständnis für interdisziplinäre Gültigkeiten: daß der beste Weg, ein Problem zu erkennen, in seinen Zusammenhängen mit anderen Wissensgebieten liegt.» (Bernstein: «Die offene Frage», S. 11 f.) Eine seiner frühen Seminararbeiten war ein Referat für ein Ästhetikseminar über Aaron Coplands Variationen für Klavier (1930), die er 1937 zum ersten Mal gehört und sich in ihren «ungestümen und pathetischen und so völlig neuen» Charakter verliebt hatte. Das war auch die erste Begegnung mit der Welt eines Komponisten gewesen, mit dem er sich eng angefreundet hat und dessen Musik seine eigenen Kompositionen viel verdanken. Er hat Aaron Copland an dessen Geburtstag, am 14. November 1937, kennengelernt. Bernsteins Kompositionslehrer in Harvard war Walter Piston, der 1894 geborene amerikanische Komponist, selbst Absolvent von Harvard, der bei Nadia Boulanger in Paris studiert hatte und zu den prominentesten Komponisten und Lehrern seiner Generation zählte. Seine Harmonie- und Kontrapunkt-Lehrbücher (1941, 1947) dienen noch heute Kompositionsstudenten als solide Grundlagen ihrer theoretisch-musikalischen Bildung. Die Ballettsuite «The Incredible Flautist» («Der Gaukler»), 1938 entstanden, hat Leonard Bernstein später mit viel Erfolg in seinen Konzerten spielen lassen.

Neben seinen Studien war Leonard vielseitig aktiv. Für die Universitätszeitschrift «The Advocate» schrieb er Musikkritiken. Die erste veröffentlichte Kritik war über ein Konzert des Bostoner Sinfonieorchesters unter Leitung von Sergei Koussevitzky, desselben Orchesters, das auf den 16jährigen in der Rundfunksendung so großen Eindruck gemacht hatte, und mit demselben Dirigenten, der Bernsteins bedeutendster Mentor, Freund und Förderer werden sollte.

Im April 1939 erschien Leonard Bernstein zum ersten Mal als Dirigent. Er dirigierte Zwischenaktmusik, die er für eine Aufführung von Aristophanes' «Die Vögel», die in griechischer Sprache gegeben wurde, komponiert hatte; Stücke aus dieser Musik mit ihren Jazzrhythmen hat er später für Teile seines Musicals «On the Town» wiederverwendet. Im Mai desselben Jahres leitete er vom Klavier aus die Aufführung von Marc Blitzsteins politisch-sozialem Portrait der Zeit der amerikanischen Depression «The Cradle will rock»; dazu hatte er die Schwester Shirley überredet, eine der

Rollen zu übernehmen. Blitzstein wohnte der Aufführung bei und freundete sich mit Bernstein schnell an. Im «Harvard Music Club» spielte Lenny oft und gern, unterhielt Professoren und Studenten; einmal begeisterte er sie besonders, als der Filmklassiker «Panzerkreuzer Potemkin» vorgeführt wurde und er ihn am Klavier mit Musik von Copland, Strawinsky und eigenen Paraphrasen über russische Volkslieder begleitete.

In das vorletzte Jahr der Harvard-Studien, 1937, fiel nicht nur der Beginn der Freundschaft mit Aaron Copland, sondern auch die wohl einschneidendste Begegnung in Bernsteins Leben: sie brachte ihn schließlich auf den ihm vorgezeichneten Weg. Der große Dirigent Dimitri Mitropoulos kam nach Boston als Gastdirigent des Sinfonieorchesters, und an einem Sonntagnachmittag arrangierte die «Harvard Helicon Society» für ihn eine Tee-Einladung. Leonard Bernstein wurde dazu aufgefordert. Beinahe hätte er die Einladung vergessen, doch erschien er schließlich zusammen mit der Mutter, die ihn eigentlich im Auto nach Hause fahren wollte. Der junge Leonard wurde dem berühmten Maestro vorgestellt, der bereits von anderen Gästen über diesen vielversprechenden Harvardstudenten gehört hatte und auf seine Bekanntschaft neugierig geworden war. Er bat ihn, ihm etwas vorzuspielen. Leonard ließ sich nicht lange bitten und spielte ein Nocturne von Chopin und einen Teil seiner eigenen Klaviersonate! Mitropoulos lud ihn daraufhin ein, zu seinen Orchesterproben zu kommen. Diese wurden für Lenny ein erregendes Erlebnis. Bei einem gemeinsamen Lunch nannte Mitropoulos den jungen Musiker «genius boy» und ermunterte ihn, selbst Dirigent zu werden. Die Aufführungen des Boston Symphony Orchestra unter Mitropoulos hinterließen einen nachhaltigen Eindruck auf Leonard Bernstein, besonders die Wiedergabe der Zweiten Sinfonie von Robert Schumann und Mitropoulos' Praxis, ein Klavierkonzert als Solist vom Flügel aus zu dirigieren. Die Schumann-Sinfonie wurde eines von Bernsteins Lieblingswerken, und von Anbeginn seiner Karriere hat er Klavierkonzerte – vor allem Mozart, Beethoven, Ravel, Gershwin – vom Flügel aus geleitet.

Im Juni 1939 schloß Bernstein seine Universitätsstudien «cum laude» ab. Der Vater machte einen letzten Versuch, ihn fürs

Familiengeschäft zu gewinnen. Er erlaubte ihm, für einen Sommer nach New York zu gehen – dort würde er sicher sehen, wie schwer und finanziell unsicher das Leben eines Musikers sei, während eine leitende Position in der Samuel Bernstein Hair Company ihm Sicherheit für das ganze Leben bieten würde. Er gab Lenny nur wenig Geld für die Reise mit und erhoffte seine baldige Rückkehr ins Elternhaus. So suchte sich Leonard ein billiges Zimmer in New Yorks Künstlerkolonie Greenwich Village. Dort traf er Adolph Green wieder. Er wirkte an einem Kabarett in einem Nachtklub mit, für das er zusammen mit Betty Comden (seine spätere Mitarbeiterin auch für «On the Town» und «Wonderful Town») satirische Songs schrieb. Sie engagierten Lenny als Klavierbegleiter im Klub, so verdiente er sich einige Dollars für seinen Lebensunterhalt. Die Gesetze der Musikergewerkschaft gestatteten es ihm nicht, eine regelmäßige Arbeit anzunehmen, und so mußte er nach Boston zurück, als ihm das Geld ausging. Er hatte jedoch die New Yorker Zeit anderweitig gut genutzt: Er hörte häufig Sinfoniekonzerte, traf sich oft mit Aaron Copland und kam mit Schauspielern und Künstlern zusammen.

Kaum war er in Boston zurück, als er erfuhr, daß Mitropoulos nach Europa reisen wollte, sich aber gerade in New York aufhielt. Es war an die zwei Jahre her, daß er den Maestro in Boston getroffen hatte. Ihn jetzt wieder zu sehen, erschien Lenny die letzte Hoffnung. Er borgte sich Geld und nahm den nächstmöglichen Zug nach New York zurück. Mitropoulos empfing ihn herzlich, hörte ihn an, zeigte Verständnis für seine Probleme und bestätigte ihn in seinem Wunsch, sein Leben der Musik zu widmen. Er empfahl ihm, am Curtis Institute of Music in Philadelphia ein ernsthaftes Musikstudium anzufangen, und er bat Fritz Reiner, Chefdirigenten des Pittsburgh Symphony Orchestra, den jungen Bernstein zu einer Prüfung einzuladen. Fritz Reiner ließ Bernstein am Klavier die «Akademische Festouvertüre» von Brahms aus der Orchesterpartitur spielen und war so beeindruckt von Bernsteins Geschicklichkeit – er hatte das Werk noch nie gehört, die Partitur noch nie gesehen –, daß er ihn sofort als Schüler annahm.

Leonard Bernstein studierte zwei Jahre am Curtis Institute. Neben Fritz Reiner waren seine Lehrer Isabelle Vengerova als strenge

Klavierpädagogin, Renée Longy Miquelle für Partiturlesen und der Komponist Randall Thompson, Direktor des Instituts, der ihn vor allem in der Kunst des Orchestrierens unterwies. «Anfangs fühlte ich mich am Curtis Institute gar nicht wohl», erinnert sich Leonard Bernstein. «Es war eine schlechte Atmosphäre für mich. Als ich dorthin kam, wurde ich als Universitätsabsolvent, als Neuling an einer Musikhochschule betrachtet. Die meisten Schüler hatten als Achtjährige dort angefangen, und jeder spielte Chopin-Etüden und Paganini-Caprices schneller als der andere. Da gab es für mich niemanden zur Unterhaltung, zum Gedankenaustausch. Man haßte mich, ich war für die anderen ein intellektueller Snob. Meine Freunde waren die Lehrer. Nach sechs Monaten wurde es besser, ich wurde allmählich akzeptiert.» Ein geistesgestörter Student war sogar mit einer Pistole ertappt worden, mit der er nicht nur Bernstein, sondern auch die Lehrer Thompson und Reiner erschießen wollte. Im Laufe der Zeit hatten schließlich die Zöglinge des Instituts Freude an Brillanz, Geist und Fähigkeiten des vielseitigen Lenny Bernstein gewonnen und fingen sogar an, ihn zu bewundern.

Bereits während seines ersten Semesters wurde Lenny eine größere Aufgabe zugewiesen, seine erste Aufgabe als Dirigent eines veritablen Sinfonieorchesters und dazu als Dirigent eines ihm noch unbekannten zeitgenössischen Werkes. Er sollte das Studentenorchester vorbereiten und dirigieren. Das ausgewählte Werk war die Zweite Sinfonie von Randall Thompson, Direktor der Hochschule und Bernsteins Lehrer und Freund. «Zuerst war mir schrecklich bange», erinnert er sich, «doch nach gründlicher Vorbereitung gelang die Aufführung so gut», daß es ihm «das natürlichste Ding in der Welt» erschien, auf dem Podium zu stehen und zu dirigieren.

Der 21jährige Bernstein hatte eine gute professionelle Bildung als Pianist und vervollkommnete sich durch seine Arbeit bei Isabelle Vengerova. Er hatte sich im Komponieren versucht und bei Freunden und Musikern Zustimmung gefunden, als er ihnen seine ersten Klavierstücke vorspielte. Fritz Reiner war mit seinem Erfolg als Dirigent der Thompson-Sinfonie zufrieden. Musik mußte sein Lebensinhalt bleiben, und einen Musikerberuf mußte

er ausüben. Wie sollte es weitergehen? Er nahm an verschiedenen Wettbewerben teil, die ihm eine Chance zum Weiterkommen, für ein Engagement, zu versprechen schienen – ohne Erfolg. Wenn man bedenkt, wieviel in heutiger Zeit von Dirigenten, Pianisten, Sängern, Komponisten und anderen gesprochen wird, die erste Preise in diesem oder jenem Concours gewonnen haben – und die jungen Musiker sind heute geradezu wild darauf, sich an internationalen Wettbewerben zu beteiligen –, kann man nur auf einige der größten heute bewunderten Komponisten und Interpreten hinweisen, die sich niemals an einem Concours beteiligt hatten oder nie von einer Jury für preiswürdig befunden wurden. Leonard Bernstein gehört zu diesen: Er nahm an Wettbewerben teil und gewann niemals einen Preis, außer in einem Fall, in dem er als zweiten Preis ein Weekend in Tanglewood gewann, wo er sowieso den Sommer als Dirigierstudent verbrachte. Dort «gewann» er einmal das Recht, das Boston Pops Orchester mit dem «Meistersinger»-Vorspiel zu dirigieren. Auch als Komponisten blieb ihm ein Preis versagt, nachdem er nach tage- und nächtelanger Kopierarbeit die Partitur seiner «Jeremias»-Sinfonie im letzten Moment im New England Conservatory of Music in Boston für einen Wettbewerb ablieferte.
Nach Tanglewood kam Leonard Bernstein auf Empfehlung von Dimitri Mitropoulos und Fritz Reiner im Sommer 1940, in den Ferien nach dem ersten Jahr am Curtis Institute. Sergei Koussevitzky, der große Dirigent und Mäzen, Förderer zeitgenössischer Komponisten und junger Musiker, hatte beschlossen, dem seit sechs Jahren jeden Sommer veranstalteten Berkshire Symphony Festival ein Ferien-Musikzentrum anzugliedern. 1934 hatte der Komponist und Dirigent Henry Hadley (Kimball) – 1871 geboren, der zweiten Generation der «New England Composers» angehörend – in Stockbridge, Massachusetts, ein sommerliches Berkshire Symphony Festival organisiert; im Sommer darauf begann Koussevitzky in Tanglewood Konzerte mit dem Bostoner Sinfonieorchester zu geben, dessen Leiter er seit 1924 (und bis 1949, zwei Jahre vor seinem Tod) war. Tanglewood ist ein großer, landschaftlich reizvoller Besitz in den Berkshires im Staate Massachusetts. Inmitten einer hügeligen Landschaft breitet sich eine grüne Ebene

aus; auf dem sie überblickenden, ansteigenden Hügel liegt der Besitz mit der Villa Koussevitzkys («Seranak» – nach Sergei und Natalia Koussevitzky, der ersten Frau des Dirigenten). Unterhalb der Ebene steigt man dann einen kleinen Wald zu einem kleinen See hinunter. Koussevitzky ließ an beiden Flanken der grünen Wiesen nach außen offene muschelförmige Hallen bauen, die eine sechstausend Plätze fassend, die andere intimer, um dort Orchesterkonzerte und Musik für kleinere Ensembles aufführen zu können. Von 1935 bis 1940 leitete er dort nur das Sommerfestival des Bostoner Orchesters. Dann beschloß er, dem Festival ein Musik-Zentrum anzuschließen. Dort sollten junge Interpreten und Komponisten sechs Wochen lang mit großen Meistern studieren und die Möglichkeit haben, Orchester zu dirigieren sowie eigene Werke aufgeführt zu hören. So eröffnete er in Tanglewood am 8. Juli 1940 das Berkshire Music Center, unter eigener Leitung und mit Aaron Copland als Vizedirektor. Im Laufe der Jahre kamen auf seine Einladung an die Kompositionsabteilung des Zentrums Paul Hindemith, Arthur Honegger, Olivier Messiaen und Darius Milhaud. Koussevitzky leitete die Meisterklasse für Dirigenten und suchte drei junge Leiter für ein Studentenorchester. Leonard Bernstein hatte es leicht, aufgrund der Empfehlungen von Mitropoulos und Reiner, für eine der drei Stellen angenommen zu werden. Es entwickelte sich bald eine Freundschaft zwischen Koussevitzky und dem aufstrebenden, begabten und temperamentvollen «Lenyushka» – wie Koussevitzky ihn nannte. Bald nach dem Beginn der Konzertwochen ließ Koussevitzky ihn das Werk dirigieren, das Bernstein als erstes sinfonisches Werk in seinem ersten Semester am Curtis Institute als Aufgabe erhalten hatte: Randall Thompsons Zweite Sinfonie. In Privatunterricht und Proben waren Dirigent und Orchester glänzend vorbereitet, und die Aufführung war ein großer Erfolg. Zwei Sommer lang vervollkommnete sich Leonard Bernstein in Tanglewood – 1940 und 1941 – der Sommer 1941 folgte dem Abschluß seiner Studien am Curtis Institute. 1942 wurde er Koussevitzkys Assistent in Tanglewood und begann selbst zu unterrichten. Die sechs bis sieben Wochen des Berkshire Music Festivals waren so eingeteilt, daß drei Wochen nur dem Unterricht in den verschiedenen Klassen – Dirigieren, Kammermusik, Chor, Ensembles, Komposition – gewidmet waren, und der Rest der Zeit neben dem Meisterklassenunterricht für Festkonzerte reserviert blieb, zu denen Musikliebhaber zum Teil von weither anreisten, vor allem an den Wochenenden.

Den Winter 1941/42 verbrachte der nun 23jährige Bernstein in New York und versuchte, sich als Klavierlehrer zu etablieren. Aber die Zeiten waren für Klavierlehrer nicht günstig: Mit dem Überfall auf Pearl Harbor hatte der Weltkrieg entscheidend auf die Vereinigten Staaten übergegriffen. So war auch der Sommer 1942 der letzte Sommer der Tanglewood-Festwochen; sie wurden erst nach Beendigung des Krieges wieder aufgenommen. Leonard blieb nichts weiter übrig, als für sich eine regelrechte Arbeitsstelle zu suchen. Er hatte inzwischen eine Klarinettensonate komponiert und begonnen, einen «Klagegesang des Jeremias» («Lamentations») nach dem originalen hebräischen Text zu komponieren, ein Stück, das später zum Finalsatz der «Jeremias-Sinfonie» wurde, die keinen Preis bei dem erwähnten Kompositionswettbewerb des New England Conservatory gewinnen konnte. Eine bezahlte Arbeit fand er schließlich bei dem Musikverleger Harms Inc., bei dem er Klavierarrangements zum Druck vorbereitete und selbst einige Melodien veröffentlichen ließ – er benutzte dabei den Decknamen *Lenny Amber* (Amber ist englisch für Bernstein; der Name kehrt später wieder in Bernsteins eigenem Organisations- und Verlagsunternehmen «Amberson Enterprises»). Sonst hat Leonard Bernstein stets zu seinem ursprünglichen Namen gehalten. Sein jüngerer Bruder berichtet, daß der Vater Samuel fürchtete, Leonard könne dem Judentum untreu werden; er verurteilte Koussevitzky, der als geborener russischer Jude – wie Sam einer war – sich hatte taufen lassen. Koussevitzky hatte tatsächlich vorgeschlagen, daß sich «Lenyushka» besser Leonard S. Burns (S. für Samuelowitsch) nennen sollte, aber Lenny lehnte dies ab. Einige Jahre vorher, als Leonard Bernsteins Name noch nicht in die Schlagzeilen gekommen war, emigrierte ein Dirigent desselben Namens nach Amerika, wo er seinen Namen in «Byrns» änderte, weil Musikmanager ihm sagten, man «könne mit dem Namen Bernstein in Amerika keine Karriere machen» (!)

Obwohl 1943 des Krieges wegen keine Festwochen mehr in Tanglewood stattfanden, besuchte Lenyushka seinen Freund und Meister Koussevitzky in dessen Villa und erfuhr dort, daß der neugewählte Direktor der New Yorker Philharmoniker, Arthur Rodzinski, ihn gerne kennenlernen möchte. Rodzinski verbrachte den Sommer auf einer Farm im nahegelegenen Stockbridge, wo ihn Bernstein an seinem 25. Geburtstag besuchte. Dort erfuhr er, daß Rodzinski ihn als seinen Assistenten bei den New Yorker Philharmonikern engagieren wollte; da er ihn bereits in Tanglewood als Dirigenten erlebt hatte, verlangte er von ihm keine Dirigierprobe mehr.
Die Assistentenstelle war mit einem angemessenen Gehalt dotiert, aber nur selten tritt ein Assistent wirklich in Erscheinung, wenn auch sein Name auf allen Programmen des Orchesters neben dem Chefdirigenten erscheint. Doch Leonard Bernstein hatte daneben für die Zukunft einige hoffnungsvolle Engagements: Fritz Reiner hatte ihm eines seiner Orchesterkonzerte in Pittsburgh für den Januar 1944 reserviert und ihm zugesagt, daß er in diesem Rahmen seine «Jeremias»-Sinfonie als Uraufführung dirigieren könne. Koussevitzky, der von der Partitur der Sinfonie zuerst nicht begeistert schien, wollte ihn die Sinfonie einige Monate darauf in Boston dirigieren lassen. Und in New York sollte die Sängerin Jennie Tourel in ihrem Debüt-Recital einen Liederzyklus von Leonard Bernstein mit dem Komponisten am Klavier zur Uraufführung bringen.
Die bis zu ihrem Tod 1973 währende Freundschaft zwischen Jennie Tourel und Lenny Bernstein hatte in Tanglewood begonnen, und wir erinnern uns daran, wie Jennie uns ihr erstes Treffen mit Lenny beschrieb. Jennie war wie Koussevitzky russischer Abstammung; obwohl sie in vielen Sprachen – französisch, englisch, italienisch, deutsch, russisch, hebräisch – fast akzentfrei sang, war in ihrem Sprechen in allen Sprachen der russische Akzent unverkennbar. Koussevitzky schickte sie eines Tages in das Studio Bernsteins, weil er wollte, daß sie sich kennenlernten und miteinander musizierten; «Lenyushka» sollte Jennie bei einer öffentlichen Gelegenheit am Klavier begleiten. Jennie erzählte: «Ich klopfte an die Tür des Studios, ging hinein und fand Lenny am Klavier in

eine Partitur versunken. ‹Ich bin von Koussevitzky geschickt, um mit Ihnen zu musizieren!› Lenny schaute mich an, und ich ging ans Klavier, um mir die Noten anzusehen, die da lagen. Es waren Lieder, ein Manuskript. ‹Darf ich die Lieder sehen? – Ah, das sind Lieder von Ihnen? Darf ich probieren sie zu singen?› Darauf Lenny, meinen Akzent spöttisch imitierend: ‹Sie – *meine* Lieder? Ausgeschlossen! Das sind amerrrikanische Songsss – und *Sie* mit Ihrem rrrussischen Akssent?› Ich nahm das Manuskript in die Hand und begann zu singen, und Lenny stimmte sofort ein und begleitete mich. Ich sang alle Lieder des Zyklus durch. Als wir fertig waren, sprang er auf und umarmte mich.» Jennie Tourel wurde seine bevorzugte Interpretin für seine eigenen Werke vor allem und für die Soli in Gustav Mahlers Sinfonien.

Der Liederzyklus war «I hate Music», fünf «Kid Songs», die 1943 komponiert waren. In Lenox, Massachusetts, der Tanglewood nächstgelegenen kleinen Stadt, sang am 24. August 1943, einen Tag vor dem überraschenden und folgenreichen Treffen mit Arthur Rodzinski, einen Tag vor Leonard Bernsteins 25. Geburtstag, Jennie Tourel die Uraufführung des Zyklus mit dem Komponisten am Klavier. Für den 13. November desselben Jahres war die erste Aufführung in größerem Rahmen vorgesehen: in New Yorks Town Hall. Leonard Bernstein hatte kurz vorher seine Stellung als *Assistant Conductor* bei Arthur Rodzinski und den New Yorker Philharmonikern angetreten. Lenny hielt sein eigenes Debüt als Pianist in New Yorks Konzertsaal und die dortige Premiere eines eigenen Werks für so wichtig, daß er seine Familie bat, nach New York zu kommen. Bevor das Konzert – es war an einem Samstagabend – begann, hatte Leonard Bernstein noch einen ziemlich aufregenden Besuch, doch er ließ sich nichts anmerken. Bruno Zirato, Mitglied des Managements der Philharmoniker, hatte ihm mitgeteilt, daß Bruno Walter, Gastdirigent der kommenden Woche, mit einem schweren Grippeanfall in seinem Hotel liege und möglicherweise sein Sonntagnachmittags-Sinfoniekonzert in der Carnegie Hall nicht werde dirigieren können. Der Chefdirigent Rodzinski war informiert, aber er war in seinem Haus in Stockbridge, und es hatte in den letzten Tagen so stark geschneit, daß gar nicht daran zu denken war, daß er nach New

THE PHILHARMONIC-SYMPHONY SOCIETY

1842 **OF NEW YORK** 1878

CONSOLIDATED 1928

ARTUR RODZINSKI, Musical Director

1943 ONE HUNDRED SECOND SEASON 1944

CARNEGIE HALL

SUNDAY AFTERNOON, NOVEMBER 14, 1943, AT 3:00

4025th Concert

Under the Direction of

~~BRUNO WALTER~~

LEONARD BERNSTEIN Substitute

PROGRAM

SCHUMANN Overture to "Manfred," Op. 115

MIKLOS ROZSA Theme, Variations and Finale, Op. 13

INTERMISSION

STRAUSS "Don Quixote" (Introduction, Theme with Variations and Finale) ; Fantastic Variations on a Theme of Knightly Character, Op. 35

Solo 'Cello: JOSEPH SCHUSTER
Solo Viola: WILLIAM LINCER

WAGNER Prelude to "Die Meistersinger"

ARTHUR JUDSON, Manager BRUNO ZIRATO, Associate Manager

THE STEINWAY is the Official Piano of The Philharmonic-Symphony Society

COLUMBIA AND VICTOR RECORDS

ORCHESTRA PENSION FUND—*It is requested that subscribers who are unable to use their tickets kindly return them to the Philharmonic-Symphony Offices, 113 W. 57th St., or to the Box Office, Carnegie Hall, at their choice either to be sold for the benefit of the Orchestra Pension Fund, or given to the uniformed men through the local organizations instituted for this purpose. All tickets received will be acknowledged.*

"Buy War Bonds and Stamps"

Das Programm zu dem Konzert, das Bernstein für den erkrankten Bruno Walter dirigierte

York gelangen könnte. Jennie Tourel und ihr Begleiter, der Komponist des Liederzyklus, hatten riesigen Erfolg mit ihrem Recital, und die Eltern waren glücklich. Sie gingen in ihr Hotel zurück, und Lenny und Jennie Tourel feierten mit Freunden in Jennies Wohnung bis in die frühen Morgenstunden. Bruno Zirato und die Philharmoniker waren fast vergessen, und Lenny hatte auch keine Angst vor Eventualitäten, weil er die Partituren für das Konzert kannte und bei allen Bruno-Walter-Proben «ex officio» assistiert hatte.

Am Morgen läutete das Telefon. Es war Bruno Zirato: «Bruno Walter ist zu elend, um heute nachmittag zu dirigieren, und Arthur Rodzinski schafft es nicht, herzukommen.» Leonard Bernstein mußte dirigieren, und es gab keine Möglichkeit für eine Orchesterprobe. Nach wenigstens einer kurzen Besprechung mit dem noch bettlägerigen Bruno Walter erschien Leonard Bernstein auf dem Podium der Carnegie Hall in einem Konzert, das durch Rundfunk in ganz Amerika verbreitet wurde und wahrhaft *amerikanische Musikgeschichte* machte. Als Bruno Zirato ansagte, daß Maestro Bruno Walter erkrankt sei, «wir alle aber das Debüt eines jungen Dirigenten erleben werden, der in unserem Land geboren, erzogen und ausgebildet ist», ging ein Raunen durch die Reihen, und einige Konzertbesucher verließen sogar den Saal.

Das Programm des Konzerts war genau jenes, das Bruno Walter hätte dirigieren sollen: Robert Schumanns «Manfred»-Ouvertüre, «Thema, Variationen und Finale» des aus Ungarn emigrierten Miklós Rózsa, «Don Quixote» von Richard Strauss und Richard Wagners «Meistersinger»-Vorspiel. Der Applaus für Bernstein steigerte sich von Stück zu Stück, und die Orchestermitglieder applaudierten begeistert mit. «Das Haus brüllte wie ein Riesentier in einem Zoo. Das war wohl das lauteste menschliche Geräusch, das ich je gehört hatte», erinnert sich Burton Bernstein, der damals elf Jahre alt war (Burton Bernstein, S. 146 f.). «Ich kann diese Geschichten kaum noch hören: ‹Er sprang für den kranken Bruno Walter ein ...›», sagte Lenny einmal später, als er über seine ersten professionellen Tätigkeiten sprach. Doch die *Story* wurde für ihn und sein weiteres Leben wichtig. «Es ist eine schöne amerikanische Erfolgsstory», schrieb die *New York Times*. Sie widmete dem

Ereignis einen Leitartikel – am 16. November 1943 – unter der Überschrift: «Eine alte und ewig neue Geschichte». «Es gibt viele Variationen einer der sechs besten Geschichten der Welt: Der junge Korporal übernimmt den Zug, wenn alle Offiziere kampfunfähig sind; der Kapitän, mit dem toten Admiral an seiner Seite, gibt der Flotte das Zeichen: Vorwärts!; die junge Schauspielerin, frisch aus Corinth oder Aschtabula, springt für den Star der Vorstellung ein; der Kontorist, allein im Büro, trifft die spontane Entscheidung, welche die Firma vor dem Bankrott rettet. Das Abenteuer Leonard Bernsteins, des 25jährigen Assistenten des Chefdirigenten der Philharmoniker, der am Sonntag nachmittag munter das Podium der Carnegie Hall bestieg, als der Dirigent Bruno Walter krank geworden war, gehört in diese Reihe. Die Korporale und Kapitäne müssen tapfer sein, die junge Schauspielerin hübsch und begabt, der Büroangestellte tatkräftig. Ebenso mußte Mr. Bernstein etwas von einem Genie in sich haben, um seine Gelegenheit voll auszunützen. Dies ist eine gute amerikanische Erfolgsstory. Ihr warmer, freundlicher Triumph füllte die Carnegie Hall und wurde weit über die Wellen des Äthers getragen.»

Burton Bernstein berichtet, daß die sensationshungrige Presse auch allerlei abstruse Geschichten erfand. So druckte eine Bostoner Zeitung eine Überschrift, daß der Vater wegen des Erfolgs seines Sohnes tränenüberströmt gesagt habe, sein Sohn sei sein Beitrag für ein Amerika, das alles für ihn getan hätte, und verstieg sich sogar zu der Behauptung, Papa Bernstein habe mehr als 12 000 Dollar für die Ausbildung des Sohnes zahlen müssen, aber er sei das wert gewesen.

Es blieb nicht bei diesem ersten Triumph anläßlich eines gänzlich unvorbereiteten und glänzend absolvierten Konzerts. Zwei Wochen nach dem «historischen» 14. November ließ Arthur Rodzinski Lenny Ernest Blochs «Poèmes Juifs» dirigieren, und am 16. Dezember sprang Bernstein wieder für einen erkrankten Dirigenten, Howard Barlow, ein. Im Frühjahr des folgenden Jahres leitete er weitere Konzerte der New Yorker Philharmoniker.

Als Komponist war Lenny, wie ihn nun ganz Amerika nannte, bisher nur in kleinerem Rahmen aufgetreten. Seine Sonate für

Klarinette und Klavier war im April 1942 in Boston uraufgeführt worden, sein heiterer Liederzyklus hatte in Lenox und dann in der Town Hall in New York freundliche Aufnahme gefunden. Der erste große Erfolg kam mit der Aufführung der Jeremias-Sinfonie in Pittsburgh im Januar 1944, mit Jennie Tourel als Solistin, mit der er das Werk später auch in New York zur Aufführung brachte. Dem breiteren Musikpublikum wurde er mit einem Schlage bekannt, als im April sein Ballett «Fancy Free» in New York zum ersten Mal in Szene ging. Wie viele seiner Erfolge war die Entstehung dieser erfolgreichen Ballettmusik einem Zusammentreffen von Zufällen zu verdanken. Wir können die Ereignisse aus Erinnerungen Leonard Bernsteins und Antal Doratis, des damaligen musikalischen Leiters des Ballet Theatre (das heute American Ballet Theatre heißt), rekonstruieren.

«Eines Tages», schreibt uns Antal Dorati, «kam Jerome Robbins, der Choreograph des Ballet Theatre, zu mir und trug mir seine Idee eines Balletts vor, das von drei Matrosen auf Landurlaub handelte. Mir gefiel seine Story sehr gut, und ich begann, mich nach einem Komponisten umzusehen, der die Musik dazu schreiben könnte. Doch ich hatte kaum Zeit, mir zu überlegen, wen ich damit beauftragen wollte, als Jerry wiederkam und mir die Nachricht brachte, daß er den Komponisten gefunden habe: den jungen Leonard Bernstein.»

Wie Jerome Robbins und Bernstein zusammenkamen, erzählte uns Lenny: «Ich hatte mein Studio im Gebäude der Carnegie Hall und war bei der Arbeit, als es an meiner Tür klopfte. Es war Oliver Smith, der mit Lucia Chase das Ballett-Theater gegründet hatte und leitete und sein Bühnengestalter war. Er stellte mir den Choreographen Jerome Robbins vor, der mich für eine Ballett-handlung interessieren wollte, die er für das Theater entworfen hatte. Oliver Smith und Jerome Robbins hatten sich im Central Park getroffen, und Robbins hatte von seinem Ballett erzählt und daß er eine Musik dafür bestellt hätte, der Komponist aber nicht das geliefert habe, was er sich gedacht hatte – die Musik gefiel ihm nicht. Oliver Smith hatte ihm daraufhin vorgeschlagen, mit ihm zu mir zu gehen – Carnegie Hall war ja nur wenige Minuten vom Central Park entfernt. Die Ballетthandlung beeindruckte mich sehr. Ich improvisierte einige Minuten auf dem Klavier, und Jerry sagte gleich, ich sei der Komponist für ihn.»

Antal Dorati berichtet weiter: «Leonard Bernsteins Name war mir bekannt als *Assistant Conductor* der New Yorker Philharmonie. Wir Musiker wußten bereits, daß er ein sehr vielversprechender Dirigent war, und hatten auch gehört, daß er komponierte. Er bewies bald seine Fähigkeiten auf beiden Gebieten – doch damals war all das, wie ich sagte, eine Hoffnung. Ich hatte ihn noch nicht kennengelernt und Robbins gebeten, mit ihm zu einer Besprechung zu mir zu kommen. Nach einigen Tagen besuchten sie mich in meiner bescheidenen Wohnung 108 East 82nd Street, und Leonard brachte etwas Notenpapier mit, auf dem die ersten Szenen des geplanten Balletts bereits skizziert waren. Er spielte mir am Klavier vor, was er geschrieben hatte, brillant und eindrucksvoll, und improvisierte etwas, was später folgen sollte. Nach diesem *Vorspielen* gab ich die Musik bei ihm in Auftrag, und wir feierten das mit einem Drink. Wenige Wochen später war ‹Fancy Free› fertig, einstudiert und aufgeführt, mit dem Erfolg, der Geschichte machte. Es war – ich mag das Wort zwar nicht, doch gibt es kein besseres – ein *Hit*. Lenny dirigierte selbst die Premiere im (alten) Metropolitan Opera House und eine ganze Reihe von Wiederholungsaufführungen in New York und die Premiere in Boston. Sein Dirigieren war so, wie wir es heute kennen: so kompetent wie atemberaubend. Seine Musik, die ja heute auf Schallplatten zu hören ist und hoffentlich bald wieder mit dem Ballett zusammen in Neuaufführungen auf der Bühne zu sehen sein wird, ist aufregend, unmittelbar, erfrischend. Die Neuartigkeit der Ballettmusik – und das Ballett – rief viel Interesse hervor. Ich erinnere mich, daß Rodzinski, Leonards Chef an der Philharmonie, vielen Proben beiwohnte und daß die junge Musikwelt von damals in den Aufführungen zu sehen war. All dies passierte kurz nachdem Leonards ‹Jeremias› uraufgeführt worden war und nachdem er für den kranken Bruno Walter einsprang – was Leonards Lebensweg und den Lauf der amerikanischen Musikgeschichte veränderte.» Und Dorati fügt (1982) hinzu: «Es ist schwer glaublich, daß seitdem an die vierzig Jahre vergangen sind; Erinnerungen an jene Tage sind so frisch wie die Blumen, die jetzt in meinem Garten wachsen. Einige von ihnen habe ich hiermit zu seinem Geburtstag zu einem Strauß gebunden und sende sie ihm mit einer herzlichen und freundschaftlichen Umarmung.»

Es war dabei gar nicht so einfach für Bernstein gewesen, seine Musik mit den Theaterleuten und mit Jerome Robbins abzustimmen. Er selbst war 1944 bereits viel unterwegs; Jerome Robbins war mit dem Ballett-Theater auf Tournee, und Oliver Smith war in Mexiko. Partiturseiten wurden von Ort zu Ort geschickt, manchmal mit Hilfe von Tonaufnahmen durchtelefoniert, bis alles koordiniert war. Hatte die «Jeremias»-Premiere in Pittsburgh bereits große Publikumszustimmung und warme Reaktion der Presse hervorgerufen, so wurde «Fancy Free» bei seiner Premiere (18. April 1944) von der Kritik als «ein kleines Genre-Meisterwerk seltener Art» und als «ein perfektes amerikanisches Charakterballett» bezeichnet. «Fancy Free» erreichte im Lauf eines Jahres mehr als 200 Aufführungen, darunter zwei Wochen lang im Hollywood Bowl in Kalifornien. Viele dieser Aufführungen leitete der Komponist selbst und dirigierte zwischendurch auch Konzerte in verschiedenen amerikanischen Städten, wobei er gelegentlich auch als Klaviersolist auftrat. Seitdem hat er ein außergewöhnlich hektisches Leben nie wieder aufgegeben, sich nur selten einmal wirkliche Ferien gegönnt. Er dirigierte, komponierte, hielt Vorträge, konzertierte am Klavier und blieb weiter auf allen seinen Gebieten tätig. 1944 spielte er auch zum ersten Mal öffentlich seine Klaviersuite «Seven Anniversaries», Geburtstagsgrüße und Gedenken an sieben ihm liebe Freunde; die Stücke waren im Jahre vorher komponiert worden.

Eine kurze erzwungene Arbeitspause brachte noch im selben Jahr ein neues Werk hervor. Bernstein hatte sich einer Operation unterziehen müssen, und der Zufall – der so oft eine Rolle spielte in seinem Leben – wollte es, daß der Freund Adolph Green zur gleichen Zeit ins Hospital eingeliefert wurde. Sie konnten es einrichten, zwei nebeneinanderliegende Zimmer zu bekommen, und es entwickelten sich lebhafte Gespräche und ein Gedankenaustausch. Kurz vorher hatten Bernstein, Green und Betty Comden beschlossen, die Handlung des Balletts «Fancy Free» als Grundlage für ein Musical zu benutzen; Bernstein begeisterte sich dafür, selbst einmal ein *Broadway-Musical* zu komponieren. Das Hospital bot nun die Gelegenheit zu ausführlichen Besprechungen, und bald waren Libretto und musikalische Grundideen fertig. Am 28. Dezember 1944 fand die New Yorker Premiere von «On the Town» statt, mit Choreographie von Jerome Robbins; Oliver Smith und Paul Feigay waren die Produzenten, und das Musical wurde ein großer Erfolg.

Leonard Bernstein konnte sich seit seinen ersten spektakulären Erfolgen vor Interviewern, Aufträgen, Engagements und Briefschreibern nicht mehr retten; die wenigen Engagements und Aufträge, die er annehmen konnte und wollte, brachten ihm ein schönes Jahreseinkommen ein. Er bedurfte jetzt einer administrativen Hilfe. Seine frühere Klavierlehrerin, inzwischen gute Freundin, Helen Coates war bereit, von Boston nach New York zu übersiedeln: seit 1944 ist sie seine Sekretärin geblieben. Die Erfolge begannen den bis heute trotz allem Ruhm nie selbstzufriedenen Bernstein zu überwältigen; ein früher Biograph hörte ihn damals sagen: «Ich konnte es gar nicht begreifen, daß all dies *mir* passierte. Ich glaubte überhaupt nicht, daß *ich* das war. Ich – eine Berühmtheit!» (EWEN 1967, p. 83).

Um in der Wahl seiner Aufgaben etwas freier zu sein, gab Bernstein seinen Posten bei den Philharmonikern nach nur einem Jahr auf und ging weiterhin als Gastdirigent in verschiedene amerikanische Städte. Doch im Herbst 1945 nahm er wieder eine feste, ihn reizende Stelle an: Er wurde Chefdirigent des im Jahr zuvor von New Yorks Bürgermeister Fiorello La Guardia und dem Dirigenten Leopold Stokowski gegründeten städtischen Orchesters (New York City Symphony) und bekleidete diesen Posten drei Jahre lang. Er machte seine Konzerte besonders attraktiv durch vielseitige Programmplanung und die Aufführung von Meisterwerken der zeitgenössischen Musik, von Strawinsky, Bartók, Berg, Hindemith, Milhaud, Chavez, Marc Blitzstein und anderen Komponisten der Epoche. Dazwischen fand er weiter Zeit, in anderen Städten zu gastieren, und 1946 verließ er Amerika zum ersten Mal und dirigierte Orchesterkonzerte in Europa.

Am 15. und 16. Mai nahm er am Internationalen Musikfest in Prag teil, das zu Ehren des 50jährigen Bestehens des Tschechischen

Philharmonischen Orchesters veranstaltet wurde. Charles Münch repräsentierte Frankreich, Sir Thomas Beecham England und Leonard Bernstein war als Repräsentant der Vereinigten Staaten eingeladen worden. Sein erstes Programm begann mit William Schumans Amerikanischer Festouvertüre und enthielt Essay No. 2 von Samuel Barber, die Dritte Sinfonie von Roy Harris, «El Salón México» von Aaron Copland und «Rhapsody in Blue» von George Gershwin mit Eugene List als Solopianisten. Im zweiten Programm wurden die sinfonischen Werke mit Ausnahme der Gershwin-Rhapsodie wiederholt, und Bernstein brachte seine eigene «Jeremias»-Sinfonie zur Aufführung.

Kaum zurück in New York, flog Leonard Bernstein nach London. An den dort verbrachten Monat erinnert er sich besonders lebhaft: «Ich hatte eine schwere Zeit. Das Orchester, die Londoner Philharmoniker, war erst zur Hälfte demobilisiert, die Soldaten waren nach dem Krieg noch nicht aus der Armee entlassen. Das war für das Orchester nicht gut, und London war noch in einem schrecklichen Zustand. Es gab nur sehr wenig zu essen und zum Anziehen, und es war schwierig, Konzerte zu geben, denn es gab keinen richtigen Konzertsaal: Die Queen's Hall war zerbombt worden, eine neue Konzerthalle – die Festival Hall – war noch nicht gebaut, so blieb nur die riesige Albert Hall. Das Orchester spielte nicht sauber, weil soviele Ersatzleute darin waren. Es gab keine Zeitungen und keine Anzeigen, die Konzerte ankündigten, oft hatten die Zeitungen nur zwei Seiten. Die Lage war gar nicht gut. Ich erinnere mich, ich kam Anfang Juni in London an. Ich hatte New York inmitten einer Hitzewelle verlassen, schrecklich heiß, und in London war es eiskalt, wie am Nordpol. Und so blieb es den ganzen Juni über. Ich versuchte, mit den Londoner Philharmonikern zu arbeiten, viele junge Leute waren unter ihnen, und ich versuchte ihnen amerikanische Musik beizubringen, von der sie natürlich noch nie gehört hatten: ‹Appalachian Spring› war das erste Stück. Es war schwierig, sie diese Rhythmen zu lehren – heute ist das kein Problem mehr, man spielt so ein Werk wie eine Haydn-Sinfonie. Dabei war es so kalt, und ich litt unter der Kälte. Man konnte nirgends einen Schal oder ein paar Handschuhe oder einen Sweater kaufen – es gab einfach nichts, und ich hatte New

York mit meiner Sommerkleidung verlassen, da es so heiß war ... Es war das erste Mal, daß ich für einen ganzen Monat in Europa war, und ich wurde ernstlich krank und dachte, Erich Leinsdorf müßte einspringen und meine Konzerte dirigieren. Schließlich lag ich mit hohem Fieber im Bett. Vom englischen Militär bekam ich Penizillin, das gerade erfunden worden war – das Orchester konnte mir so etwas nicht besorgen. Das hat mir das Leben gerettet – ich hatte todkrank im Hyde Park Hotel gelegen. Und das sollte mein erstes großes Debüt in Europa mit amerikanischer Musik sein ...

‹Appalachian Spring› war das einzige amerikanische Stück, das ich in London spielen durfte. Um den Saal zu füllen, mußte man Dinge im Programm haben wie das Klavierkonzert von Grieg mit der Pianistin Eileen Joyce und den ‹Liebestod› von Wagner mit Marjorie Lawrence, die im Rollstuhl sang – nur so konnte man ein Publikum für das Konzert gewinnen, für ‹Appalachian Spring› wäre es nicht erschienen. Aber auch kaum für Schumann oder Schubert – mit einem unbekannten Dirigenten. Man brauchte berühmte Namen und Grieg und ‹Liebestod›. Ich war ja gänzlich unbekannt, und es gab keine Zeitung, die das Konzert ankündigen konnte. Das Orchester war sehr schlecht, ganz unrein in der Intonation, obwohl ich schrecklich hart mit ihnen gearbeitet hatte, vor allem um ‹Appalachian Spring› bekanntzumachen.»

Im Palmenhain in Ein Gev, Mai 1947

Soweit Leonard Bernsteins eigene Erinnerungen. Seine beiden Konzerte fanden am 16. und am 21. Juni statt, und entgegen seiner Annahme, es hätte keine Zeitungen gegeben, brachte zum Beispiel die Londoner «Times» nicht nur die Vorankündigung der Konzerte sondern am Montag, 17. Juni, auch eine Besprechung über das erste Konzert – in einer Ausgabe, in der ausführlich Platz den Wirren der Zeit gewidmet war: Atompläne in den Vereinigten Staaten, die Aufnahme von Handelsbeziehungen zwischen den Zonen in Deutschland, eine internationale Konferenz in Paris über die zukünftigen Beziehungen zu Österreich und Deutschland, Probleme der militärischen Sicherheit der britischen Mandatsregierung in Palästina, wo gerade ein britischer Soldat von Arabern in Gaza erschossen worden war, ein Rekordflug der Fluggesellschaft B.O.A.C. New York–London in elfeinhalb Stunden – das gehörte zu den hauptsächlichen Neuigkeiten des Tages. Aber die «Times» hatte auch Platz für einen Leitartikel über die Zukunft der Oper in London: der Dirigent Karl Rankl war musikalischer Direktor von Covent Garden geworden, dem Schauplatz von Leonard Bernsteins nächstem Auftreten in der Stadt. Über das Bernstein-Konzert berichtet die Zeitung, wie damals noch üblich, ohne Namen des Rezensenten:

«Das Sonntagskonzert des L.P.O. im Stoll-Theater dirigierte Mr. Leonard Bernstein aus New York.

Der erste Teil des Programms bestand aus Werken von heute lebenden Komponisten, der zweite aus Musik aus Opern, unter Mitwirkung der dramatischen Sopranistin Miss Marjorie Lawrence von der Metropolitan Opera. Für alle Werke war ein großes Orchester notwendig, mit vierfacher Verstärkung der Bläser und vier Saxhörnern für Wagner, die das L.P.O. großzügig für sein Publikum engagierte.

Das Temperament Mr. Bernsteins macht ihn augenscheinlich zu einem Wagner-Dirigenten, und es war tatsächlich ein erregendes Erlebnis, nach sieben Jahren Unterbrechung wieder die Schlußszene aus der *Götterdämmerung* zu hören, wie er sie unter seiner leidenschaftlichen Leitung bis zu ihrem Höhepunkt und ihrer Vollendung aufbaute. Er dirigierte auch lebensvolle Wiedergaben von Waltons ‹Portsmouth Point›-Ouvertüre, Richard Strauss' ‹Till

Eulenspiegel› und einem für uns neuen Werk, dem Ballett *Appalachian Spring* seines Landsmanns und Zeitgenossen Aaron Copland. Doch wie alle Dirigenten, die den Gebrauch eines Taktstocks verschmähen, blieb er die höchste Straffheit und Brillanz schuldig – dies machte sich vor allem in der Ouvertüre bemerkbar, denn wie ausdrucksvoll auch immer Schultern und Hände sein mögen, sind sie doch nicht Instrumente der Präzision wie ein Taktstock. Orchester sind beeinflußbar und reagieren auf Anweisungen des Dirigenten, aber sie können nur dann deutlich dem, was sie spielen, Form geben, wenn sie sehen, wo sie sind.
Coplands Ballett hat eine Quäker-graue Art von herber Schönheit. Sein Thema ist die puritanische Weihe eines Hauses pennsylvanischer Einwanderer, und seine Musik ist von – nicht direkt zitierten – Psalmweisen beeinflußt... Das Werk ist charakteristisch amerikanisch – amerikanisch aus New England – in seiner Originalität und in der Zurückhaltung, die beide seiner Quelle der Inspiration entsprechen.»
Das Programm dieses Konzerts in London enthielt Wagners «Götterdämmerungsmusik» anstelle des «Liebestods» – es war das erste Mal, daß Wagner nach Englands Krieg mit Deutschland in London wieder gespielt werden konnte. Leonard Bernsteins Londoner Debüt als Komponist folgte nach seinen Konzerten am 4. Juli: Das Ballet Theatre gastierte in Covent Garden mit «Fancy Free», und Bernstein war der Dirigent.
1946 fanden auch die Festwochen in Tanglewood wieder in großem Maßstab statt und Bernstein dirigierte dort am 6. August die amerikanische Erstaufführung von Benjamin Brittens Oper «Peter Grimes», einem Auftragswerk der Koussevitzky-Stiftung, das im Juni 1945 in Londons Sadler's Wells Theatre uraufgeführt worden war. Im Sommer darauf ließ Koussevitzky Leonard Bernstein zum ersten Mal zwei Tanglewood-Festkonzerte mit dem Bostoner Sinfonieorchester dirigieren, was er vorher keinem anderen Dirigenten gestattet hatte; jedoch hatte Bernstein die Bostoner seit 1944 des öfteren in Gastkonzerten in Boston selbst dirigiert. Es war für ihn und für seine Familie immer ein großes Ereignis, wenn er nach Boston «nach Hause» kam. Von 1948 an konnte er dann überhaupt dem Gastdirigieren mehr Zeit widmen, denn als das

Oben: Bei einer Aufführung von «Jeremias» in Israel, 1947

Unten: Nach einem Freiluftkonzert in der Yesreel-Ebene: Leonard Bernstein spricht zu Kibbuzmitgliedern im Gemeinschaftssaal von Ein-Charod, Mai 1947

Am Tiberias-(Kinneret-)See: «Rosi, Du weißt nicht, wie man Conga tanzt?»

New York City Symphony Orchestra aus Geldmangel aufgelöst wurde, blieb er zehn Jahre lang ohne «eigenes» Orchester. Koussevitzky ließ ihn oft nach Boston kommen und gab ihm freie Hand, viel zeitgenössische Musik – europäische wie amerikanische – in seinen Konzerten aufzuführen. Einerseits bedauerte es Bernstein, ohne ein festes Orchester zu bleiben, mit dem er Programmpolitik planen konnte, andrerseits aber gab ihm die Freiheit von festen Verpflichtungen die Möglichkeit, die kompositorische Seite seines vielseitigen Talents weiter zu entwickeln. Nach der «Jeremias»-Sinfonie, «Fancy Free» und «On the Town» war als größeres Werk nur das zweite Jerome-Robbins-Ballett «Facsimile» 1946 vollendet worden. 1948 begann eine Phase fruchtbarer kompositorischer Arbeit.

Inzwischen aber hatte der noch nicht 30jährige Leonard Bernstein zwei musikalisch und emotionell entgegengesetzte Erlebnisse – das eine erhebend und beglückend für ihn, das andere zutiefst erschütternd. Im Frühjahr 1947 besuchte er zum ersten Mal Palästina – ein Jahr vor der Staatsgründung Israels. Im Jahr darauf folgte er einer Aufforderung, zum ersten Mal nach Deutschland zu kommen, um dort mit einem Ensemble von Instrumentalisten in einem Flüchtlingslager zu musizieren, mit Überlebenden aus den Vernichtungslagern der Naziherrschaft.

Im April 1947 kam er nach Tel Aviv. Mit ihm reisten sein Vater und seine Schwester Shirley. Seit zehn Jahren bestand dort das als Palestine Orchestra 1936 von Bronislaw Huberman gegründete (und nach der Staatsgründung Israel Philharmonic Orchestra genannte) Orchester, dessen erste Konzerte im Dezember 1936 Arturo Toscanini dirigierte – als großzügige Geste des Maestro, der den faschistischen Ländern Europas den Rücken gekehrt hatte. Viele berühmte Musiker hatten in den zehn Jahren das Orchester dirigiert oder mit ihm als Solisten gespielt; Leonard Bernstein kam als Unbekannter, dem ein großer Ruf vorausging. Als er in der letzten Aprilwoche in Tel Aviv eintraf, war Charles Münch Gastdirigent der Philharmoniker, sein letztes Konzert war am 24. April, und auf den 27. April war das erste einer Reihe von Bernstein-Konzerten angesetzt. Um alle festen Abonnenten des Orchesters zu befriedigen, mußte jedes Konzert siebenmal wiederholt werden: Vier Konzerte fanden in Tel Aviv, zwei in Haifa und eines in Jerusalem statt – das war so in den damaligen verhältnismäßig kleinen Sälen; später ist die Zahl der Abonnenten so angewachsen, daß selbst in den großen Sälen Israels die Konzerte jeder Reihe zwölfmal gespielt werden müssen. Das Programm des 27. April sollte Robert Schumanns Zweite Sinfonie, das «Konzert in G» von Maurice Ravel (mit Bernstein vom Klavier aus dirigierend) und die «Jeremias»-Sinfonie enthalten. Das Orchestermaterial der Bernstein-Sinfonie war jedoch in Tel Aviv nicht angekommen, so wurde sie durch Mozarts «Linzer» Sinfonie ersetzt. Erst zum zweiten Konzert, am 29. April, waren die Noten eingetroffen, und die «Jeremias»-Sinfonie mit ihrem hebräischen Bibeltext konnte in dem Lande, in dem Hebräisch die Landessprache ist, zum ersten Mal aufgeführt werden; die Tel Aviver Altistin Edith Goldschmidt sang das Solo im dritten Satz der Sinfonie, und die Aufführung wurde mehrere Male wiederholt. Publikum und Presse äußerten sich enthusiastisch über den Dirigenten, Komponisten und Pianisten Bernstein, und wir konnten damals für die *New York Times* berichten, daß seit Jahren nicht so viel über eine Persönlichkeit gesprochen wurde und seit Toscaninis Zeiten kein Dirigent einen derart triumphalen Erfolg hatte. Leonard Bernstein selbst war von diesem Empfang überwältigt. In einem Interview mit der englischen Tageszeitung *The Palestine Post* (später *Jerusalem Post*) am 2. Mai 1947 sagte er, daß er das Publikum «jede Sekunde fühlen» konnte, obwohl er ihm ja den Rücken zudrehe: «Sie erheben sich mit den *crescendi* und sinken mit den *diminuendi* hinunter – sie sind wie ein Barometer; es gibt nichts Subtileres auf der Welt.»

Das Konzertieren im damaligen Palästina war mit Schwierigkeiten und mit großen Gefahren verbunden. Die britische Mandatsregierung rief eine Kommission nach der andren zusammen, um eine Teilung in ein arabisches und ein jüdisches Land in die Wege zu leiten, doch keine Kommission kam zu Resultaten, die praktikabel oder auch für alle Beteiligten akzeptabel schienen. Überfälle auf Straßen und Siedlungen wie Sabotage in Jerusalem waren an der Tagesordnung, und die Regierung verhängte eine abendliche Ausgangssperre, so daß Konzerte am Nachmittag stattfinden mußten.

Das Orchester hat bei vielen Gelegenheiten Reisen zwischen Tel Aviv und Haifa oder Tel Aviv und Jerusalem in gepanzerten Autobussen machen müssen – das Publikum ließ sich nicht davon abhalten, die Konzerte zu besuchen. Eines von Bernsteins Konzerten fand in einer landwirtschaftlichen Siedlung im *Emek Jesreel* statt, gegenüber den aus der biblischen Geschichte bekannten Gilboa-Bergen. Am Abend des 10. Mai, nach dem Konzert in *Ein Charod* – dem letzten Konzert, das er in Palästina dirigierte – war Bernstein mit seiner Familie und Mitgliedern des Orchesters zu einer Zusammenkunft mit den Siedlern der Kibbuzim Ein Charod und Tel Josef geladen. Sowohl Leonard Bernstein wie auch Vater Samuel hielten kurze, persönlich gehaltene Ansprachen: Leonard auf Hebräisch und Englisch, Samuel in jiddischer Sprache. Auf seinen Fahrten durchs Land besuchte Bernstein auch die Siedlung *Ein Gev* am Tiberias-See (dem biblischen See *Genezaret,* «Kinneret»), die Sergei Koussevitzky später als idealen Ort für die Errichtung eines israelischen Tanglewood bezeichnete: Eine Festivalhalle wurde dann auch gebaut, und Festivals fanden statt, doch das angestrebte Musikzentrum entstand dort nicht.
Bernstein schuf sich damals unter Musikliebhabern und Musikern unzählige Freunde, die seinen weiteren Lebensweg auch treu weiterbegleitet haben. Es gab noch nicht den ungeheueren Trubel, der berühmte Persönlichkeiten auf der Höhe ihres Ruhms – Leonard Bernstein nicht ausgenommen – unweigerlich umgibt. Bei einer der vielen zwanglosen Zusammenkünfte in kleinem Kreis, im Studio der Tanz- und Rhythmiklehrerin Katya Michaeli in Tel Aviv, setzte er sich zu vorgerückter Stunde an ein kleines Pianino und begann das Finalduett aus Richard Strauss' «Rosenkavalier» zu spielen und eine Stimme dazu zu singen. Rosi Gradenwitz, keine professionelle Sängerin, die aber die Oper sehr gut kannte, stellte sich dazu und sang die andere Stimme. Lenny beendete die Szene traumversunken und sprach vor sich hin: «Ich könnte ein *so* guter Operndirigent werden, aber niemand läßt mich ...» Im Sommer davor hatte er zwar schon «Peter Grimes» dirigiert. 1949 ließ ihn Fredric R. Mann eine konzertante Aufführung von Wagners «Tristan und Isolde» in Philadelphias Robin Hood Dell dirigieren – Lauritz Melchior und Helen Traubel sangen die

Titelpartien. Vier Jahre später (Dezember 1953) begann seine Karriere als Operndirigent mit keinem geringeren Debüt als Cherubinis «Medea» am Teatro alla Scala mit Maria Callas in der Titelrolle. An New Yorks Metropolitan Opera dirigierte er erstmals im März 1963 (Verdis «Falstaff»), und 1966 leitete er – wiederum – «Falstaff» an der Wiener Staatsoper; dort folgte auch der «Rosenkavalier» im April 1968.

Bei einer anderen privaten Gelegenheit konnte man tiefliegende Urgründe einer späteren schöpferischen Inspiration miterleben. Während einer gemeinsamen Mahlzeit entstand eine Pause zwischen dem Hauptgericht und dem Dessert, das die Hausfrau aus der Küche holte. Lenny schaute sich um und sah auf einem Notenregal einen erst kürzlich veröffentlichten Klavierauszug einer Oper. Wie von einem Magneten angezogen, stand er auf, holte den Band vom Regal und setzte sich ans Klavier, schlug eine Seite auf und begann zu spielen. Es war die «Good Night»-Szene aus Benjamin Brittens Oper «Rape of Lucretia», die im Juli 1946 in Glyndebourne uraufgeführt worden war. Dies ist die Finalszene des ersten Aktes: Der wollüstige Prinz Tarquinius hat im Hause der Lucretia um Obdach für die Nacht gebeten, Lucretia wagt es nicht, ihm dies abzuschlagen, und die Mägde Bianca und Lucia sollen ihm ein Zimmer bereiten. Bei aller lyrischen Zartheit, die dabei kühl bleibt, ist in der Musik etwas Unheimliches, Unheil Verkündendes zu spüren – und man ahnt, daß sich eine Tragödie anbahnt. Zehn Jahre nach Lennys Besuch bei uns erregte «West Side Story» die Gemüter der musikalischen Welt: In der Balkonszene (Maria und Tony) erklingt zum ersten Mal das schöne lyrische Duett «Tonight», doch auch hier liegt etwas Mysteriöses, Unheimliches in der Luft, und als es am Ende des ersten Aktes wiederkehrt, ist es im Stimmen-Quintett mit der Vorbereitung tragischen Kampfes kontrapunktiert. Musikalisch beginnt die Instrumentaleinleitung von Bernsteins Balkonszene auch mit den selben vier melodisch absteigenden Intervallen, denen Aufstieg und neuerlicher Abfall folgen, wie die – genau wie bei Bernstein *pianissimo* gespielte – Instrumentalbegleitung zu Brittens «Good Night». Ist Lenny der «parallele» Einfall damals gekommen? Er erinnert sich unseres Abends. Die «Lucretia» fesselte ihn dort bereits zum zweiten Mal: Im Jahr vorher hatte er, bevor er England nach seinem Gastspiel verließ, Proben zur Uraufführung von Brittens Oper erlebt.

In Tel Aviv stellte sich Leonard Bernstein auch für ein Konzert der lokalen Sektion der Internationalen Gesellschaft für Neue Musik zur Verfügung. Im zweiten Teil des Sonderkonzerts (in dessen erstem Teil eine Chorsuite von Mordechai Starominsky – der später seinen Namen in Seter hebräisierte – und ein Concertino für Streichquartett von Ödön Partos aufgeführt wurden) begleitete Bernstein am Klavier den Klarinettisten Klaus Kochmann in seiner eigenen Klarinettensonate, gab eine kurze Einführung zum Thema «Nationalismus in der Musik», spielte seine Klavierversion von Coplands «El Salón México» und musizierte mit Mitgliedern der Philharmonie Darius Milhauds «La Création du Monde». –

Bernstein sahen wir im Juni 1948 in dem holländischen Badeort Scheveningen wieder, in dem ein Teil der Konzerte des jährlichen Musikfestes der Internationalen Gesellschaft für Neue Musik stattfand. Der Kursaal von Scheveningen – und sein Publikum – schien eine für zeitgenössische Musik nicht recht eingerichtete Stätte: Im Zentrum des Saales saß etwas fassungslos ein internationales Badepublikum; die Delegierten der Gesellschaft, die aus vielen Ländern der Welt kamen, um neueste Musik zu hören, waren kreisförmig um die Saalmitte plaziert, an den Wänden rundherum. Neue amerikanische Musik war bei diesem Festival durch Roger Sessions und Walter Piston vertreten; es gab auch ein «Wiegenlied» für 29 Streichinstrumente und zwei Harfen des polnischen Komponisten Andrzej Panufnik (Jahrgang 1914); es spielte das Residentie Orkest, das Bernstein bereits ein Jahr vorher in Den Haag geleitet hatte. Im Juli begann eine neue Sommersaison in Tanglewood, und im Oktober kehrte Bernstein für einen ganzen Monat nach Israel zurück.

Im Mai des Jahres hatte er das erschütternde Erlebnis eines Besuchs in einem Flüchtlingslager bei München gehabt. Die amerikanische Militärbehörde war bereit, ihm den Wunsch zu erfüllen, ein Lager zu besuchen; doch wollte sie gleichzeitig, daß er in München selbst ein Konzert leitet. An der Bayerischen Staatsoper war zwei Jahre vorher, im Sommer 1946, Georg Solti musikali-

scher Direktor geworden; Opernaufführungen und Konzerte fanden im Prinzregenten-Theater statt. Sänger und Musiker arbeiteten noch mehrere Jahre nach Beendigung des Krieges unter schwierigsten Bedingungen. Es gab wenig zu essen, im Winter war es schwer, die Wohnungen zu heizen, es gab keine Kleider zu kaufen, und Streiks waren an der Tagesordnung.
Georg Solti hatte ein Konzert für Bernstein arrangiert. Als dieser zu seiner ersten Probe kam, hatten die Orchestermusiker gerade einen Hungerstreik hinter sich und waren nun unwillig, mit einem Dirigenten zu arbeiten, der jung und unbekannt und dazu noch Amerikaner und Jude war. Leonard Bernstein erinnert sich 34 Jahre später genau an diesen seinen ersten – und für lange Zeit letzten – Besuch in Deutschland:
«Das war doch eine unglaubliche Geschichte. Ich wollte ja gar nicht deutsche Orchester dirigieren. Die Gefühle waren ja äußerst gespannt. Doch ich wollte unbedingt die Überlebenden in den Lagern sehen – es gab die beiden Flüchtlingslager in der Nähe von München. Ich weiß, Yehudi Menuhin hatte schon früher für Deutsche und Flüchtlinge gespielt, auch mit Furtwängler, aber ich hatte eine andere Einstellung als er...»
Yehudi Menuhin hatte 1946 und 1947 in Berlin gespielt und erklärte seine Einstellung selbst: «Ich wollte sehr gerne dorthin gehen, um als Jude das Schuldgefühl und die Reue bei den Deutschen wachzuhalten zu versuchen.» Sein Musizieren mit Furtwängler im Nachkriegsdeutschland wurde seinerzeit in jüdischen Kreisen mit Befremden aufgenommen.
«Für mich war das alles ganz neu», fährt Bernstein fort. «Ich wollte nur die Lager in Feldafing und Landsberg bei Dachau sehen. Die einzige Möglichkeit, dorthin zu gelangen, war für mich, der Aufforderung des amerikanischen Militärs nachzukommen, unter dessen Kommando alles ging, und in München ein Konzert des Staatsopernorchesters zu dirigieren. Ich mußte nach München kommen und mit einem Orchester arbeiten, dessen Mitglieder vermutlich alle Parteiangehörige gewesen waren, nur um auch meinen eigenen Wunsch erfüllt sehen zu können. Ich erinnere mich genau an die erste Orchesterprobe. Die Musiker wollten nicht einmal von ihren Notenpulten zu mir hinaufschauen. Sie

benahmen sich in dieser ersten Probe ganz schrecklich. Doch nach einer halben Stunde änderte sich das: Sie lagen mir zu Füßen, sie hielten mein Jackett für mich, sie gaben mir Feuer für meine Zigarette. Das war für mich so eine Art Offenbarung über den Charakter der Deutschen – die beiden Seiten der Medaille: der Sklave und der Meister; einerseits Herrenrasse und andererseits dazu erzogen, Befehlen absolut zu gehorchen, die Hacken zusammenzuschlagen, Sklave zu sein. Plötzlich hatte sich das Orchester in Sklaven verwandelt.
Wir hatten unzählige Schwierigkeiten. Streiks. Straßenbahnstreiks, Orchesterstreiks, Lebensmittelstreiks. Es war furchtbar. Aber schließlich konnten wir das Konzert im Prinzregenten-Theater durchführen, und es wurde ein großer Erfolg.»
In der «Süddeutschen Zeitung» vom 11. Mai 1948 schrieb Heinz Pringsheim über das Münchner Konzert, Bernstein sei «eine jener Dirigenten-Erscheinungen, die, mit feinstem Klangsinn begabt und mit ungeheurer rhythmischer Vitalität erfüllt, das ihnen anvertraute Orchester mitreißen und zur Hergabe des Letzten an Klangschönheit und elastischer Subtilität des Vortrags zwingen...» Zur Wiedergabe des Klavierkonzerts in G von Maurice Ravel, das Bernstein vom Flügel aus leitete, schrieb Pringsheim: «Der musikantische Elan, die spielende Selbstverständlichkeit in der Überwindung der gewaltigen technischen Schwierigkeiten (die man überhaupt gar nicht als solche beachtet), der durchfühlte Vortrag der Klavierkantilene, die beinahe unvorstellbare Sicherheit in der Zusammenfassung von Klavier und Orchester bei so anspruchsvoller solistischer Betätigung – das empfand man als geradezu genial und einmalig. So war denn auch der äußere Erfolg ungeheuer, auch für das Staatsopernorchester, dessen Idealismus die Durchführung dieser außergewöhnlichen Veranstaltung ermöglicht hat.» Wie groß dieser Idealismus tatsächlich war, erfährt man auf anderen Seiten der Zeitung, die einige Tage vorher (am Vortage des Konzerts, dem 8. Mai) berichtete, daß sich im Personal der bayerischen Staatstheater zahlreiche Fälle von Erschöpfungsfällen infolge Unterernährung ereignet haben, daß die Theater daher mehrere Tage geschlossen werden mußten, daß Musiker des Orchesters und Sänger des Opernchors während

ayerische Staatstheater

ATSOPER PRINZREGENTENTHEATER

München, Sonntag, 9. Mai 1948

6. KONZERT DER MUSIKALISCHEN AKADEMIE

Das Bayerische Staatsorchester

Musikalische Leitung:

LEONARD BERNSTEIN

(New-York) a. G.

Roy Harris: 3. Symphonie

aurice Ravel: Konzert f. Klavier u. Orchester in G-dur

Solist: Leonard Bernstein

Robert Schumann: Symphonie II, C-dur, op. 61

Flügel aus dem Pianohaus Lang · Landsberger Straße 336 · Fernruf 80231

für den 10. Mai vorgesehene Wiederholung dieses Konzertes fällt aus; gelöste Eintrittskarten können an Tageskasse der Bayerischen Staatstheater, Maximilianstraße zurückgegeben oder gegen noch vorhandene Eintrittskarten für 9. Mai umgetauscht werden.

nfang 17 1/2 Uhr — Pause nach Ravel — Ende gegen 20 Uhr

Kartenvorverkauf

der Opernkasse der Bayer. Staatstheater, Maximilianstr., täglich von 9 bis 15 Uhr, Samstag und Sonntag von 9 bis 13 Uhr, und bei den üblichen Vorverkaufsstellen.

Die Abendkasse im Prinzregententheater ist jeweils dreiviertel Stunden vor Vorstellungsbeginn geöffnet.

Eintrittspreise C: 4.— bis 10.— RM

Gegeben unter der Zulassungsnummer 1444 der Nachrichten-Kontrolle der Militärregierung

Druck: Rischmöller & Meyn, München

Konzert in München, 1948

einer Aufführung der Oper «Carmen» ohnmächtig zusammenbrachen und daß auch die Münchner Philharmoniker oft «bis zum Umfallen» musizierten.
Fritz Brust beschrieb Bernstein in der «Deutschen Zeitung» als «Musiker von erstaunlicher, dämonischer Begabung», einen «Hexenmeister des Orchesters wie Liszt und Paganini auf ihren Instrumenten... Das Blenden liegt ihm fern, da allzuviel in ihm vor sich geht, das sich in Klang umsetzen will». In Ravels Klavierkonzert «ergab sich ein hinreißendes Musizieren in diesem rasenden Großstadtrhythmus»; der riesige Applaus erzwang die Wiederholung des dritten Satzes. In der Interpretation der Zweiten Sinfonie von Robert Schumann bewunderte Pringsheim die «ganz unerwartet schöne, im langsamen Satz auch innig beseelte Wiedergabe. Über manche stilistische Einzelheiten kann man anderer Auffassung sein.» Fritz Brust schrieb, daß sich die Wiedergabe dieser C-Dur-Sinfonie «im allgemeinen zwar innerhalb der Grenzen deutscher Auffassung» hielt, sie «schöpfte aber, naturgemäß, doch nicht alle jene zarten Gefühlswerte dieser erzromantischen Musik aus, die bei uns liebevolle Pflege genießen».
«Das war kurz bevor ich das zweite Mal nach Israel ging», fuhr Lenny Bernstein in seinem Bericht fort. «In jenem Jahr war ich zweimal dort, im Frühjahr und im Herbst. Und direkt davor fuhr ich nach Landsberg und dirigierte dort ein kleines Orchester von sechzehn Spielern – das war alles, was aus einem Orchester von 65 Musikern übriggeblieben war, alle anderen waren umgebracht worden – und man hatte den Namen *Dachau Symphony Orchestra* beibehalten. Die Überlebenden spielten für die Insassen der Lager – man kann sich das kaum vorstellen, wie ergreifend das war. Man konnte mit ihnen nur solche Musik spielen, deren Noten sie gerettet hatten, und darunter war merkwürdigerweise Gershwins *Rhapsody in Blue.* Die habe ich dann zweimal an einem Tag – auf einem verstimmten Pianino – gespielt, für 5000 Lagerinsassen aus Landsberg und 5000 aus Feldafing, in dem selben Saal; sie kamen und gingen und gaben anderen Platz. Unglaublich geradezu war es, daß in beiden Konzerten die ersten drei Reihen von Mitgliedern des ehemaligen Nazi-Orchesters aus München gefüllt waren – das ganze Orchester, etwa hundert Mann, war gekommen, zusammen

mit ihrem Intendanten. Der Intendant war eine Frau, Frau Fichtmüller, die das Orchester durch die ganze Nazizeit hindurch gesteuert hatte. Sie lagen quasi auf den Knien, hatten Blumen mitgebracht und legten Rosen aufs Podium. Das war eine Art Buße für sie, wie ein *Jom Kippur* war das für diese Deutschen, die mich in der ersten Orchesterprobe gehaßt hatten. Jetzt waren sie meine Sklaven geworden und wollten irgendwie bereuen.

Und man stelle sich vor, sie waren gekommen, einem kleinen Orchester zuzuhören, dessen Besetzung davon abhing, welcher Musiker übriggeblieben war – eine Bratsche, eine Klarinette, kein Fagott zum Beispiel. Jüdische Überlebende als Musiker, jüdische Überlebende als Zuhörer. Als ich den Musikern und dem Publikum sagte, daß ich auf dem Weg nach Israel sei (im Mai wurde der Staat gegründet), riefen sie: Nehmen Sie uns mit! Nehmen Sie uns mit! Die Armen saßen in ihren Lagern fest – es ging mir tief zu Herzen. Es ist schwer wiederzugeben, was es für mich bedeutete, dort das kleine Orchester zu dirigieren. Es gelang mir, drei Musiker unterzubringen: Ein Chaim, der 16 Jahre alt war, spielt noch heute im Philadelphia Orchester, ein zweiter kam nach Israel, und es gab noch einen dritten... Das waren die besten aus dem Orchester.

Diesen Tag werde ich niemals vergessen können. Mit einhundert Menschen im Publikum, die einem Nazi-Orchester angehört hatten, und mit denen ich eine Schumann-Sinfonie gespielt hatte. Man stelle sich das vor: Die am höchsten geschätzte deutsche Musik, dirigiert von einem noch nicht dreißig Jahre alten Amerikaner, dazu einem Juden – das war *doch nicht erlaubt!* Und dann waren diese Musiker schließlich doch ganz begeistert gewesen, und wir hatten auch Bartók gespielt – schwierige Musik für sie. So hatte ich sie zu Anhängern gewonnen, und sie waren mir nachgereist nach Feldafing und Landsberg. Ich werde nie vergessen, wie sie die Blumen aufs Podium warfen, wie Frau Fichtmüller kam und niederkniete, die kräftige Frau, die mit dem Orchester durch die Hitler-Zeit gelebt hatte, und sagte, solchen Schumann habe man seit Abendroth nicht mehr gehört. Ich hatte keine Ahnung, von wem sie redete – inzwischen weiß ich es. Dann fügte sie noch hinzu, die Tage Bruno Walters seien zurückgekehrt...»

Frau Hedwig (Hedi) Fichtmüller war ursprünglich Opernsängerin – bayerische Kammersängerin mit Titel Professor – gewesen und war dann Leiterin des Künstler-Betriebsbüros und Verantwortliche für Opern-Abendregie geworden. Sie war an der Oper von 1917–1952 tätig und starb 1975 im Alter von 81 Jahren.
«Nach meinem Konzert mit dem *Dachau Symphony Orchestra* für die zehntausend Lagerinsassen», fuhr Lenny fort, «erhielt ich noch ein kostbares Geschenk, ein rührendes Geschenk, das ich auch niemals vergessen kann. Es war die Kleidung eines KZ-Inhaftierten, mit den typischen Gefangenenstreifen. Sie trug die Nummer des Mannes, der das Orchester organisiert hatte, ich erinnere mich nur noch an seinen Vornamen, Walter. Er war Flötist gewesen. Man hatte ihn umgebracht. Seine Uniform hatte dann jahrelang herumgelegen und hatte einen starken, unangenehmen Geruch, doch die Geste des Geschenks rührte mein Herz, und ich nahm die Kleidung mit nach New York. Ich wußte nicht recht, was damit anzufangen. Ich ließ sie an die fünfzig Male reinigen, doch der Geruch ging nicht heraus – es war der Geruch des Todes... Schließlich muß sie jemand ohne mein Wissen fortgeworfen haben, eine Hausangestellte vielleicht, ohne mich zu fragen. Ich hätte das Andenken gerne behalten wollen; es war ein unschätzbares Geschenk gewesen, denn es kam aus Herz, Leber und Eingeweide dieser Menschen.
Alles war so aufregend. Nachher glaubte ich, ich würde nie wieder nach Deutschland kommen. Ich habe dann auch nie mehr ein deutsches Orchester dirigiert, bis ich im Oktober 1976 ein spezielles *Amnesty-International*-Konzert mit dem Bayerischen Rundfunkorchester und mit Claudio Arrau als Solisten geleitet habe. Fast dreißig Jahre bin ich nicht dort gewesen.
Auf jener Reise 1948 war ich auch in Wien. Der Erfolg war dort ebenfalls groß. Aber auch nach Wien wollte ich nie mehr zurück – erst 1966 ging ich wieder hin, um an der Staatsoper «Falstaff» zu dirigieren. Warum ich nicht wieder nach Wien wollte? Bei meinem ersten Besuch hatte es so viel Falschheit, so viel Intrige gegeben, ich haßte das. Man hatte mich zu einem Mitwirkenden in einem ‹Dirigentenstreit› gemacht – ohne meinen Willen.
Nach Wien war ich engagiert worden, um mit den Wiener Sin-

fonikern zu konzertieren. Ich kam aus Budapest. Dort hatte ich einen enormen Erfolg als Dirigent der Musik von Béla Bartók gehabt. Man stelle sich das vor: Die Ungarn sagten, sie hätten Bartók noch nie so gespielt gehört und waren ganz außer sich. Sie trugen mich auf ihren Schultern in mein Hotel zurück. Es war unglaublich. Als ich dann in Wien ankam, erwartete mich eine Delegation der Wiener Sinfoniker am Bahnhof, und noch bevor ich aus dem Zug steigen konnte, bestürmten sie mich schon: ‹Bitte, hören Sie uns an!› riefen sie, ohne erst einmal ‹Guten Tag› zu sagen. ‹Wir haben telefonisch von dem großen Erfolg gehört, den Sie in Budapest mit Bartók hatten. Wollen Sie bitte Ihr Programm für Wien ändern und auch mit uns dieses Werk von Bartók spielen?! Das andere Orchester in Wien mit seinem Dirigenten Herrn Karajan hat vorige Woche hier Bartók gespielt, und das Publikum hat protestiert, und am Ende war der Saal fast leer geblieben.›

Den Namen Karajan hatte ich noch nie vorher gehört – es war 1948 –, doch die Sache gefiel mir gar nicht. Das *andere Orchester* waren die Wiener Philharmoniker. Ich lehnte natürlich eine Programmänderung ab. Aber die Delegation ließ nicht locker: Wenn ich den Bartók mit ihnen spielen würde, wäre das für sie ein *Triumph und Siegheil* und es würde ihr Orchester als den Philharmonikern überlegen etablieren. Ich antwortete ihnen, daß ich mit ihren Intrigen und mit ihrem Dirigentenkrieg nichts zu tun haben wolle. Ich dirigierte dann das Programm, das vorher bestimmt worden war, und wie es war, war es erfolgreich. Aber dieser Vorfall hatte mich so verärgert, daß ich zunächst nicht wieder nach Wien zurückkehren wollte.

Es gab da noch ein anderes für mich ärgerliches Intrigenspiel in Wien. Ich hatte das von mir eingerichtete Orchester-Notenmaterial der Neunten Sinfonie von Mahler in Wien zurückgelassen, mit meinen eigenen persönlichen Einzeichnungen. Dieses Material hatte man nicht nur einem anderen Dirigenten für Konzerte zur Verfügung gestellt, sondern auch für eine Schallplattenaufnahme benutzt. Nachdem Konzert und Schallplattenaufnahme vorüber waren, wurde ein Telegramm nach New York geschickt, mit der Anfrage, ob das Material noch für eine Woche zurückbehalten

werden könnte. Das war ein weiteres Kapitel in Wiens *Dirigentenkrieg,* in den man mich hineingezogen hatte.»
Den Ereignissen und Erlebnissen des Frühjahrs 1948 war im Juni das Gastspiel im Kursaal von Scheveningen gefolgt. Von dort flog Leonard Bernstein nach Amerika zurück – im Juli begann die Sommerschule des Berkshire Music Center und das Festival in Tanglewood. Wir hatten die Konzerte der Internationalen Gesellschaft für Neue Musik in Holland als Delegierter der isrealischen Sektion der IGNM miterlebt und waren zu Vorlesungen nach Tanglewood eingeladen. Eines unserer ersten Erlebnisse war dort ein Vortrag von Bernstein für ausübende Musiker und Komponisten. Das Thema war «Beethovens Fünfte Sinfonie». Bernstein hat später im Rahmen seiner Fernsehvorträge und seiner in den Büchern veröffentlichten Artikel eine ausgearbeitete Form der damaligen Ausführungen entwickelt. Die Zuhörer waren bereits in Tanglewood von der originellen Art gefesselt, in der Bernstein die Skizzen Beethovens zum ersten Satz der «Fünften» am Klavier vorspielte und erläuterte, und wie er demonstrierte, daß aus einer logischen Entwicklung des Vier-Noten-Motivs, wie es Beethoven in einer Reihe früher Skizzen notiert hatte, niemals ein gigantischer sinfonischer Satz hätte werden können, wie ihn Beethoven schreiben konnte, nachdem er die letzte – heute bekannte – geniale Fassung gefunden hatte. Es war fast die gesamte Fakultät der Lehrer der Sommerschule anwesend, und man bewunderte die analytische Einsicht, die Logik der Argumentation und die Frische der Darstellung – Eigenschaften, die auch die späteren Vorlesungen und Fernsehsendungen auszeichnen.
Es war damals in Tanglewood gut zu spüren, welche Liebe Sergei Koussevitzky seinem jungen Protegé entgegenbrachte, aber auch wieviel Neid und Widerstand ihm aus manchen Kreisen erwuchsen. Die Musiker der «jungen Garde» wurden fast alle Freunde: dazu zählten Lukas Foss (Jahrgang 1922), der 1944 «Hauspianist» des Boston Symphony Orchestra geworden war, und Irving Fine (Jahrgang 1914), der feinsinnige Komponist, der schon 1962 starb – Irving Fine hatte bereits 1945 in der Zeitschrift «Modern Music» (vol. XXII, no. 4, Mai-Juni) in einem Aufsatz «Young America: Bernstein and Foss» Leonard Bernsteins Studienzeit an der Har-

vard-Universität «with great nostalgia» beschrieben und den Stil seiner frühen Kompositionen analysiert. Er erkannte das Zusammenwirken von *sophistication and naiveté,* gepaart mit einem starken Sinn für Dramatik, in den Werken Bernsteins. Am ehesten hielt Fine ihn für Theatermusik prädestiniert, aber «es ist gefährlich über diesen jungen Mann Prognosen anzustellen. Er kann alles werden, was er will, vorausgesetzt, er will es energisch genug.»
Neben den jungen Musikern interessierten sich auch ältere Meister für den aufstrebenden Lenny. Darius Milhaud war 1948 in Tanglewood, und auch Bernsteins ehemaliger Kompositionslehrer Walter Piston beobachtete seine Entwicklung; der Freund Aaron Copland verfolgte alle seine vielseitigen Tätigkeiten. In Lennys Studio traf man die Sängerinnen Nan Merriman (die noch vor Jennie Tourel eine Schallplattenaufnahme der «Jeremias»-Sinfonie besungen hatte) und Ellabella Davis – mit ihnen beiden hörten wir zum ersten Mal eine von Leonard Bernstein geleitete Aufführung von Gustav Mahlers Zweiter Sinfonie, vor einem zehntausend Hörer zählenden Publikum.
Unter den ernsthaften professionellen Kritikern gab es Zweifler und warnende Stimmen. Virgil Thomson, der Komponist und gefürchtete Kritiker der *New York Herald Tribune,* schrieb am 19. Oktober 1948, er frage sich, ob Bernstein «mit der Zeit ein traditioneller Dirigent oder ein stark individueller werden wird – das ist nicht leicht vorauszusagen». Er glaube nicht an die Notwendigkeit seiner «chorybantischen Ekstase». Doch Bernstein «ist der Musik ganz hingegeben, er ist voller Kultur. Aber es könnte passieren, daß er – weil er das klassische Repertoire auf harte Weise und in großer Eile erlernen mußte, nachdem er 15 war — nun seine kultivierten Anfänge über Bord wirft und einem Erfolg zustrebt, einfach weil er Temperament und persönliche Ausstrahlung besitzt. Ich muß sagen, er bereitet uns allen etwas Sorge. Es wäre enttäuschend, wenn aus unserem aufgewecktesten jungen Musiker nur ein Stardirigent werden würde, in einer Zeit, in der Bluff, Temperament und Angeberei auf dem Konzertpodium keine Wirkung mehr haben... Erfolg, heute und morgen, sogar finanzieller Erfolg, hängt davon ab, wie weit ein Künstler sein Ego unterdrücken kann. Einer der besten Wege, dies zu erreichen, ist

Sergei Koussevitzky vor seiner Villa oberhalb des Festspielbezirks Tanglewood, 1948

sowohl den Klang als auch den Gehalt der Musik, die man spielt, im Sinn zu behalten. Alles Wissen hierüber macht die Tradition aus. Einen aufsteigenden Ruhm nicht durch volle Stützung durch Tradition zu unterbauen ist wohl der größte Fehler, den ein amerikanischer Dirigent in dieser Generation begehen könnte» (Virgil Thomson «Music Right and Left», New York 1951, 1969, p. 180).

Wir fragten Virgil Thomson im Mai 1982, wie er heute über seine damaligen Warnungen denkt. «Leonard Bernstein, ich bin glücklich dies zu sagen», antwortete Thomson, «hat sich aus einem einfach nur begabten jungen Dirigenten zu einem Meister seiner Kunst entwickelt, in der er wenige seinesgleichen hat. Er posiert noch immer auf dem Podium und mimt etwas, aber diese Fehler sind nicht da, wenn er verborgen im Orchestergraben der Oper dirigiert. Er ist ein Dirigent mit einem enormen Repertoire, dessen wirksamste Stücke meiner Meinung nach der französischen und der amerikanischen Musik angehören. Bernstein ist auch ein vorzüglicher Komponist, dessen Haupterfolge in der Domäne der leichten Musik liegen.»

Die ekstatischen Gesten Leonard Bernsteins auf dem Konzertpodium haben viele Kritiker – und Hörer – von jeher irritiert; sie sind jedoch Teil seiner völligen Hingabe an die Musik und Teil seiner inneren Reaktion auf den Gehalt eines vom Orchester gespielten Werkes, mit dem er sich identifiziert, als sei *er* der Komponist. Zu seinen scharfen, unerbittlichen Kritikern der frühen Jahre zählte Claudia Cassidy, Musikrezensentin der *Chicago Tribune*. Sie mochte Musik und Erscheinung des jungen «Emporkömmlings» nicht. Wir waren Zeuge eines Vorfalls, der sich blitzschnell in Tanglewood herumsprach: Wenige Minuten vor dem angesetzten Beginn eines Koussevitzky-Konzerts – sechstausend Menschen füllten die muschelförmige Halle und acht- bis zehntausend lagerten vor der offenen Rückwand auf der Wiese, das Orchester war vollständig versammelt und erwartete den Maestro – erschien dieser in seinem eleganten Automobil. Koussevitzky pflegte immer so von der Anhöhe seiner Villa Seranak herunterzukommen: eine Reihe Motorradfahrer an der Spitze eines großfürstlich wirkenden Aufzuges. Wenn der Maestro seinem Automobil ent-

stiegen war und die Halle betrat, ertönte ein Trompetensignal, und dann durfte niemand mehr den Saal betreten, man wartete quasi atemlos auf den Beginn des Konzerts. An jenem Nachmittag hatte gerade die Trompete geschmettert, als eine Dame in die Halle eilen wollte. Die Platzanweiser verwehrten ihr den Eintritt. «Aber ich bin Claudia Cassidy von der *Tribune»,* protestierte sie ärgerlich. Darauf einer der Platzanweiser: «Egal, Sie dürfen nicht hinein – und wenn Sie Leonard Bernstein wären!» Claudia Cassidy wandte sich um und ward in Tanglewood nicht mehr gesehen.
Erlebnisse dieses Tanglewood-Sommers waren neben Bernsteins Festaufführung von Mahlers Zweiter Sinfonie die erste Bekanntschaft mit dem 28jährigen Isaac Stern in Prokofjews Violinkonzert Nr. 1 und Koussevitzkys Wiedergabe von Paul Hindemiths «Mathis der Maler»-Sinfonie. Einzigartig waren Koussevitzkys Ansprachen zum Tanglewood-Festtag *«Tanglewood on Parade»* – er nannte sie «Manifestationen» – in einem von ihm selbst geprägten unverwechselbaren Englisch gehalten, dabei voller humaner Gedanken und erfüllt von der Liebe zur Musik und zu dem jungen Musikervolk des von ihm geschaffenen Berkshire Music Center. Im Jahr darauf sollten wir den großherzigen Förderer junger Musiker und Komponisten noch näher kennenlernen, als er als Gast der Israel-Philharmoniker nach Israel kam.
Leonard Bernsteins Israelaufenthalt Oktober/November 1948 ist aus vielen Gründen erwähnenswert. In seinen philharmonischen Konzerten führte er nicht nur mehrere Male die bedeutende Dritte Sinfonie von Copland, Gustav Mahlers Zweite Sinfonie (mit Josefa Schocken und Emma Shaver als Solistinnen und Eytan Lustigs Tel Aviver Chor) und seine Musik zu «Fancy Free» auf, sondern dirigierte auch die denkwürdige Uraufführung eines eigenen Werkes. Er war auf den Reisen der letzten Monate an der Arbeit an seiner Zweiten Sinfonie gewesen, die in Gedankenwelt und Form dem «barocken Hirtengedicht» Wystan Hugh Audens «The Age of Anxiety» folgt. Im Frühjahr 1949 sollte unter der Leitung von Koussevitzky das von seiner *Foundation* bestellte Werk uraufgeführt werden – sogar im Flugzeug arbeitete Bernstein an den Skizzen zu seiner Komposition. Ein zentraler Satz dieses zweiteiligen Werkes, der zu Beginn des zweiten Teils

erklingt, ist *Dirge,* Klagegesang, betitelt. Die Partitur schrieb Leonard Bernstein Oktober und November 1948 zwischen Orchesterproben und Konzerten in Tel Aviv und hastig wurden die Orchesterstimmen ausgeschrieben. Am 28. November fand ein Galakonzert der Israel-Philharmoniker statt, als Abschiedskonzert des Bernstein-Gastspiels. Zwischen Gershwins «Amerikaner in Paris» und Haydns «Abschiedssinfonie» fis-Moll interpretierte Bernstein am Klavier die Solopartie des gerade fertiggestellten Satzes «Dirge», und der aus Prag stammende israelische Dirigent Georg Singer leitete diese Uraufführung. Wir konnten den Komponisten-Solisten aus der Nähe beobachten und (als Umblätterer am Flügel) die eilig niedergeschriebene Partitur verfolgen. In der von Koussevitzky in Boston dirigierten Uraufführung des vollständigen Werks spielte Bernstein am 8. April 1949 gleichfalls das Klaviersolo, ebenso in Israel im Mai 1949. In der von ihm dirigierten Schallplattenaufnahme mit den Israel-Philharmonikern vertraute er den Klavierpart Lukas Foss an.
Ein besonderes Ereignis des Herbstes in Israel war das Konzert in Beerscheva am Rande der Negevwüste. In der letzten Woche seines zweimonatigen Aufenthalts, während dessen er an die 40 Konzerte dirigierte und in 32 von ihnen Klaviersolist war, am Morgen des 20. November, folgten 35 Mitglieder des Philharmonischen Orchesters seiner Initiative, in der biblischen Stadt Beerscheva ein Konzert für die Brigade zu geben, die eine ägyptische Armee aus dem Negev zurückgetrieben hatte. Zwei Busse voller Musiker und Instrumente waren auf die noch immer nicht ungefährliche mehrstündige Reise gegangen, sogar ein Klavier wurde mitgeführt, da Lenny die «Rhapsody in Blue» und Beethoven- und Mozart-Konzerte spielen wollte. Zivilbevölkerung und Soldaten in Beerscheva waren voller Aufregung: Die Vereinten Nationen hatten den erst seit wenigen Monaten bestehenden Staat Israel aufgefordert, die Stadt zu verlassen – doch davon konnte für den jungen Staat keine Rede sein. In dem nahegelegenen Kibbuz Negba hatte Bernstein am Abend zuvor noch ein Klavierrezital geben wollen – aber es war dort kein Klavier aufzutreiben ... So saßen um halb vier Uhr nachmittags Tausende Zuhörer auf sandigem Boden, auf mitgebrachten Hockern und auf den ausgegrabe-

nen Mauern der biblischen Stadt, hörten Bernstein und die Philharmoniker Mozart, Beethoven und Gershwin spielen. Wir hörten einen ausländischen Journalisten im Autobus später sagen: «Das muß ja das erstemal gewesen sein, daß man in Beerscheva Mozart gespielt hat!», worauf ein anderer Korrespondent wißbegierig fragte: «Meinen Sie dieses Werk, das wir soeben gehört haben?» – und der andere schlagfertig antwortete: «Ganz allgemein gesagt, jedenfalls seit Erzvater Abrahams Zeiten!» Während des Konzerts lauschten auch die arabischen Bewohner der Stadt und der Umgebung der Musik, einer Musik, die in der orientalisch gefärbten Landschaft gewiß merkwürdig klang. Als ein scharfes Oboensolo bei Beethoven ertönte, fühlte sich ein Kamel angezogen, näherte sich und zeigte ein deutlich erstauntes Gesicht...

Von Israel, wo er selbst während Luftalarmen seine Konzerte nicht unterbrach, wo er oft in persönlicher Gefahr war, wo in unmittelbarer Nähe von Konzertstätten Bomben und Granaten explodierten, ohne daß dies ihn in seinem Musizieren beeinträchtigt hätte, flog Leonard Bernstein nach New York via Rom zurück, wo er im Dezember mit dem renommierten Orchester der Santa-Cecilia-Akademie konzertierte.

Am 8. April 1949 leitete Sergei Koussevitzky die Uraufführung von Bernsteins «Age of Anxiety» mit dem Komponisten als Klaviersolisten. Einen Monat später war Bernstein wieder in Israel, wo er am 9. Mai «Age of Anxiety» vom Klavier aus dirigierte und am Tag darauf ein Konzert mit dem Geiger Jascha Heifetz als Solisten und der Dritten Sinfonie von Roy Harris gab. Koussevitzky hatte im März zum erstenmal Israel besucht und mit den Israel-Philharmonikern Prokofjew und Tschaikowsky aufgeführt. Als Folge dieses Besuchs brachte Koussevitzky das Israel Philharmonic Orchestra auf seine erste große Amerikatournee zu Beginn des Jahres 1951 und teilte sich in die Konzerte mit Leonard Bernstein. In Israel dankt man Koussevitzky für zwei wichtige Initiativen: Wir hatten ihn nach *Ein Gev* am Tiberias-See gebracht, dem Kibbuz, den auch Leonard vor ihm besucht hatte, und es war seinem Einfluß zuzuschreiben, daß das amerikanische Mäzenatenehepaar Mr. und Mrs. Frank Cohen, New York, Ein Gev den Bau einer Konzerthalle möglich machten; der damalige amerikanische

Nach der Befreiung der Stadt Beerschewa, am Klavier, mit Mitgliedern des Philharmonischen Orchesters, 1948

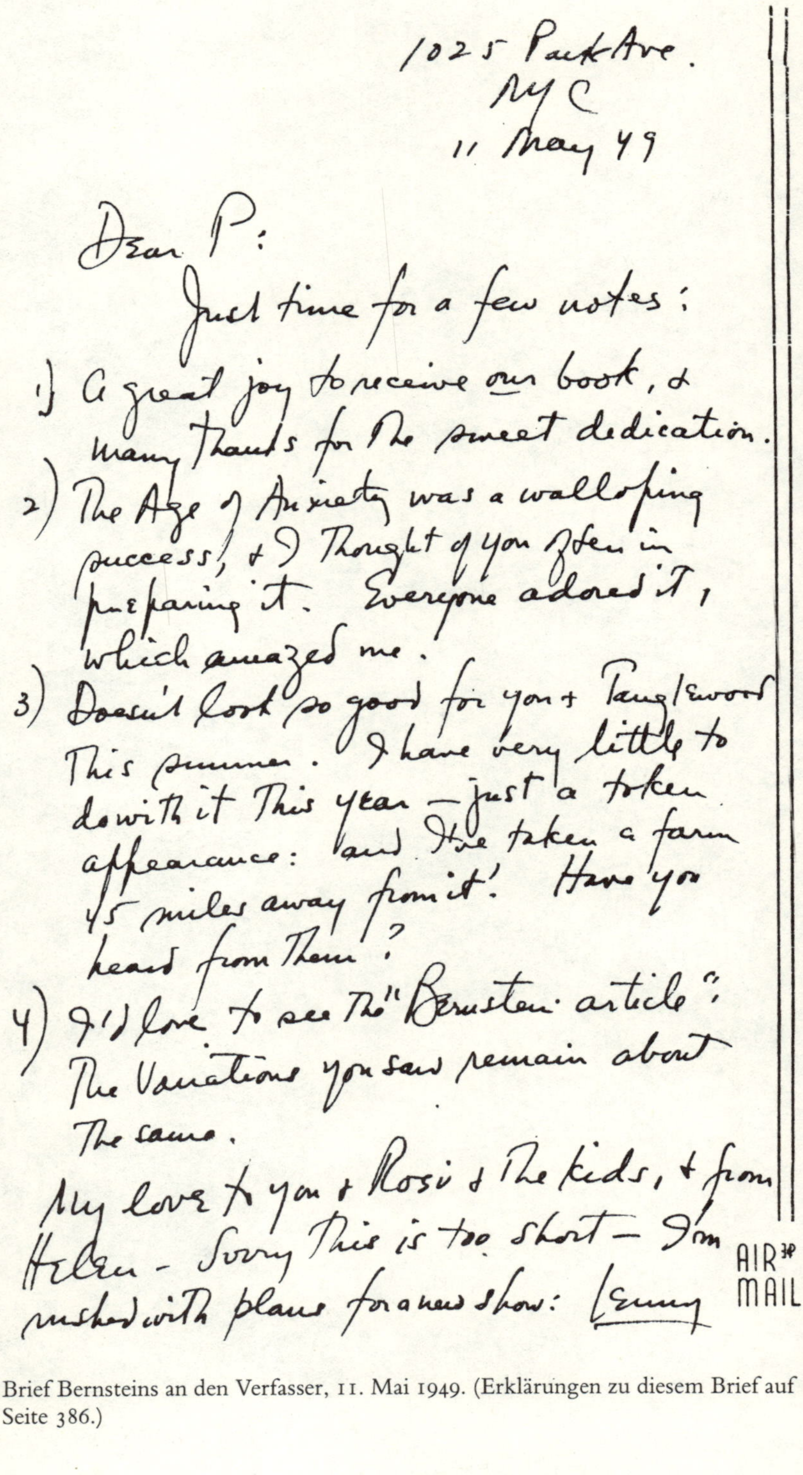

1025 Park Ave.
NYC
11 May 49

Dear P:

Just time for a few notes:

1) A great joy to receive <u>our</u> book, & many thanks for the sweet dedication.

2) The Age of Anxiety was a walloping success, & I thought of you often in preparing it. Everyone adored it, which amazed me.

3) Doesn't look so good for you & Tanglewood this summer. I have very little to do with it this year — just a token appearance: and I've taken a farm 45 miles away from it! Have you heard from them?

4) I'd love to see the "Bernstein article". The Variations you saw remain about the same.

My love to you & Rosi & the kids, & from Helen — Sorry this is too short — I'm rushed with plans for a new show: Lenny

Brief Bernsteins an den Verfasser, 11. Mai 1949. (Erklärungen zu diesem Brief auf Seite 386.)

Kulturattaché Richard Tetley war mit Ethel S. Cohen und uns auf unsere Anregung hin nach *Ein Gev* gefahren – was nur im holpernden Jeep möglich war! – und die daraufhin Ein Gev unterstützende *Esco-Foundation* wählte Ein Gev als israelischen Festivalort aus, obwohl vorher ein anderes Objekt ins Auge gefaßt worden war. Das von Koussevitzky für Ein Gev geplante Musikzentrum im Stile von Tanglewood hat dann das ganz kommerzialisierte Ein Gev-Festival nicht realisieren wollen. Eine weitere für Israel wichtige Hilfe von seiten Koussevitzkys war eine von seinen Architektenfreunden unterstützte Beratung der Philharmoniker bei dem geplanten Bau einer Konzerthalle in Tel Aviv. Das dort entstandene – nach dem diesen Bau finanzierenden Philanthropen und Mäzen aus Philadelphia benannten – Fredrick-R.-Mann-Auditorium hat Leonard Bernstein am 2. Oktober 1957 mit einem Festkonzert eingeweiht – Arthur Rubinstein, Paul Tortelier und Isaac Stern waren die Solisten.
Leonard Bernstein und Sergei Koussevitzky brachten zum erstenmal auch Musik israelischer Komponisten nach Amerika, wobei deren Auswahl für beide Dirigenten – und für Konzertorganisatoren – charakteristisch war. Das Orchester und das Management in den USA hatten rein klassische und romantische Repertoirestücke vorgeschlagen, und als wir den sein Leben lang zeitgenössische Musik fördernden Koussevitzky in Israel fragten, warum er keinen israelischen Komponisten in Amerika vorstellen wolle, antwortete er: «Es gibt keinen!» – «Wer sagt das?» – «Das Orchester!» – «Und Sie glauben das so einfach?» Wir ließen eine Reihe von Partituren dem Maestro zukommen, und einige Tage darauf lud er uns in sein Hotel ein: «Sehen Sie, was ich für ein Telegramm aus New York erhalten habe! Als Antwort auf mein eigenes Fernschreiben, daß ich die Leitung niederlege, wenn nicht das Programm geändert und in jedem Konzert ein israelisches Werk meiner Wahl gespielt wird! Sehen Sie, was in diesem Telegramm steht! *‹Zehn Minuten israelische Musik gestattet.›* Was sagen Sie dazu?» – «Und was haben Sie beschlossen?» – «Ich mache zwölf!» So dirigierte Koussevitzky mit den Israel-Philharmonikern in Amerika abwechselnd zwei sinfonische Werke: «Psalm» – einen selbständigen Satz aus der Ersten Sinfonie von Paul Ben-Haim –

und Teile aus einer «David-Sinfonie» von Menahem Avidom (dessen ursprünglicher Name Mahler-Kalkstein war). Leonard Bernstein dirigierte die volkstümlich gehaltene Rhapsodie «Emek» von Marc Lavry und ein «Lobgesang» betiteltes Bratschenkonzert von Ödön Partos, der selbst – ein außergewöhnlicher Bratschist – das Solo spielte. Bernstein und Partos hatten vor der Tournee vergeblich versucht, das fast zwanzig Minuten dauernde Werk auf die «gestatteten» zwölf Minuten zu kürzen – das Tourneemanagement mußte sich mit der integralen Länge abfinden und das Werk, wie auch die anderen israelischen Kompositionen, hatten bei Publikum und Presse großen Erfolg.

Die Tournee begann am 8. Januar 1951 und war von Koussevitzky in Israel zwei Monate vorher und von Bernstein dann im Dezember vorbereitet worden. Das Jahr, das mit Konzerterfolgen begonnen hatte, brachte folgenschwere – traurige aber auch glückliche – Ereignisse für ihn. Am 4. Juni starb sein Mentor und Freund Sergei Koussevitzky. Bernstein wurde darauf Leiter des Dirigenten- und Orchesterdepartements des Berkshire Music Center und bekleidete diese wichtige Stelle als Nachfolger Koussevitzkys bis 1955. Enttäuschenderweise hatten die entscheidenden Komitees des Bostoner Sinfonieorchesters ihn nicht als neuen Chefdirigenten eingesetzt, als Koussevitzky, der Bernstein gern als Nachfolger gesehen hätte, bereits 1949 von der Leitung zurückgetreten war – die Stellung erhielt damals Charles Münch. Am 9. September 1951 heiratete Leonard in Boston die vier Jahre jüngere Felicia Montealegre Cohn.

Die Heirat war im Sommer 1951 in Tanglewood beschlossen worden – Lenny und Felicia kannten sich aber bereits einige Jahre. «Im Februar 1946 spielte Claudio Arrau mit mir in New York das d-Moll-Klavierkonzert von Brahms» erzählte uns Leonard Bernstein. «Nach dem Konzert lud er mich herzlich ein, zu einer kleinen Party in sein Haus zu kommen. Es war sein Geburtstag, der 6. Februar. Und ich kam dort hin und traf dieses kleine Mädchen namens Felicia und erfuhr, es war auch ihr Geburtstag, ihr 24. Geburtstag. Und in jener Nacht verliebten wir uns ineinander.» Es hieß immer, Felicia wäre eine Chilenin. Lenny stellt es klar: «Sie wurde in Costa Rica geboren, und die Familie zog nach

Chile, als sie ein Jahr alt war. Ihr Vater war Roy Ellwood Cohn, und trotz des Namens Cohn hatte er nie gewußt, daß dies ein jüdischer Name ist. Dabei war sein Großvater Oberrabbiner in Albany, New York, gewesen, und von dort nach San Francisco gesandt worden, wo er gleichfalls Oberrabbiner war. Sein Sohn wurde ein berühmter Gehirnchirurg; er ließ sich taufen. Der Sohn dieses Arztes, Felicias Vater, wuchs an der Westküste auf. Er war kein intellektueller Typ, kein denkender Mensch. Er war wie ein Cowboy und las gern *Comics.* Er wurde dann Geologe und arbeitete für eine Firma, die ihn nach Südamerika schickte, damit er dort die Möglichkeiten für Zinn- und Kupferminen untersuchen könne. So kam er nach Costa Rica. Dort lernte er Clemencia Montealegre kennen, eins der zwölf Kinder der alten, ehrwürdigen spanischen Montealegre-Familie, die seit langem in Costa Rica lebte. Sie heirateten im Jahre 1921, und am 6. Februar 1922 wurde Felicia – die erste von drei Töchtern – geboren; das Jahr darauf übersiedelten sie nach Chile. Die Mädchen wurden katholisch erzogen – die Mutter, die katholisch war, kümmerte sich um die Erziehung, und Felicia wurde von Nonnen eines Klosters erzogen. Die Mädchen wurden überall *Die Cohn-Schwestern* genannt, und erst in der Hitlerzeit wurde der Familie klar – so wie es auch vielen deutschen Juden erging –, daß Cohn etwas *verschiedenes,* etwas *anderes* sei, was sie vorher nicht wußten oder nicht bekennen wollten. Felicia rebellierte gegen ihre Erziehung, und da sie ihr begonnenes Klavierstudium bei Claudio Arrau mit ihm in New York fortsetzen wollte – Claudio Arrau stammt aus Chile –, ging sie nach New York, wo sie auch alles hinter sich lassen konnte, was ihr zu Hause zuwider war. Als sie mich heiratete, mußte sie eine formelle Zeremonie durchmachen, um Jüdin zu werden – sie war ja Halbjüdin.»

Nachdem sich Felicia und Lenny bei Claudio Arrau getroffen hatten, lud Lenny Felicia nach Boston ein, damit sie seine Eltern kennenlerne. Am Ende des Jahres kündigten sie ihre Verlobung an; jedoch gegen Ende des Sommers 1947 fanden beide, daß sie zum Heiraten nicht reif genug seien, und machten die Verlobung rückgängig. Felicia blieb mit Lennys Schwester Shirley in Verbindung, und dort trafen sich Felicia und Lenny auch wieder. Und schließlich sagten sie sich – wie Burton Bernstein es ausdrückt –, daß «wenn sie überhaupt je heiraten würden, dann nur einander» (Burton Bernstein, S. 183). So verlobten sie sich zum zweiten Mal in fünf Jahren im Sommer 1951 in Tanglewood, und am 9. September des gleichen Jahres fand die Hochzeit in einer Bostoner Synagoge statt. Leonards Eltern waren Felicia gegenüber zuerst sehr reserviert gewesen, vor allem der Vater, doch jetzt waren sie glücklich. Und vollkommen war das Glück der Eltern – und des Paares –, als die Kinder zur Welt kamen: Jamie Anne Maria am 8. September 1952, Alexander Serge (nach Koussevitzky) am 7. Juli 1955 und Nina Maria Felicia am 28. Februar 1962. Felicia hatte inzwischen den Gedanken an eine Karriere als Pianistin aufgegeben. Sie wandte sich dramatischen Studien zu und wurde eine beliebte Fernsehschauspielerin. Sie trat auch in musikdramatischen Werken zusammen mit ihrem Mann auf, so zum Beispiel als Rezitatorin in Honeggers Oratorium «Jeanne d'arc au bûcher» und in Bernsteins «Kaddisch»-Sinfonie. Felicia ist im Alter von nur 56 Jahren an einer tückischen Krankheit gestorben.

Im Jahr seiner Heirat begann Leonard Bernstein eine Lehrtätigkeit als *Professor of Music* an der Brandeis University in Waltham, Massachusetts; er unterrichtete dort von 1951 bis 1954 und dirigierte dort 1952 die Uraufführung seiner Oper «Trouble in Tahiti». Um seine erste Oper, für die er Text und Musik selbst schrieb, in Ruhe vollenden zu können, suchte er sich nach seiner Hochzeit einen einsamen Platz. Er fand in Cuernavaca in Mexiko ein Haus und zog sich mit seiner Frau dorthin zurück, entschlossen, eine Zeit lang nicht mehr zu dirigieren. Aber das ruhige, nur dem Schaffen gewidmete Leben sollte nicht lange dauern. Charles Münch war in Boston erkrankt, und Bernstein wurde dringend gebeten, seine Konzerte mit den Bostoner Sinfonikern zu übernehmen. Es gelang ihm, zwischen Proben und Konzerten die Oper doch noch zu vollenden, und am 12. Juni 1952 konnte die Uraufführung an der Brandeis University stattfinden.

Bald darauf besuchten ihn die alten Freunde Betty Comden und Adolph Green. Sie hatten einen Auftrag, aus einer Komödie mit dem Titel «My Sister Eileen», mit einem Libretto von Joseph Fields und Jerome Chodorov nach Geschichten von Ruth McKen-

Mit seiner Frau Felicia, Tel Aviv 1957

TEATRO ALLA SCALA

(ENTE AUTONOMO)

Rappr. N. 2 — STAGIONE LIRICA 1953 - 54 — N. 1 del Turno A
N. 2 degli abbonati alle "Prime„

GIOVEDI 10 DICEMBRE 1953 - alle ore 21 precise

PRIMA RAPPRESENTAZIONE

di

MEDEA

Opera in tre atti di F. B. HOFFMANN

Musica di

LUIGI CHERUBINI

NUOVO ALLESTIMENTO

Personaggi e interpreti

Medea	MARIA MENEGHINI CALLAS
Neris	FEDORA BARBIERI
Glauce	MARIA LUISA NACHE
Giasone	GINO PENNO
Creonte	GIUSEPPE MODESTI
Prima ancella	ANGELA VERCELLI
Seconda ancella	MARIA AMADINI
Un capo delle guardie	ENRICO CAMPI

Maestro concertatore e direttore

LEONARD BERNSTEIN

Regia di MARGHERITA WALLMANN

Maestro del coro VITTORE VENEZIANI — Direttore dell'allestimento scenico NICOLA BENOIS

Bozzetti e figurini di SALVATORE FIUME

Scene realizzate da CARLO GHINA - MARIO MANTOVANI - ANTONIO MOLINARI - VINCENZO PIGNATARO

Capo del servizio macchinismi di scena: AURELIO CHIODI - Capo del servizio elettrico e luci: GIULIO LUPETTI - Capo del servizio sartoria: ARTURO BRAMBILLA

Attrezzi: Ditta E. RANCATI & C. di SORMANI e PIAZZA SORMANI - Calzoleria: Ditta PEDRAZZOLI - Parrucche: Ditta FELICE SARTORIO

PREZZI

Poltrona di platea	(ingresso compreso) L. 8000	Palchi	esauriti in abbonamento
Poltroncina di platea	(» ») L. 5000	Ingresso ai palchi	L. 2500

Galleria (ingresso compreso)	Poltroncina centrale di I galleria	L. 1500	
	Numerato di I galleria	» 900	Ingresso L. 300
	Numerato di II galleria	» 600	Ingresso » 200

A tutti i prezzi suesposti va applicato il diritto erariale 15% e l'I. G. E. 3%

IN PLATEA NON VI SONO POSTI IN PIEDI

È prescritto l'abito da sera per la Platea e per i Palchi

Durante l'esecuzione dello spettacolo è vietato accedere alla Platea e alle Gallerie. È pure vietato muoversi dal proprio posto prima della fine di ogni atto.

Gli indumenti e gli altri oggetti depositati alle guardarobe non possono essere ritirati che negli intervalli tra gli atti o alla fine dello spettacolo.

Il pubblico è pregato di uniformarsi alle disposizioni che vietano i "bis„

Per disposizione prefettizia è assolutamente vietato agli spettatori di accedere a qualsiasi posto della Sala, (Platea o Gallerie), con cappelli, soprabiti, pellicce, bastoni, ombrelli e simili

Per disposizione del regolamento sulla vigilanza dei teatri il pubblico può lasciare la sala, alla fine dello spettacolo, da tutte indistintamente le porte d'uscita

Il Teatro si apre alle ore 20.30 - Le Gallerie si aprono alle ore 20.15.

Debut am Teatro alla Scala: «Medea» mit Maria Callas

ney aus dem *New Yorker Magazine,* ein *Musical* für den Broadway zu machen, aber sie hatten nur vier Wochen Zeit, da man für die Premiere Rosalind Russell aus Hollywood als Star haben wollte und diese nur zur Verfügung stand, wenn die Show im Januar 1953 Premiere haben konnte. Betty Comden und Adolph Green schrieben Gesangstexte, und der ihren Stil so gut kennende Lenny Bernstein lieferte amüsante Songs dazu. In fieberhafter Arbeit war die musikalische Komödie für die Premiere am 19. Januar 1953 in New Haven, Connecticut, geschrieben, komponiert und einstudiert; die Broadway-Premiere folgte am 26. Februar. Sie wurde ein Riesenerfolg und lief ohne Unterbrechung am Broadway über 550mal. Henry Levinger von der damals populären Monatsschrift *The Musical Courier* erzählte, er habe Lenny am Morgen nach der Broadway-Premiere bei einem frühen Spaziergang mit seinem Hund auf der Straße getroffen, und dieser sei ihm mit dem Ruf um den Hals gefallen: «Jetzt endlich werden wir reich...!»

Unter den Ereignissen der kommenden Jahre in Bernsteins Leben sind vor allem sein erstes Auftreten als Operndirigent am Teatro alla Scala in Mailand, seine erste sinfonische Filmmusik, der Beginn seiner Fernsehvorträge, die Komposition der «Serenade» für Violine solo und kleines Orchester und der Operette «Candide» zu erwähnen – all dies in den Jahren 1953 bis 1957, bevor im September 1957 die für das Musiktheater der Welt revolutionäre «West Side Story» in New York Premiere hatte.

Im Dezember 1953 war Leonard Bernstein auf einer Konzerttournee in Italien, als ihn ein dringender Ruf der Intendanz des Teatro alla Scala erreichte, er solle eine der Eröffnungspremieren der Saison dirigieren: Cherubinis «Medea» mit Maria Callas in der Titelpartie. Bernstein zögerte. Er litt an einer schweren Bronchitis, kannte die Oper nicht, und bis zu der geplanten Premiere verblieben nur zehn Tage. Der große italienische Dirigent Victor de Sabata war krank geworden und konnte die Aufführung nicht vorbereiten. Bernstein ließ sich die Partitur kommen, und als er sie bekam, zögerte er noch mehr, die Aufgabe anzunehmen. Es war eine uralte, zerschlissene Partitur, die teilweise schwer lesbar war. So verlockend es auch war, am berühmtesten Operntheater der Welt eine Premiere mit der Callas zu dirigieren, so sehr fürchtete er auch, mit der als schwierig geltenden, überaus temperamentvollen Primadonna zu arbeiten. In der «Medea»-Partitur fand er überdies eine Arie, die er im Falle einer Aufführung hätte streichen wollen. Schließlich aber gab er dem Drängen der Scala-Direktion nach und fing auch an, sich für die Herausforderung zu erwärmen, so wie er zehn Jahre vorher das Einspringen für Bruno Walter bei den New Yorker Philharmonikern gewagt hatte. Vom Hergang der Proben und der «Medea»-Aufführung gibt es anschauliche Berichte. Während der Proben stieg von den zerfledderten Seiten der Partitur Staub auf, der Bernstein die Tränen über die Wangen laufen ließ, schreibt die Callas-Biographin Arianna Stassinopoulos. («Die Callas», Hamburg 1981, S. 138 f.) Maria Callas fand den amerikanischen Dirigenten in seiner Mischung aus scharfem Witz, guten Manieren und dramatischem Instinkt unwiderstehlich. Bernstein seinerseits vergaß über der Arbeit mit ihr fast, wie sehr Husten, Niesen, tränende Augen ihn quälten. «Dann kam die gefürchtete Unterredung mit Maria» zitiert die Biographin Leonard Bernstein selbst, «und zu meiner akuten Verblüffung begriff sie sofort die dramatischen Gründe für die Umstellung von Szenen und Nummern sowie das Streichen ihrer Arie im zweiten Akt. Wir kamen wunderbar miteinander aus – einfach prachtvoll. Sie verstand alles, was ich wollte, und ich verstand alles, was sie wollte.» Die «Medea»-Premiere fand vor einem enthusiastischen, jubelnden Publikum statt. Bernstein erinnert sich, daß «Maria Callas fleischgewordene Elektrizität ausstrahlte. Man war wie von Sinnen», und er selbst war mit einem Schlag auch als Operndirigent weltberühmt; Kunde von seinen amerikanischen Opernaufführungen, an den Universitäten, in Tanglewood, war nie in die weite Opernwelt gedrungen. Im März 1955 kehrte er an das renommierte Theater in Mailand zurück und dirigierte dort Bellinis «La Sonnambula» und Puccinis «La Bohème»: Er war der jüngste Dirigent und der erste Amerikaner, der am Pult des Teatro alla Scala stand. Erst 1963 wurde er an New Yorks Metropolitan Opera zum ersten Mal engagiert; er dirigierte zehn Vorstellungen von Verdis «Falstaff». Und als ihn drei Jahre später die Staatsoper in Wien – wohin er eigentlich niemals mehr zurückkehren wollte – bat, sechs Aufführungen des «Falstaff» zu leiten, nahm er das An-

Mit Maria Callas nach einer Aufführung von Bellinis «Sonnambula» am Teatro alla Scala (März 1955)

gebot an; 1968 folgte dort «Der Rosenkavalier«, und 1970 dirigierte er Beethovens «Fidelio» im Theater an der Wien, in dem zu Beethovens Zeiten die Uraufführung stattgefunden hatte – damals hieß es noch Theater auf der Wieden.
Bernsteins kompositorische Tätigkeit war in den 50er Jahren fruchtbar und vielseitig. Für Elia Kazans Film «On the Waterfront» («Die Faust im Nacken») schrieb er 1954 eine sinfonische Musik, aus der er im Jahre darauf eine Suite für Konzertzwecke zusammenstellte. Wenig bekannt geworden sind drei in diesen Jahren komponierte Zwischenaktmusiken und Songs – für «Peter Pan» von James Matthew Barrie (1950), für Jean Anouilhs «Die Lerche» (als «The Lark» von Lillian Hellman für die amerikanische Bühne bearbeitet) und für Oscar Wildes «Salome» (beide 1955). 1956 fand die Uraufführung der «komischen Operette» statt, die Lillian Hellman nach Voltaires «Candide» geschrieben hatte – im Oktober in Boston und am 1. Dezember in New York. Das Werk war damals verhältnismäßig wenig erfolgreich, die Ouvertüre wurde als Konzertstück beliebt. 1973 erschien eine überarbeitete Fassung mit neuen Texten und neuer Musik.
Leonard Bernsteins erstes sinfonisches Werk nach «The Age of Anxiety» (1949) war die «Serenade» für Sologeige, Streichorchester, Harfe und Schlagwerk, die Isaac Stern unter Leitung des Komponisten am 12. September 1954 am Teatro La Fenice in Venedig uraufführte. Wie «The Age of Anxiety», so war auch dies ein Auftragswerk der *Koussevitzky Foundation*. «The Age of Anxiety» war Koussevitzky «in tribute» gewidmet, die «Serenade» widmete der Komponist «to the beloved memory of Sergei and Natalie Koussevitzky». Die «Serenade», eine der wenigen Kompositionen, die von philosophischen Schriften angeregt worden sind – Bernstein folgt Platons «Symposion» –, hat dabei sogar Choreographen angezogen: im Juni 1959 führte das American Ballet Theatre eine Choreographie von Herbert Ross beim *Festival of Two Worlds* in Spoleto, Italien, auf. 1950 hatte Jerome Robbins mit dem New York City Ballet «The Age of Anxiety» als Ballett choreographiert.
«Wir wollen heute versuchen, Ihnen ein etwas sonderbares und ziemlich schwieriges Experiment vorzuführen. Wir wollen den

ersten Satz von Beethovens Fünfter Sinfonie vornehmen und ihn neu schreiben.» So begann Leonard Bernstein am 14. November 1954 seine erste Fernsehsendung in der Serie «Omnibus» der Columbia Broadcasting Company. «Nun erschrecken Sie nicht; wir werden nur die Noten verwenden, die Beethoven selbst geschrieben hat, nämlich Entwürfe, die für diese Sinfonie bestimmt waren. Wir wollen herausfinden, warum er sie verwarf... Vielleicht können wir etwas von dem entdecken, was in einem Musiker bei jenem geheimnisvollen schöpferischen Prozeß vorgeht, den wir komponieren nennen.»

In dieser ersten, für ein immenses Fernsehpublikum geschriebenen und mit musikalischen Beispielen präsentierten Vorlesung erkannten wir den Vortrag wieder, den der junge Lenny Bernstein sechs Jahre früher in Tanglewood gehalten hatte und damals nur einen kleinen Kreis von Fachleuten, Musikern und Schülern fasziniert hatte. In tiefgehender und dabei doch populär gehaltener Darstellung machte es nun Bernstein einem breiten Publikum klar, was «der eigentliche Schlüssel zum Geheimnis großer Kunst (ist): Daß der Künstler seine Kraft und sein Leben an die eine Aufgabe hingibt, die richtigen Noten einander folgen zu lassen, wobei er genausowenig weiß wie ein anderer, warum er das tut.» Dieser ersten Sendung folgten von Oktober 1955 bis März 1958 sechs weitere; im November 1959 wurde die amerikanische Ausgabe seines ersten Buches «The Joy of Music» veröffentlicht, in dem die Texte der sieben Sendungen enthalten sind; 1961 erschien die deutsche Fassung «Freude an der Musik». Weitere Fernsehprogramme folgten ab 1958 regelmäßig, darunter auch Programme für jugendliche Hörer und später die Aufzeichnungen der sechs Vorlesungen an der Harvard-Universität 1973; die Texte sind in verschiedenen Büchern im Original und auch in deutscher Übersetzung nachzulesen.

Der inzwischen als Dirigent, als Komponist von sinfonischer Musik, Kammermusikwerken, Liedern, Klavierstücken, Songs und *Musicals,* als Pädagoge und musikalischer Erzieher eines weitgefächerten Fernsehpublikums, als amerikanische Weltberühmtheit bekannte Leonard Bernstein machte nun als 39jähriger Musiktheater-Geschichte mit der realistisch-tragischen, sozialkritischen, brutalen wie auch rührenden, sinnlich erregenden und seelisch ergreifenden «West Side Story». Von Jerome Robbins angeregt und von ihm choreographisch gestaltet, hatten Arthur Laurents das Buch geschrieben und Stephen Sondheim die Gesangstexte verfaßt. Am 19. August 1957 fand die Vorpremiere im National Theatre in Washington statt. New York sah die Erstaufführung am 26. September 1957. 1961 folgte die Verfilmung, und «West Side Story» wurde in vielen Ländern in verschiedenen Sprachen aufgeführt. Leonard Bernstein widmete die Musik seiner Gattin Felicia «with love».

Erst 1963 und 1965 vollendete Bernstein wieder größere Kompositionen. Die Dritte Sinfonie, «Kaddisch» betitelt, wiederum ein Auftragswerk der *Koussevitzky Foundation,* für Solosopran, Chor, Sprecher, Knabenchor und Orchester komponiert, wurde am 10. Dezember 1963 vom Komponisten mit dem Israel Philharmonic Orchestra, der Solistin Jennie Tourel, der First Lady des Hebräischen Theaters, Hannah Rovina, und Chören unter der Leitung von Abraham Kaplan und Yizhak Graziani, uraufgeführt. Die Aufführung fand in Tel Avivs neuer Konzerthalle statt, dem Fredric R. Mann-Auditorium, das Bernstein 1957 mit den Israel-Philharmonikern eingeweiht hatte. Die erste amerikanische Aufführung der neuen Sinfonie dirigierte Charles Münch mit dem Boston Symphony Orchestra am 10. Januar 1964; Jennie Tourel sang wieder die Soli; Sprecherin war Felicia Montealegre Bernstein. 1977 überarbeitet der Komponist das Werk und machte von der neuen Version eine Schallplatte mit den Israel-Philharmonikern, mit Montserrat Caballé als Sängerin und Michael Wager als Sprecher; dazu sangen der Wiener Jeunesse-Chor und die Wiener Sängerknaben unter der Leitung von Uwe Christian Harrer.

Zu Beginn des Jahres 1957 hatte Leonard Bernsteins ehemaliger Förderer Dimitri Mitropoulos ihn zum Kodirektor der New Yorker Philharmoniker ernannt, und als Mitropoulos im Jahr darauf von der Leitung des Orchesters zurücktrat, wurde Bernstein Chefdirigent. Am 3. Oktober 1958 dirigierte er sein erstes Konzert als Direktor – eine Stellung, die er für elf Jahre innehatte. Er begann die Reihe regelmäßiger Aufführungen amerikanischer sinfonischer Kompositionen, führte eine «Vorschau»-Serie mit einführenden Vorträgen ein und ging mit dem Orchester auf ausgedehnte Reisen: nach Südamerika und Europa, in den Nahen und den Fernen Osten, nach Australien und Neuseeland, in die Sowjetunion, die Türkei, nach Polen und nach Jugoslawien und quer durch die Vereinigten Staaten. Als er im Mai 1969 sein letztes Konzert als Chefdirigent der Philharmoniker leitete, zählte er 939 Auftritte mit ihnen, das 1000. Konzert gab er am 15. Dezember 1971 – das Orchester hatte ihn inzwischen zum «Laureate Conductor» ernannt. Seine Programme waren immer interessant, anregend, in vieler Beziehung ungewöhnlich; er hat an die vierzig Uraufführungen und viele amerikanische Erstaufführungen mit den Philharmonikern dirigiert.

Die aufregendste Tournee war sicherlich die Reise in die Sowjetunion, die ihn in die ursprüngliche Heimat seiner Eltern führte. Es war August-September 1959, ein Jahr nach dem Antritt als Chefdirigent. Zuvor hatten die New Yorker mit ihm in Salzburg konzertiert und das konservative, vor allem an das herrliche Orchester der Wiener Philharmoniker gewöhnte Festspielpublikum begeistert. Eine charakteristische Pressestimme berichtete von einer «fast tumultuösen Begeisterung für das Salzburger Debüt (der New Yorker Philharmoniker) unter Leonard Bernstein. Die Ausmaße der Ovationen waren dabei durchaus nicht nur vom Beifallssport der ins Festspielhaus eingefallenen Amerikanerinnen bestimmt. Auch die Österreicher gerieten in Verzückung.» Samuel Barber, Leonard Bernstein und Dimitri Schostakowitsch waren die Komponisten des Programms, «eine moderne russisch-amerikanische Musikmische. Das ergab eine ideale, zumindest ideal aufschlußreiche Klanghochzeit.» Bernsteins «Age of Anxiety», mit Seymour Lipkin als Klaviersolisten, mochte der Rezensent als «ungeniert gesteuerte Selbstanzeige» nicht besonders; den Dirigenten beschrieb er plastisch: «So sportlich und sachlich der zierlich-zähe, 40jährige Bernstein zunächst vor seine Heerschar tritt, so bestimmt und kraftvoll, so effektgeladen und dramatisierend führt er sie an. Seine sehnigen, sonnengebräunten Hände verzichten zumeist auf das Buchenholz-Zauberstäbchen in der Rechten (wie es von Stokowski bis Karajan chic wurde); sie modulieren die Klangströme lieber freiluft. Der ganze drahtige

Mann krümmt und windet sich schließlich unter dem Schmerz-Lust-Gewoge oder scheint auf Wasserskiern zu reiten oder wechselweise Rumba-Rasseln zu schwingen und Cocktails zu mixen, unsichtbare Entrückungsversuche zu schlürfen. Ein Schamane aus Lawrence, Massachusetts: Orpheus of Carnegie Hall 59» (Heinrich Lindlar in der «Deutschen Zeitung», Stuttgart, 20. August 1959). Salzburg und Musiker aus aller Welt feierten nach dem Konzert Vertreter des Orchesters und ihren Dirigenten bei einer Einladung des amerikanischen Generalkonsuls im *Österreichischen Hof,* wo Leonard Bernstein mit seinen Kollegen Dimitri Mitropoulos und Herbert von Karajan zusammentraf.

Eine Rußlandtournee eines amerikanischen Orchesters wäre zur Zeit des bis in die 50er Jahre andauernden «kalten Krieges» zwischen den USA und der Sowjetunion undenkbar gewesen. Gegen Ende des Jahrzehnts verbesserten sich die Beziehungen, und die Konzerte der New Yorker Philharmoniker, die auch nach Polen reisten, sollten sie auf kultureller Ebene unterbauen helfen. Für Leonard Bernstein bedeutete diese Tournee nicht nur eine neue aufregende Herausforderung; er hoffte auch, er würde seine in Rußland verbliebenen Verwandten kennenlernen und den Vater überreden können, mit ihm zu kommen. Samuel Bernstein zögerte lange, bis er sich zu einer Reise entschließen konnte, und es war auch nicht leicht, für ihn ein russisches Visum zu erlangen; er war ja illegal aus dem Lande geflohen. Die Mutter hatte kein Interesse daran, ihre frühere Heimat wiederzusehen. Als Samuel endlich die Einreisedokumente erhalten hatte – Lenny war bereits mit dem Orchester unterwegs –, ließ er den Sohn wissen, er wolle doch nicht kommen. Lenny und Felicia trafen kurz nach ihrer Ankunft in Moskau Lennys Onkel und Vetter, Schlomoh Bernstein und Michoel Zvainboim; Schlomoh war aus Nowosibirsk gekommen und Michoel aus Dnjepropetrowsk, nachdem beide auch Reisevisumsschwierigkeiten hatten überwinden müssen. Leonard entschloß sich, mit Onkel Schlomoh gemeinsam den Vater anzutelefonieren; als die beiden Brüder Sam und Schlomoh kurz miteinander sprachen, war Sam überwältigt und flog – nach weiteren Schwierigkeiten mit dem Visum – via Paris nach Moskau. Dort stellte sich bald heraus, daß sich die beiden Brüder wenig zu sagen hatten; sie hatten sich auseinandergelebt. Leonard war darüber recht unglücklich – Sam blieb nur wenige Tage in der Sowjetunion, und die Konzerte und Erfolge seines Sohnes interessierten ihn mehr als die Familie.

Orchester und Dirigent wurden vom russischen Publikum ostentativ gefeiert. In Moskau hatte Bernstein in seinem ersten Konzert am 22. August die Fünfte Sinfonie von Schostakowitsch spielen lassen und dirigierte vom Flügel aus das G-Dur Klavierkonzert KV 453 von Mozart – was für das russische Konzertpublikum ganz ungewöhnlich war. Am Vorabend seines Geburtstages, am 24. August 1959, dirigierte er ein für die Sowjetunion sensationelles Programm. Es enthielt Igor Strawinskys «Sacre du Printemps» und Charles Ives' «The Unanswered Question». Strawinskys Musik war in der Sowjetunion lange *tabu* gewesen; Strawinsky selbst besuchte seine alte Heimat zum ersten Mal 1962. Bernstein erinnerte sein Publikum in einer kurzen Ansprache, daß «Sacre du Printemps» bereits «fünf Jahre vor Eurer Revolution eine musikalische Revolution geschaffen hatte... Und fünf Jahre nach Eurer Revolution schuf er eine weitere durch seine Hinwendung zu neoklassizistischer Form.» Ein Dolmetscher übersetzte die Ansprache ins Russische, benutzte aber anstatt des Wortes *Revolution* im Hinblick auf Strawinsky das Wort *Skandal* – so hatte es Bernstein gewiß nicht gemeint. Die Bedeutung der «Unanswered Question» erläuterte Bernstein seinen Hörern ebenfalls, bevor das Werk erklang. Der Applaus für Ives war so überwältigend, daß die Philharmoniker das Werk wiederholen mußten – was das Magazin *Sowjetskaja Kultura* in einem Artikel heftig kritisierte.

Der sprachbegabte Bernstein hatte einige Worte russisch gelernt und konnte sich zur Begeisterung seiner Hörer gelegentlich nach dem Applaus im Konzert mit «balschoje spassiwa» («vielen Dank») bedanken. Er traf in Moskau viele Künstler und Musiker, darunter die Komponisten Schostakowitsch und Aram Chatschaturian, den Geiger Leonid Kogan, den Pianisten Vladimir Ashkenazy und den Dichter Boris Pasternak, den Felicia und Leonard Bernstein in dem kleinen Dorf besuchten, in dem er zurückgezogen lebte. Zum letzten Konzert der Tournee, am 11. September 1959, kam Pasternak nach Moskau; es wird berichtet, daß er beim

1959 in Warschau

Abschiednehmen zu Bernstein sagte: «Vielen Dank dafür, daß Sie uns in den Himmel geführt haben. Jetzt müssen wir zur Erde zurückkehren» (EWEN, S. 143). Pasternak ist wenige Monate nach dieser für ihn – und für Bernstein – erregenden Begegnung gestorben.

Außer in Moskau konzertierte das Orchester in Leningrad und in Kiew; noch am letzten Tag vor der Abreise wurden in Moskau Aufnahmen für einen Fernsehfilm gemacht, der einige Wochen später im amerikanischen Fernsehen gezeigt wurde. Bernstein hatte nach seiner Rückkehr nach New York über viele interessante Erlebnisse und Unterhaltungen zu berichten. Junge Dirigenten, junge Musiker, junge Komponisten hatten Kontakt zu ihm gesucht. Eine seiner originellsten Begegnungen war die mit einem jungen Komponisten gewesen, der ihm die Partitur einer Komposition brachte, die er zu seinen Ehren geschrieben hatte: ein Werk, in dem er ein Thema aus Bernsteins Jugendwerk, der Klarinettensonate, verwendet hatte: «Dein Stück», sagte Bernstein zu dem Komponisten, «ist besser als Dein Thema» (EWEN, S. 143).

Athen und Thessaloniki, Baalbek, Istanbul, Salzburg, Warschau, Scheveningen, sechs deutsche Städte – darunter Berlin –, Luxemburg, Paris, Basel, Belgrad und Zagreb, Venedig und Mailand, Oslo, Helsinki und Turku, Stockholm und Göteborg, und als Abschluß London, das waren die anderen Stationen einer Tournee gewesen, während derer die New Yorker Philharmoniker 50 Konzerte spielten; 37 davon dirigierte Bernstein, die anderen wurden von Thomas Schippers und Seymour Lipkin geleitet. Die meisten Konzerte dieser Reise fanden in der Sowjetunion statt, sie hinterließen auf Orchester und Dirigenten den nachhaltigsten Eindruck. Als am 16. Oktober die Wintersaison der Konzerte in der Carnegie Hall begann – vorher hatte bereits ein «Willkommen»-Konzert in Washington stattgefunden –, waren die Straßen der Umgebung und der Saal festlich geschmückt, und über die Straße gespannte Spruchbänder begrüßten das heimgekehrte Orchester: «Willkommen Zu Hause Internationale Helden!» (EWEN, S. 146)

Höhepunkte der dem «russischen Abenteuer» und der großen Reise folgenden Jahre waren das erste Gustav-Mahler-Festival mit

den New Yorker Philharmonikern im Januar 1960, eine Konzertreihe mit dem Thema «Probleme in der zeitgenössischen Musik» und ein «Frühlings-Festival der Theatermusik» März und April desselben Jahres, ein Orchesterkonzert ausschließlich mit Leonard Bernsteins eigenen Kompositionen am 13. Februar 1961, die Einweihung des New Yorker Philharmonischen Konzertsaals im Lincoln Center am 23. September 1962, eine England-Tournee der New Yorker Philharmoniker im Februar 1963 zur Feier des 150jährigen Bestehens des Royal Philharmonic Orchestra von London, das erfolgreiche Debüt als Dirigent des Metropolitan Opera House in New York mit Verdis «Falstaff» und die Uraufführung der eigenen Dritten Sinfonie, «Kaddisch», am 19. Dezember 1963 mit den Israel-Philharmonikern in Tel Aviv. Zu Beginn der Wintersaison 1962/63 war in New York Bernsteins zweites Buch erschienen, «Young People's Concerts for Reading and Listening», Niederschlag seiner Konzerte für junge Hörer – ein Buch mit Schallplattenausschnitten aus diesen Konzerten. Neue Kompositionen von Bedeutung sind zwischen der «West Side Story» und «Kaddisch» nicht entstanden; zwei kurze Stücke zu Christopher Frys Theaterstück «The Firstborn» für Singstimme und Schlaginstrumente (1958) sind aufgeführt aber nicht veröffentlicht worden. Auf einer Japantournee im Frühjahr 1961 überraschte Bernstein seine Hörer, als er seinen damaligen Assistenten Seiji Ozawa – der später Chefdirigent der Bostoner Sinfoniker wurde – in einer Ansprache in japanischer Sprache vorstellte.
Im Herbst 1964 nahm Leonard Bernstein für ein Jahr Ferien – ein «sabbatical» Jahr – von den Philharmonikern, gab aber im Frühjahr 1965 Gastkonzerte in Dänemark und beim Casals-Festival in Puerto Rico und dirigierte am 15. Juli 1965 die Uraufführung seines neuen Werkes, «Chichester Psalms» nach hebräischen Psalmtexten, in New York, mit den Camerata Singers unter Abraham Kaplan, mit dem Knabensolisten John Bogart und der New Yorker Philharmonie. In den «sabbatical» Monaten hatte Bernstein kompositorische Experimente mit Zwölftonreihen und streng dodekaphonischer Ausarbeitung gemacht, sie aber wieder verworfen; in den Chichester-Psalmen dominiert die Tonalität. Daneben beschäftigten Bernstein verschiedene neue Pläne für das

Musiktheater. Hier erlebte er Enttäuschungen mit Mitarbeitern; das begann 1965 und zog sich mehrere Jahre hin. «Es war mein großes *Handicap*», sagte er uns, «daß meine Mitarbeiter nichts wagen wollten. Sie dachten, meine Ideen und meine Pläne könnten nicht erfolgreich realisiert werden, sie seien nicht *kommerziell genug* fürs Broadway-Theater. Ich mußte Pläne für ein Stück nach Bertolt Brechts ‹Die Ausnahme und die Regel› aufgeben, auch für einen Vorwurf nach Wilders ‹The Skin of our Teeth›. Ich konnte mich nicht durchsetzen. Es war so großartig gewesen, daß für die *West Side Story* jeder von uns dieselben Gedanken hatte, daß völlige Übereinstimmung bestand. Später führte dieser Mangel an Einvernehmen zur Katastrophe von ‹1600 Pennsylvania Avenue› (1976). Die ursprüngliche Idee war so aufregend, so originell, aber meine Kollegen haben sie nicht nach meinen Vorstellungen durchgeführt. Meine Partitur wurde schrecklich zusammengestrichen, die interessantesten Teile daraus fielen den Strichen zum Opfer. Das war demütigend für mich: Ich wollte die *Show* schon in Washington stoppen, wollte verhindern, daß sie nach New York kam, aber sie bestanden darauf, und sie fiel durch. Das war eines der schrecklichsten Erlebnisse meines ganzen Lebens.» – «Aber hat der Komponist nicht die Möglichkeit, sein Veto durchzusetzen?» – «Nicht am Broadway. Da gibt es zu viele Mitarbeiter und Beteiligte: der Produzent, der Regisseur, der Choreograph, der Librettist und der Textdichter – alle haben mitzureden, und der Komponist als Einzelner ist machtlos. Keiner von ihnen hatte den Mut, mir zu folgen. Sie hatten nur im Sinn, die *Show* so einzurichten, daß sie *charmant,* problemlos, amüsant war – nichts von Tiefe!» – «Auch mit einer Filmmusik erging es ähnlich, nicht wahr?» – «Zwei Jahre lang arbeitete ich mit Franco Zeffirelli an einem ‹Filmmusical› über den Heiligen Franziskus von Assisi. Wir hatten ursprünglich eine fabelhafte Idee. Die Handlung sollte sowohl zur Zeit des Franziskus wie heute spielen, und in meiner Musik wollte ich auch stilistisch angepaßt komponieren. Dann bekam Zeffirelli Angst, der Film könnte nicht reüssieren. Zwei Jahre lang hat mich das Projekt beschäftigt, dann mußte ich es aufgeben. Zeffirelli hat dann einen schrecklichen Film gemacht und einen italienischen Komponisten beauftragt, Musik in möglichst volkstümlichem Stil zu schreiben.» – «Ist es nicht schade um die investierte Arbeit?» – «Natürlich. Doch habe ich einiges, was ich für den Zeffirelli-Film komponiert hatte, für meine ‹Mass› benutzt, zum Beispiel für das erste Lied, ‹Simple Song›, und für die Nr. 28, ‹Sanctus›. Auch aus ‹Pennsylvania Avenue› habe ich Musik gerettet, zum Beispiel für die Orchester-Ouvertüre ‹Slava›.» «Mass» wurde 1971 vollendet, «Slava», Mstislaw («Slawa») Rostropowitsch gewidmet, schrieb Bernstein 1977. Für die musikalische Bühne komponierte er dann erst 1982/83 wieder ein neues Werk, die Oper «A Quiet Place».

Über sein «sabbatical» Jahr hat Leonard Bernstein in der *New York Times* einen «Bericht» in Versen veröffentlicht, der in seinem 1975 deutsch erschienenen Buch «Von der unendlichen Vielfalt der Musik» (in Amerika 1967 zuerst veröffentlicht) wiedergegeben ist. Mit viel Witz und etwas Wehmut erzählt er von seinen Versuchen mit neuartigen Kompositionstechniken, von seinen «einfachen, bescheidenen, tonalen *Chichester-Psalmen* – Tonikas, Dreiklänge in allen Lagen, ein kühner John Cage könnte sie kaum ertragen» und von seiner Reise nach England, nach Chichester selbst, «zu hören im Kreise meiner Lieben die Psalmen am Ort, für den sie geschrieben». In Chichester erklangen die von Very Rev. Walter Hussey, Dekan der Kathedrale, in Auftrag gegebenen Chichester-Psalmen in der ursprünglich vorgesehenen Fassung mit Männerchor – zwei Wochen nach der New Yorker Aufführung mit größerer Besetzung; der Komponist leitete die Premiere in der Kathedrale am 31. Juli 1965.

Im September 1965 kehrte Bernstein ans Pult der New Yorker Philharmoniker zurück – sehr ruhig oder erholsam war das «Sabbatical» nicht für ihn gewesen. Als Schwerpunktthema für die Konzertprogramme der Saison – und der nächsten – wählte er «Sinfonische Formen im 20. Jahrhundert». Am 14. März 1966 folgte für Leonard Bernstein ein weiteres «Debüt»: an der Wiener Staatsoper dirigierte er «Falstaff» mit Dietrich Fischer-Dieskau in der Titelpartie. Anschließend gab er auch mit den Wiener Philharmonikern Konzerte. Im November desselben Jahres erschien das Buch «Von der unendlichen Vielfalt der Musik» mit dem Text von fünf Fernsehsendungen, dem «Bericht über ein Urlaubsjahr», vier Analysen sinfonischer Werke und einer «Plauderei». Im Juni 1967 leitete er in Florenz ein Konzert zum Gedenken an den 100. Geburtstag von Arturo Toscanini, mit dem er in jungen Jahren in Verbindung gestanden hatte. Zur selben Zeit brach in Israel der «Sechs-Tage-Krieg» aus, in dem der junge Staat arabische Armeen bekämpfen mußte, die kurz vor einem Angriff auf Israel standen. Als Folge konnten die beiden Teile Jerusalems, die Altstadt und die Neustadt, unter der Ägide Israels wieder vereinigt werden; sie waren mehr als 18 Jahre durch Mauern und Stacheldraht voneinander getrennt gewesen. Erst jetzt konnten wieder Pilger und Betende aller drei Weltreligionen die für sie Heiligen Stätten unbehelligt besuchen. Leonard Bernstein eilte nach Israel, und an einem historischen Sonntagnachmittag im Juli 1967 dirigierte er auf dem Skopusberg oberhalb Jerusalems, mit dem Blick über die Wüste hinunter nach Jericho und zum Toten Meer, «Urlicht» und Finale («Der große Appell») aus Gustav Mahlers Auferstehungs-Sinfonie. Der Skopusberg, «Der Berg der Späher», von dem aus man auch die geheiligte Stadt und die neu entstandene moderne Kapitale überblickt, war bis dahin von Jerusalem aus unerreichbar gewesen und nun erklang dort Mahlers Lied des Glaubens, der Hoffnung und der Erlösung. Die vollständige Sinfonie war am Vorabend in Tel Aviv erklungen; im Freiluftauditorium konnten nur Scherzo und «Urlicht» sowie das große Finale gespielt werden. Die Israel-Philharmoniker waren durch das Jerusalemer Rundfunkorchester verstärkt worden; es sangen Jennie Tourel, Netania Davrat und der Philharmonische Chor; Isaac Stern spielte das e-Moll-Violinkonzert von Felix Mendelssohn-Bartholdy. Für die *Frankfurter Allgemeine Zeitung* berichteten wir, daß «etwa tausend Menschen atemlos einem akustisch zwar nicht vollkommenen, aber musikalisch und seelisch erregenden Konzert (lauschten)... Der Blick schweifte weit über die Steinwüste, die zwischen Jerusalem und Jericho liegt, hinunter zum deutlich erkennbaren Jordanfluß und zum Toten Meer, zur Rechten der Ölberg. Im Rücken beleuchtete die sinkende Sonne die Kuppeln der Omar-Moschee auf dem alten Tempelplatz, die Kirchen und die Mauern der Heiligen Stadt. Es war ein erregender Nachmittag; eine Schallplatte soll seine Erinnerung für immer festhalten... In Charakter und vielseitiger Genialität als Komponist und Dirigent steht Bern-

Ein Familienbild als Neujahrsgruß

stein dem Wesen Gustav Mahlers so nahe, daß jede seiner Mahler-Interpretationen ergreifend echt und wahr wirkt – die Philharmoniker spielten, und der Chor sang wie nie zuvor.» An dieses Konzert erinnern ein Film «Journey to Jerusalem» und eine CBS-Schallplatte, die allerdings in neueren Katalogen nicht mehr verzeichnet ist.

Von Israel aus begab sich Leonard Bernstein nach Italien, um mit Frau und Kindern einen Sommerurlaub in einer Villa im alten Städtchen Ansedonia am Tyrrhenischen Meer zu verbringen. «Lenny war in gehobener Stimmung, aber auch erschöpft», berichtet John Gruen, der die Ferienwochen mit den Bernsteins verbrachte, «in gehobener Stimmung, weil die Konzerte in Israel unter den besonderen Umständen für ihn ein tief bewegendes Erlebnis waren, aber erschöpft, weil er eine anstrengende New Yorker Saison hinter sich hatte. Er litt unter Rückenschmerzen und sah blaß aus. Doch er war voller Pläne. Er wollte komponieren... Er wollte sich auf den ‹Rosenkavalier› vorbereiten, den er im kommenden Frühjahr an der Wiener Staatsoper dirigieren sollte... Schwimmen und Tauchen belebten ihn von neuem...» (John Gruen-Ken Heyman, 1968). Am 1. September mußten die Bernsteins das italienische Idyll, das Lenny doch in vieler Beziehung sehr gutgetan hatte, verlassen. Bald darauf begann die neue Saison der New Yorker Philharmoniker, mit denen er noch im selben Monat eine Tournee durch Kanada unternahm.

Am 13. April 1968 dirigierte Bernstein Richard Strauss' «Rosenkavalier» an der Wiener Staatsoper; Christa Ludwig – die eine seiner Lieblingssängerinnen wurde – sang die Marschallin. Im Herbst des Jahres ging er mit den New Yorker Philharmonikern auf eine weitere Konzerttournee, die in europäische Städte und nach Israel führte; dort hat er nach fünf Wiener «Rosenkavalier»-Aufführungen Festkonzerte der Israel-Philharmoniker anläßlich des 20. Jahrestages der Staatsgründung dirigiert. Am 17. Mai 1969 fand das letzte Konzert statt, das er als Chefdirigent der New Yorker Philharmonie leitete – das Orchester ernannte ihn zum Ehrendirigenten auf Lebenszeit. Eine Woche später war er wieder in Wien; dort dirigierte er am 25. Mai 1969 ein Festkonzert zur Hundertjahrfeier der Wiener Staatsoper mit Beethovens «Missa Solemnis».

Leonard Bernstein war inzwischen fünfzig Jahre alt geworden. Zu seinem großen Kummer war am 30. April der Vater gestorben, an dem er trotz aller Schwierigkeiten, die dieser ihm in seiner musikalischen Entwicklung in den Weg gelegt hatte, außerordentlich hing; er wußte, daß er dem Vater – der stets nur das Beste für ihn gewollt hatte – viel verdankte: Eine gute und gründliche Erziehung und Bildung, das Vorbild von Fleiß und Ausdauer, den richtigen Sinn für Tradition, Dankbarkeit, Freundschaft und Anhänglichkeit. «Wir sind eine merkwürdige Familie», sagte Samuel Bernstein kurz vor seinem Tode, «mein Großvater war ein Grobschmied, obwohl sein Vater ein Rabbi war. Mein Vater wurde Rabbi anstatt Grobschmied. Ich entfloh dem *Schtetl,* um in Amerika ein Geschäftsmann zu werden. Jetzt wollen meine Kinder nichts mit meiner Arbeit und meinem Leben zu tun haben... Wer weiß, was aus Deinen oder aus Lennys Kindern einmal wird?» sagte er zu seinem Jüngsten, Burton (Burton Bernstein, S. 199). Samuel Bernstein war 77 Jahre alt, als er starb. Als Leonard Bernstein drei Wochen nach dem Tode des Vaters die «Missa Solemnis» in Wien dirigierte, muß er diese feierliche Aufführung als eine Art Tribut in Erinnerung empfunden haben.
Im Mai 1970 kehrte er nach Wien zurück, um dort «Fidelio» im Rahmen der Feiern zur 200. Wiederkehr von Beethovens Geburtstag zu dirigieren. Vorher hatte er die Aufzeichnung des ersten seiner um die einhundert Fernsehfilme geleitet: Verdis «Requiem» war in Londons St. Paul's-Kathedrale mit dem London Symphony Orchestra, Chor und Solisten (Martina Arroyo, Josephine Veasey, Placido Domingo, Ruggiero Raimondi) aufgenommen und auch auf einer CBS-Schallplatte festgehalten worden. Spätere TV- und Videoaufzeichnungen umfassen ein weitgefächertes Repertoire, darunter sämtliche Sinfonien von Gustav Mahler und «Das Lied von der Erde», eigene Werke und einen Brahms-Liederabend mit Christa Ludwig, Bernstein am Klavier und dem Solobratschisten Daniel Benyamini in den zwei Liedern mit Viola solo.
Das nächste denkwürdige Datum ist der 8. September 1971 mit der Uraufführung von Leonard Bernsteins «Mass», einem Auftragswerk der Familie des ermordeten Präsidenten John F. Kennedy zur Eröffnung des *Kennedy Center for the Performing Arts* in

Washington. Der Komponist beschreibt das Werk als «Theaterstück für Sänger, Instrumentalisten und Tänzer» nach Texten der lateinischen Messe und zusätzlichen Texten von Stephen Schwartz und dem Komponisten. Er dirigierte die Aufführung nicht selbst, sie wurde von Maurice Peress geleitet, Alvin Ailey war der Choreograph. «Mass» war Bernsteins erstes größeres Werk nach den Chichester-Psalmen – seit deren Komposition waren sechs Jahre vergangen. Aus der Partitur entnahm der Komponist drei Stücke und bearbeitete sie als «Meditationen» für Violoncello solo und kleines Orchester (oder Klavier). 1974 folgte die Ballettmusik für das *New York City Ballet,* auf eine Choreographie von Jerome Robbins nach der klassischen jüdischen Legende von «Dybbuk», am 16. Mai 1974 unter Leitung des Komponisten in New York uraufgeführt. Im November 1976 dirigierte Bernstein in der inzwischen in *Avery Fisher Hall* umbenannten Philharmonic Hall in New York die erste Aufführung von vier sinfonischen Liedern, die zum Zyklus «Songfest» gehören sollten, ein weiteres Lied – der Präsidentengattin Rosalynn Carter gewidmet – wurde am 19. Januar 1977 bei der *Carter Inaugural Gala* in Washington uraufgeführt. Am 12. Oktober 1977 erlebten wir die Zweite von vier Aufführungen des ganzen Zyklus «Songfest»; die Uraufführung hatte der Komponist am Abend vorher dirigiert. Zur zweiten Aufführung kam auch Jimmy Carter mit seiner Gattin. Mstislaw Rostropowitsch, neu ernannter Chefdirigent des *National Symphony Orchestra* – Nachfolger von Antal Dorati, der es sieben Jahre lang geleitet hatte –, dirigierte zu Beginn eines *All-Bernstein Program* die sinfonische Suite nach der Filmmusik «On the Waterfront»; dann spielte der Meistercellist Rostropowitsch die drei «Meditationen» aus «Mass», und Bernstein dirigierte. Als Ouvertüre noch vor dem eigentlichen Programm spielte das Orchester unter Leonard Bernstein seine Huldigung an Rostropowitsch, die er nach dem Namen, den alle seine Freunde dem großen Musiker geben, «Slava» betitelte, und nach der Pause fand die Uraufführung von «Songfest» statt, «Sechs amerikanische Gedichte für sechs Sänger und Orchester», unter Leitung des Komponisten. Die Sänger waren Clamma Dale, Rosalind Elias, Nancy Williams, Neil Rosenshein, John Reardon und Donald Gramm. Unter den

Gedichten war eines von der 1953 verstorbenen Puertoricanerin Julia de Burgos, das Leonard Bernsteins Tochter Jamie ins Englische übersetzte. Obwohl im Zyklus das der *First Lady* gewidmete Lied «To my Dear and Loving Husband» enthalten war, kam das Ehepaar Carter nach dem Konzert nicht ins Künstlerzimmer, um die Mitwirkenden zu begrüßen. Rostropowitsch war enttäuscht, Lenny war wütend: «Wie ungezogen!»

Aus einem anderen Grund war Lenny an diesem Abend doch glücklich. Am 30. September hatten wir ihn in New York besucht, er war verzweifelt über Felicias Gesundheitszustand gewesen, über die tückische Krankheit, die sie quälte. Aber am Abend der «Songfest»-Premiere war sie in Washington: «Denkt euch! Felicia war gestern im Konzert! Sie war so schön, so wunderschön, so gut sah sie aus. Es ist ein Wunder! Es ist ein Wunder!» – Doch leider trog das Glück. Wenige Monate später ist Felicia gestorben.

In Deutschland wurde «Songfest» im November 1979, in München, zum erstenmal aufgeführt. Es folgten Aufführungen in Linz und in Wien. Am 22. Dezember 1979 führte John Neumeier an der Hamburgischen Staatsoper seine Choreographien zu «Songfest» und zu «Age of Anxiety» vor; die Uraufführung von Washington hat die *Deutsche Grammophon* auf Schallplatte festgehalten. Einen großen Teil des Jahres 1980 verbrachte Bernstein in Fairfield, Connecticut, und widmete sich der Komposition. Dort vollendete er im Sommer eins seiner – trotz äußerer Heiterkeit, trotz Witz und Humor – kompositorisch tiefgründigsten Werke, das «Divertimento für Orchester» – den Bostoner Sinfonikern anläßlich ihres 100-Jahr-Jubiläums gewidmet. Das Orchester hatte bei ihm eine Komposition für die 100. Saison (1980/81) bestellt, und Bernsteins Widmung lautete:

«Als Strawinsky seine *Psalmensinfonie* schrieb, die das Boston Symphony Orchestra anläßlich der Feier zu seinem 50jährigen Bestehen bei ihm bestellt hatte, widmete er sie *‹Dem Ruhme Gottes und dem Boston Symphony Orchestra›*. Damals witzelte man über diese Widmung und sagte, das hieße, das Beste aus beiden Welten gleichzeitig zu machen. Wenn ich es wagte, mich mit Strawinsky zu verbinden, würde ich ihm folgen und ebenfalls eine doppelte Widmung schreiben *‹Den Bostoner Sinfonikern und meiner Mutter›*.

Oder ich könnte ihn sogar mit einer *dreifachen* Widmung übertreffen: *‹Dem Bostoner Sinfonieorchester, meiner Mutter und Boston, meiner alten Heimatstadt›*.» Die Widmung und die Gelegenheit, die Hundertjahrfeier, sind auch in der Musik des «Divertimento» dokumentiert; die acht Sätze des Stückes sind alle auf ein Grundmotiv aufgebaut, das aus den zwei Noten *h – c* zusammengesetzt ist: Die Note *h* heißt im englischen Sprachgebrauch *b* (steht für Boston) und *c* steht für Centenary (Hundertjahrfeier).

Die nächste Komposition, bevor sich Bernstein seiner neuen Oper zuwandte, war «Halil – Nocturno für Soloflöte, Streichorchester und Schlagwerk». Die Partitur trägt auf der letzten Seite das Datum des 13. April 1981, New York City. Am 27. Mai 1981 fand die Uraufführung in Tel Aviv mit den Israel-Philharmonikern und Jean-Pierre Rampal als Solisten statt. Bei derselben Gelegenheit wurde auch das neue «Divertimento» aufgeführt, und Leonard Bernstein dirigierte auch noch andere seiner Kompositionen, die 1982 als Mitschnitte der Tel Aviver Aufführungen auf Schallplatten veröffentlicht wurden. Der Flötist Julius Baker war der Solist in der New Yorker Erstaufführung von «Halil». Dieses «Nocturno» ist dem Andenken eines jungen israelischen Flötisten gewidmet, den Leonard Bernstein nie selbst gekannt hat: er fand im Jahre 1973 19jährig bei der Verteidigung seines Landes den Tod – «Dem Geist Yadins und seinen gefallenen Brüdern» – *Halil* ist das hebräische Wort für Flöte. Aus dem lyrischen Werk, das nur stellenweise stark dramatisch wird, sind äußerlich vielleicht Kämpfe herauszuhören; es ist dabei von seelischem Ringen durchzogen und – musikalisch betrachtet – vom immerwährenden Kampf zwischen chromatischer Nicht-Tonalität und harmonisch-tonal empfundener Musik – ein «Kampf», der den Komponisten Bernstein in fast allen seinen Werken, in Chor- und Konzertmusik, zutiefst beschäftigt hat und der auch in seinen Schriften immer wieder behandelt wird.

Seit Leonard Bernstein seine feste Bindung an ein Orchester niedergelegt hatte, war es ihm leichter geworden, sein Programm zwischen ausübendem Musizieren, Lehrtätigkeit und Komponieren nach eigenem Wunsch einzurichten. Die New Yorker Philharmonie dirigierte er als *Laureate Conductor* immer wieder in Ame-

rika und in anderen Ländern, am meisten aber musizierte er in der Folgezeit mit zwei «Lieblingsorchestern», mit denen er auch viele Fernsehaufzeichnungen und Schallplattenaufnahmen machte, den Wiener Philharmonikern und dem Israel Philharmonic Orchestra.
Am 25. Juni 1973 wurde «Mass» zum ersten Mal in Europa aufgeführt – im Konzerthaus in Wien. Unter Leitung des Dirigenten John Mauceri wurde damals eine Fernsehaufzeichnung gemacht, in der Studenten der Universität Yale und Wiener Chöre mitwirkten. Am 16. Februar 1980 dirigierte Bernstein seine «Mass» an der Wiener Staatsoper. Einen Tag nach der ersten Wiener Aufführung im Juni 1973 leitete der Komponist selbst die New Yorker Premiere in der *Metropolitan Opera;* die Aufführung von Yale, die nach Wien exportiert worden war, hatte er selbst an der Universität gesehen und ihre Entsendung nach Europa befürwortet. Im November 1973 begannen dann die Vorlesungen an der Harvard-Universität und im Januar 1976 die Fernsehausstrahlungen der aufgezeichneten Vorlesungen.
Im Sommer 1974 dirigierte Bernstein zwei Konzerte zur Erinnerung an Sergei Koussevitzky, der am 13. Juni hundert Jahre alt geworden wäre – in Tanglewood mit den Bostoner Sinfonikern und im Central Park von New York mit den New Yorker Philharmonikern. Nach weiteren Reisen mit diesem Orchester und nach der Enttäuschung mit «1600 Pennsylvania Avenue» kam Bernstein nach einer Pause von 28 Jahren zum erstenmal wieder nach München, um ein deutsches Orchester zu leiten: Am 15. und am 17. Oktober dirigierte er Konzerte mit dem Symphonieorchester des Bayerischen Rundfunks zugunsten von *Amnesty International;* der Pianist Claudio Arrau war der Solist.
Im Februar 1976 fand zum ersten Mal ein *Bernstein-Festival* statt: die *Butler University,* Indianapolis, veranstaltete es, und der Staat Indiana erklärte die Tage vom 17. bis 22. Februar als *Bernstein Week.* März/April 1977 feierte das Philharmonische Orchester Israels das 30-Jahr-Jubiläum seiner Freundschaft mit Leonard Bernstein und führte mit ihm eine ganze Reihe seiner Kompositionen auf. Im darauffolgenden August waren dieses Orchester und Leonard Bernstein Gäste des «Carinthischen Sommers» in Ossiach-Villach in Kärnten, wo der Chefdramaturg der Wiener

Staatsoper, Marcel Prawy, zum «Ersten Europäischen Leonard-Bernstein-Festival« geladen hatte – vom 14. bis 21. August 1977, mit Vorträgen, Filmvorführungen und Konzerten. Eine hübsche illustrierte Broschüre erinnert an das vielfarbige Programm, für das Franz Endler, Redakteur der Wiener «Presse», ein «Kleines Bernstein-Portrait» verfaßte. Aus den USA war Lukas Foss gekommen, um in einer Aufführung von «The Age of Anxiety» den Klavierpart zu spielen, und gleichfalls aus Amerika kam das Opernensemble der Indiana University, für einen Querschnitt «Bernstein am Broadway» mit Szenen aus Musicals und der Kammeroper «Trouble in Tahiti». Dasselbe Ensemble hatte auch beim Bernstein-Festival mitgewirkt, das im Frühjahr in Israel stattgefunden hatte. Am 25. August 1978 wurde Leonard Bernsteins 60. Geburtstag in Wolf Trap, Vienna, Virginia, gefeiert. Yehudi Menuhin, André Previn und Mstislaw Rostropowitsch wirkten mit, und das *National Symphony Orchestra* spielte.

Nach der schöpferischen Pause des Jahres 1980 übernahm Bernstein eine seiner größten interpretatorischen Aufgaben – konzertante Aufführungen mit Fernseh- und Schallplattenproduktionen von Richard Wagners «Tristan und Isolde». Er hatte sich lange auf diese Konzerte vorbereitet: «Ich bin dabei zur Auffassung gekommen», sagte er, «daß man *Tristan* eigentlich eher im Konzertsaal als im Opernhaus aufführen sollte. Es geschieht ja auf der Bühne eigentlich gar nichts, es gibt nicht viel zu sehen, und alles was man zeigen kann, lenkt ja nur von der Musik ab!» Am 11. Januar 1981 wurde der erste Akt mit Hildegard Behrens, Peter Hofmann, Yvonne Minton, Bernd Weikl und dem Orchester des Bayerischen Rundfunks aufgeführt. Am 27. April 1981 folgte der zweite Akt, und am 10. November wurde der Zyklus der Konzerte mit dem dritten Akt beendet. Am 12. Juni hatte Bernstein mit dem Orchester der Accademia di Santa Cecilia und mit Solisten der Israel-Philharmoniker ein Wohltätigkeitskonzert im Audienzsaal des Vatikans gegeben und eigene Werke zu Gehör gebracht: «Halil» und «Drei Meditationen».

Bei aller Jugendlichkeit, die sich Leonard Bernstein in der Unterhaltung – er hat ein phänomenales Gedächtnis –, am Pult und im eigenen musikalischen Schaffen erhalten hat, ist in seinen Schriften

der 70er Jahre, in seiner Musik wie im Musizieren so etwas wie «Altersweisheit» zu spüren, dabei auch eine gewisse Nostalgie und ein Gefühl der Furcht, es könne ihm vielleicht nicht vergönnt sein, all das zu vollenden, was er sich im Leben vorgenommen habe. Als er im August 1981 erfuhr, daß der Dirigent Karl Böhm ernstlich erkrankt sei, schrieb er ihm einen Brief mit seinen Wünschen für Genesung – Karl Böhm starb aber, bevor ihn der Brief erreichte. In den ersten Sätzen dieses Briefes vom 13. August 1981 schreibt Leonard Bernstein, Böhms Leben habe fast 90 Jahre erreicht, doch er müsse weiterleben. «Selbst ich», bekennt er, «der ich kurz vor meinem 63. Geburtstag stehe, fühle das Gewicht der Jahre und die damit zusammenhängende Panik, die Uhr könne ablaufen, bevor alle unsere Arbeiten vollendet werden können.»
Im Gedenken an Karl Böhms ermunternde Kritik seiner *Tristan*-Interpretation beendete Bernstein seine Aufnahmen des Musikdramas im November 1981. Frühjahr und Sommer 1982 dirigierte er in Amerika und in Europa Gedenkkonzerte anläßlich der 100. Wiederkehr des Geburtstages von Igor Strawinsky. In Israel leitete er ein *Strawinsky-Festival* – mit der Musik des Komponisten, von dem stärkste Impulse auf seine eigene Musik ausgegangen waren. Nach einer Herbsttournee mit den Wiener Philharmonikern zog er sich dann für längere Zeit vom Konzertleben zurück, um die Partitur der neuen Oper rechtzeitig zu der für Juni 1983 vorgesehenen Aufführung fertigstellen zu können.
Die letzte Komposition vor der Oper war ein Klavierwerk «Touches – Choral, Acht Variationen und Coda», für den Sechsten Internationalen Van Cliburn-Pianisten-Wettbewerb in Fort Worth, Texas, geschrieben; sie trägt das Datum «Fairfield, Connecticut, Juli 1980». Die Oper, «A Quiet Place», zu einem Libretto von Stephen Wadsworth, ging am 17. Juni 1983 in Houston, Texas, zum ersten Mal in Szene. Die Handlung ist als Fortsetzung der Lebensgeschichte der Figuren aus «Trouble in Tahiti» konzipiert, und so wurde diese frühe Kammeroper in Houston vor dem neuen Opernwerk aufgeführt. Die Kombination erwies sich nicht als glücklich, und so entschlossen sich die Autoren, die Oper umzuarbeiten; «Trouble in Tahiti» wurde in Form einer Rückblende in «A Quiet Place» textlich und musikalisch einbezogen.

Die Umarbeitung beschäftigte Leonard Bernstein einen großen Teil der auf die Uraufführung folgenden Monate. Zu seinem 65. Geburtstag im August 1983 wünschte er sich eine weltweite friedliche Demonstration gegen die nukleare Aufrüstung. In New York hatte sich dazu im Sommer des Jahres ein «Geburtstags-Komitee» konstituiert, das Freunde, Künstler und Politiker in aller Welt aufforderte, zum äußeren Zeichen der Verbundenheit mit Leonard Bernstein und der Sympathie mit seinem Demonstrations-Anliegen am Tage des 25. Augusts eine himmelblaue Armbinde zu tragen. Die Armbinden wurden Hunderten von Sympathisanten zugesandt, und aus vielen Ländern und Städten wurde berichtet, daß bei privaten Anlässen und in Konzertsälen die Menschen mit den Armbinden gesehen wurden – in Budapest, wo Bernsteins Besuche in lebhafter Erinnerung geblieben sind, fand ein Festkonzert in der Krönungskirche der Habsburger (der Matthiaskirche in Buda) statt, bei dem Orchestermusiker und Konzertbesucher die blaue Binde trugen.
Im November 1983 kam Leonard Bernstein wieder für Konzerte und Schallplattenaufnahmen nach Europa, und im Januar 1984 begann er eine Konzert-Tournee mit den Wiener Philharmonikern; sie wurde mit einem Mozart-Programm im Rahmen der Mozartwoche in Salzburg eröffnet und führte durch einen großen Teil der USA. In Chicago stürzte er unglücklich beim Verlassen des Podiums und mußte ins Krankenhaus gebracht werden; aber er erholte sich so schnell, daß alle Konzerte programmgemäß durchgeführt werden konnten. Ende März dirigierte er die New Yorker Philharmoniker in einem «Frühlingskonzert» mit Werken von Copland, Robert Schumann und Strawinsky. Nach Gastkonzerten in Israel und beim Maggio Musicale Fiorentino mit dem Israel Philharmonic Orchestra erwartete ihn das Teatro alla Scala in Mailand zur Vorbereitung der Uraufführung (am 19. Juni 1984) der neuen Fassung von «A Quiet Place», die nun vom Autor, Stephen Wadsworth, selbst inszeniert wurde; als Dirigent hatte Bernstein John Mauceri bestimmt. «La Scala» und das «Kennedy Center» in Washington hatten die Oper gemeinsam mit der Houston Grand Opera in Auftrag gegeben (1. Aufführung der Neufassung im «Kennedy Center» am 22. Juli 1984).

DER DIRIGENT UND INTERPRET

«Der Dirigent muß sein Orchester nicht nur zum Spielen bringen, sondern dazu, daß es gerne spielt. Was immer er auch tut, er muß erreichen, daß das Orchester die Musik so liebt, wie er sie liebt.»
Leonard Bernstein, Dezember 1955

Als Leonard Bernstein in jenem historischen Konzert am 14. November 1943 als 25jähriger, der Musikwelt ein Unbekannter, zum erstenmal die New Yorker Philharmoniker dirigierte, in letzter Minute für Bruno Walter einspringend, wurde er als ein junger Dirigent vorgestellt, «der in unserem Lande geboren, erzogen und ausgebildet ist». Als ausübender Musiker und Komponist war er ein «Produkt Amerikas», in einem Land, das europäische Künstler stets höher geschätzt hatte als die eigenen. Das amerikanische Konzertpublikum war an große Europäer gewöhnt: Arturo Toscanini, Bruno Walter, Sergei Koussevitzky, Leopold Stokowski, Dimitri Mitropoulos, Eugene Ormandy, Arthur Rodzinski, Fritz Reiner waren die gefeierten Dirigenten der 30er und 40er Jahre. Zeitgenössische Komponisten sah das amerikanische Publikum ebenso ungern in den Programmen wie die Abonnenten der philharmonischen Konzerte in Berlin, Wien oder London. So war die Skepsis gegenüber einem jungen, unerfahren scheinenden *Boston Boy* verständlich und um so größer war das Erstaunen, als er in professioneller Kontrolle an der Spitze des renommierten *New York Philharmonic Orchestra* ein anspruchsvolles Programm höchst erfolgreich realisierte. Und noch größer war die Verwunderung von Publikum und Presse, als der sich stetig weiterentwickelnde Leonard Bernstein es im Laufe der Jahre verstand, einem im Grunde konservativen Konzertpublikum die Musik der Zeit, Weltmusik wie Kompositionen älterer und jüngerer Amerikaner, nahezubringen und zum Erfolg zu führen.

Der Dirigent bei der Probe

Historisch gesehen war Leonard Bernstein nicht der erste amerikanische Dirigent am Pult der New Yorker Philharmoniker. Gründer des Orchesters war Ureli Corelli Hill gewesen (1802 in New York geboren, 1875 dort gestorben), dessen Vater in Boston und New York Musiklehrer war. Er hatte 1842 *The Philharmonic Society of New York* ins Leben gerufen. In dem Verfassungs-Statut der Gesellschaft lautete ein Paragraph:
«Wenn der Gesellschaft irgendwelche große orchestrale Kompositionen wie etwa Ouvertüren oder Sinfonien eingereicht werden sollten, und sie sind in diesem Lande verfaßt worden, so soll die Gesellschaft ein solches Werk in jeder Konzertsaison zur Aufführung bringen, vorausgesetzt, daß es von einem Komitee von fünf von der Regierung ernannten Fachleuten gutgeheißen und empfohlen worden ist» (John Tasker Howard 1946, p. 248).
In den ersten Jahren des Bestehens der *Society* wurde diese Bestimmung nicht beachtet; in den folgenden sieben Jahren standen elf Kompositionen amerikanischer und eingebürgerter Komponisten auf dem Programm. Leonard Bernsteins Praxis, in fast jedem Programm der Philharmoniker Musik amerikanischer Komponisten aufzuführen – und in einer «Vorschau» zu erläutern –, sie so zu interpretieren, daß sie die Hörer begeisterte, war eine Neuerung im New Yorker Musikleben, deren Erfolg niemand hätte erahnen können.
Amerikanische Dirigenten hatte es vor Leonard Bernstein gegeben, und mancher unter ihnen, wie John Bitter, Alfred Wallenstein, Arthur Fiedler, Werner Janssen und Rudolph Dunbar, konnten zeitweilig auch in Europa Erfolge verzeichnen. Arthur Fiedler war 1894 in Boston geboren und hatte vor dem Ersten Weltkrieg in Berlin studiert. Alfred Wallenstein war deutscher Abstammung, 1898 in Chicago geboren, und studierte in Europa 1920–1922. Werner Janssen, 1899 in New York geboren, studierte in Boston, gewann 1930 den *Prix de Rome of the American Academy* und debütierte in Rom als Dirigent. Rudolph Dunbar, Jahrgang 1907, kam 1919 aus Britisch-Guayana nach New York und ging auch zu musikalischen Studien nach Europa. Diese ausgezeichneten Dirigenten der Generation vor Leonard Bernstein fanden in verschiedenen amerikanischen Städten ihren Wirkungskreis, doch trotz

ihrer Erfolge beim Publikum und bester *Publicity* waren ihr Ruhm und ihre Beliebtheit nicht vergleichbar mit der Berühmtheit und der Anziehungskraft der großen Europäer, die an den Pulten der Spitzenorchester regierten. So warnten kritische Stimmen auch nach Bernsteins ersten New Yorker und Bostoner Erfolgen vor allzufrüher Begeisterung: «Man ist sich einig», heißt es in einem prominenten Artikel, «daß Bernstein seinen Erfolg überwinden muß, um sich in der Musikwelt eine Stellung zu schaffen, die vielleicht weniger auffällig sein mag, dafür aber dauerhaft. Der Erfolg des jugendlichen Musikers ist in gewissem Sinne der ernsteste Hemmschuh, den er überwinden muß, um als Komponist und Dirigent heranzureifen» (Marc A. Schubart in der *New York Times Magazine Section,* 28. Januar 1945).

Leonard Bernsteins Entwicklung als Dirigent wie als Komponist beweist, daß äußere Erfolge ihn zwar – wie jeden Künstler – erfreut und beflügelt, aber nicht von einem ständigen Weiterstudieren abgehalten haben. Das Besondere an seiner Arbeit, an unermüdlichem, gründlichem Studium und erneutem Studium von Partituren, ist sein Drang nach der Erkenntnis latenter innerer Zusammenhänge von Wissenschaft und Kunst, sein Wunsch, technisches Wissen und Können lediglich in den Dienst rein künstlerischen Schaffens und Nachschaffens zu stellen. Er hat seine Vorstellung vom idealen Dirigenten des öfteren in Vorträgen, Schriften und Unterhaltungen erläutert. In seinem Fernsehvortrag vom 4. Dezember 1955 «The Art of Conducting» finden wir einige Kernsätze hierzu:

«Der Dirigent muß die Technik des Dirigierens beherrschen. Er muß über ein unvorstellbares Maß an Wissen verfügen, ein tiefes Verständnis für die innere Bedeutung von Musik haben und dazu eine ungeheuere Kraft besitzen, sich mitzuteilen. Und der Dirigent muß sein Orchester nicht nur zum Spielen bringen, sondern dazu, daß es gerne spielt. Was immer er auch tut, er muß erreichen, daß das Orchester die Musik so liebt, wie er sie liebt. Wenn einhundert Spieler seine Gefühle teilen, genau, zu gleicher Zeit, in stetiger gegenseitiger Reaktion auf Steigen und Fallen der Musik, auf Einsatz und Abgesang, auf jeden kleinen inneren Pulsschlag – dann entsteht eine Gemeinsamkeit menschlichen Fühlens, die nicht ihresgleichen hat. Sie kommt der Liebe selbst am nächsten ... Und am wesentlichsten ist es, daß der Dirigent dem Komponisten gegenüber voller Demut ist, daß er sich niemals zwischen die Musik und die Hörerschaft stellt, daß Eifer und Glanz seiner Anstrengungen nur dem Willen des Komponisten dienen – der Musik selbst, die schließlich der einzige Grund für die Existenz des Dirigenten ist.» (Eigene Übertragung aus der amerikanischen Originalfassung, in «The Joy of Music», New York 1955, abgedruckt.)

26 Jahre nach diesen Ausführungen – 1981 – schrieb Leonard Bernstein im Vorwort zu einem Buch Franz Endlers über Karl Böhm (Hamburg 1981), daß er Karl Böhm bewundere, weil er «ganz im Gegensatz zu mir ein Musiker (ist), der *‹Ariadne›* dirigieren kann, ohne die Partitur von neuem studieren zu müssen», und weil er um «Unverfälschtheit und Unmittelbarkeit der Musik bemüht» war. In einem Brief an den im Sterben liegenden Karl Böhm vom 13. August 1981 stellt Leonard Bernstein eine «erstaunlich enge, warme musikalische Beziehung» zwischen Böhm und ihm selbst fest. «Sie sind schließlich im Schoße von Mozart, Wagner und Strauss geboren und mit vollem Anspruch an ihr Reich, während ich im Reich der Gershwin und Copland geboren wurde und mein Anspruch auf das Königreich der europäischen Musik sozusagen der eines Adoptivsohnes ist.» Es war für Bernstein ein ergreifendes Erlebnis, als Karl Böhm ihm nach Anhören einer Probe zur Aufzeichnung des *«Tristan»* in München im Januar 1981 zurief: «Na Bernstein, jetzt hab' ich zum erstenmal im Leben *‹Tristan›* gehört!» – «Ich war im Himmel», schreibt Bernstein.

Interessant ist an dem Urteil Karl Böhms, daß Kritiker in England und Amerika den noch nicht 30jährigen Bernstein seinerzeit als idealen Wagner-Dirigenten bezeichneten, während Dietrich Fischer-Dieskau in einem Brief an den Verfasser vom 20. Juni 1982 dem von ihm sonst bewunderten Leonard Bernstein doch «großartiges Irren in der Interpretation Wagners» attestiert.

Leonard Bernstein hat zwar nicht – wie amerikanische Dirigenten und Komponisten vor ihm – ein musikalisches Studium in Europa absolviert, doch er fand in seinen Lehrern Fritz Reiner, Dimitri Mitropoulos und Sergei Koussevitzky große Vorbilder der traditionellen Interpretation von europäischer Musik. Dazu war es für seine interpretatorische Erfahrung von Bedeutung, daß er während der Schulzeit an der Universität Gelegenheiten nutzte, sich mit allen Sparten und Stilen der Musik bekanntzumachen und sich vielseitig zu üben. Kaum einer der wirklich großen Dirigenten ist – zum mindesten in der westeuropäischen Welt – zu Spitzenstellungen gelangt, ohne vorher an kleinen Provinzbühnen ein weitgefächertes Repertoire von großer und leichter Opernmusik und mit kleinen Orchestern Musik aller Arten dirigiert zu haben. Für Leonard Bernstein gab es anstelle der Provinzbühnen und der noch nicht ganz professionellen Ensembles die Schul- und College-«musik-workshops». Seine kindliche Opern«produktion» von «Carmen» und Gilbert-und-Sullivan-Operetten, seine Improvisationen zu Tanz- und Filmaufführungen und schließlich seine gründlichen Studien des Partiturspiels boten die Grundlager der technisch-musikalischen Bildung; das Harvard-Studium öffnete ihm die Augen für die Vielfalt menschlichen Wissensdranges. So spiegelt sich in seinen Interpretationen Wissen, Verständnis und vielseitige Erfahrung. Der bedeutendste Haydn-Forscher der Zeit, H. C. Robbins Landon, hat Leonard Bernsteins Interpretationen der Sinfonien Joseph Haydns weit über die manch anderer Dirigenten gestellt. Als wir Bernstein zum erstenmal die Zweite Sinfonie von Schumann dirigieren hörten, erstaunte uns der durch ihn klanggewordene Geist der deutschen Romantik Schumanns. Die Identifizierung des Dirigenten Bernstein mit dem Geist der von ihm interpretierten Musik entspringt seinem eigenen kompositorischen Talent: Er hat selbst gesagt, er glaube bei Beethoven und Mahler oft, er habe ihre Sinfonien selbst komponiert – ein selbst schöpferischer Musiker kann wohl tiefer die Gedanken und Gestaltungsweisen großer Komponisten nacherleben als ein Interpret, dem das Glück und das Leiden eigenen Schaffens nicht gegeben sind.

Das Geheimnis seines Erfolges mit den Orchestermusikern hat Robert Layton, *Music Talks*-Produzent der BBC, beschrieben: «Seine Autorität beruht nicht allein auf seinen außergewöhnlichen Qualitäten als Musiker – obwohl ohne sie nichts gelingen würde –, sie hat noch einen tieferen Grund: Neben seiner rhythmischen Vitalität, seiner Sensibilität im Detail und seinem Gespür für Struktur vermittelt er einen seltenen Reichtum der Empfindung» (Beiheft zur DGG-Kassette der drei Bernstein-Sinfonien und «Chichester-Psalmen»).

Den Zwiespalt zwischen der Lust des Dirigierens und dem Drang zum Komponieren hat Leonard Bernstein schon früh im Sinne des biblischen Predigers Salomon (III,1), «ein jegliches hat seine Zeit», für lösbar erklärt: «Es ist mir unmöglich, eine ausschließliche Wahl zu treffen zwischen den verschiedenen Aktivitäten des Dirigierens, der Komposition von Sinfonien oder von Theatermusik und des Klavierspiels», äußerte er schon als 30jähriger Musiker. «Was mir zu irgendeiner bestimmten Zeit richtig erscheint, das muß ich tun, ich kann dann nichts klassifizieren oder sonst meinen Dienst an der Musik einschränken. Ich werde keine Note Musik schreiben, wenn mein Herz am Dirigieren in einer Konzertsaison hängt. Andererseits werde ich es auch nicht aufgeben, einen *Song* zu komponieren, der da ist, um ausgedrückt zu werden, nur weil ich Beethovens Neunte dirigieren soll. Hierin liegt eine besondere Ordnung, die sich zugegebenermaßen schwer vorausplanen läßt, aber die Ordnung muß ganz streng eingehalten werden. Denn das Ziel ist die Musik selbst und nicht die Konvention des Musikbetriebs, und die Mittel sind mein eigenes persönliches Problem.»

Hier erinnert Leonard Bernsteins frühes – und für sein ganzes weiteres Leben charakteristisch gebliebenes – Bekenntnis an die künstlerische Einstellung von zwei Komponisten und Dirigenten der jungen und der ausgehenden Romantik, von Felix Mendelssohn-Bartholdy und Gustav Mahler, mit denen Bernstein auch durch die jüdische Herkunft und die Religiosität verbunden ist, wenn auch Mendelssohn wie Mahler im Gegensatz zu Bernstein zum Christentum und zu christlicher Thematik neigten und sich taufen ließen. Mendelssohn hat im Dezember 1837 in einem Brief an Ferdinand Hiller – ähnlich wie Bernstein mehr als hundert Jahre später – klargestellt, daß ihn zwei Monate Dirigieren mehr anstrengen als zwei Jahre langes tägliches Komponieren; er denke oft daran, das Dirigieren aufzugeben und nur noch Musik zu schreiben, aber dann läge im organisierten musikalischen System und in dessen Leitung doch auch ein gewisser Reiz.

Auch in äußerer Erscheinung muß eine Ähnlichkeit Mendelssohns mit Bernstein bestanden haben. In einem Brief an Sir George Grove beschreibt J. C. Horsley Mendelssohns Temperament und Wirkung: «Man brauchte nur wenige Minuten in seiner Gegenwart zu sein und fühlte, wie vollständig sein Wesen auch seinen Genius ausdrückte. Er hatte eine geschmeidige Figur und war sehr beweglich, und seine Bewegungen harmonierten unnachahmlich mit der Stimmung des Augenblicks.» Und Horsley zitiert Mendelssohns eigene Worte: «Von jeher, seit ich komponiere, bin ich meinen frühesten Prinzipien treu geblieben: nicht eine Seite Musik zu schreiben, gleichgültig ob ein Publikum oder ein hübsches Mädchen es so oder so haben wollte, sondern nur so zu komponieren, wie ich es selbst für gut hielt und wie es mir Freude macht.» Gustav Mahler, der im Temperament, in einem sich glühend in ein zu dirigierendes Werk versenkenden Eifer und einem vielseitigen Künstlertum viele verwandte Züge mit Leonard Bernstein zeigt, erklärte im Jahr 1910: «Ich brauche eine praktische Bestätigung meiner musikalischen Fähigkeiten unbedingt als Gegengewicht gegen die ungeheuren inneren Ereignisse beim Schaffen»: das nachschaffende Dirigieren biete ihm eine Möglichkeit des Entspannens nach fieberhafter schöpferischer Arbeit. Der Chronist Adolf Weissmann («Der Dirigent im XX. Jahrhundert», Berlin 1925), der Gustav Mahler als Dirigenten erlebt hat, beschreibt Erscheinung und Wirkung Gustav Mahlers im Konzert:

«Die Besessenheit eines ethischen Dionysikers erschuf sich zunächst ihren persönlichen mimischen Gegenwert. Hat schon das von Brillengläsern eingefaßte Auge eine unentrinnbare Macht der Suggestion, so überließ sich auch der Körper hemmungslos der Verbildlichung des nach Aussprache Drängenden ... Die Hochspannung des Ekstatikers kennzeichnet sich in den beschwörenden, großlinigen, dann wieder heftigen Bewegungen des Dirigenten, dessen Kinn in die Luft sticht, dessen Taktstock wie eine Waffe hin und her saust. Aber je mehr das Schaffen des Mannes anwächst, je tiefer die innere Befriedigung ist über den Kosmos, der aus ihm klingt, desto mehr sucht die immer noch starke Spannung sich im mimischen Ausdruck zu mäßigen, eine scheinbare Ruhe, die auch nur Maßlosigkeit ist, ergibt ein neues optisches Bild des Dirigierens, das sich wiederum von allem Üblichen unterscheidet.»

Wer denkt bei dieser Beschreibung des Dirigierens von Gustav Mahler nicht an das äußere Bild, das Leonard Bernstein auf dem Podium charakterisiert? Interessant nur, daß Bernsteins Ekstatik sich unmittelbar auf das Orchester überträgt, während von Mahler gesagt wird, daß «je mehr seine, des Schaffenden, Empfindlichkeit für den Klang als Ergebnis sich steigerte, desto mehr erweiterte sich naturgemäß der Abstand zwischen ihm und seinen Leuten, desto schwieriger wurde die Verständigung zwischen denen, die in dieser schrittweisen Anpassung des Orchesterklanges an den in Mahler lebenden Idealklang ein Zuviel sehen mußten. Denn dies war es ja: Mahler konnte nicht anders als denen, die vor ihm geschaffen hatten, die Früchte der eigenen, im Schaffen erworbenen Erfahrung zuteil werden lassen. Und wie er im eigenen Werk nicht aufhörte zu feilen und zu bessern, bis er den Klang auf die Höhe seines ekstatischen Empfindens gebracht hatte, so mußte auch im Nachschaffen immer wieder am Orchesterklang gebessert und gefeilt werden».

Hier trennt die beiden Komponisten-Dirigenten Mahler und Bernstein die musikalische Situation ihrer Epoche: Für Gustav Mahlers Musik und für seine Vorstellung von idealer Interpretation genialer Musik früherer Zeiten war zu Beginn des Jahrhunderts die musikalische Welt noch nicht reif; fünfzig Jahre nach seinem Tod erschloß Leonard Bernstein seinen eigenen Zeitgenossen das Verständnis für Gustav Mahler und seine Zeit. Adolf Weissmann fühlt an anderer Stelle Wesen und Wirken der großen Dirigenten und die Ausstrahlung Gustav Mahlers so treffend nach, wie es auch von Leonard Bernstein gesagt werden könnte:

«Daß ein Mensch eine Partitur durch Willensübertragung auf eine Vielheit von Menschen und Material einheitlich klingen macht; wie er ein großes Publikum in mitschwingende Erregung versetzt: das muß wie ein fortlaufendes Wunder scheinen» (Weissmann, S. 66ff., S. 196).

Fähigkeiten, Technik und Wissen des Dirigenten und die Wirkung seines Musizierens auf ein Publikum gehen nicht immer Hand in Hand mit Einstellung und Befriedigung von seiten der Musiker.

Leonard Bernstein beim Dirigieren von Mahlers 9. Sinfonie

Aus Gesprächen mit Orchester- und Theatermusikern kann man oft heraushören, daß es in einer Publikum und Kritik begeisternden Wiedergabe einer Sinfonie oder einer Oper unterschwellige Fehler gab, Ungenauigkeiten und Verfälschungen, die ein autoritärer Dirigent dank eines eindrucksvollen äußeren Gebarens und unwiderstehlichen Machtanspruchs unbemerkbar vorübergehen lassen konnte; so mancher diktatorische Dirigent, der Hörer und Kritiker in Bann zu halten versteht, vertuscht im Grunde Mangel an Liebe zum Detail unter einem Deckmantel schönen satten Klanges.

Über Leonard Bernstein als Dirigenten befragten wir ein prominentes Mitglied der *Wiener Philharmoniker,* das seit 1945 in diesem Orchester spielt und seit Leonard Bernsteins Operndebüt in Wien mit Verdis «Falstaff» regelmäßig oft unter seiner Leitung musiziert hat. Philharmoniker Professor Hans Novak, einer der ersten Geiger des Orchesters, beschrieb uns in Salzburg im August 1982 Bernsteins Arbeit mit den Philharmonikern und seine Wirkung auf die Musiker:

«Er ist ein echter, ein ehrlicher Musiker. Er empfindet die Musik so wie er sie bringt, und er bringt sie so, wie er sie empfindet. Er gibt sich in den Proben genauso aus wie im Konzert. Er ist da genauso temperamentvoll wie in der Konzertaufführung. Er macht ganz sicher keine *Show* für das Publikum, wie es immer wieder so töricht gesagt wird. Das ist sein Temperament, und er springt in der Probe, wo er kein Publikum hat, genauso wie im Konzert. Im übrigen ist er ja nicht der erste Dirigent, der an aufregenden Stellen in der Musik so springt, das hat ja schon Mitropoulos gemacht, und vielleicht hat er von ihm sogar den Mut dazu bekommen. Mitropoulos war der erste, der so gesprungen ist; wir haben mit Mitropoulos auch in Salzburg gespielt und kennen das von ihm. Er war ja das eine große Vorbild von Bernstein. Sein anderes Vorbild, Fritz Reiner, mit dem wir auch musiziert haben, hat ganz knappe Bewegungen gemacht, hat selbst bei den stärksten *fortissimi* mit knappen Bewegungen große Wirkung hervorgebracht. Daß Bernstein den Mut hat, seine Empfindungen hemmungslos in Bewegung umzusetzen, hat ihm bei uns gerade sofort alle Türen geöffnet.»

Wie ungeschickt klingen gegenüber der Einschätzung des Wieners, der mit fast allen bedeutenden Dirigenten der Zeit konzertiert hat, die in einem amerikanischen Artikel zitierten Worte eines New Yorker Musikers, der gesagt haben soll, Bruno Walter oder Sir Thomas Beecham seien große Persönlichkeiten, aber ihre Traditionen seien nicht die der Amerikaner: «Wenn Walter dirigiert, fühlt man sich im Rokoko, sieht alte Schlösser und Wien vor sich; wenn Bernstein dirigiert, fühlen wir in der Musik unseren eigenen Geist.» Und noch weniger verständnisvoll wird kommentiert: «Bernstein, ein geborener Schauspieler, kann in seinem Dirigieren Rokokoschlösser suggerieren, obwohl man dann fühlt, daß sie eher Bühnenkulissen als Wirklichkeit sind. Doch das Symbol, das seine elektrische – und eklektische – Energie hervorruft, ist nicht das Schloß, nicht einmal der Wolkenkratzer, das amerikanische Pendant des Schlosses» (Henry Anatole Grunwald: «A Bernstein Suite», «American Horizon», July 1959, pp. 17–23).
Was der Wiener Philharmoniker Leonard Bernsteins *Mut* nennt, seine musikalischen Empfindungen hemmungslos in Bewegungen umzusetzen, deren Bedeutung ein Orchester versteht und in Musik verwandeln kann, hat seit Bernsteins frühester Jugend Hörer und Kritiker befremdet, die einen tieferen Sinn dieser Ekstatik aus der vermittelten Musik nicht heraushören. Wie in der vom Orchestermusiker beschriebenen Probe kann man bei Bernstein nach einem Konzert oft erleben, wie er im Gespräch ein bedeutsames vorher aufgeführtes Werk noch einmal durchspricht und die ihm besonders am Herzen liegenden Höhepunkte des Werkes gestikulierend und sich von neuem verzehrend erläutert. Wie unterschiedlich und zutiefst erschütternd ist das im Vergleich zu Dirigenten, deren Bewegungen auf dem Podium eher dem Publikum – oder der Fernsehkamera – dienen und deren äußerlich bleibende Ekstatik in der vom Orchester interpretierten Musik unspürbar ist. Während Bernstein sich wohl oft kaum bewußt ist, welches äußere Bild sein Miterleben der dirigierten Musik bietet, bewundert er gerade bei anderen Dirigenten die Ruhe ihrer Erscheinung. Charakteristisch ist seine Trauerbotschaft anläßlich des Todes von Karl Böhm. In seinem Beileidstelegramm betont er, daß ihn in Böhms Aufführungen, besonders denen der deutschen

Opern, «die Vereinigung von Eleganz und beredter Aussage» gefesselt hätte, «mit der er musikalisch charakterisieren konnte. Die Kraft seiner Kommunikation ... schien mir umso eindrucksvoller, als er sich eines Minimums physischer Bewegung bediente. Seine sich auf Sänger und Musiker übertragende Vermittlungskraft ging von seinen Augen und seiner elektrisierenden Taktstockspitze aus. Er dirigierte oft sitzend, aber wenn er sich einmal auch nur ein wenig erhob, bis er zur Hälfte stand, da gab es Höhepunkte, die des Jüngsten Tages würdig waren.»

Der Philharmoniker Hans Novak erinnerte sich an Bernsteins erste große Aufführung in Wien, den «Falstaff», dessen Eindruck für ihn unvergeßlich ist. «Da kam er ganz bescheiden, mit seinem kleinen Köfferchen, da hatte er seine Utensilien dringehabt, und dann hat er noch, bevor er auf das Podium ging, um uns zu begrüßen, zuerst einmal verlangt, noch bevor er überhaupt zu dirigieren anfing, den ersten Takt in den ersten Geigen eine Oktave höher zu spielen. Da hat noch einer meiner Nachbarn gesagt, na, er mache wohl aus der Oper ein *Musical,* aber wir wurden schnell eines Besseren belehrt. Es ist nur bei diesem einen Takt geblieben, und wir fanden das sogar sehr gut mit der Oktavierung, denn der C-Dur-Akkord, wie er von Verdi original ist, klingt in der Mittellage etwas dick, und wenn die ersten Violinen den ersten Takt eine Oktave höher spielen, dann strahlt es gleich aus. Und dann wurde der ganze *Falstaff* ein großer Wurf, das gehörte zum Besten, was wir mit ihm gemacht haben, außer dann den Mahler-Sinfonien.

Bei seinem ersten Besuch bei uns hat er – wie auch später immer wieder – ein Riesenpensum absolviert. Da war der *Falstaff* in der Oper, dann gab es philharmonische Konzerte und zugleich Schallplattenaufnahmen, ‹Das Lied von der Erde›, das Klavierkonzert KV 450 von Mozart – das hat er selbst gespielt –, und die ‹Linzer› Sinfonie KV 425. Das alles wurde aufgenommen, ‹Das Lied von der Erde› mit James King und Dietrich Fischer-Dieskau (der auch den Falstaff sang), obwohl Bernstein sehr krank war. Er ist mit Fieber in die Proben gekommen und hat das ganze riesige Arbeitspensum in fiebrigem Zustand absolviert – am Schluß ist er gesund geworden. Ja, und bei der ‹Linzer› Sinfonie, da hat auch ein

Kollege gesagt, wie wird das wohl ein amerikanischer Dirigent machen, wie wird er die schöne langsame Einleitung dirigieren, sicher gehetzt ... Aber dann begann er in einem herrlichen, bequemen Tempo, und wir haben alle gespürt, was er für ein wunderbarer Musiker ist.

Dann kam er 1968 wieder, mit dem ‹Rosenkavalier› und dann mit ‹Fidelio›. Wie aufregend mit ihm das Musizieren ist, kann man an seinen Proben sehen. Er wird niemals mit Proben fertig. Normalerweise ist das bei uns – und wohl bei jedem Orchester – so: wenn man die Mentalität von Orchestermusikern kennt, wenn es schon auf die letzten Minuten der angesetzten Probe zugeht, wird man natürlich unruhig, wenn der Dirigent noch nicht fertig ist. Aber Bernstein hat es fertiggebracht, daß man ohne Widerspruch und ohne Murren sitzen geblieben ist, noch eine Viertelstunde, noch eine halbe Stunde, bis er eben fertig ist. Bei jedem anderen Dirigenten hätte es eine Rebellion gegeben. Wir haben auch schon einige seiner eigenen Werke gespielt, und auch da finden wir alles echt, was er macht – wir haben sie gerne aufgeführt.

Auch als Menschen – seine Menschlichkeit schätzen wir ganz besonders. Nicht alle Dirigenten sind wie er. Da ist 1947 oder 1948 einer unserer Kollegen gestorben. Am Morgen kommt ein großer Dirigent zur Probe und sieht, daß ein Kontrabassist fehlt. Er läßt den Orchesterdiener telefonieren, und der kommt zurück und sagt, der Kollege sei leider in der Nacht gestorben. Da war die Reaktion dieses Dirigenten: Ja, da muß sofort jemand anders bestellt werden! Und Bernstein dagegen: Im Jahr 1970 haben wir im *Theater an der Wien* den ‹Fidelio› gemacht, dort sind die Platzverhältnisse sehr beengt. Während der Probe hat Bernstein in seiner Rage beim Dirigieren plötzlich den Halt verloren. Er ist ausgerutscht und vom Podium herunter auf das zweite Geigenpult der ersten Geigen geflogen. Er muß sich sehr wehgetan haben, und er blutete. Aber erst hat er den Kollegen gefragt, ob er *ihm* wehgetan habe, ob *ihm* etwas passiert sei ... So ist eben seine Persönlichkeit!

Es ist seine gewinnende Menschlichkeit, die sich auf uns Musiker überträgt und eben, daß er wirklich seine Empfindungen durchsetzt und im Musizieren ausdrückt. Man spürt seine Liebe, seine

Begeisterung für die Musik, man findet sie ja auch in seinen Büchern», faßte der Philharmoniker die Meinung des Orchestermusikers zusammen.

Einer der jüngeren Mitglieder des *Israel Philharmonic Orchestra,* Meir Rimon, erster Hornist, hat Leonard Bernsteins Wirkung auf die Musiker in einem kurzen Satz wiedergegeben: «Nach einer Probe und nach einem Konzert mit Leonard Bernstein ist man völlig erschöpft, völlig erledigt. Doch man ist glücklich, ist befriedigt!»

Amerikanische Quellen beschreiben Bernsteins phänomenales Gehör; er scheine zwar kein absolutes Gehör zu haben, berichtet ein Orchestermusiker, aber wenn er einmal das a' (440 Hz) der Oboe gehört habe, behält er es für den Rest des Tages im Ohr (Briggs, p. 130). Fehlern seiner Musiker gegenüber ist er nachsichtig. Einmal schlief ein Musiker nach anstrengenden Konzerten und einer mitternächtlichen Schallplattenaufnahme am nächsten Tag während eines Konzerts ein und verpaßte ein wichtiges Solo. Aber Bernstein sagte kein Wort. Als das Konzert wiederholt wurde, spielte dieser Musiker seine Solopassage besonders schön, und Bernstein spreizte darauf seine linke Hand weit aus und schien sagen zu wollen: Wo warst du denn das vorige Mal? (Briggs, p. 106).

Leonard Bernstein hat sich viele Gedanken über die tiefere Bedeutung und die richtige Interpretation der zentralen Themen großer musikalischer Werke gemacht und einige darüber auch in seinen Schriften und Vorlesungen ausführlich dargelegt. Vom Verständnis der Musik hängt auch das Tempo der Ausführung ab, und über dieses Thema hatte Leonard Bernstein schon in jungen Jahren das Erlebnis einer Diskussion mit dem größten Dirigenten der Zeit, mit Arturo Toscanini. Der 82jährige Toscanini hatte den 31jährigen Bernstein an einem Oktobernachmittag des Jahres 1949 in seine New Yorker Villa eingeladen, und die beiden Musiker unterhielten sich unter anderem über die Liebesszene in Hector Berlioz' *Roméo et Juliette* – ein Werk, das Leonard Bernstein auch später immer wieder beschäftigt hat: in seinen Harvard-Vorlesungen deutet er auf die Abkunft von Motiven und Themen in Wagners *Tristan und Isolde* von der Musik in Berlioz' Romeo-

Sinfonie hin («Die offene Frage», S. 231 ff.). In der Unterhaltung mit Toscanini brachte Bernstein die Frage des Tempos verschiedener Stellen in diesem Werk zur Sprache; er wollte es bald dirigieren und hatte eine Schallplatte von Toscanini und eine von Toscanini geleitete Rundfunkübertragung gehört – beide im Tempo sehr unterschiedlich. Toscanini, dem ein ungewöhnliches Gedächtnis nachgesagt wurde, diskutierte mit dem jungen Bernstein lebhaft viele Details der Interpretation dieser Sinfonie, lehnte es aber kategorisch ab, daß es Differenzen in den Tempi der beiden Aufführungen gegeben habe. Es gab ja schließlich nur ein einziges richtiges Tempo, die «Liebesszene» zu dirigieren, eben das *Toscanini-Tempo*. Der Maestro versprach jedoch, sich eine Aufzeichnung der Rundfunksendung zu verschaffen und sie mit seiner Schallplatte zu vergleichen. John Briggs, der diese Begegnung erzählt (pp. 131–134), gibt den Wortlaut eines Briefes wieder, den Toscanini am 13. Oktober 1949 an Bernstein geschrieben hat: Er habe die beiden Aufführungen kontrolliert und festgestellt, daß die eine Wiedergabe der Szene viel schneller war als die andere. «So kann ich auch eine weitere Feststellung machen», schrieb der Maestro, «nämlich, daß jeder Mensch, wie groß auch immer seine Intelligenz sein mag, von Zeit zu Zeit etwas dumm sein kann... und das ist der Fall mit dem alten Toscanini.» Und er fügt hinzu, daß ihn Bernsteins Besuch «sehr, sehr glücklich» gemacht habe: «Ich habe mich selbst 40 Jahre jünger gefühlt.» In diesem Zusammenhang berichtet der Chronist auch von einer Seereise des NBC-Orchesters mit Toscanini, auf der aus einem Radio die Aufführung von Beethovens «Eroica» zu hören war. Toscanini wurde wütend und rief aus, was für ein *porco* von einem Dirigenten hat wohl diese Aufführung geleitet?! Er war darauf und daran, den Radioapparat zu zertrümmern, als eine Stimme ansagte: «Sie haben soeben eine Aufnahme des BBC-Sinfonieorchesters gehört, dirigiert von Arturo Toscanini» (Briggs, p. 133).

Den persönlichen Eindrücken von Orchestermusikern, die unter der Leitung von Leonard Bernstein spielten, stellen wir Erfahrungen und Erlebnisse gegenüber, über die zwei der bedeutendsten Solisten berichten, die mit ihm als Dirigenten und Pianisten gemeinsam gearbeitet und musiziert haben.

Dietrich Fischer-Dieskau schreibt uns in einem Brief vom 20. Juni 1982:

«Wenige haben die Vereinigten Staaten in den 50er und 60er Jahren so markant und ‹auf eigene Rechnung› repräsentiert wie Leonard Bernstein. So konnte es dem Reisenden im Flugzeug passieren, daß ihm ein Prospekt über Amerikas ‹Um und Auf› in die Hand gedrückt wurde, wo der Kopf Bernsteins gleich auf dem Titelblatt prangte. Man nahm es wie eine Selbstverständlichkeit hin.

Nun ist Lenny, wie ihn seine Freunde und Kollegen gerne nennen, aus dem Stadium des adonishaften Alleskönners, des siegesbewußt Strahlenden, längst herausgereift. Schicksalsschläge und schier übermenschliche Bewältigung seiner selbstgestellten Aufgaben aller Art – man denke nur an die überlegen gestalteten und vorgetragenen Alleingänge in Harvard – haben eigentlich das hervortreten lassen, was eher als für Amerika untypisch bezeichnet werden könnte: Schwermut, schöpferische Auseinandersetzung mit der Endsituation der Musik (was gleichbedeutend mit einem fanatischen Sammeln aller ‹letzten› Möglichkeiten der Töne ist), Verzagen und – auch großartiges Irren in der Interpretation Wagners.

Aber immer noch tut er alles, was er anpackt, mit dem Einsatz seines ganzen künstlerischen Seins, vor allem mit der Liebe zur Sache. Und dies Letztere ist ein selten gewordenes Phänomen. Es war bereits für Bernsteins Mahler-Serien, an deren überrollenden Erlebnissen ich als Solist in New York geringen Anteil haben durfte, bezeichnend. Alle wichtigen Werke seines mährischen Wahlverwandten brachte er zu flammender Intensität, zu notengetreuen und doch aus nachschaffender Freiheit geborenen Wiedergaben. Bernsteins Schallplatten, die parallel dazu in den Studios entstanden, führten zu jener Neuentdeckung Mahlers, ja zu einer Popularisierung des Komponisten in der ganzen Welt, von der sich zuvor niemand hätte etwas träumen lassen. Bernstein teilt mit ‹seinem› Komponisten das Unbedingte, den Willen zum neuen Durchhören, zur Entdeckung, zum Leiden auf dem Weg zu einem Gelingen, das für alle Genialen doch immer nur ein Teilerfolg bleiben muß.

Aber natürlich – Einseitigkeit gibt es bei ihm nicht; er hat alles

Leonard Bernstein und Dietrich Fischer-Dieskau

Christa Ludwig und Leonard Bernstein

dirigiert, was sich ein Musiker nur erobern kann. Ohne die berühmte amerikanische Orchesterperfektion unterwegs liegen zu lassen, brachte er neue Qualitäten ekstatischen Ausdrucks auf die Podien, sichtbar in der Person des Dirigenten und hörbar gemacht durch seine Musiker. Junge Menschen haben durch ihn fürs Leben profitiert, alte Routiniers werden durch ihn aus ihrer Sicherheit aufgeschreckt, Gleichgesonnene liebevoll ans musikalische Herz gedrückt. Daß Bernstein immer wieder die breiteste Wirkung mit Hilfe aller Medien suchte und darin neue und folgenreiche Wege ging, haben ihm viele verdacht. Aber vor der künstlerischen Begegnung vergaßen sie ihre Kleinlichkeit.
In seinen frühen Opernjahren in Milano begegnete Bernstein der Maria Callas und vergaß sie nie. Ich fühlte mich wohl nie schöner bestätigt als damals, als er in den 60er Jahren ‹Maria und Dietrich› seine Lieblingssänger nannte.»
Fischer-Dieskau, der in sinfonischen Vokalwerken unter Leonard Bernsteins Leitung gesungen hat, schrieb diese Zeilen, nachdem er selbst einige Jahre lang auch als Dirigent aktiv gewesen war. Uns interessierten auch Fischer-Dieskaus Erfahrungen mit Lenny als Liedbegleiter am Klavier:
«Bernstein am Flügel im Konzertsaal hinter sich oder im Aufnahmestudio vor sich zu haben, das bedeutet nicht *Begleitung* im üblichen Sinn», beschrieb ihn uns Fischer-Dieskau in einer Unterhaltung im September 1982, «sondern schon eher den *Tiger im Piano* – zwischen seinen Händen und der Klaviatur existiert so etwas wie eine elektrisch geladene Zone; es scheint, als greife er in ein gefährliches Element, dem man sich nur im Kampf stellen kann oder das den Pianisten in die Flucht jagt.
Wie um nicht unvermittelt loszuspielen, läßt er seine Hände noch in den Auftrittsbeifall hinein einige Male über die Tasten gleiten. Und dann folgt ein Stromstoß dem anderen, dem sich ein Sänger gewachsen zeigen muß, um nicht zu scheitern. Immer paraphrasiertes Rubato, immer überraschende Farben, das ganz Intime und doch weit über die Rampe Greifende – das muß jeden faszinieren, der seinen Kummer mit *normaler* Begleitung gehabt hat...»
Dietrich Fischer-Dieskau hat mit Leonard Bernstein in New York und Philadelphia Gustav Mahler gewidmete Liederabende gege-

ben; der Sänger bedauert, daß es in europäischen Konzertsälen noch niemals dazu gekommen ist. Viele Liederabende dagegen hat Christa Ludwig mit Leonard Bernstein am Flügel geben können, vor allem mit Liedern von Johannes Brahms und Gustav Mahler; seit dem Wiener «Rosenkavalier» von 1968 besteht eine besondere freundschaftliche Verbindung und künstlerische Zusammenarbeit, sie hat in der Oper und bei Schallplattenaufnahmen von Vokalwerken mit Orchester mit ihm gesungen. Auch für Solopartien in eigenen Werken hat Leonard Bernstein sie immer wieder gewählt. Von ihrer gemeinsamen Arbeit hat Christa Ludwig in einem Gespräch im Mai 1982 berichtet:

«Kennengelernt haben wir uns in New York, und zwar nach einer Aufführung der ‹Frau ohne Schatten›. Karl Böhm hat diese Oper nach New York gebracht, das erstemal in der Eröffnungssaison der neuen Met (September 1966), und ich war die Färbersfrau. Das hat Leonard Bernstein gesehen, und dann ging ich später in ein Konzert von Wilhelm Kempff und ging ins Künstlerzimmer und hab' mich vorgestellt, wer ich bin, und da sagte Bernstein, der ebenfalls anwesend war, *‹Ach, Sie sind meine neue Marschallin!›* Das hab' ich nie vergessen. Weil er im Moment wohl wahrscheinlich gedacht hat, daß ich ein Sopran bin. Und ich hatte nie an die *Marschallin* gedacht.

Und dann sang ich mit ihm in Wien die Zweite Mahler – noch vor der *Marschallin*. Da war ich dermaßen fasziniert von ihm – ich habe die Zweite Mahler mit sämtlichen wunderbaren Dirigenten gesungen –, weil der Bernstein nämlich immer so frisch an ein Stück herangeht. Man denkt, er entdeckt es neu, und damit entdecken es auch *wir*. Er ist nicht einer von diesen Dirigenten, die also gleich mit dem Mozart oder dem Mahler im Himmel telefoniert haben und die sagen ‹So muß es sein!› Nein, er ist ein ewig Suchender; das finde ich so ungeheuer, daß er auch nicht die Scham hat, zu sagen: ‹Wie mache ich denn das?› oder sich überlegt, wie er eine Stelle interpretieren soll. Das ist auch ein großes Selbstvertrauen, daß er es zugibt, daß er sucht. Mit diesem Suchen findet er Dinge, die die anderen Dirigenten manchmal gar nicht finden – und das faszinierte mich schon am ersten Tag, wie ich mit ihm gearbeitet habe.

Es ist bei ihm so aufregend, daß er immer etwas Neues entdeckt, so daß wir mit ihm zusammen auf Entdeckungsreise gehen. Da hört man Dinge, die man sonst nicht hören kann. Gerade neulich ist es mir aufgefallen: Ich habe nur im Radio die Übertragung seiner Aufführung von *Tristan und Isolde* gehört, nur den zweiten Akt, und da habe ich Dinge gehört, die ich noch nie gehört habe. Hin und wieder könnte man vielleicht sogar finden, es ist auch ein bißchen uneinheitlich, aber es ist eben aufregend – alles, was er macht, ist aufregend. Dazu kommt noch, daß er so menschlich ist, ein echter Mensch und nicht ein *Musikpapst,* und er ist hochintelligent, was ja bei Dirigenten nicht so häufig ist.
Er liebt nicht nur die Musik, er *ist* Musik. Sein ganzer Körper ist Musik. Man wirft ihm vor, daß er springt, daß er singt und springt – die Musik ist eben in ihm drin, und er hat keine Scham, es zu zeigen. Das finde ich enorm, gerade in der heutigen Zeit, wo alles nur *gekonnt* ist, so *perfekt;* da kommt ein Mensch an, der den Mut hat zu sagen: *‹Kinder, also wie mache ich das? Ich glaube, diese Stelle müßte man doch so machen, und das hier müßte noch tiefer sein.›* Er ist so kreativ im Moment, wenn er etwas interpretiert, und das hat man doch sehr selten.
‹Das Lied von der Erde› – ich kann das immer nur vergleichen, ich habe das mit Solti, mit Klemperer, mit Karajan gemacht – aber wo man wirklich *weinen* kann, das ist beim Bernstein. Oder auch die ‹Missa solemnis›, die habe ich immer als schön und fremd und spröde empfunden, und plötzlich kommt der Bernstein und erklärt sie mit seiner Art, wie er dirigiert, so daß sie mir zu Herzen geht und die ‹Missa solemnis› für mich das liebste Stück geworden ist.»
Erik Werba, Liedbegleiter großer Sängerinnen und Sänger, sprach einmal von den sinfonischen Katarakten, die Bernstein im Klavierlied selbst im poetischen Spiel spüren läßt. Christa Ludwig erinnert sich daran, daß ihre «erste Probe mit Bernstein am Klavier fürchterlich war». Sie fand ihn zuerst «entsetzlich»: «Ich war an so einen Liedbegleiter gar nicht gewöhnt. Was macht er denn da?! dachte ich mir. Ein Begleiter ist doch eben ein Begleiter und nicht ein selbständig Musizierender. Und er, der ja eben vom Sinfonischen herkommt, das werde ich nie vergessen, wir probten einmal

das Brahms-Lied ‹Immer leiser wird mein Schlummer›, mit dem Thema aus dem Klavierkonzert, er hat es in einem Tempo gemacht, wie er es aus dem Konzert gewöhnt war, und mit den Worten zusammen war das Tempo viel zu schnell. Wir haben uns bei jedem Lied sozusagen zusammengerauft – für mich war zuerst alles ganz anders. Aber weil natürlich seine Art der Musikalität so wahnsinnig überzeugend ist und ich immer froh bin, daß man nicht erstarrt in seinem Alten, war ich eigentlich sehr glücklich, daß ich das gefunden habe. Schließlich ist alles sehr schön herausgekommen. Auch am Klavier sucht er immer, was man machen kann, wie es am besten ist; er begleitet eben nicht, wie jeder Mensch sonst begleitet.»

«Haben Sie ihn einmal singen hören? Wie er auf seiner *Fancy-Free*-Schallplatte *Blues* singt? Wie er in seinen Harvard-Vorträgen ein Stück aus *‹Pierrot lunaire›* überzeugender im Sprechgesang gestaltet als manch eine der vielen Sängerinnen, die sich in diesem Stück versucht haben?»

«Ob ich ihn singen gehört habe? Er singt ja unentwegt. Ich habe ihm einmal sogar *verboten* mitzusingen. Das war bei der Zweiten Mahler, beim ‹Röslein rot›, da mußte ich sagen: ‹Entweder *Sie* oder *ich!*›»

Über Leonard Bernsteins Auftreten als Dirigent sagt Christa Ludwig: «Ich kenne Dirigenten, die irrsinnig bescheiden tun, und dabei gar nicht bescheiden *sind*. Und die anderen, die unentwegt sagen: ‹So wird es gemacht und nicht anders›, das sind die, welche unbescheiden *tun* und vielleicht unsicher sind und das dahinter verstecken. Bernstein ist in der Mitte, er ist sicher genug, um sich eine Unsicherheit erlauben zu können.»

Wenn Leonard Bernstein nach ernsthaftem Studium einer Partitur glaubt, in Wesen und Gehalt eines Werkes eingedrungen zu sein, läßt er sich kaum durch einen Musiker – und sei es selbst ein berühmter, autoritärer Meister – zu anderer Auffassung bringen. So erzählt Arthur Rubinstein von seiner ersten Begegnung mit ihm («Mein glückliches Leben», Frankfurt 1980, S. 688 f.). In einer Probe für ein Konzert in Montreal – es war noch ziemlich am Anfang seiner Karriere – hat Bernstein das melancholische Hauptthema des Klavierkonzerts von Edvard Grieg, das Rubinstein spielen wollte, in einem «raschen, munteren Tempo» spielen lassen. Rubinstein brach ab und flüsterte ihm zu, daß er dieses Thema «getragener» spiele, «es ist nämlich recht traurig». Rubinstein berichtet, Bernstein habe darauf sehr schroff reagiert: «Diese Musik ist überhaupt nicht der Rede wert, und was die ‹Nächte in spanischen Gärten› von Manuel de Falla angeht, so ist das nicht viel besser.» – Es war dies das zweite Stück in Rubinsteins Programm. Der große Pianist war zutiefst beleidigt und schlug Bernstein vor, er solle im ersten Teil des Programms Musik dirigieren, die ihm liegt, und ihm, Rubinstein, den zweiten Teil ganz überlassen, sprachs und verließ den Saal.

Als die Veranstalter des Konzerts, das eigentlich ein anderer Dirigent hätte dirigieren sollen – der aber erkrankt war –, von dieser Brüskierung hörten, waren sie empört. Bernstein aber hatte inzwischen seine «jugendliche Impulsivität bereut» (so Rubinstein in seinen Erinnerungen). Er «lief in ein Geschäft, kaufte einen schönen Kaschmirschal und brachte ihn mit lautstarken Entschuldigungen ins Hotel. ‹Schließen wir Frieden›», sagte Rubinstein darauf, «‹aber können wir heute abend ein Konzert geben, ohne probiert zu haben?›» Bernstein zweifelte nicht daran; er kannte beide Werke auswendig. Die beiden Künstler musizierten mit größtem Erfolg, und Rubinstein berichtet, daß Bernstein ihm zum Schluß gestand, er fände «allmählich sogar Geschmack an den beiden Werken». Es entwickelte sich eine warme Freundschaft zwischen den beiden Musikern; sie haben in der Folge in schönem Einvernehmen miteinander konzertiert.

Während der Dirigent Leonard Bernstein in europäischen Ländern, den Heimatländern von Mozart und Beethoven, von Brahms und Mahler, von Debussy und Ravel, von Verdi, von Richard Strauss und Tschaikowsky, von Anbeginn seiner ersten Gastspiele voller Bewunderung als stilgerechter, sich völlig in die Welt der Klassiker und Romantiker einfühlender Interpret bezeichnet wurde – es gab nur selten ablehnende kritische Stimmen –, haben amerikanische Kritiker ihm oft die Befähigung zur «richtigen» Interpretation der Musik Europas abgesprochen. Harold C. Schonberg hat zwar in seinem Buch «Die großen Dirigenten» (deutsch von Hildegard Weber, Bern-München-Wien

1970) verzeichnet, daß Bernstein mit «‹Falstaff› in Wien und Mahler in London «eine Sensation verursachte... und diesen Erfolg 1968 durch eine Reihe von *Rosenkavalier*-Aufführungen an der Wiener Staatsoper (fortsetzte), die ihm geradezu rasenden Beifall eintrugen... Selbst in New York begannen einige Kritiker seine Arbeit respektvoll zu diskutieren, anstatt ihn als das ewige *Wunderkind* zu betrachten... (S. 322f.). Keine Persönlichkeit des amerikanischen Musiklebens hat je eine solche Wirkung ausgeübt wie Bernstein», schreibt Schonberg, und «dies war eine seiner Schwierigkeiten. Wegen seines phantastischen Erfolgs in so jungen Jahren hatte er jahrelang gegen Mißtrauen, Feindschaft und Eifersucht vieler Berufskollegen anzukämpfen.» Die große *Publicity*, die seinen sensationellen Einstieg und seine Erfolge begleitete, betrachtete man als «Reklamerummel», der Argwohn hervorrief. Man fand Bernstein zu selbstbewußt und stieß sich an seiner ungewöhnlichen Kleidung, an «hochfahrend» klingenden Äußerungen, an dem Kuß, den er Jacqueline Kennedy im Fernsehen gab, an einem «vorkopernikanischen Bewußtsein, das heißt er meine, die ganze Welt drehe sich um ihn» (S. 124). «Man lästerte über den ‹Show-Business-Anstrich› seiner Konzerte mit den New Yorker Philharmonikern, aber der Erfolg ließ sich nicht bestreiten... Das Orchester spielte mit Begeisterung. In Bernstein fanden die Musiker einen umsichtigen Dirigenten mit sauberer Technik und erstklassigem Ohr... Die Philharmoniker, eine temperamentvolle Ansammlung von Primadonnen, die unter jedem großen Dirigenten gespielt haben, betonten einstimmig Bernsteins Talent...» (S. 326). Schonberg schränkt ein, daß einige Musiker «nicht sehr davon angetan (sind), wie er an das Repertoire des 18. und 19. Jahrhunderts herangeht, doch das hat, so sagen sie, nichts mit seinen natürlichen Gaben zu tun» und meint, daß «man seine Klassiker-Interpretationen bis zu Brahms nie ganz akzeptiert (hat). Während seine Auffassung von Strawinsky, Strauss und Bartók brillant und wohlfundiert sein kann, erscheint manchem seine Vorstellung von früherer Musik manieriert und unberechenbar.» Der versierte Kritiker hätte beifügen sollen: *manchem in Amerika*. Doch dann gesteht er ein, daß «beim Anhören seiner Platten... man den Eindruck gewinnt, daß Bernstein auf eine Weise an die

Musik herangeht, die sich von der der heute vorherrschenden buchstabentreuen Dirigenten sehr unterscheidet». Schonberg zitiert auch eine frühe Kritik von Virgil Thomson, in der gesagt wurde, Bernstein fühle sich als Kind des 20. Jahrhunderts beim Repertoire des 19. Jahrhunderts «unbehaglich», und er täusche vielleicht Empfindungen vor, die er im Grunde nicht verspüre. Schonberg sagt dazu, daß Bernstein «seinem Wesen nach rückwärts gewandt (ist), ein Romantiker», was sich darin äußert, daß seine Tempi beträchtlich wechseln, bei zweiten Themen eines sinfonischen Satzes oft langsamer werden und er sich einer «vollexpressiven Klangpalette (bedient), die man heutzutage allgemein ablehnt». Er findet auch bei «Bernsteins Romantizismen» tatsächlich «immer etwas Berechnendes». Schonberg stellt Bernsteins Interpretationen den Aufführungen durch «authentische Vertreter der romantischen Tradition – Bruno Walter, Furtwängler» entgegen, die fast nie eine musikalische Linie unterbrachen, immer die Form einer Phrase gewahrt haben. «Bernstein dagegen unterbricht häufig den Fluß.» Schonbergs akuten Beobachtungen kann kaum widersprochen werden, doch seine Schlüsse wird jeder für irrig halten, der Leonard Bernsteins Analysen und Erläuterungen zu den Meisterwerken der Klassik und Romantik kennt. Aus diesen geht klar hervor, daß hier ein Musiker ohne Rücksicht auf Traditionen in die tiefere Bedeutung eines Musikwerkes hineinzuleuchten und diese in seiner Aufführung zu vermitteln sucht. Diese Einstellung ist weit entfernt von der bei Schonberg geschilderten: Bernstein wolle durch kräftiges Unterstreichen von Gegensätzen und Betonungen für den Eintritt neuer Themen nur die Aufmerksamkeit des Publikums erwecken. Mit den Jahren habe Bernstein allerdings einen «direkteren Zugang zur Musik» gewonnen.

Es steht außer Zweifel, daß die Interpretationen klassischer und romantischer Musik eines Bruno Walter, eines Toscanini im Gegensatz zu Bernsteins mehr «aus einem Guß, einem Fluß» erklangen, daß sie die geltende Ansicht von der Klassik als höchste Verwirklichung der Einheit von Gedanke und Form, der Romantik als poetische, rein musikalische Formen überwindende Kunst der Persönlichkeit und ihrer Emotionen in möglichst überpersönlicher Einfühlung musikalisch zum Ausdruck brachten. Eine *über-*

persönliche Ausdeutung der Musik eines anderen Komponisten kann Leonard Bernstein niemals vermitteln. Der schöpferische Musiker einer früheren Epoche, eines anderen Landes, einer anderen Kultur, hat wie jeder schaffende Künstler um Ausdruck seiner Gedanken mit Hilfe von Strukturen, Formen, kompositorischer Technik kämpfen müssen; kein großes Kunstwerk ist je mit Leichtigkeit, sozusagen leichtfertig entstanden. Interpreten gehen ein musikalisches Kunstwerk entweder intuitiv an, folgen Vorbildern oder erarbeiten sich rekonstruierend den Kampf, der dem Niederschreiben einer Partitur voranging. Wenn Bernstein – wie er es selbst zugibt – eine Komposition für sich analysiert, versetzt er sich in den Geist des Schaffenden, identifiziert sich mit dem Komponisten des zu interpretierenden Werkes. Der gebildete Hörer oder auch der sich nur dem Erlebnis einer musikalischen Wiedergabe hingebende Musikfreund kann einer solchen Interpretation folgen oder das persönliche Gefühl haben, in einem Werk lägen andere Werte, andere Klangideale als die ihm vermittelten. Doch nicht nur Grundanschauungen, sogar historische Erkenntnisse ändern sich im Laufe der Zeiten; auch ein Interpret lernt Neues für sich selbst von einer Aufführung zur andern, und im Grunde gibt es wohl ganz wenige Aufführungen unter Leitung bedeutender Dirigenten oder durch große Solisten, die sich völlig gleich bleiben. Eine Schallplattenaufnahme bietet eigentlich niemals eine endgültige Dokumentation einer von den Ausübenden beabsichtigten Interpretation, vor allem, wenn sie aus verschiedenen separat aufgezeichneten Teilen eines Werkes zusammengeschneidert wird: da kann ein Live-Mitschnitt schon charakteristischer sein, selbst wenn die technische Qualität nicht die vollkommenste ist.

Daß Leonard Bernstein trotz eigenster Erarbeitung jeder von ihm dirigierten Musik die von ihm geforderte «Demut dem Komponisten gegenüber» stets beibehält und die interpretatorische Tradition dann anerkennt, wenn er sich mit ihr identifizieren kann – erlebten wir, als er eine Orchesterprobe zu Tschaikowskys «Francesca da Rimini» für eine Konzertreise der Israel-Philharmoniker geleitet hatte. Die Wiedergabe geriet so mitreißend, daß sich die Musiker des Orchesters wie ein Mann spontan erhoben und

Bernstein applaudierten. Er bedankte sich und sagte: «Aber das hättet Ihr mal von Koussevitzky hören sollen! Da habe ich das gelernt!»
Was das Fluidum eines Dirigenten ausmacht, wie sich die Inspiration des Augenblicks auf seine Musiker überträgt, konnten wir bei einem Konzert der Israel-Philharmoniker erleben im Mai 1981 in Jerusalem. Bernstein hatte den ersten Teil des Konzerts dirigiert (mit seinem «Musical Toast» und «Halil» und Beethovens «Chorfantasie» op. 80). Nach der Pause ließ er zwei junge israelische Dirigenten das Orchester übernehmen und übergab einem von ihnen die Aufführung seines «Divertimento» von 1980, das er mit dem Orchester selbst tagelang vorher geprobt und bereits auch aufgeführt hatte. Er saß nun als Zuhörer dabei, als ein junger Israeli die Leitung des dem Orchester ganz vertrauten «Divertimento» übernahm. Es kam eine gute, makellose Aufführung zustande, aber es fehlte der unwiderstehliche Charme der heiteren Teile des Stückes, in denen eine leicht zuckende Schulter, ein Lächeln, eine beredte Bewegung des Dirigenten Bernstein die Musik des Komponisten Bernstein den Orchesterspielern suggerierte. Selbst die vorher oft geprobten und auf Schallplatten aufgezeichneten Details dieser Musik kamen nun nicht zur Geltung, obwohl man hätte meinen sollen, die Anwesenheit des Komponisten hätte genügt, die Suggestion seines Dirigierens – auch ohne deren Sichtbarmachung – durch einen anderen Dirigenten auf die Musiker zu übertragen.
Wie arbeitet Leonard Bernstein mit seinem Orchester? «Ich glaube, ich sehe im *Lehren* das Wesentlichste meiner Funktion als Dirigent», antwortete er John Gruen auf diese Frage (Gruen, p. 27). «Was immer ich weiß und was immer ich über die Musik fühle, teile ich mit den Musikern. Ich versuche das Orchester dazu zu bringen, mit mir zu fühlen und es auch zu verstehen, so daß wir es zusammen realisieren können. Das ist eine Art von Kammermusizieren, in der wir alle gemeinsam Musik machen. Ich denke nie, die dort sind dort, und ich bin hier. Die ganze Freude des Dirigierens ist für mich das gemeinsame Atmen mit ihnen. Das ist wie ein Liebeserlebnis.»
Glaubt Leonard Bernstein, daß seine Arbeitsweise sehr von der

anderer Dirigenten verschieden ist? In einer seiner sommerlichen Unterhaltungen mit John Gruen in Italien 1967 ließ er sich ausführlich hierüber aus: «Ich denke, bei mir gibt es wohl weniger *Ritual* als bei anderen Dirigenten», sagte er. «Aber *einem* Ritual folge ich: Die meisten Dirigenten kommen ins Konzert, finden ihren Frack in der Garderobe hängen und ziehen ihn wieder an. Ich muß mich wie ein Priester vor dem Konzert zu Hause abduschen und mich frisch ganz sauber anziehen ... Mein Anzug muß wie ein Priestergewand sein ... Nur ein anderes *Ritual* habe ich noch: Als Koussevitzky starb, erhielt ich als Andenken ein Paar seiner goldenen Manschettenknöpfe. Ich trage sie immer, wenn ich dirigiere ... Darin liegt der einzige Aberglaube, den ich habe. Und ich küsse sie stets, bevor ich die Bühne betrete. Rodzinski, glaube ich, hat nie ohne eine Pistole in seiner hinteren Tasche dirigiert. Ich weiß nicht, was das bedeutete. Auch hat er mich mehrere Male gebeten, ihm hinter der Bühne einen Fußtritt zu versetzen, bevor er auftritt ... Toscanini pflegte Stunden vor Beginn eines Konzerts in seinem Dirigentenzimmer zu sitzen – wahrscheinlich meditierte er ... Ich kann das nicht. Im Gegenteil. Im allgemeinen warten Menschen auf mich, entweder um mich zu begrüßen, oder sie kommen mit Problemen, die zu lösen sind, Entscheidungen, die getroffen werden müssen.» Vor dem Konzert wirft Bernstein noch einen Blick auf die Partitur des Werkes, mit dem es beginnt. Beim Studium zu Hause hat er bereits markiert, was den Musikern in ihre Stimmen hineinkopiert werden muß, um die Verständigung bei den Proben zu erleichtern. Im Konzert ist alles in der Interpretation selbstverständlich geworden, und doch wird vieles im Werk von neuem entdeckt. Das Publikum ist für Bernstein irgendwie nicht vorhanden, solange die Musik erklingt, mit den Musikern des Orchesters und dem Komponisten des gerade gespielten Werkes ist er «eins». Wenn die Aufführung vorüber ist, und er durch Applaus auf das Podium zurückgerufen wird, fühlt er eine Leere.

Ist der Dirigent in seiner Interpretation eines Werkes von den eigenen Stimmungen abhängig? «Gewiß nicht in dem Sinne, daß man es zeigt, wenn man etwa deprimiert ist. Oder daß es dann ein guter Zeitpunkt wäre, die Sechste von Tschaikowsky zu dirigieren, weil es deprimierte Musik ist. So leicht ist das nicht darzustellen. Es kann passieren, daß, wenn man sich sehr stark, sehr positiv fühlt, es genau die Zeit wäre, Beethovens ‹Trauermarsch› zu dirigieren.» Und nach dem Konzert? «Da kann ich nicht zu Bett gehen.» Es gibt viel über das Konzert zu sagen, sich mit Freunden darüber zu unterhalten, zu diskutieren. Man geht in ein Restaurant oder eine Bar oder sogar ins Kino. Oder aber Lenny geht allein nach Hause und fängt an, die Partituren für das nächste Konzert zu studieren (Gruen, p. 35, p. 37).

Kann ein Dirigent-Komponist, der die Sinfonien der großen Komponisten der Vergangenheit in tiefer Einsicht zu analysieren vermag, ein eigenes Werk ebenso tiefgründig analysieren?

Wenn Lenny heute eine seiner frühen Sinfonien – «Jeremiah» oder «The Age of Anxiety» – wieder dirigieren sollte, nachdem er sie längere Zeit nicht mehr auf dem Programm hatte, könnte er die Werke so analytisch betrachten wie eine Brahms-Sinfonie?

«Ganz sicher kann ich das», antwortete Bernstein in einem unserer Gespräche im April 1982. «Wenn ich eine meiner Kompositionen eine Weile nicht gesehen oder gespielt habe, kann ich ganz frisch an sie herantreten. Gerade jetzt habe ich diese Erfahrung gemacht. Ich bekam eine Probepressung der neuen DG-Schallplatte mit ‹On the Waterfront›, ‹Halil› und ‹Drei Meditationen› aus ‹Mass›. Ich hatte nur einen schrecklichen Apparat zur Verfügung, doch als ich ‹Waterfront› hörte, war das wie ein neues Stück, und es war wunderbar gespielt und aufgenommen. Plötzlich sah ich die Form dieses Werkes in neuem Licht, und ich verstand, daß wir es bei der Aufnahme im vorigen Jahr anders gespielt hatten, als ich es früher verstanden hatte. Das konnte ich auf der Platte hören.»

Und wie steht es mit der Analyse? Kann sie so objektiv sein wie die der Werke eines anderen Komponisten?

«Das hoffe ich. Ich weiß es nicht.»

Muß man eine Sinfonie wie etwa die Erste oder die Vierte von Brahms immer von neuem analysieren, oder gibt es nur die noten- und stilgetreue Wiederholung einer einmal einstudierten Interpretation?

«Ganz gewiß nicht. Jede Aufführung ist etwas Neues. Ich habe diese Erfahrung wieder auf einer Konzertreise mit den Wiener

Philharmonikern gemacht. Wir haben auf dieser Tournee (1981) nur Brahms und Mozart gespielt, die Erste und Vierte von Brahms und die Es-Dur von Mozart – in Deutschland und in andern Ländern. Und jede Aufführung war so, als sei sie die erste. Die Frische und der Einfallsreichtum in diesen Werken kamen immer wieder von neuem ins Bewußtsein während dieser Tournee. Wir spielten in Kopenhagen und Helsinki, in Berlin, Frankfurt, Stuttgart, Hannover, es war eine riesige Tournee und immer mit Brahms und Mozart. Und an jedem Abend hatten wir ein neues Erlebnis, nichts klang, als sei es eine Wiederholung, ich fühlte, ich komme den Komponisten immer näher.»

Ausführlich hat sich Leonard Bernstein über Wiederholbarkeit oder Verschiedenheit von Interpretationen desselben Musikwerks in einem Brief ausgesprochen, den er am 20. April 1970 an Franz Endler, den Musikrezensenten der Wiener Zeitung «Die Presse», als Beitrag zur Hundertjahrfeier der «Gesellschaft der Musikfreunde» gerichtet hat; der Brief ist im Originaltext in Bernsteins Buch «Findings» (New York 1982) und in deutscher Übersetzung in «Entdeckungen» (Hamburg 1983) abgedruckt. Die wesentlichen Punkte seiner Betrachtungen – die sich mit den Gründen beschäftigen, warum zwei Aufführungen von Beethovens Neunter Sinfonie, die er in kurzen Abständen dirigierte, verschieden ausfielen – kreisen um die Begriffe wie Werktreue und Interpretation:

«Beethovens Neunte kann in extrem verschiedenen Auffassungen verstanden und aufgeführt werden», schreibt Leonard Bernstein. «Entweder wörtlich nach dem Notentext, indem die Anweisungen der Partitur rhythmisch und dynamisch genau befolgt werden, ohne jegliche orchestrale Retuschen oder Zusätze, ohne freie Unterbrechungen oder *ritardandi* oder *rubati,* getreu selbst den höchst umstrittenen (manchmal sogar unmöglichen) Metronomzahlen Beethovens und ohne dynamische Angleichungen dem orchestralen Gleichgewicht zuliebe. Nennen wir dies die Attitüde *Alpha.* Das andere Extrem, Attitüde *Omega,* wäre eine höchst romantisierende Auffassung, die sich auf außermusikalische Ideen stützt, so wie etwa ‹Formloses Chaos› (die ersten Takte), ‹Schöpfung aus einer einzigen Keimzelle› (das erste Motiv), mit dem

Höhepunkt der Entwicklung des Menschen in vollem Verstand und Geist – wozu *Fermaten, rubati,* dynamische Übertreibungen und/oder Veränderungen, ungleichmäßige Tempi, poetische Meditationen und Persönliches, Subjektives gehören. Alle Aufführungen der *Neunten,* die wir je gehört haben, sind irgendwo zwischen *Alpha* und *Omega* angesiedelt; aber ich habe nur selten zwei Aufführungen von einem Dirigenten erlebt, die in so unterschiedlicher Weise den beiden Extremen zuneigen wie die beiden, die ich mich selbst leiten hörte» (Übertragung durch den Verfasser).

Die eine der Aufführungen fand im *Konzerthaus* in Wien statt, die andere in der *Symphony Hall* in Boston. Die Wiener Aufführung schien Bernstein in die *Omega*-Richtung zu tendieren, er glaubte, sie sei romantisch, fast *Mahlerisch,* gewesen. In Boston, meinte er, sei die Wiedergabe klarer, unmittelbarer, klassischer gewesen. Er findet hierfür mehrere, verschiedene Erklärungen. Einer der Gründe, die eine jede Orchesteraufführung beeinflussen, ist die Beschaffenheit der Akustik der Konzertsäle, an die sich der Dirigent anpassen muß. Ein anderer liegt in der Tradition des Orchesters, mit dem er musiziert, und ein weiterer in den persönlichen Qualitäten der Konzertmeister und Solospieler der Orchester. Auch die Instrumente spielen hierbei eine Rolle – eine amerikanische Trompete klingt beispielsweise anders als eine deutsche. Dies sind rein äußerliche, jedoch einflußreiche Elemente. «Aber die Wahrheit ist doch», schreibt Bernstein, «daß die beiden Aufführungen wesentlich vom Podium her bestimmt wurden, durch mein Verhältnis zu der großartigen Partitur, *in jenem Augenblick.* Obwohl zwischen der letzten Aufführung in Wien und der ersten Orchesterprobe in Boston nur vier Tage lagen, hatte ich in jenen vier Tagen die Partitur von neuem studiert – wie ich es auch in den Tagen vor der Aufführung in Wien tat, und wie ich es seit eh und je vor der Wiedergabe eines großen Werkes getan habe, gleichgültig wie oft ich es vorher dirigiert hatte. Und jedesmal gibt es Unterschiede ...»

Und Leonard Bernstein schließt tiefgründige Überlegungen über die immer neuen Geheimnisse an, die er von Aufführung zu Aufführung gerade bei Beethoven entdeckt – bis zu dem unschuldigen, gläubigen Schrei fast kindlichen Charakters: «Brüder!», «Tochter!», «Freude!», «Millionen!», «Gott!».

Viel ist über Leonard Bernsteins Interpretationen klassischer Klavierkonzerte diskutiert worden, die er gern als Solist vom Klavier aus dirigiert. Vor allem ist sein Mozart-Spiel in der Mozart-Stadt Salzburg – neben Zustimmung – heftiger Kritik begegnet. In Interviews und Zeitungsartikeln hat Nikolaus Harnoncourt verschiedentlich geäußert, daß ihn Bernsteins Interpretationen eines Mozart-Klavierkonzertes tiefer bewegen als alle anderen, die er vorher gehört hat, und er stellt sie in die Nähe der Mozart-Opernaufführungen, die Fritz Busch in Glyndebourne dirigiert hat, oder der Wiedergabe der g-Moll-Sinfonie durch Pablo Casals. Bis auf eine Ausnahme hätten damals Musikfreunde und Kritiker gesagt, das sei «kein Mozart-Stil», was Bernstein musiziere, und da müsse gefragt werden, wer denn wissen könne, was der echte «Mozart-Stil» sei. Man hört immer wieder, schreibt Harnoncourt in seinem 1982 erschienenen Buch «Musik als Klangrede», daß Menschen Mozart «genießen» wollen, um sich «von Schönheit bezaubern zu lassen». Die Zeitgenossen Mozarts aber «haben Mozarts Musik als extrem kontrastreich, grell, aufwühlend und erschütternd beschrieben; dort setzt auch die damalige Kritik an seinen Werken an». Wenn «die Leute in ein Konzert gehen, um ‹Mozart-Glück› zu genießen, und sie bekommen statt dessen – vielleicht – eine Mozart-Wahrheit, dann könnte es sein, daß sie das stört, daß der Zuhörer diese Mozart-Wahrheit garnicht will».

Leonard Bernsteins Mozart-Aufführung, von der Nikolaus Harnoncourt sprach, hatte im Rahmen der Salzburger Festspiele am 13. August 1975 im Großen Festspielhaus stattgefunden. Bernstein leitete das London Symphony Orchestra in einem Programm, in dem er Mozarts G-Dur-Klavierkonzert KV 453, nach Aufführung des Largo-Satzes aus der Fünften Sinfonie von Schostakowitsch und der «Chichester-Psalmen», vom Klavier aus dirigierte. Nach der Pause brachte er noch die Fünfte Sinfonie von Sibelius zur Aufführung.

«Den Solopart im Konzert G-Dur inszenierte Bernstein altertümelnd-unstet, fahrig in der Präsenz des Passagengeflechts, aber liebevoll nach diesem und jenem spürend, wie ein Sammler auf

Bernstein als junger Pianist, September 1953

Objektsuche», schrieb Peter Cossé in den «Salzburger Nachrichten» vom 16. August 1975: «Nach ein paar Orientierungsakkorden gab er den Tutti-Einsatz, unterstrich, daß er Leichtigkeit als erste Tugend beachtet wissen wollte. Das war zunächst kein Dirigieren, sondern ein flattriges, aufmunterndes Winken, so als sei Musik mehr flotter Gruß als Gegenstand ernster Überlegung. So löste der Pianist Bernstein denn auch das Konzert in kleine Wölkchen mit fernen Gewittern auf, wollte zierliche Tastenarbeit mit betulichen Verzögerungen leisten, garniert von putzigen Trillern ... Im Andante war alles auf Gefühl eingeschworen, die Ritardandi legten zuweilen alles lahm, verendete Phrasen stemmten sich wider alle Progression.» Das Finale «traf manchmal den Kern der Sache, dann wieder informierte es mehr über den Interpreten als über die Partitur: ein Feuerwerk mit allerhand Fehlzündungen». Karl Löbl – im «Kurier», Wien, vom 15. August 1975 – fühlte, wie Bernstein «mit voller Kraft, mit totalem Einsatz bestrebt (ist), Musik zu einem persönlichen Anliegen jedes Mitwirkenden zu machen. Am schönsten gelang dies bei Mozarts Klavierkonzert G-Dur ... Mit einer hinreißenden Freude am Miteinandermusizieren, mit Witz und Temperament in den Ecksätzen, mit einer unbeschreiblich schönen Wehmut und Innigkeit im Andante. Da enthüllte Bernstein sein Naturell: Musik ist in ihm und drängt dazu, sich mitzuteilen. Und weil er selbst gar nicht so viel komponieren könnte, um diese Mitteilung immer wieder neu zu formulieren, bedient er sich auch der Musik seiner Kollegen. Er tut es rücksichtsvoll dem Inhalt, der Aussage gegenüber. Um Stil kümmert er sich weniger. Das ist etwas für ein Museum. Das Leben draußen ist nicht immer stilvoll.» – «Klassische Relationen scheinen plötzlich aufgehoben», so Karlheinz Roschitz in der Wiener «Kronenzeitung» vom 15. 8. 1975, «die Subjektivität ist zwar auf die Spitze getrieben, aber die Persönlichkeit Bernsteins macht's möglich. Auch so kann man Mozart aufregend darstellen.» – «Bei Bernsteins relativ seltenen Auftritten als Solist muß man auch jede Sekunde spüren, daß er selbst Mozart nicht einfach spielt, sondern wiedergibt, durch seine eigene Persönlichkeit noch einmal spiegelt. Wenn er also das Andante unerhört dehnt und im abschließenden Allegretto ganz lustige Vorschläge macht, dann ist das

Eigenwille, Zutat, Bernstein in Mozart. Etwas sehr Legitimes, vor allem etwas, das in unserem Museumsbetrieb ganz rar geworden ist», schrieb Franz Endler in der «Presse» vom 16. August 1975.
Nikolaus Harnoncourt, der mit seinen Monteverdi- und Mozart-Aufführungen berechtigtes Aufsehen erregt und neue Zeichen lebendiger Interpretation früher und klassischer Musik gesetzt hat, sieht das interpretatorische Ideal in einer Verwirklichung der «dramatischen Klangrede», die einer «sprechenden Musik» innewohnt. In einem Gespräch in Salzburg im März 1983 fragten wir ihn, ob es eine Art solcher «dramatischer Klangrede» ist, die ihn in der Interpretation Leonard Bernsteins so berührt hat.
«Genau das ist es, was ich so stark empfunden habe, warum ich da so wirklich glücklich war. Ich bin der Meinung, daß die Klavierkonzerte Mozarts wie ein ganz spontaner Dialog komponiert sind, und zwar oft ein Dialog mit sich selbst, des Klavieres, und dadurch daß der Bernstein so eine wirkliche, eine tiefe Einsicht in die Komposition hat, klingt das bei ihm so spontan, als ob er es während des Spielens erfinden würde. So habe ich das vorher nie gehört, so habe ich es mir immer vorgestellt.»
Worin liegt die Besonderheit im Gegensatz zu anderen Pianisten?
«Bernsteins Spiel war nicht glatt, nicht geglättet. Das Normale ist ein *jeu perlé* auf den Sechzehntelnoten, so glatt und gleichmäßig wie möglich und so wenig Kontrast als überhaupt möglich, bei Erfüllung der Mozartschen Vorzeichen – das ist es, was ich normalerweise zu hören gewohnt bin. Der Unterschied zwischen – einfach ausgedrückt – *legato* und *staccato* oder zwischen dramatischen und lyrischen Phrasen kommt bei Bernstein zumeist sehr, sehr schnell; es gibt oft zwei oder drei Takte dramatisch und sofort eine lyrische Infragestellung oder Antwort, und das ist von ihm so atmend dargestellt. Es sind immer Kommas, die als Atem empfunden werden, wo man sofort die Reaktionen sieht, die Antwort auf diese eine musikalische Aussage empfindet, so daß ich als Hörer einem außerordentlich spannenden Geschehen beiwohne, wenn ich so etwas höre. Im anderen Fall ist eben nur ein wunderschönes Kaleidoskop ohne Inhalt – ganz oberflächlicher Mozart. Bernsteins Interpretation ist fesselnd und scheint mir persönlich so verwandt.»

Kann Bernsteins Interpretation wohl deshalb so beeindrucken, weil er selbst Komponist ist?

«Ich würde sagen, ja. Er hat eine Einsicht in ein Werk, wo es andere, die nur von der Interpretation her kommen, viel weniger leicht haben.»

Halten Sie es für günstig oder – wie viele behaupten – ungünstig, wenn der Solist vom Klavier aus dirigiert?

«In diesem einen Fall hat mich das überhaupt nicht gestört. Da habe ich das Gefühl gehabt, es geht von ihm eine solche Ausstrahlung aus, daß jeder Musiker im Orchester weiß und fühlt, wie er seinen Part zu spielen hat. Für mich war das eine ganz harmonische Sache. Im Prinzip bin ich auch der Meinung, daß das eine das andere ausschließt, weil die Klavierkonzerte von Mozart vom Sinfonischen her so reich sind – sie sind ja eigentlich von der Instrumentation, vom Orchester her, das Maximum an sinfonischer Musik bei Mozart. Deshalb finde ich immer, daß die klavierspielenden Dirigenten entweder als Pianisten oder als Dirigenten dem Werk etwas schuldig bleiben. In diesem einen Fall, bei Leonard Bernstein, fand ich das nicht so, doch glaube ich nicht, daß man das als Modell nehmen darf. Ich bin sonst nicht dafür.

Als Dirigenten schätze ich Bernstein auch besonders als Mozart-Interpreten. Seine Mozart-Interpretationen haben mich am meisten bewegt, weil sie irgendwie tiefgehender sind als die meisten andren, die man hört. Ich habe von ihm auch außerordentlich schöne – schöne möchte ich gar nicht sagen, sondern ergreifende – Aufführungen des ‹Fidelio› in Wien und der *Neunten* in Salzburg gehört. Es ärgert mich immer, wenn man bei ihm das *Show-Element* hervorhebt: Alles ist bei ihm echt, er lebt in dem, was er macht. Das hört man. Und wenn die Kritiker in Salzburg sagten, seine Mozart-Interpretationen seien stilistisch nicht vertretbar, dann fand ich das ganz ungerecht. Denn es gibt keinen Menschen auf der Welt, der sagen könnte: das ist *Mozart-Stil* oder jenes nicht. Es gibt niemanden. Und wenn jemand eine solche Einsicht hat in das Werk und es so überzeugend interpretieren kann, dann ist *das in diesem Moment Mozart-Stil.*»

In dem Erlebnis einer solchen Mozart-Interpretation, wie sie Nikolaus Harnoncourt darstellt, kann man auch nachempfinden, was Leonard Bernstein über die Musik des G-Dur-Klavierkonzerts KV 453 gesagt hat. In seiner aus Venedig am 22. November 1959 übertragenen Fernsehsendung mit den New Yorker Philharmonikern hat er den Andante-Satz als sein «Lieblingsstück für alle Zeiten» bezeichnet. Hier hat Mozart «die Höhe seiner lyrischen Ausdruckskraft» erreicht, «diese Musik vereint in sich Heiterkeit, Melancholie, tragische Intensität, alles in einer einzigen großen lyrischen Improvisation» («The ageless Mozart», in «The infinite Variety of Music»).

Das Geheimnis der unmittelbaren Wirkung, die von Leonard Bernsteins Interpretationen der Meisterwerke der Musik im allgemeinen ausgeht, liegt im Gespür des Komponisten Bernstein für die inneren Zusammenhänge im musikalischen Kunstwerk, im Versuch des Nachschaffens des originalen Werkes. Von Gustav Mahler sagt Adolf Weissmann: «Mahler hatte den dämonischen Feuereifer des Nachschaffens, das für sein Schaffen unentbehrlich war. In beiden wirkten sich Grenzzustände aus.» Uneingeschränkt läßt sich diese Einsicht auf Leonard Bernstein übertragen. Wenn jedoch Weissmann für Gustav Mahler feststellen muß, daß diesem «künstlerischer Ausgleich nicht gegönnt war» – wobei die Zeit für volles Verständnis für Mahlers Sinfonik noch nicht angebrochen war –, so kann man Leonard Bernstein wohl zubilligen, daß zwischen seinem kompositorischen und seinem interpretatorischen Schaffen ein Ausgleich offenbar geworden ist.

In einem für Bernstein charakteristischen – bereits 1948 veröffentlichten – Aufsatz werden nicht nur seine Forderungen an den idealen Dirigenten deutlich gemacht, wie er sie in der Arbeit Bruno Walters vollkommen erfüllt sah. Er spricht sich darin auch zum erstenmal ausführlich über die Musik Gustav Mahlers aus und erlaubt uns, weitere Parallelen zwischen den beiden Komponisten-Dirigenten zu ziehen. Der Aufsatz entstand als Auftrag der Zeitschrift «Theatre Arts» für eine Schallplattenbesprechung – Bernstein machte hier, nach den Worten der Zeitschrift, sein «Debüt als Schallplattenrezensent». Der Kernpunkt des Artikels liegt in der Betonung des Gesanglichen in der Interpretation jeder Musik als wesentlichstes Element der Gestaltung; ekstatische Melodik gegen den Hintergrund scharfer rhythmischer Akzentuierung kennzeichnet Bernsteins sinfonische Aufführungen ebenso wie seine eigene Musik. «Ich bin dankbar für ein Album sinfonischer Musik, die vom Anbeginn bis zum Ende singt», schreibt er in dem Artikel «Music that sings»: «Ich spreche von der Fünften Sinfonie, cis-Moll, von Mahler, aufgenommen von Bruno Walter und den New Yorker Philharmonikern. Es ist bemerkenswert, in der Tat rätselhaft, daß die Qualität des Gesanglichen in unserer Zeit so rar geworden ist – in diesem Album ist sie hervorragend vertreten» («Theatre Arts», XXXII, 1948, pp. 14–16).

In diesem Aufsatz sind verschiedene damals neu erschienene Schallplatten besprochen; interessant vor allem sind Bernsteins Ausführungen über das Phänomen Gustav Mahler und die Kunst, seine Musik zu dirigieren – leicht sind Rückschlüsse auf Bernsteins Dirigierweise und sein Komponieren zu ziehen:

«Mahler ist vor allem ein Sänger. Man sagt, er ist langatmig und zuweilen trivial; man sagt, er ist anmaßend, er benutzt die gleichen melodischen Formeln von der Ersten bis zur Neunten Sinfonie, bis zum Erschöpfen. Ich weiß es nicht, ich kann das einfach nicht finden. Aber ich weiß, daß er niemals eine unsangliche Note schrieb. Er singt nicht nur mit seinen Saiteninstrumenten, er singt auch mit Tamtam, Bässen, Piccoloflöten und Celesta. Er singt, ob er sich nun schubertisch, bachisch, choralisch, jiddisch, *fastoso,* orgiastisch oder zu Tode betrübt fühlt. Auch Bruno Walter ist ein Sänger. Vielleicht fehlt ihm manchmal die allerletzte Präzision – er mag nicht die rhythmischen Peitschenhiebe eines Toscanini exerzieren – aber niemals dirigiert er eine unsängerische Note.

Das Resultat der Kombination ist faszinierend. Unter anderen Händen kann Mahler einen mit Banalität zermürben: wenn die tänzerischen Elemente in seiner Musik mit *energischer* Methode behandelt werden. Walters Tempi wirken andrerseits niemals langsam, und immer ist Raum dafür, daß jede Zweiunddreißigstelnote atmet und ihre besondere *innere* Energie ausstrahlt. Das ist ein Bruno Walter ganz eigenes Zaubermittel, und jeder Künstler kann daraus lernen. Da gibt es ein allgemeines *Sostenuto,* selbst in den hektischsten Passagen, und das macht die *sängerische Qualität* aus, und bei Mahlers Musik wird das ideal...

Was ist das denn, was einen *singenden* Dirigenten ausmacht? Ein

Instrumentalist ist der einzige Erzeuger dessen, was bei seinem Spiel herauskommt; niemand und nichts kann den Kontakt zwischen dem Musiker und seinem mechanischen Instrument beeinflussen. Aber ein Dirigent hat rund hundert Vermittler, Verbesserer, Zauberkünstler um sich. Was kann möglicherweise zwischen der Einwirkung von Walters Taktstock und der Wahrnehmung der Klänge geschehen, was die Qualität des Klanges betrifft? Walter hat seine Intentionen nicht mit Bezug auf jede einzelne Note in Worten bekanntgegeben. In den meisten Fällen ist überhaupt eine wörtliche Erklärung von Feinheiten in der Ausführung ganz unmöglich oder wird, wo sie versucht wird, hoffnungslos mißverstanden.

Wir müssen sagen, daß die wichtigste Eigenschaft eines Dirigenten die Autorität ist, die er darstellt. Wenn diese Autorität durch Gestikulieren bewiesen werden muß (was oft die Wurzel der *energischen Methode* ist), bezweifle ich, daß dies der richtige Weg zum Gesanglichen ist. Wenn aber der Dirigent Autorität ausstrahlt, und wenn diese unbewußt begriffen und eindeutig wahrgenommen wird, dann ist der Taktstock frei, die Phrase zu modellieren, sich *zwischen* den Schlägen Zeit zu nehmen, voller Liebe auf einen Akzent zu fallen, ihm erlauben, sich zu entfalten und auszuleben, wie kurz er auch sein mag, und seine Bedeutung hinauszusingen.

Das ist augenscheinlich der Fall mit Bruno Walter. Ich habe in seinen Proben oder Aufführungen niemals einen Augenblick von Unsicherheit erlebt. Er braucht nichts zu beweisen, er hat nur die Musik zu machen. Die Schlacht ist halb gewonnen, bevor er zu proben beginnt, weil die Einzigartigkeit seines Zieles und seine Demut unbestreitbar sind. Es gibt keine Barriere zwischen seinem Taktstock und dem Spieler oder – was noch wichtiger ist – zwischen ihm selbst und dem Taktstock. So kann sich jede mögliche Übereinstimmung der Musiker untereinander frei entfalten.»

Besprechungen anderer neuer Schallplatten der Zeit beschließt Bernstein mit weiteren Betrachtungen über die Musik Gustav Mahlers, des «Mannes an der Schwelle» unserer Epoche, der «augenfällig mit großem Bedauern dem Raum Lebewohl sagt, der hinter ihm liegt. Und mit gleich großem Mißtrauen blickt er dem hellen, kahlen Raum entgegen, den er sich anschickt, zu betreten. Seine Doppelbedeutung sieht man gewöhnlich vom Blickpunkt seines Dirigenten-Komponisten-Konflikts her. Viele Kritiker finden in jedem Werk Spuren von Konzerten, die er im Jahr vor der Komposition dirigiert hat. Wenn dies wahr ist, dann mögen diese Einflüsse seine tatsächliche Bindung mit der Vergangenheit darstellen – was aber in seinen Werken frisch ist, ist so frisch wie ein Lied von Schubert.

In der Fünften Sinfonie zum Beispiel mag man, wenn man so will, den eröffnenden Trauermarsch und Teile des Finalsatzes in den Bereich der Imitation verweisen. Aber von dem Beginn des zweiten Satzes kann ich nur demütig sagen, daß ich mir wünschte, ich hätte das geschrieben».

Der Beginn dieses zweiten Satzes von Mahlers Fünfter Sinfonie – «Stürmisch bewegt, mit größter Vehemenz» – trägt Züge, die den Komponisten Bernstein tatsächlich angeregt haben: Aus einem Fünf-Noten-Motiv, das mehrere Male wiederholt wird, entwikkelt sich eine längere melodische Phrase, die immer weiter ausgesponnen und mit einem verwandten Motiv aus dem ersten Satz kombiniert wird – in einer Art von Aufbau, die für Leonard Bernsteins sinfonische Kompositionen ebenso wie für die musikalische Dramatik der «West Side Story» charakteristisch wird.

VOM KLAVIERLIED ZUM BROADWAY-SONG

«Ich bin ein Komponist ernster Musik, der versucht, Songs zu schreiben ... Ich hatte eine Sinfonie komponiert, bevor ich je einen Schlager schrieb»
Leonard Bernstein, Mai 1954

In den vierzig Jahren von 1942 bis 1983 hat Leonard Bernstein etwa fünfzig Werke komponiert, darunter drei Sinfonien, eine sinfonische Suite, eine Serenade für Sologeige und kleines Orchester, zwei Orchesterkompositionen, vier Ballettpartituren, eine Kurzoper, eine «komische Operette», Klavier- und Kammermusik. 1944, 1953, 1957 entstanden seine drei Musicals, durch die er beim großen Publikum bekannt und berühmt geworden ist; das dritte von ihnen, «West Side Story», hat seinen Ruhm durch die ganze Welt getragen. 1983/84 folgte seine Oper.
Das erste Musical, «On the Town», entstand 1944 aus Idee und Inhalt des vorausgegangenen Balletts «Fancy Free», für das der Komponist seinen ersten charakteristischen *Broadway-Song,* «Big Stuff», mit eigenem Text schrieb. Eine ganze Reihe von Jugendwerken, die gelegentlich noch gespielt und gesungen werden, ging den ersten vom Komponisten als reif bezeichneten Werken voraus: der Sonate für Klarinette und Klavier (1942), den Klavierstücken «Seven Anniversaries» (1943), dem Liederzyklus «I hate Music» (1943) und der Ersten Sinfonie «Jeremiah», 1942 vollendet, die zu den Hauptwerken Bernsteins gezählt wird. Diese Sinfonie, das Werk des 24jährigen Komponisten, trägt viele charakteristische Züge, die sich sowohl im späteren sinfonischen Schaffen wie in der *leichteren* Musik Leonard Bernsteins wiederfinden: Kein Komponist, der nicht ein ernstes kompositorisches Studium absolviert hat, könnte einen Song wie «Big Stuff» schreiben.
«Lenny Amber», der Arrangeur und Pianist des New Yorker Musikverlags Harms Inc. 1942/43 hatte zwar engste Beziehung zu

der Welt des «Pop» und improvisierte eigene Melodien, aber er hatte gerade eine ernsthafte und gründliche kompositorische Ausbildung «mit Auszeichnung» beendet – an der Harvard-Universität 1939 und am Curtis Institute 1941.

Schon im Jahre 1937 hatte der 19jährige Leonard Bernstein ein größeres Werk komponiert – die erste einer Reihe von Instrumentalkompositionen, die er heute als Jugendwerke vielleicht belächelt, aus denen er aber Themen und Teile in spätere Werke übernommen hat. Das erste Werk ist ein Trio für Geige, Violoncello und Klavier in drei Sätzen, das während seiner Studienzeit in Harvard von Mitstudenten aufgeführt wurde. Auch ein Klavierkonzert begann er zu komponieren, «in c-Moll, sehr romantisch, sehr tschaikowskyisch» beschreibt er es und singt das Anfangsthema. Den ersten Satz des Trios eröffnete ein Adagio non troppo, das bereits ein Bernsteinsches Charakteristikum zeigt: Es ist chromatisch freitonal, ein sechstöniges Cellomotiv wird von der Geige aufgenommen und in kanonischer Arbeit mit dem Cello gemeinsam ausgesponnen. Der lyrischen Einleitung folgt ein stark rhythmischer Più-mosso-Teil, in dem aber Violine und Cello stets gesanglich bleiben. Auch der zweite Satz, Tempo di Marcia, läßt einiges vom späteren Bernstein ahnen. Ein wenig individueller Finalsatz ist der späten Romantik verpflichtet.

Aus der gleichen Zeit stammt eine «Musik für zwei Klaviere» mit Largo-Einleitung, Blues und Foxtrott – mit schon typischen Bernsteinschen Rhythmen –; der Komponist hat sie tatsächlich sieben Jahre später in den Tanzszenen des Musicals «On the Town» verwendet. Im Sommer 1938 hat er mit Mildred Spiegel, einer Mitschülerin bei Heinrich Gebhard, dieses Werk öffentlich aufgeführt. Für seinen Klavierlehrer Gebhard schrieb er 1938 eine zweisätzige Klaviersonate und für Mildred Spiegel zwei Tanzstücke für Klavier, die auch in die Ballettmusik für «On the Town» eingegangen sind. In Thematik und freitonaler Harmonik ähnlich ist die 1939 komponierte Violinsonate, die dem Geiger Raphael Hillyer gewidmet ist und von ihm – mit dem Komponisten am Klavier – 1940 uraufgeführt wurde. Diese Sonate hat eine originelle Form. Sie besteht aus zwei Sätzen, und der zweite Satz ist eine Variation des ersten. Das Thema dieses ersten Moderato-

assai-Satzes erschien fünf Jahre nach der Komposition der Violinsonate in der Ballettmusik «Facsimile» wieder; der ihm folgende Variationensatz kehrt wieder in der dritten Variation des ersten Teils von «The Age of Anxiety» – Leonard Bernstein erinnerte sich an sein Jugendwerk zehn Jahre nach der Entstehung! Geballte Akkorde der ersten Variation und die melodische Umformung in der zweiten Variation stehen zwölftöniger Chromatik nahe und weisen von späteren Kompositionen her gesehen auf grundlegende Züge in Bernsteins kompositorischem Denken und Formen. Ein weiteres Jugendwerk ist gleichfalls in ein späteres Werk aufgenommen worden: ein Holzbläserquartett mit Klavier (1940), dessen dritter von vier Sätzen – «Choral» – im ersten Satz der Jeremiah-Sinfonie zwei Jahre später wiedererscheint.
Das allerfrüheste vorliegende Werk hat Leonard Bernstein allerdings schon im Alter von siebzehn Jahren komponiert; es stammt aus dem Jahr, in dem er das Gymnasium verließ (1935). Für Bernstein ist es bedeungsvoll und charakteristisch, daß dies eine Psalm-Komposition ist: ein Werk für Gesangsstimme hat er noch vor den ersten Instrumentalwerken komponiert. Er hat den 148. Psalm in eigener, ganz freier, gereimter Nachdichtung nach dem hebräischen Original in englischer Sprache für mittlere Stimme und Klavier gesetzt. Der Gesang beginnt nach einer getragenen Einleitung zwischen cis-Moll und Cis-Dur, die verkürzt als Zwischenspiel und als Coda wiederkehrt – in der Coda in Pianissimo-Akkorden nach A-Dur leitend. Nach dieser Einleitung entwickelt sich die Gesangslinie melodisch zart, in reinem A-Dur, in akkordischer Begleitung harmonisiert – Andante moderato –, nach dem Zwischenspiel erweitert sich die Gesangsmelodie, einen Ton höher beginnend, in d-Moll, diesmal stürmisch bewegt – Allegro agitato –, sich bis zum abschließenden «Hallelujah» stetig steigernd, worauf dann das innig-leise akkordische Nachspiel des Klaviers folgt. Obwohl dieser Psalm des 17jährigen Bernstein nur wenige individuelle Stil- und Ausdrucksmittel zeigt, fällt doch die sehr ursprüngliche melodische Begabung und der Sinn für melodisch-dramatische Steigerung auf. Die den Psalm formal gliedernden, zu Beginn, in der Mitte und am Schluß erklingenden Akkorde bilden reinste Wagner-Harmonik, der melodische Auf-

schwung im Nonenintervall – vor allem vom e zum fis – wird später ein oft wiederkehrendes melodisches Charakteristikum.

" Psalm 148 "
(1935)

Die Psalmkomposition in moderner Nachdichtung der althebräischen Poesie steht am Beginn des eigenen Schaffens von Leonard Bernstein, und wenn man das Gesamtwerk seiner entscheidenden vierzig Jahre überblickt, findet man in der Vokalmusik seine wesentlichsten Beiträge zur zeitgenössischen amerikanischen wie zur neuhebräischen Musik. Stilistisch erscheinen dabei nicht nur die beiden Ursprünge des musikalischen Denkens und der melodischen Erfindung Bernsteins – Judaismen und Amerikanismen – in enge verwandtschaftliche Beziehung gebracht, sondern Psalmodie, Liedmelos und Songstil prägen offensichtlich auch die Instrumentalmelodik sowohl der Ballettmusik wie der sinfonischen Werke. Seine Erste Sinfonie gipfelt in einem Vokalsatz, die Dritte Sinfonie ist eine Chorsinfonie. Die Zweite Sinfonie bezieht ihre melodischen Themen aus einem literarisch-poetischen Werk und die «Serenade« aus philosophischen Gesprächen – so sind auch diese beiden sinfonischen Kompositionen zum mindesten latent mit dem Wort, mit der Stimme, verbunden. Daß sich ein in Universität- und Musikakademie-Lehrzeit an zeitgenössischer Musik geschultes sinfonisches Denken auf die Vokalmusik übertrug, macht einen der Hauptreize von Bernsteins musikalischen Werken aus.

Mit den Gesängen der jüdischen Tradition war der junge Bernstein von frühester Jugend im väterlichen Haus und in der Synagoge vertraut. Zwei Jahre nach dem 1937 komponierten Psalm begann er Verse aus den «Klageliedern des Jeremias» zu vertonen – den Klagen des biblischen Propheten um das zerstörte Jerusalem und seinem Flehen, daß Gott sein Volk wieder in die Heilige Stadt zurückführen möge. Das Psalmodieren der Gesangsstimme ist einer überlieferten Melodie der hebräischen Liturgie nachempfunden; sie wird chromatisch bereichert, und aus ihrer Klagestimmung entwickelt sich im Verlauf ein melodisch wehmütig absinkendes Motiv in Terzenharmonisierung, das in den verschiedensten Varianten Bernsteins gesamte Musik begleiten wird. Den «Klagegesang» hat der Komponist 1939 ursprünglich für eine Sopranstimme entworfen, 1942 übernahm er ihn in sinfonischer Neubearbeitung für Mezzosopran und Orchester als Finalsatz («Lamentation») in seine Erste Sinfonie, die auch in den beiden vorangehenden Sätzen traditionelle hebräisch-liturgische Motive verwendet oder nachgestaltet.

Als zwei Jahre nach der Jeremias-Sinfonie – die der Komponist seinem Vater gewidmet hat – Bernsteins erstes Musical, «On the Town», am Broadway erschien, müssen hellhörige Musikliebhaber über den unmittelbaren Beginn der Musik erstaunt gewesen sein. Das Musical begann nicht mit einer rauschenden instrumentalen oder vokalen Eingangsnummer, sondern mit einer durch und durch originellen Einführung, einem Song mit Chor und Orchester – «I feel like I'm not out of bed yet» – in Form eines psalmodierenden Rezitativs, in dem man Anklänge an hebräische Liturgik und das verwandte Negro Spiritual wie auch an Opernrezitativ-Modelle finden kann, und das dann überraschend plötzlich von einem ungewöhnlich rhythmisierten Hymnus auf New York unterbrochen wird. In diesem «Opening» ist der gesamte Bernstein enthalten: die psalmodierende Melodie, die Strawinskysche Modelle weiterentwickelnde Rhythmik und New York als Zentrum pulsierender Lebensfreude und enthusiastischer Liebe. «Für mich verkörpert Lenny nicht Amerika im allgemeinen, sondern New York – Lenny *ist* New York», erklärt Yehudi Menuhin in einem noch zu zitierenden Gespräch.

Jerusalem war das Thema von Leonard Bernsteins erster größerer Komposition, der Jeremias-Sinfonie, New York das Thema seiner ersten Musik für das Theater, für das Ballett «Fancy Free», aus dem sein erstes Musical, «On the Town», hervorging. Für «Fancy Free» schrieb Bernstein Text und Musik seines ersten Broadway-Songs, «Big Stuff», und aus diesem läßt sich erkennen, daß sein Autor «ein Komponist ernster Musik (ist), der versucht, Songs zu schreiben», der eine Sinfonie komponiert hatte, bevor er je einen Schlager schrieb – worauf Bernstein in einem seiner «Erdachten Gespräche» hinweist (1954 im Buch «Joy of Music» veröffentlicht).

Diese «erdachte Unterhaltung» führt er mit einem «P.M.» (professionellen Manager), dem er im Kaffeehaus die Frage in den Mund legt, warum er, Leonard Bernstein, sich denn nicht einmal hinsetzt und eine «nette Gershwin-Melodie«, einen richtigen, «einfachen Schlager» schreibt: «Ihre Melodien, Leonard Bernstein, sind zu kunstvoll», läßt er den P.M. sagen, «Sie bemühen sich zu sehr, sie interessant zu machen. Das ist nichts fürs Publikum! Eine besondere, kleine dissonante Wirkung im Baß mag Sie selbst glücklich machen, vielleicht auch einige Ihrer intellektuellen Freunde, aber so kommt kein *Hit* zustande. Sie sind viel zu sehr auf ungewöhnliche Harmonien, auf sonderbare Sprünge in der Melodie und auf verrückte Formen eingeschworen: All das ist nichts als ein amüsantes Spiel, das Sie mit sich selbst spielen... Mein Junge, Sie müssen noch lernen, einfach zu sein.» L.B. antwortet dem P.M., daß es gar nicht einfach ist, «einfach zu sein», nicht einmal wenn man versucht, Schlager vom selben niedrigen Niveau zu schreiben, wie es die Erfolgsnummern der Zeit sind.

Es war Bernstein im Grunde nie daran gelegen, Hits im üblichen Sinne zu verfassen – obwohl er sich im «erdachten Gespräch» leicht enttäuscht gibt, daß er niemals «irgendjemanden zufällig eine seiner Melodien hat pfeifen hören». Er läßt den seine Musik kritisierenden P.M. alle diejenigen Stilmittel nennen, die er in seinen *Songs* vorwiegend verwendet, womit er sich zwar nicht *interessant machen,* aber eben doch «anders» geben will. Wenn er schließlich den P.M. kopfschüttelnd fragen läßt: «Sehr seltsam. Ihre Show läuft seit Monaten, sie ist ein Riesenerfolg, das Publikum ist begeistert, und es ist kein einziger Hit drin. Wie erklären Sie das?» – kann L.B. nicht mehr antworten. So wird aus der Gesamtschau der «leichten» Musik Leonard Bernsteins deutlich, daß er einen Broadway-Song und einen Typus von Broadway-Musical geschaffen hat, zu dessen Erfolg gerade die musikalische Intellektualisierung, die Andersartigkeit und dazu die formal durchdachte Anlage einer Vielzahl von Shownummern mit ihren

inneren Beziehungen und Abhängigkeiten beigetragen haben; andere Musicals reüssierten vor allem dank eingängiger und leicht nachzusingender und nachzupfeifender «einfacher» Melodien. Bernstein hat seine Songs in ebenso überlegter Arbeit komponiert, aus verschiedenen und zum Teil kontrastierenden Elementen zusammengefügt, wie ein Stück «ernster Musik»: «Composing is a very different thing from writing tunes, after all» – Komponieren ist schließlich etwas ganz anderes, als Melodien zu schreiben, sagt Bernstein in dem «erdachten Gespräch». (In der deutschen Fassung des Buches – «Freude an der Musik» – ist dieser Kernsatz allerdings nicht enthalten.)
Der erste Broadway-Song, «Big Stuff», enthält alle die Eigenheiten, die Leonard Bernstein den P.M. kritisieren läßt. Er beginnt mit einer chromatisch interessanten Melodie, deren erste zweitaktige Phrase sich aus sieben der zwölf Halbtöne der Oktave zusammensetzt, ihr folgt eine weitere, variierende, zweitaktige Phrase, die vier vorher nicht vorkommende Halbtöne verwendet – der zu einer Zwölftonskala fehlende Ton (b) spielt im Mittelteil des Songs eine beherrschende Rolle und kehrt im instrumentalen Nachspiel (als ais) wieder. Die Melodie ist nicht achttaktig wie die gewöhnliche, kommerziell ausgerichtete Schlagermelodie zu sein hat: nach zwei sechstaktigen Hauptmelodien folgt ein kontrastierender sechstaktiger Mittelteil; die Wiederholung der Hauptmelodie ist auf acht Takte erweitert. Der Rhythmus des *Blues* regiert ostinat das ganze Stück. Die Chromatik der Melodie spiegelt sich in der ungewöhnlichen Harmonisierung, die sich im Verlauf des Stückes stetig verdichtet.
Chromatisch bereicherte Melodien hat es im Song bereits vor Bernstein gegeben, im amerikanischen Bereich vor allem bei George Gershwin und Marc Blitzstein. Doch die Bildung von Melodien im Charakter von sieben- oder zwölftönigen Reihen, die sich dabei nicht einer Verarbeitung im Sinne einer zwölftönigen Kompositionsmethode verpflichten, ist in der Welt der Songs ebenso neuartig und vorläufig einmalig, wie die Absage an die Achttaktigkeit «normaler» Schlagermelodien. Die Originalität der melodischen Erfindung, die rhythmische Vielfalt und die ungewöhnliche Harmonisierung standen – und stehen – einem *Hit-*

Erfolg von Bernsteins Show-Melodien entgegen; doch das hat in keiner Weise verhindert, daß die Shows als Gesamtwerke in Theater und Film und auf Schallplatte ungeheuere Erfolge erzielen konnten.

Vier Chorstücke – einen hebräisch-liturgischen Gesang und drei Bearbeitungen volkstümlicher hebräischer Lieder –, zwei Liederzyklen, zwei einzelne Lieder und sieben Songs und Chorsätze für Sir James Matthew Barries Schauspiel vom phantastischen «Niemals-Land», «Peter Pan», hat Leonard Bernstein in den neun Jahren komponiert, die zwischen der Entstehungszeit seines ersten und zweiten Broadway-Musicals, «On the Town» (1944) und «Wonderful Town» (1953), liegen; sein allererster Liederzyklus, «I hate Music», entstand noch ein Jahr früher (1943). In dieser Schaffensperiode, in die Bernsteins Tätigkeit beim New Yorker Musikverlag (1942/43), seine Assistentenstellung bei Koussevitzky in Tanglewood (seit 1942), seine Ernennung zum Assistenten des Chefdirigenten der New Yorker Philharmoniker, sein sensationelles Einspringen für Bruno Walter (November 1943), die Uraufführung der Ersten Sinfonie (1944), seine erste Europa- und Israel-Tournee (1946, 1947), die Uraufführung der Zweiten Sinfonie (1949), seine Heirat (1951) und die Uraufführung der Kurzoper «Trouble in Tahiti» (1952) fallen, schrieb er auch eine Reihe von Instrumentalkompositionen, die seine vornehmlich auf Gesang gerichtete Musiksprache in eigener Art widerspiegeln. Die Sonate für Klarinette und Klavier (1941/42), David Oppenheim gewidmet, die er am 21. April 1942 im Institute of Modern Art in Boston mit David Glazer als Klarinettisten uraufführte, beginnt mit einem schwungvoll gesanglichen Klarinettensolo, vom Klavier in an Hindemith erinnerndem Kontrapunkt begleitet (grazioso), bis das Klavier die Melodie aufnimmt und in einer für Bernsteins Musik charakteristischen Weise erweitert und einen spielerischen Satz entwickeln hilft. Unverkennbar ist die Ähnlichkeit des themenbildenden zweitaktigen gesanglichen Motivs (Auftakt und Takt 3 und 4 der Klarinette) mit dem melodischen Einfall zu Beginn des Songs «Lucky to be me» in «On the Town» – zwei Jahre nach der Sonate entstanden. Der zweite Satz der zweisätzigen Sonate besteht aus einem langsamen Teil (andantino) und

einem lebhaften Hauptteil (vivace e leggiero). Nach einer einleitenden melodischen Floskel singt die Klarinette ein sich durch drei Takte ausdehnendes siebentöniges Motiv; zusammen mit der Eingangsfloskel und den begleitenden Klavierakkorden ergibt sich ein chromatisches Klanggebilde mit elf der zwölf Töne der Oktave – ähnlich wie im «Big Stuff»-Song. Ebenso wie in diesem Song ist der fehlende Ton (es = dis) für den zweiten Teil der Einleitung aufgespart, und er leitet dann das melodische Thema des Vivace-Teils ein, das aus dem Anfangsmotiv entwickelt ist.
Die Gesangslinien in Bernsteins Kompositionen für Blechbläser, die 1948 geschrieben wurden, sind ähnlich erfunden wie die der frühen Klarinettensonate und die der Theatersongs. So beginnt «Rondo for Lifey» (nach Judy Hollidays Hund benannt) für Trompete und Klavier mit einer ähnlichen dreitönig absteigenden Melodie wie «Lucky to be me» und der charakteristische Teil der Melodie im ersten Satz der Klarinettensonate. «Elegy for Mippy I» für Horn und Klavier, «Elegy for Mippy II» für Posaune allein, «Waltz for Mippy III» für Tuba und Klavier – alle nach den «Mongrels», den Promenadenmischungen des Bruders Bertie benannt und ihm gewidmet – sind auch durchwegs voll Chromatik und enthalten die Art melodischer «Sprünge», die der P.M. in L.B.s «erdachtem Gespräch» als ungeeignet für Songs verwirft. Es sind vor allem Septimen- und Nonensprünge, die Nonen vor allem in der «Elegy for Mippy II», auffallend. In diesem interessanten Stück läßt Bernstein die rhythmisch reich gegliederte Solopartie dadurch noch rhythmisch komplizierter erscheinen, daß er den Posaunisten anweist, sich selbst durch ganz gleichmäßiges Auftappen mit dem Fuß – viermal pro Takt – zu begleiten, mezzoforte.
«As gracefully as possible under the circumstances», so graziös wie unter den Umständen möglich, beginnt der «Waltz for Mippy III» (cis-Moll) mit einer ausdrucksvollen Gesangslinie für die Tuba, vom Klavier mit viertönigen, sich dauernd wiederholenden und sich kontrapunktisch entwickelnden Figuren begleitet. Das fünfte und letzte Stück dieser Reihe, die von der Juilliard Musical Foundation bei Bernstein in Auftrag gegeben worden war, ist «Fanfare for Bima» für ein Quartett von Trompete, Horn,

Posaune und Tuba – der Solisten der vorangehenden vier Solostücke – komponiert. Bima war Koussevitzkys schwarzer Spaniel, und die «Fanfare» ist eine heitere kontrapunktische Fantasie über ein Motiv, das im Hause Koussevitzkys gepfiffen wurde, um den Hund Bima zu rufen.

Die übrigen Instrumentalwerke dieser Zeit sind die drei Zyklen von «anniversaries» (Jahrestagen) für Klavier. Die erste Reihe, «Seven Anniversaries», entstand 1943. Sie ist den Geburtstagen von Aaron Copland (Nr. 1), der Schwester Shirley (Nr. 2), dem Komponisten Paul Bowles (Nr. 4), Sergei Koussevitzky (Nr. 6) und dem Komponisten William Schuman (Nr. 7) gewidmet; Nr. 3 ist dem Andenken des Freundes Alfred Eisner und Nr. 5 der Erinnerung an die verstorbene Gattin des Dirigenten, Natalie Koussevitzky, dediziert. «Four Anniversaries» folgten dem ersten Zyklus 1948, sie sind Geburtstagsgeschenke an die Verlobte Felicia Montealegre, den Freund Johnny Mehegan, den Komponisten David Diamond und die frühere Klavierlehrerin und spätere organisatorische Mitarbeiterin Helen Coates. Schließlich schrieb Bernstein 1954 noch eine weitere Reihe von «Five Anniversaries», für Elizabeth Rudolf, Lukas Foss, Elizabeth B. Ehrman, Sandy Gellhorn und Susanna Kyle. Die Klavierstücke zeigen alle Merkmale des chromatisch-gesanglichen Melodienstils, der vielfarbigen Rhythmik und reichen Harmonik der Bernsteinschen Musiksprache. Im «In Memoriam Natalie Koussevitzky» entwickelt der Komponist die Klagemelodie aus dem Finalsatz der Jeremias-Sinfonie. Zitate scheinen in der Widmung an Sergei Koussevitzky auf. Ein reizvolles Portrait der damals 26jährigen Felicia setzt sich aus einem ruhig-lyrischen und einem motivisch verwandten bewegten Teil zusammen. In der Klaviermusik – wie überhaupt in den Instrumentalwerken der Zeit – ist melodisch der Einfluß Aaron Coplands und rhythmisch der Igor Strawinskys wie wieder auch Coplands unverkennbar.

Die einzelnen Lieder und Chorlieder dieser Zeitspanne sind die liturgische Synagogalkomposition «Haschkiwēnu» für gemischten Chor und Orgel (1945), die Bearbeitungen der hebräischen Volkslieder «Ssimchū» und «Re'ēna» (beide 1947), «Yigdal» (1950) und die beiden Lieder «Afterthought» (1945) und «Silhouette» (1951). «Afterthought» – auch der Text ist von Bernstein – beschreibt der Komponist als Studie für das Ballett «Facsimile», das 1946 entstand. Die sehr ausdrucksvolle Melodie beginnt mit dem typischen Bernsteinschen Nonensprungmotiv, das sich stetig wiederholt und dessen erste drei Töne den Ausgangspunkt für eine sich charakteristisch ausweitende Melodie bilden. Als «Studie» läßt sich die Grundstimmung und Melodik verstehen. «Silhouette» («Galilee»), gleichfalls nach eigenem Text komponiert, ist «Jennie Tourel zu ihrem Geburtstag in Israel» gewidmet und enthält einen monotonen arabischen Gesang.

Gewichtiger – und auch origineller – als die Einzellieder sind die Zyklen: «I hate Music» (1943), «La Bonne Cuisine» (1947) und «Two Love Songs» (1949).

«I hate Music» ist der Zyklus von «Five Kid Songs», durch den Jennie Tourel und Leonard Bernstein zusammenkamen und dessen New Yorker Erstaufführung am 13. November 1943 – nach der Uraufführung in Lenox, Massachusetts – dem unvorhergesehenen New Yorker Dirigierdebüt voranging. Intellektueller Witz und Humor zeichnen Bernsteins Texte und Musik der fünf «Kinderlieder» aus, in denen ein naiv-natürliches Mädchen völlig ungehemmt seine Gefühle wiedergibt. «Meine Mutter sagt, die Babys kommen in Flaschen, aber letzte Woche sagte sie, sie wachsen auf speziellen Baby-Sträuchern», singt es im ersten Lied. «Jupiter hat sieben Monate», beginnt das zweite Lied mit einer Reihe kindlicher Fragen. «Ich hasse Musik, aber ich liebe zu singen – la-di-da-da-di» ist das zentrale Lied, und die Worte begleitet eine Melodie, die mit dem Bernsteinschen Nonensprung nach oben anhebt und in Schönbergs Melodik nahestehender Vertonung des «la-di-da-da-di» fortgeführt wird. Das Mädchen wehrt sich gegen den eigenen melodischen Mut: «Aber das ist keine Musik, nicht was ich Musik nenne. Nein, mein Herr», und dann erklärt es, was es sich unter Musik vorstellt. «Ein großer Indianer und ein kleiner Indianer» und «Ich bin auch jemand» heißen die anderen Lieder des Zyklus, dessen Melodik, Rhythmik und Harmonik in Bernsteins späterer Musik wiederkehren.

Spritzig und amüsant wie die «Kinderlieder» ist der andere Zyklus «La Bonne Cuisine», Jennie Tourel gewidmet, «der einzigen

Urheberin dieser Lieder». Dies sind «Vier Rezepte», deren Texte Bernstein aus «La Bonne Cuisine Française» von Emile Dumont entnommen und in einer eigenen Übersetzung witzig vertont hat. Die Uraufführung hat die Sopranistin Marion Bell mit Edwin MacArthur am Klavier in New Yorks Town Hall am 10. Oktober 1947 gesungen. Jennie Tourel sang die beiden Liebeslieder («Two Love Songs») nach der englischen Version zweier Gedichte von Rainer Maria Rilke – «Extinguish my Eyes» und «When my Soul touches yours» –, die ihr gleichfalls gewidmet sind. Sie sang in der Town Hall mit Alan Rogers als Begleiter.

Für Aufführungen von «Peter Pan» komponierte Bernstein 1950 Zwischenaktmusik und eine Reihe von Vokalnummern, die der Verwendung in Märchenaufführungen entsprechend so einfach wie möglich gehalten sind und eine Art kindlichen Charme besitzen, vor allem «Who I am?», «My House» und «Never-Land». Für Männerchor sind gesetzt «Pirate Song» und «Plank Round».

Die Vokal- und Instrumentalkompositionen der frühen Schaffensperiode werden umrahmt von den beiden «Musical Comedies»: «On the Town», dem Musical, dem das Ballett «Fancy Free» vorausgegangen war, und «Wonderful Town» – wie das erste ein Hymnus auf Bernsteins New York. Beide Stücke waren außerordentlich erfolgreich und wurden auch in deutschen Fassungen aufgeführt.

«On the Town», am 13. Dezember 1944 in Boston und am 28. Dezember in New York uraufgeführt, erzählt – wie «Fancy Free» – von den heiteren Abenteuern dreier Matrosen auf Landurlaub in New York. Jeder der drei hat seine eigene Vorstellung davon, wie man die große Stadt und eines ihrer Mädchen erobern könnte. Gabey ist ein gefühlvoller Romantiker, Chip denkt kühl und berechnend, Ozzie will nichts anderes als sich gut amüsieren. Ein Zufall bewirkt, daß sich Chip und Ozzie Gabeys Wünschen unterordnen müssen. Denn in der U-Bahn auf dem Weg zum Broadway hat Gabey ein Plakat mit einem Mädchenbild gesehen und sich Hals über Kopf verliebt. Die Freunde müssen ihm helfen, das Mädchen im riesigen New York zu finden; sie trennen sich und stürzen ins hektische New Yorker Leben. Chip läßt sich mit einer mannstollen Taxifahrerin ein. Ozzie verliebt sich im Naturkundemuseum in eine Studentin der Anthropologie. Gabey sucht systematisch und erlebt viele Enttäuschungen, bis er sein Traummädchen in einem Konservatorium findet, wo es Gesangsstunden nimmt.

Um die komplizierte Geschichte von Lebenslust, Sehnsucht und Liebe herum beschreibt das Musical das rauschende, betriebsame und heitere Leben New Yorks. Nach der ursprünglichen Idee von Jerome Robbins schrieben Betty Comden und Adolph Green Buch und Gesangstexte der musikalischen Komödie, in deren Broadway-Produktion sie auch mitwirkten; Bernstein verfaßte zusätzliche Texte zu seinen Songs. Das Musical enthält zwanzig Nummern. Nach der opernhaft-rezitativischen Einleitung und einem Hymnus auf New York folgt die Nummer «Chase Music». Aus Gabeys Traum von seinem idealen Mädchen «She's a home-loving Girl» hat Bernstein das erste Stück der «Drei Tanzepisoden» gewonnen, die er 1945 für Orchester nach «On the Town» komponiert hat. Eine komische Nummer, von Comden und Green für sich selbst kreiert, von Bernstein mit etwas zynischem Humor komponiert, ist «I get carried away». Die zentrale lyrische Nummer des Musical, «Lonely Town», schließt an das «New York, New York» des Beginns an und handelt von der Einsamkeit eines Menschen, der keinen liebenden Partner hat: an der Hauptstraße einer kleinen Stadt oder am Broadway ist es ohne Liebe gleich einsam. Die Melodie entwickelt sich in weit ausladender, über die im gewöhnlichen Schlager gebotene Achttaktigkeit hinausgehender Linie. In den «Tanzepisoden» der Orchestersequenz steht «Lonely Town» an zweiter Stelle. Heitere und lyrische Nummern wechseln sich ab, bis der erste Akt mit dem rhythmisch gepfefferten «Times Square Ballet» endet, das auch zum Finalstück der «Tanzepisoden» wurde. Die originellsten Nummern im zweiten Akt sind der Song «Ya got me» und die beiden Ballette «Imaginary Coney Island Ballet» und «Real Coney Island Dance» mit Motiven, die der Komponist aus seiner «Musik für zwei Klaviere» aus dem Jahre 1937 übernommen hat.

Die Orchestration der Musik hat Hershy Kay zusammen mit Leonard Bernstein besorgt. Es ist hier – wie auch in den späteren Theatermusiken Bernsteins – die Abkehr von den fast in allen anderen Broadway-Shows gleichförmigen, schwelgerischen Orchesterklängen zu spüren. Bernsteins Musik verlangt individuelle Gegensätze zwischen lyrischen und scharf akzentuierten Melodien, mehr Jazz und allgemein stärkere Betonung der rhythmischen Gliederung auch durch das Orchester.

Fünf Jahre nach der Entstehung des Musicals «On the Town» wurde die Handlung für einen Film benutzt. Doch wurde für die musikalische Untermalung ein anderer Komponist gewählt, von Bernsteins Gesangsnummern wurden nur vier übernommen.

«Wonderful Town» erlebte die Voraufführung am 19. Januar 1953 in New Haven und am 26. Februar die Broadway-Premiere; im März 1955 kam es nach London. Das Buch schrieben Joseph Fields und Jerome Chodorov nach ihrem Theaterstück «My Sister Eileen», einer Dramatisierung von Storys, die Ruth McKeney im New Yorker Magazine veröffentlicht hatte. Die Gesangstexte stammten wieder von Betty Comden und Adolph Green.

«Wonderful Town» – das ist natürlich wieder New York. Die Handlung spielt diesmal im New Yorker Künstlerviertel Greenwich Village. In diesem Lustspiel kommen zwei Schwestern aus Columbus, Ohio, in die Metropole New York, um hier ihr Glück zu versuchen. Ruth möchte sich schriftstellerisch betätigen, Eileen will zum Theater. Sie finden eine kleine Souterrainwohnung im «Schwabing» von New York, das zu Beginn des Musicals von einem Fremdenführer vorgestellt wird. Die merkwürdigsten Charaktere belästigen die beiden Schwestern im Vorübergehen, und diese jammern in einem parodistisch-weinerlichen Duett, daß sie Ohio verlassen haben. Einen Job zu finden, ist auch nicht leicht. Die dunkelhaarige Ruth findet sich noch besser zurecht als die scheue blonde Eileen, die sogar das Pech hat, von der Polizei – versehentlich – verhaftet zu werden, dabei aber jeden Polizisten mit ihrem Charme entwaffnet. Ruth wird nach vielen Enttäuschungen eine Stelle bei einer großen Zeitung angeboten, und Eileen beginnt eine Karriere als Nachtklubsängerin. Rosalind Russell in der Rolle der temperamentvollen Ruth, Edith Adams als die sanfte Schwester Eileen und George Gaynes als der allgegenwärtige Zeitungsredakteur agierten in der begeistert gefeierten Aufführung in New Yorks «Winter Garden»-Theater.

Die Musik zu dieser Komödie ist spaßiger, grotesker als die zu «On the Town». Schon die ersten beiden Nummern «Christopher Street» und «Ohio» setzen den leicht parodistischen Grundton, mit dem die Musik die Handlung und deren Figuren kommentiert. «One hundred easy Ways to lose a Man» ist Ruths in Text und Musik sprudelnd komische Nummer, und ebenso voll von Parodie ist der ihr folgende, vom Redakteur angeführte Song «What a Waste» – eine Ermahnung, Nicht-New Yorker blieben besser zu Hause, als in New York nach dem Glück zu jagen. Den Höhepunkt erreichen Textdichter und Komponist in der sophistischen Komik des «Conversation Piece», in dem die Hauptfiguren der Handlung krampfhaft und vergeblich versuchen, eine Unterhaltung zustande zu bringen. Keines der von einem Teilnehmer in der Gesellschaft begonnenen Geschichtchen stößt auf Widerhall, und die Musik überbrückt die Leere mit zynischem Kommentar. Wenn zum Schluß alle gleichzeitig durcheinandersprechen und -singen und von Koloraturgetriller übertönt werden, hört man so etwas wie eine bissige New Yorker Übertragung einer Pariser Offenbach-Stimmung.
Unter den 16 Nummern des Musicals gehören noch weitere der grotesken Sphäre an: «Swing», «At the Village Vortex» und zum Schluß der Ragtime-Tanz mit der laufend eingestreuten dissonanten Note («Wrong Note Rag»). Vier lyrische Nummern unterbrechen das ungestüme Tempo der Handlung: das lamentierende Duett «Why, oh why did we ever leave Ohio?», «I'm a little bit in Love», «I love a Quiet Girl» und «It's Love». Das «Ohio»-Gesangsduett wird im Mittelteil von einem melodramatischen Dialog gegen den Hintergrund eines etwas bewegteren Orchesterspiels unterbrochen – ein von Bernstein häufig angewandtes Verfahren der musikalischen Kontrastierung. «A little bit in Love» zählt mit «Lonely Town» (in «On the Town») zu den musikalisch liebenswertesten lyrischen Songs der frühen Musik Bernsteins für das Theater. Die weitgespannte Linie der Melodie ist rhythmisch reich gegliedert und wird durch tonartliche Verschiebungen zusätzlich interessant. «A Quiet Girl», dessen Melodie zehn Takte lang von einer Art Orgelpunkt begleitet wird, ist von scheinbarer melodischer Einfachheit, die etwas Volkstümliches an sich hat,

doch wird auch sie harmonisch originell bereichert. «It's Love» im zweiten Teil beginnt mit einem variierten Zitat aus dem Song «A little bit of Love», und dessen Harmonisierung liegt auch der neuen Melodie zugrunde. Auch hier spürt man die Kunst eines *Songwriters*, der eine Sinfonie komponierte, bevor er je einen Schlager schrieb.

Wenn man die thematischen Grundlagen der Kompositionen Leonard Bernsteins überblickt, so muß auffallen, daß allen – auch den heitersten unter ihnen – ein Element von Einsamkeit, von Zweifel und Trauer, gemeinsam ist, das sich in Stimmung und Musik mitteilt.

Des Propheten Jeremias Klage um das zerstörte Jerusalem ist – nach dem im Alter von 17 Jahren vertonten 148. Psalm – die erste wichtige Komposition Leonard Bernsteins, 1939 begonnen und 1943 neu gesetzt als Finalsatz in die Erste Sinfonie aufgenommen. «On the Town» und «Wonderful Town» zeigen, wie einsam und unverstanden man im großen New York sein kann. Im Liederzyklus «I hate Music» rebelliert ein Kind gegen die Gesellschaft. Später hat Bernstein im Ballett «Facsimile» choreographisch symbolisierte Episoden aus dem Leben einsamer und unbefriedigter Menschen komponiert. Die Zweite Sinfonie hat Audens Dichtung vom «Zeitalter der Angst» inspiriert, ein Gedicht von der Haltlosigkeit der modernen Gesellschaft und den Ängsten und Träumen von Menschen, die sich gegenseitig nicht mehr verstehen. Die Operette «Candide» basiert auf Voltaires bitterer Satire, in der Lebensart, Optimismus und Philosophie der Gesellschaft ad absurdum geführt werden. Die Kurzoper «Trouble in Tahiti» handelt von der unglücklichen Ehe und der seelischen Leere und Einsamkeit eines jungen Paares im Vorort einer Stadt. In der Filmmusik «On the Waterfront» konnte Bernstein seine sinfonische Kunst zur Begleitung einer tragisch-dramatischen Handlung einsetzen. «West Side Story» ist das tragisch endende Musical über die unbefriedigte Jugend der Slums. Philosophisch begründet ist die Musik der «Serenade» nach Platons Gesprächen über die Leidenschaft, die Kraft und die Sehnsucht ewiger Liebe. Die thematische Grundlage der Dritten Sinfonie, «Kaddisch», ist die

Glaubenskrise des zweifelnden Menschen. «Mass» – «Theaterstück für Sänger, Instrumentalisten und Tänzer» hat Antal Dorati treffend als modernes Mysterienspiel bezeichnet, als «eine Studie über das Drama des Gottesdienstes»; Zweifel an religiösem Zeremoniell und Hoffnung auf die Erneuerung des Glaubens stehen sich hier gegenüber. Die Musik zu Jerome Robbins Dybbuk-Ballett greift – wie Bernsteins frühe Werke – traditionelle jüdische Motive auf, so wie der Stoff selbst einer alten jüdischen Legende entspringt. Er behandelt allegorisch «die Dualität der sogenannten wahren Welt in ihrem Gegensatz zur hiesigen Welt, auf der wir nur zu wohnen scheinen», sagt Leonard Bernstein über den Stoff. In seiner sinfonischen Musik stehen sich 1981/82 das «Divertimento» für Orchester und das «Nocturno» für Flöte, Streichorchester und Schlagwerk, «Halil» betitelt, gegenüber, das erste beschwingt und heiter mit fragenden Zwischentönen, «Halil» als der musikalische Ausdruck des Gedenkens an einen jungen israelischen Flötisten, der sein Leben in der Verteidigung seines Landes zu opfern bestimmt war.

Kampf zwischen Gut und Böse, zwischen den Freuden und dem Jammer dieser Erde, zwischen Liebe und Zerstörung, Lebenslust und Widerwärtigkeit durchzieht Leonard Bernsteins gesamtes Werk. In seinen reifsten Schöpfungen spiegelt sich das Gegeneinander und das Miteinander der Kräfte im Wechselspiel chromatischer und diatonischer Melodien, der scharf-dissonanten und der romantisch-harmonischen Klänge, der vielfach komplexen und der skandierenden Rhythmen. Schon im frühesten Broadway-Song, «Big Stuff», sind die Tendenzen in Bernsteins eigenem *Blues*-Text und in seiner Musik offenbar. In den Harvard-Vorlesungen ist «die offene Frage» nach Tonalität, Freitonalität oder die Absage an die Tonalität in Einsicht in die Probleme neuzeitlichen Komponierens und musikalischen Denkens theoretisch behandelt. In seinen Kompositionen hat der Komponist Bernstein die *offene Frage* in einander ähnlichen melodischen und harmonischen Gegenüberstellungen zur Diskussion gestellt und individuell zu beantworten versucht.

Daß Leonard Bernstein als ein vom Sinfonischen her kommender Komponist im Musical ernste Töne anschlägt und mit leichter

Hand eine ungewöhnlich spitzfindige musikalische Kunst entwikkelt – dies im Rahmen unterhaltender Handlungen mit tieferem Sinn –, hat ihm zwar keine *Hits* eingetragen, doch schuf er dabei einen neuen Stil des musikalischen Theaters, der sich auch wieder auf sein sinfonisches Schaffen auswirkte.

LEONARD BERNSTEINS SINFONISCHE WERKE

«Sind Sinfonien ein Ding der Vergangenheit? Offenbar nicht, denn es werden immer noch viele komponiert. Aber doch ja, denn ebenso offensichtlich gehört die klassische Auffassung von der Sinfonie – auf eine tonale Achse mit doppeltem Brennpunkt gegründet, die ihrerseits von der Existenz der Tonalität abhängt – der Vergangenheit an . . . Man möge mir das quasi existentielle Paradoxon verzeihen, wenn ich sage, daß die Antwort in der Frage selbst liegt.»
Leonard Bernstein, September 1965

Sind Sinfonien ein Ding der Vergangenheit?» Leonard Bernstein hat sich dreimal mit der sinfonischen Form *als* Sinfonie auseinandergesetzt und zwei sinfonische Suiten komponiert – als Folge sinfonischer Sätze nach «On the Waterfront» und als konzertante sinfonische Suite mit Soloviolione in seiner «Serenade». Im Rahmen der sinfonischen Kompositionen spiegeln sich religiöse Tradition, dramatische Literatur, philosophische Gedanken und soziale Konflikte. Sie alle bestimmen den unverwechselbaren Charakter einer Musik, die aus Lyrik und dramatischer – oft ans Theatralische grenzender – Erregung eine unmittelbare Wirkung erzielt. Sie bezieht ihre Stilmittel von vielen Vorbildern und ist *eklektisch* im Sinne von «auswählend».

Für eine ernsthafte Beschäftigung mit der Musik Leonard Bernsteins sollte man den oft mißbrauchten Begriff des Eklektischen, der auch in der Literatur über Mahler eine Rolle spielt, genauer definieren. Die Musikgeschichte der Vergangenheit und der Gegenwart weist zwei verschiedene Arten von Eklektik auf: Ein großer Teil von Komponisten hat Stil- und Ausdrucksmittel einer früheren, meist der unmittelbar vorangegangenen Zeit *epigonal* weitergeführt, andere haben überlieferte Modelle durch neuartige eigene Inspiration bereichert und aus Tradition und Innovation eine Synthese geschaffen, die ihnen fortdauerndes Interesse sichert.

Um nur an die größten Meister solcher Synthesen zu erinnern: Johann Sebastian Bach war gewiß in diesem Sinne ein «Eklektiker»; was hat er über die italienischen, englischen, französischen, deutschen Meister der Musik hinaus geschaffen, um den eigenen Stil auszubilden, den wir heute als «unverkennbar» bewundern! Auch die Größe von Wolfgang Amadeus Mozarts Musik beruht auf einer individuellen Synthese sozusagen geläufiger Stile: Eine besondere Fähigkeit, sich «modische» Ausdrucksmittel und musikalische Manieren anzueignen, ihnen aber gleichzeitig eine eigene Note zu verleihen, machte die Beliebtheit seiner frühen Werke aus. In den Werken des reifen Mozart, die kaum noch von der musikalischen Umwelt verstanden wurden, sind Italienisches, Französisches, Deutsches und bisweilen Exotisches zu einer einmaligen Synthese vereint, unter deren galanter Oberfläche Tragisches, ja Dämonisches verborgen ist und dem Hörer das Gefühl «echten» Mozarts vermittelt. Die Musik vieler Komponisten läßt sich unter ähnlichen Gesichtspunkten betrachten – gewiß gehören zu ihnen Richard Wagner und Gustav Mahler. Wohl auf die rein epigonalen Komponisten, nicht aber auf die selbst stilschöpferischen Musiker ist der Begriff des Eklektizismus abwertend anzuwenden.

Ein «absolutes» sinfonisches Werk hat Leonard Bernstein nicht geschaffen, und so richten sich seine kompositorischen Mittel jeweils nach dem ihn inspirierenden Vorwurf. Für jede Komposition schafft er sich die seinem Thema adäquate Ausdrucksform. Dabei leitet ihn das Thema nur als Ausgangspunkt eines Satzes oder eines vollständigen Werkes; man kann die Komposition daher immer von rein musikalischem Standpunkt aus betrachten und verstehen, ohne auf Anlage oder Entwicklung der Vorlage einzugehen. Da, wo die Musik einem Text folgt, wie in der Kaddisch-Sinfonie, hat sich Bernstein seinen eigenen Text so eingerichtet, daß er seinen Vorstellungen der musikalischen Form angepaßt werden kann.

Leonard Bernsteins sinfonische Musik ist dramatisch wirksam, weil man in ihr die Entwicklung kleiner motivischer und rhythmischer Keimzellen zu erweiterten und vertieften melodischen und rhythmischen Gebilden miterlebt. Es ist unverkennbar, daß die auf diese Weise geschaffene Dramatik Bernsteins frühe Werke mit den

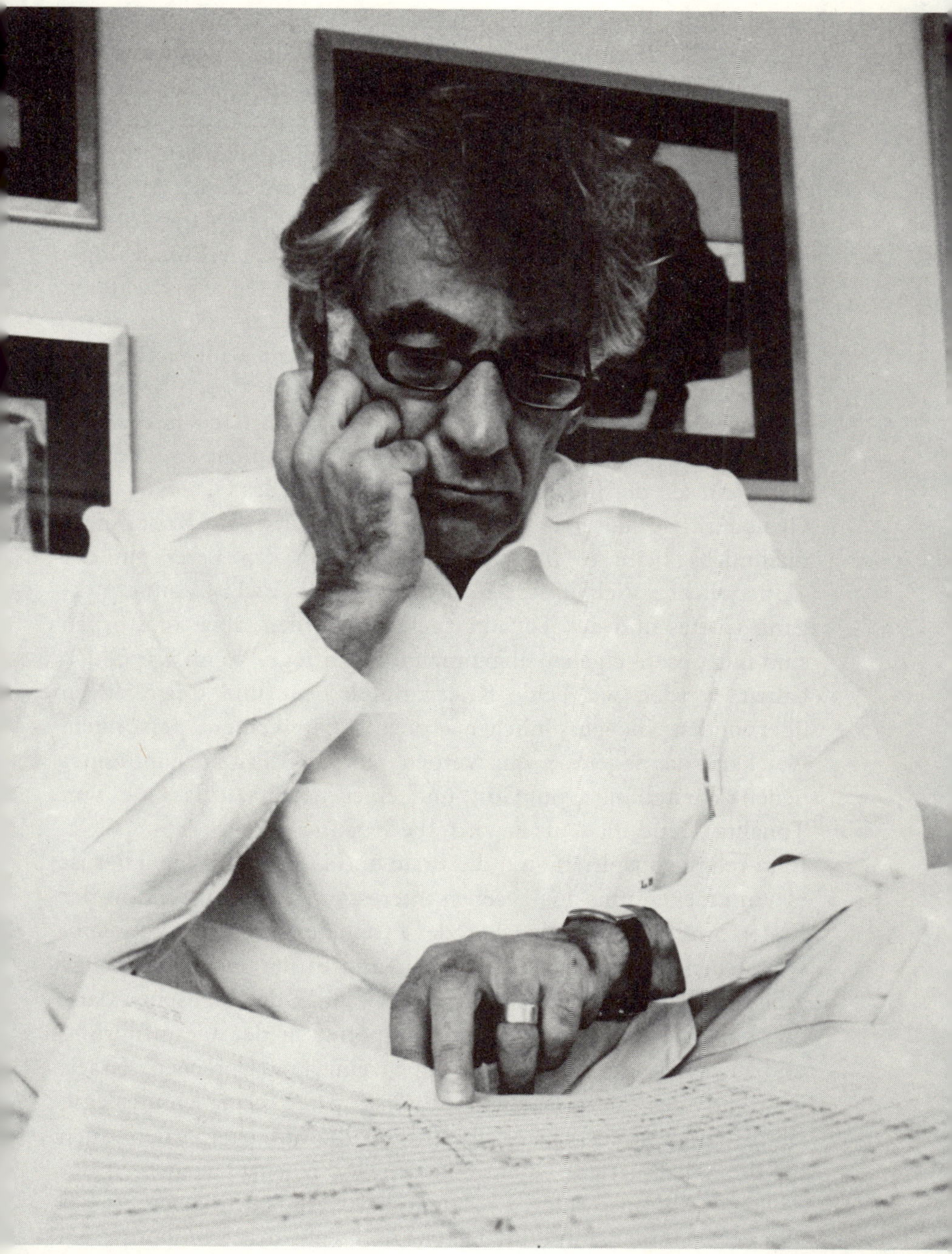

Der Komponist bei der Arbeit

späteren, die Kammermusik mit der Sinfonik und die Sinfonien mit der Theatermusik verbindet. Das auf die Erkenntnis des Zusammenwirkens von Inspiration und schöpferischer Arbeit gerichtete Studium der klassischen und romantischen Meisterwerke durch den Dirigenten Bernstein schlägt sich fruchtbar in der Musik des Komponisten Bernstein nieder. Seine Analysen anderer Komponisten in Vorträgen und Büchern entschlüsseln uns das Wesen seiner eigenen Musik, seine Ideale einer Einfall, logischer Ausarbeitung und dramatischen Konflikten verpflichteten Sinfonik.

Jedes sinfonische Werk Bernsteins geht von einer außermusikalischen Grundidee aus, jede Sinfonie schafft sich dabei ihren rein musikalisch bedingten Aufbau. Wenn man nach einer die drei Sinfonien verbindenden Idee sucht, so entdeckt man das Leonard Bernstein seit der Jugend inspirierende Thema des Glaubens. «Die Glaubenskrise unserer Zeit ist der musikalischen Krise nicht unähnlich» heißt es im «Offenen Brief an den Leser» in der «Unendlichen Vielfalt der Musik» (Juni 1966). Viel ist vom Untergang Gottes und der Tonalität geredet worden, aber «gestorben sind nur unsere eigenen abgenutzten Begriffe ... Wenn wir Glück haben, werden wir beide Krisen durch neue und freiere Ideen überwinden, die persönlicher – oder sogar weniger persönlich, wer kann das sagen? – sein werden, auf jeden Fall aber mit einer neuen Vorstellung von Gott und einer neuen Auffassung von Tonalität. Und die Musik wird überleben.»

Rein religiös inspiriert sind die Erste und Dritte Sinfonie. Hier ist es vom Bekenntnis aus gesehen interessant, daß Bernstein in der Ersten Sinfonie das «Klagelied des Propheten Jeremias» von einer weiblichen Stimme intonieren läßt, und in der Dritten Sinfonie gibt wieder eine Frauenstimme dem Glauben des Menschen Ausdruck. Die Rezitation ließ der Komponist in der Uraufführung und in den folgenden Aufführungen eine Frau sprechen (Israels First Lady des Theaters: Hanna Rovina, später Felicia Montealegre Bernstein); erst viel später übertrug er die Sprecherpartie – auch für die Schallplatte – einem Schauspieler, Michael Wager. In der Zweiten Sinfonie, Audens «Zeitalter der Angst» folgend, ist der «Sprecher» ein Pianist: im Klaviersolo setzt der Komponist ein autobiographisches Porträt einem orchestralen Spiegel gegenüber – wie Leonard Bernstein selbst einmal erklärt hat. In der «Serenade» ist ein Soloviolonist der Interpret philosophischer Gedanken.

Die melodischen Grundgedanken sind in den Werken von verschiedenem tonartlichem Charakter: Sie beginnen oft diatonisch einfach, können modal oder chromatisch sein oder bauen sich auf eine zwölftönige Reihe auf – die dann gern in ein Siebentonmotiv und fünf ergänzende Töne oder Harmonien unterteilt ist. Sie streben jedoch immer nach einer tonalen Lösung oder zu einem tonal bestimmten Zentrum hin. Die rhythmisch vielfältige Gliederung der – oft asymmetrisch oder durch verschobene Akzente asymmetrisch wirkenden – melodischen Linien entstammt zweifellos dem stark ausgeprägten Rhythmusgefühl des mit dem Jazz vertrauten Komponisten. Ein Kennzeichen der Formbildung in den Sinfonien ist Bernsteins Spaltung einzelner melodischer Zellen eines Themas zum Zweck selbständiger Verarbeitung innerhalb eines Satzes oder auch in anderen Sätzen. So wie schon in der Violinsonate von 1939 ein Satz die Variation des vorigen ist, so nimmt in «Age of Anxiety» jede Variation (in Teil I, B) ein Charakteristikum der vorigen auf und entwickelt es in einer Weise, daß eine neue charakteristische Figur entsteht, an die dann wieder die nächste Variation anknüpfen kann. Erstaunlich ist in allen sinfonischen Werken, was der Komponist aus kurzen Motiven und aus zusammengesetzten Themen zu entwickeln imstande ist; er arbeitet nicht nur mit den bekannten Mitteln der Wiederholung und der variierten Wiederholung, der Umstellung und Umkehrung, Absplitterung von Motiven und ihrer Verteilung auf verschiedene instrumentale Stimmen, sondern läßt die Motivzellen der Themen in stetiger Erweiterung allmählich zu größeren melodischen Gebilden wachsen, die dann wieder ein Eigenleben führen. In der Veränderung von Motiven und Themen und ihrer Ausarbeitung spielt rhythmische Verschiebung eine bedeutende Rolle und kann bisweilen fast zu einer «Verfremdung» der originalen Melodien führen.

Wie über viele Aspekte seiner Musik, hat sich Leonard Bernstein auch über seine sinfonische Arbeit analytisch ausgesprochen. Man

kann auf seine Kompositionsweise anwenden, was er am 31. März 1957 in einer Fernsehsendung über J. S. Bach sagte: «Wenn das Thema zu Beginn einmal aufgestellt ist, ist das Hauptereignis vorüber. Der Rest des Satzes wird aus einer ständigen Ausarbeitung, Wiederholung und Erörterung dieses Hauptereignisses bestehen, so wie die Brückenarchitektur unvermeidlicherweise aus einem ursprünglichen Bogen herauswächst» (Eigene Übersetzung nach «The Joy of Music»). Zur Kontrastierung in der Entwicklung der Themen trägt neben dem Rhythmus auch die Instrumentation bei; in der Ersten Sinfonie spielt die Gegenüberstellung und Abwechslung orchestraler Klänge eine große Rolle, in der Zweiten Sinfonie stehen dem Klaviersolo orchestrale Soli gegenüber, in der Kaddisch-Sinfonie sind Chor und Solisten, orchestrale Klangblöcke und instrumentale Soli gegeneinander kontrastiert.
«Das Werk, das ich mein ganzes Leben lang immer wieder geschrieben habe, handelt von jenem Kampf, der aus der Krise unseres Jahrhunderts, einer Krise des Glaubens, erwächst», wiederholte Bernstein seinen 1966 im «Offenen Brief» geäußerten Gedanken, als er 1977 in Berlin über seine Jeremias-Sinfonie sprach: «Schon vor langer Zeit, als ich ‹Jeremias› schrieb, habe ich mit diesem Problem gerungen», sagte er 35 Jahre nach der Komposition der Ersten Sinfonie. «Der Glaube oder Friede, der am Schluß der Sinfonie gefunden wird, ist in Wirklichkeit eher eine Art Trost, aber keine Lösung. Trost ist eine Möglichkeit, Frieden zu erlangen, aber noch fehlt hier jenes Gefühl des Neubeginns, das sich am Ende von ‹The Age of Anxiety› oder der ‹Mass› einstellt.» Bernstein verbindet zu Recht die Gedankenwelt aller seiner Sinfonien miteinander: «In gewisser Hinsicht, so scheint mir, schreibe ich immer wieder das gleiche Stück – wie alle Komponisten. Doch jedesmal ist es ein neuer Versuch, dieses Stück in anderer Form zu schreiben, neue Dimensionen oder gar ein neues Vokabular hinzuzugewinnen», erklärte er in Berlin an der erwähnten Pressekonferenz anläßlich einer Neueinspielung der Jeremias-Sinfonie.
Man kann diese Feststellung Leonard Bernsteins leicht nachprüfen, wenn man der Ähnlichkeit von Motiven und Themen, Klängen und Stimmungen nachgeht, die sich von seinen frühesten Kompositionen bis zum Spätwerk nachweisen läßt. Melodische Formeln

in sinfonischen Themen kann man sowohl in Liedern wie in der Theatermusik wiedererkennen. Es läßt sich wohl sagen, daß ein Komponist, der niemals eine Sinfonie geschrieben hat, die Partitur der «West Side Story» nicht hätte komponieren können, aber auch, daß nur der Komponist einer «West Side Story» imstande war, ein komplexes musikdramatisches sinfonisches Werk wie «Kaddisch» zu schaffen. Warf der imaginäre P. M. im «erdachten Gespräch» dem Theaterkomponisten Bernstein vor, daß seine Melodien «zu kunstvoll und gewollt» seien, um populär zu werden, so stieß sich mancher Kritiker in der Kaddisch-Sinfonie daran, daß die Musik «zu theatralisch» sei. «Theatralisch» aber war in vieler Hinsicht schon die früheste Sinfonie mit ihren Satztiteln «Prophezeiung», «Entweihung», «Lamento».

Nach Bernsteins eigenem Kommentar liegt dem ersten Satz («Prophezeiung») der Jeremias-Sinfonie die «Intensität der Bitte des Propheten an sein Volk» zugrunde, sein Flehen um Erneuerung des Glaubens. «Entweihung», der zweite Satz, ist ein wildes, tragisches Scherzo, das die «allgemeine Stimmung der Zerstörung und des Chaos» beschreiben soll, «die durch die heidnische Verderbtheit innerhalb der Priesterschaft und des Volkes entstand». Im vokalen Schlußsatz klagt der Prophet um das zerstörte Jerusalem, «das trotz seiner verzweifelten Rettungsversuche vernichtet, geplündert und entehrt wurde». Es bleibt nur die Hoffnung auf die Rückkehr des Volkes Israel: «Führe uns zu dir zurück, o Herr!»

Die Jeremias-Sinfonie eröffnet largamente ein Solohorn mit einer Art Motto-Thema, das in verschiedenen Varianten alle drei Sätze des Werkes durchzieht; es ist durch eine absteigende Melodielinie gekennzeichnet wie andere charakteristische Motive und Themen des Komponisten. Alle thematischen Gedanken sind von diesem Hornthema abgeleitet oder aus einem, dieses Thema unterbrechenden, verwandten Motiv entwickelt, das von den Holzbläsern intoniert wird – auch dies in abfallender Linie. Dieser zweite Gedanke liegt einem neuen Thema zugrunde, das Episoden in allen drei Sätzen beherrscht und besonders im «Lamento» des Finalsatzes melodisch bestimmend wird. Dem instrumentalen Bittgesang des Propheten – sowohl das Hornthema wie auch der zweite melodische Gedanke lassen sich auf hebräisch-liturgische

Kantillationsmotive zurückführen – folgt das grimmige Scherzo, ein musikalisches Bild tragischer Chaotik. Sein Hauptthema, aus Bibelintonationen der Sabbatliturgie gestaltet, wird im Vivace von unisono spielenden Klarinetten angestimmt und von Flöten aufgenommen und entwickelt sich mit stetig wechselnder rhythmischer Akzentuierung. Farben und Dynamik wachsen ständig an; eine Art Trio verarbeitet ein choralartiges Thema aus dem ersten Satz und Fragmente anderer früherer Motive, bis eine Variante des Hornmottos eine Scherzoreprise einleitet. Hier konfrontiert Bernstein die wilden Tanzrhythmen des Scherzos mit dem prophetischen Thema des ersten Satzes im Kontrapunkt. Text und Musik des vokalen Finalsatzes beruhen auf dem traditionellen Gesang, den die Juden am Tage der Trauer um die Zerstörung Jerusalems und des Tempels anstimmen: «Ach, wie ist so verlassen die Stadt, die einst voll von Menschen war...»

Jack Gottlieb weist in seinen Anmerkungen zu der Sinfonie (in der Broschüre zu der DGG-Einspielung der drei Sinfonien) darauf hin, daß eines der Klagegesangmotive eine Variation des auf einer hebräischen Segnung basierenden zweiten Hauptmotivs im ersten Satz ist – «womit angedeutet wird, daß sich die Weissagung erfüllt hat». Hier handelt es sich um die Holzbläserkadenz, die dem Hornthema am Anfang folgte und dann zu einem kraftvollen Thema in absteigenden Terzakkorden entwickelt wurde. Im Finale wird daraus ein weich und zart klagendes Thema der mit Dämpfer spielenden Violinen, von Bratschen und Celli in leiser Gegenbewegung kontrapunktiert. Das Motiv erklingt bis zum Ende der Sinfonie, nach plötzlichem Aufschwung immer leiser werdend; der Schluß ist fragend, aber hoffnungsvoll.

Dieses Motiv der absteigenden Terzen wurde zu einem Lieblingsthema Bernsteins; es kehrt in seinen Werken immer wieder, in elegischer oder heiterer Form, so kurz nach der Sinfonie bereits in den «Seven Anniversaries», im Stück für Natalie Koussevitzky (1943). Ein Jahr später treffen wir eine Variante in der «Scene at the Bar» in «Fancy Free», und im Verlauf von Bernsteins Schaffen finden sich immer wieder Anklänge an diese Folge von abfallender großer Terz und kleiner Sekunde bis zur Variante in der Einleitung zum Schlußteil von «Halil» (1981). Interessant ist es dabei, ein ähnliches Motiv in Aaron Coplands Klaviersonate zu finden, die zwei Jahre vor der Jeremias-Sinfonie entstanden ist: im Beginn des ersten Satzes und in Variierung im dritten Satz der Sonate. Copland hat hier auch mit einem Motto-Thema gearbeitet, und seine harmonischen Fortschreitungen haben Bernstein ebenfalls deutlich beeinflußt. Die von Copland gern angewandten südamerikanischen Rhythmen sind als weiterer wichtiger Einfluß auf Bernsteins Musik zu werten: viele seiner melodischen und rhythmischen Einfälle sind lateinamerikanischen Modellen verpflichtet. «Jeremias», das Werk des 24jährigen Bernstein, ist in Stimmungsgehalt, formalen und musikalischen Mitteln für das Gesamtwerk des Komponisten richtungweisend. Man kann ihn gut verstehen, wenn er sagt, es schiene ihm, als schriebe er immer wieder das gleiche Stück. In allen seinen Werken stehen – neben den dominanten Fragen nach der Erneuerung des Glaubens und der «offenen Frage» nach einem sinnvollen Bestand der Tonalität – der Kontrast zwischen innerer verzweifelter Spannung und Sehnsucht nach Frieden, der Ausdruck der Einsamkeit im Tumult des Lebens und ein Gefühl nostalgischer Sehnsucht nach Liebe und Ruhe.

Die Zweite Sinfonie «Das Zeitalter der Angst» («The Age of Anxiety»), 1949 vollendetes Werk des 31jährigen Bernstein – in unsteter Hast auf Reisen komponiert –, nennt der Komponist selbst ein «Essay über Einsamkeit». Wystan Hugh Audens Dichtung läßt ein Mädchen mit drei jungen Männern in einer Bar in New York zusammentreffen; sie sind angetrunken und beginnen, über ihre existentiellen Ängste zu diskutieren. Der Weltkrieg, die Unsicherheit bürgerlicher Existenz, das Trauma des realen Lebens und müder Pessimismus haben sie gezeichnet. Die jungen Menschen können sich trotz gleicher Meinungen nicht näherkommen und bleiben sich fremd. Dieses Thema ist in weniger sophistischer Form dem Ballett «Facsimile» (drei Jahre vor der Sinfonie) zugrunde gelegt.

Dieses depressive Bildnis des Menschen in seiner Verlorenheit und Einsamkeit, von Auden bisweilen ironisch gedeutet, erschien 1947 und hat Leonard Bernstein unmittelbar angesprochen, denn bald nach der Veröffentlichung des Gedichts begann er sich musikalisch mit dem Werk zu beschäftigen. Es entstand die «Sinfonie für

Klavier solo und Orchester» in sechs Teilen, in dessen Solopart Bernstein sich – nach eigenen Worten – mit einem der jungen Männer in Audens Dichtung, Malin, identifiziert und ihm eine gewisse autobiographische Bedeutung verleiht. Obwohl die sechs Teile der Sinfonie den Episoden der Dichtung folgen, hat Leonard Bernstein keine Programmusik im Sinne etwa von Hector Berlioz' «Symphonie Fantastique» komponiert. Er habe sich zwar «eng an die Form des Gedichts gehalten», doch hat die Sinfonie «ihr eigenes Leben entwickelt». Er glaubt, daß im Pessimismus Audens eine gewisse Ironie liegt, und läßt den Epilog optimistisch enden, in einem «Optimismus, an dem man nicht wirklich beteiligt ist. Der Protagonist (der Klaviersolist) beobachtet die große Steigerung (an der er nicht beteiligt ist) aus der Distanz, als ob er sie an einer Kinoleinwand sähe. Er steht außerhalb, nicht innerhalb des Geschehens.» Sechzehn Jahre nach der Komposition der Sinfonie schien es Leonard Bernstein, als habe er diese Absicht musikalisch nicht deutlich genug gemacht, und er revidierte in seiner Partitur verschiedenes, vor allem aber den Epilog. «Hier vermittelte die Nichtteilnahme des Solopianisten nicht so sehr den beabsichtigten Abstand, sondern beraubte den Solisten vielmehr seiner konzertanten Funktion.» Im neugestalteten Finale wurde der Solopart bereichert und vor der Koda eine Kadenz eingeschaltet. «Jetzt bin ich zufrieden, das Werk hat nun seine endgültige Form», erklärte Bernstein 1965.

Audens Gedicht hält Leonard Bernstein für «eines der bewegendsten Beispiele reiner Virtuosität in der Geschichte der englischen Poesie» und begründet damit wohl, daß er in den Mittelpunkt des Orchesters einen virtuosen Pianisten stellt, einen «beinahe autobiographischen Hauptdarsteller, dem das Orchester wie ein Spiegel gegenübersteht, in dem er sich analytisch im modernen Ambiente sieht». Bernstein sagt, daß «die Hauptlinie des Gedichts und der Musik – das Aufzeigen der Schwierigkeiten und Probleme bei unserer Suche nach dem Glauben (ist). Schließlich verkünden zwei der Charaktere, diesen Glauben gefunden und sich ihm sogar unterworfen zu haben, zeigen aber gleichzeitig, daß sie nicht imstande sind, zu diesem in ihrem täglichen Leben eine persönliche Beziehung zu finden, es sei denn, lediglich durch verständnis-

lose Hinnahme.» Für das Verständnis dieses Werkes ist es aufschlußreich, von Bernstein zu erfahren, daß er lange nach Beendigung der Komposition unbewußte Beziehungen zum Inhalt des Gedichts und Einzelheiten in ihm entdeckt habe – «ein Künstler kann tastend eine Geheimtür öffnen, ohne je zu begreifen, daß dahinter eine Welt liegt», schrieb Jean Cocteau. Bernstein vertraut dem Unbewußten «als einer Quelle der Weisheit und einem Diktator in künstlerischen Dingen». Beim Studium seiner Partitur entdeckte er programmatische Verbindungen zu der Dichtung, «die sich selbst geschrieben hatten». So fand er zum Beispiel, daß es in dem «Maskenspiel» für Klavier und Schlagzeug – einem Scherzo mit Jazz – eine Stelle gibt, in der es «regelrecht vier Uhr schlägt» (in der Celesta). Obwohl bei Auden von vier Uhr nicht die Rede ist, spürt man doch, daß es sehr spät geworden ist, es «ist so naiv wie der junge Morgen» und die vier Schläge waren «einfach dort hingeraten, durch irgendein inneres Gespür für Theatralik». Und Bernsteins nächster Satz (anläßlich der Uraufführung in Boston am 8. April 1949) ist charakteristisch für sein gesamtes Schaffen: «Sollte man mir das *Theatralische* in einem sinfonischen Werk vorwerfen, so bekenne ich mich gern schuldig. Ich habe nämlich einen tiefen Verdacht, daß jedes Werk, das ich schreibe, für welches Medium auch immer, in Wirklichkeit in irgendeiner Weise Theatermusik ist. Und nichts überzeugte mich mehr davon als die neue Entdeckung, daß eine unbewußte Hand die ganze Zeit am ‹Zeitalter der Angst› gearbeitet hatte.»
Die Sinfonie ist in zweimal drei Teile gegliedert, die in zwei Hauptsätzen zusammengefaßt sind. Der erste Satz trägt die Teilüberschriften: Prolog – Die sieben Zeitalter – Die sieben Stadien; im zweiten Satz stehen: Trauergesang – Maskenspiel – Epilog.
Im Prolog wird die Szene in der Bar nachempfunden, in der vier einsame junge Menschen sich durch Trinken ihren Konflikten zu entziehen suchen, aber von ihren Problemen zu sprechen beginnen. Der kurze Prolog besteht aus einer Improvisation zweier Klarinetten, der eine lange, abwärtsgehende Skala folgt, die eine «Brücke in das Reich des Unbewußten darstellt, in dem der größte Teil des Gedichts angesiedelt ist» (Bernstein). In dem «Die sieben Zeitalter» überschriebenen Teil beginnen die Variationen, denen

kein gemeinsames Thema zugrunde liegt, in welchen dagegen jede Variation ein besonderes Motiv oder Thema der vorangegangenen aufnimmt und daraus ein Gegenthema entwickelt, das dann wieder den Ausgangspunkt für die nächste Variation bildet. In den «Sieben Stadien» wird diese Variationstechnik weiter fortgesetzt. Inhaltlich-thematisch wird in den «Zeitaltern» das menschliche Leben aus den persönlichen Standpunkten der vier Diskutierenden beleuchtet. In den «Stadien» beschreiten die vier «eine innere und höchst symbolische Reise, nach einem geographischen Plan, der sie an einen Ort führen soll, an dem man neue Beziehungen aufbauen, Sicherheit gewinnen könnte. Die vier versuchen alle Möglichkeiten; sie wandern allein, gehen paarweise, tauschen den Partner, immer aber verfehlen sie ihr Ziel. Wenn sie aus dieser Traum-Odyssee erwachen, verbindet sie die gemeinsame Erfahrung – und der Alkohol – und sie beginnen, wie ein Organismus zu funktionieren. Die Gruppe von Variationen zeigt langsam Aktivität und Antrieb und führt zu einem hektischen, wenn auch unentschiedenen Schluß.» Eine Grundlage zum Aufbau eines neuen Lebens ist nicht gefunden worden, und so beginnt der zweite Hauptsatz mit einem «Trauergesang» («Dirge»), den die vier in einem Taxi «singen», das sie in die Wohnung des Mädchens fährt, wo sie ein letztes Glas trinken wollen. Sie betrauern den Verlust einer Kraft, die führen und leiten könnte, eines «Großen Vaters», der ihnen die richtige Lösung ihrer Probleme diktieren, alle Verantwortung auf sich nehmen würde. Das Hauptthema dieses Teils entwickelt sich aus einer harmonisch unterbauten zwölftönigen Reihe – im Gegensatz zu den meisten melodischen Themen Bernsteins hier in aufsteigender Linie gestaltet –, und als Gegensatz zu ihr stellt der Komponist in einem Mittelteil eine romantische, «fast Brahmssche» Episode, in der «man den wehleidigen oder negativen Aspekt dieser seltsam pompösen Klage spürt». Es folgt das «Maskenspiel» («Masque») in der Wohnung des Mädchens, «wo die Gruppe erschöpft, mißmutig und voller Schuldgefühle landet – entschlossen, ein Fest zu feiern... Das ist ein Scherzo für Klavier und Schlagzeug allein (einschließlich Harfe, Celesta, Glockenspiel und Xylophon), in dem eine Art von nervösem, sentimentalem, selbstzufriedenem und lärmendem Klavierjazz abwechselnd zum Vortrag kommt. Die Party endet enttäuschend, die Hauptpersonen gehen auseinander.» Zuerst klang hier Optimismus an, dann aber «regiert nur noch Verzweiflung». Der Klaviersolist wird plötzlich vom Einsatz eines lärmenden Orchesters gestört, das ebenso unvermittelt wieder zu spielen aufhört; dann erklingt von irgendwoher ein Pianino. Das ist ein dramatischer Moment, er «bedeutet eine Trennung des Ichs (im Soloklavier symbolisiert) von der Realität, von der Schuld der Flucht vor dem Ernst des Lebens – der Hauptdarsteller (der Solopianist) ist wieder frei, zu prüfen, was denn hinter der schalen Leere alles liegen mag». Ohne Unterbrechung folgt der «Epilog»: «Was übriggeblieben ist», sagt der Komponist, «stellt sich als Glaube heraus. Jeder der vier Menschen will mit sich ins reine kommen. Nachdem man alle möglichen Wege, um den Glauben zu finden, ausprobiert hat und scheitern mußte, stellt sich heraus, daß das Ziel – ein reines, diatonisches Trompetenmotiv – vor der eigenen Tür liegt. In einem plötzlich einsetzenden, strahlenden Pianissimo erkennen die Streichinstrumente die Situation an und beginnen, zusammen mit dem übrigen Orchester, eine positive Haltung aufzubauen.» Das Glück liegt dort, wo man es am wenigsten erwartet, meditierte Bernstein in bezug auf diesen «Epilog» August 1977 in Berlin: «Vielleicht in diesem Glas Orangensaft, das ich hier in meiner Hand halte. Dies ist Gott in dem Orangensaft, denn darin sind Sonnenschein, die Erde, Vitamine. Und das ist alles. Es ist im Grunde eine buddhistische Idee – Gott in allem, auch im kleinsten Ding.» – Der Schluß des Werkes ist versöhnlich, die Fragen jedoch bleiben alle offen. Jerome Robbins stellte sich eine schwierige Aufgabe, als er «The Age of Anxiety» bereits ein Jahr nach der Uraufführung in einer choreographischen Interpretation auf die Bühne brachte, das New York City Ballet tanzte die Premiere im New Yorker City Center am 26. Februar 1950 mit Leon Barzin als Dirigenten und Nicholas Kopeikine als Solopianisten.

Zur rein musikalischen Wirkung dieser Sinfonie tragen charakteristische melodische, rhythmische, harmonische und vor allem auch formale Stilmittel bei. Die Melodik ist hier – wie fast in allen Kompositionen Leonard Bernsteins – von Terzintervallen beherrscht. Melodisch fallende Terzen erscheinen in seinen Themen als kleine oder große Terzen, rein melodisch motivbildend, durch verbindende Sekundschritte «ausgefüllt», auch als melodische Motive, die in akkordischen Terzen verlaufen. Das von den Klarinetten zu Beginn von «Age of Anxiety» angestimmte Thema ist eine mixolydisch-modale Melodie mit dem Ton g als Zentrum, Terzintervalle bestimmen ihren lyrischen Charakter. Dieses Thema, elegisch in Stimmungsgehalt, inspiriert fast alle melodischen Entwicklungen in der Sinfonie und herrscht vor allem im Prolog und im Epilog des Werkes. In manchen abgeleiteten Themen erscheint es als ihr zweiter Teil. Aus großen und kleinen Terzen setzt sich die Zwölftonreihe zusammen, die den «Klagegesang» einleitet; ein charakteristischer – hier unerwarteter – melodischer Septimensprung kehrt im Hauptthema dieses Teils wieder, das sich aus den vier letzten Tönen der Reihe entwickelt. Später bildet sich eine zweite Zwölftonreihe, die aus Quarten und Quinten zusammengefügt ist. Es sind dies Gegensätze melodischer Aneinanderreihung, die schon in der Jeremias-Sinfonie vorgebildet sind, dort allerdings in weniger gebundener Form und nicht mit Hilfe zwölftöniger Melodiefolgen. Quarten und Quinten zur Auflockerung von Terzgefügen sind auch in der Jeremias-Sinfonie häufig. Im Epilog von «Age of Anxiety» leiten Quart- und Quintmotive das «Glaubensthema» ein. Zwölftonreihen und terzbetonte Themen, die von Quarten und Quinten unterbrochen werden, haben ähnliche Funktionen in allen Werken des Komponisten, vor allem auch in der Kaddisch-Sinfonie. An dramatischen Aufschwüngen spielen Septimen und Nonenintervalle eine beherrschende Rolle – in den vokalen wie in den instrumentalen Kompositionen.

Die Form der Zweiten Sinfonie hat Jack Gottlieb in seiner Dissertation treffend als formale Entwicklung durch «Verkettung» beschrieben, die durch «Spaltung» der Themen (Bernstein) bestimmt ist – das Schaffen neuer thematischer Gestalten aus Motiven vorangegangener Gedanken. In «Age of Anxiety» ist diese Kompositionsweise besonders in den beiden Reihen von Variationen angewandt: in den «Sieben Zeitaltern» (im Leben des Menschen) und in den «Sieben Stadien» (der imaginären Reise der

Charaktere in eine irreale Welt). Das Thema der ersten Variation in den «Sieben Zeitaltern» ist aus der Kombination des eröffnenden Themas (der Klarinetten) mit der ihm folgenden absteigenden motivischen Linie entstanden, die ihrerseits wieder zwischen der ersten und der zweiten Variation vermittelt. Alle sieben Variationen folgen dem gleichen Prinzip der Aufnahme von Teilmotiven und variierter Neubildung ihrer Charakteristika. In der siebenten Variation verbinden sich abgeleitete Motive aus der sechsten Variation mit dem Grundthema des Beginns der Sinfonie und der ihm folgenden melodisch fallenden überleitenden Phrase.
Die Verkettung erscheint etwas lockerer in der zweiten Variationsreihe der «Sieben Stadien». Die erste Variation dieser neuen Reihe bringt zwei thematische Gedanken in Kontrapunkt, und die darauffolgende Variation nimmt zunächst die Baßmelodie hiervon auf. Jede weitere Variation wird aus den abschließenden Motiven einer vorigen Variation entwickelt, so daß die zu Beginn des Abschnitts angedeutete Polyphonie immer dichter wird. Die musikalische Entwicklung spiegelt die Hektik dieses Teils des dichterischen Vorwurfs.
Nach den beiden Reihen von Variationen folgt «Dirge» mit den aus Zwölftonreihe und melodischer Ableitung gestalteten thematischen Grundlagen. Dieser «Klagegesang» ist ein kunstvolles musikalisches Gebilde mit einem sich ständig intensivierenden Miteinander und Gegeneinander von lyrischen Ableitungen der Hauptgedanken. Ein zwölftöniger Akkord leitet von «Dirge» zu «Masque» über.
Die Form des unbändigen «Maskenspiels», in dem die Figuren verzweifelt versuchen, sich hinter Masken zu verstecken, ihrem Ego und der Realität zu entrinnen, hat man als Sonatenform mit Exposition, gegensätzlichen Themengruppen, Durchführung und Rekapitulation beschrieben. Eine andere Deutung der Form wäre die einer zweiteiligen Struktur, in welcher der zweite Teil eine ausgearbeitete, weiterentwickelte Version des ersten ist. Im Verlauf des wilden Scherzos erscheinen alle Verwandlungen der thematischen Gedanken, bis der Epilog eingeleitet wird und auf ihre Grundformen zurückweist.
Leonard Bernstein hat in seinen drei Sinfonien – und in der

«Serenade» – mit viel Erfolg versucht, außermusikalischen und musikalischen Gehalt in einer dem Hörer verständlichen Form zu übermitteln, indem aus Ideen Motive, aus Motiven Melodien, aus Melodien längere Abschnitte und aus den Abschnitten ganze Sätze entstehen (BOELZNER, Diss.). Das melodische Element beherrscht die Entwicklung und die rhythmische Variation, harmonische Ableitungen tragen zur Bereicherung bei. Ein wichtiges Element zur Verdeutlichung der formalen Elemente ist für Bernstein auch die Instrumentation. Besonders in den Variationen des «Age of Anxiety» wird die Gegenüberstellung, die Kontrastierung durch wechselnde orchestrale Farben und Klänge unterstrichen; wann immer neues thematisches Material erscheint, klingt auch das Orchester neuartig. Dem Soloklavier treten in dieser Sinfonie immer wieder andere Orchesterinstrumente solistisch entgegen. »Das Zeitalter der Angst» ist formal ein Markstein in der Entwicklung des Komponisten Leonard Bernstein.
Die Dritte Sinfonie, «Kaddisch», für Sprecher, Sopransolo, Knabenchor, gemischten Chor und Orchester, entstand 1963 und wurde am 10. Dezember 1963 unter Leitung des Komponisten in Tel Aviv uraufgeführt. 1977 revidierte Leonard Bernstein Text (der etwas gekürzt wurde) und Musik, dirigierte die erste Aufführung der «endgültigen Fassung» am 25. August 1977 mit den Israel-Philharmonikern – diesmal mit einem Sprecher (Michael Wager) statt einer Sprecherin – in Mainz. Die ursprüngliche Komposition wurde mit Felicia Montealegre Bernstein als Sprecherin, Jennie Tourel als Sängerin, Chor und Knabenchor unter Leitung von Abraham Kaplan und Donald Bryant und den New Yorker Philharmonikern vom Komponisten dirigiert von CBS als Schallplatte herausgebracht. Bei der Einspielung der Neufassung durch die DGG 1978 war Michael Wager der Sprecher, Montserrat Caballé die Sopranistin; es sangen der Wiener Jeunesse-Chor (Leitung Günther Theuring), die Wiener Sängerknaben (Leitung Uwe Christian Harrer), und es spielte das Israel Philharmonic Orchestra.
Zwischen der Komposition der Zweiten und der Dritten Sinfonie liegen vierzehn Jahre. In dieser Zeit entstanden «Prelude, Fugue and Riffs» für Klarinettensolo und Jazzensemble, die Musik zu

«Peter Pan», die Kurzoper «Trouble in Tahiti», Lieder und Klaviermusik, die Show «Wonderful Town», die «Serenade» nach Platon, die Musik zum Film «On the Waterfront», die Operette «Candide» und als Höhepunkt dieser Schaffensperiode «West Side Story». Wohl kein Zufall ist es, daß nach «West Side Story» 1957 außer Gelegenheitsmusik eine Schaffenspause von fünf Jahren eintrat. Die Gelegenheitswerke waren zwei Stücke für eine Aufführung von Christopher Frys Theaterstück «The Firstborn» (1958) und zwei Fanfaren zur Amtseinsetzung des Präsidenten J. F. Kennedy sowie zum 25-Jahr-Jubiläum der Musikhochschule der Stadt New York (1961). Eine tragische Verbindung liegt zwischen der Musik zur Kennedy-Feier, die Bernstein in Washington am 19. Januar 1961 dirigierte, und der Vollendung der Kaddisch-Sinfonie am 22. November 1963: Als Leonard Bernstein das «Amen»-Finale seiner Sinfonie orchestrierte, erreichte ihn die Nachricht von Kennedys Ermordung – die Sinfonie ist seinem Andenken gewidmet.
«Kaddisch» ist ein wohl im ersten oder zweiten Jahrhundert entstandenes synagogales Gebet, eine Lobpreisung Gottes, verbunden mit der Bitte um Frieden und Erlösung. Das Alter dieses Gebets wird allein dadurch bezeugt, daß sein Hauptteil in aramäischer Sprache abgefaßt ist, einer mit dem Hebräischen verwandten Sprache, die in mehreren Dialekten Umgangssprache des Nahen Ostens war und auch von Jesus gesprochen wurde. Einige Teile von altbiblischen Büchern, religiöse Gebete und Urkunden der Juden sind in aramäischer Sprache geschrieben. Dem Kaddisch-Gebet wurden – anscheinend Jahrhunderte nach seiner Entstehung – hebräische Verse zugefügt, es sind die letzten, die Gott um Frieden anflehen. Obwohl im Mittelpunkt des «Kaddisch» die Verherrlichung Gottes und seines Reiches auf Erden stehen, hat es sich im jüdischen Ritus eingebürgert, «Kaddisch» auch am Grabe Verstorbener zu beten, und so wird bei seiner Erwähnung heute meist nur noch an seine Bedeutung als Trauergebet gedacht. Bernstein, der in einem vom Vater geprägten religiösen Haus aufgewachsen ist, hat in seiner Sinfonie den beiden Bedeutungen des «Kaddisch» Ausdruck gegeben: Trauer bestimmt den Menschen – symbolisiert im Sprecher –, ein «letztes Mal vielleicht zu

singen ... diesen letzten *Kaddisch* für dich, für mich und für alle, die ich liebe»; das Ende mag gekommen sein, da der Mensch seinen Schöpfer enttäuschte, und andrerseits hat Gott sich von seinen Geschöpfen fortgewandt, und der Glaube ist erschüttert. Doch Gott und Mensch müssen sich versöhnen, Friede muß über Chaos, Leben über den Tod siegen. «Der Sprecher symbolisiert den Menschen oder denjenigen Teil des Menschen, den Gott geschaffen hat, um seine Unsterblichkeit anzudeuten ... den Teil, der sich dem Tod verweigert, auf Gott beharrt«, erläutert Leonard Bernstein, der den Text der Sinfonie selbst verfaßt hat.

Die Krise des Glaubens, deren Problem Bernstein in so vielen Werken in immer neuen Formen beschäftigt, hat in der Kaddisch-Sinfonie die kraftvollste textliche wie musikalische Gestaltung gefunden. Religiöse Kreise haben in Israel wie in Amerika Anstoß daran genommen, daß hier Zweifel am «göttlichen Werk» – ein Streit des Menschen mit seinem Gott – ausgesprochen wird, und dies im Rahmen einer Chor- und Instrumentalsinfonie, in der ein liturgisch geheiligtes Gebet mit wildem Jazz konfrontiert wird. Gegen den Vorwurf der Blasphemie ist darauf hingewiesen worden, daß die biblischen Bücher eine gewisse Intimität des jüdischen Menschen in seiner Aussprache mit seinem Gott bezeugen: Moses hat mit Gott gerungen, Jakob mit dem Engel Gottes gekämpft. Leonard Bernstein will durch eine Rückkehr zum echten Glauben der heutigen Glaubenskrise entgegentreten, wobei er symbolisch den Verlust des Glaubens mit der Absage des modernen Musikers an die Tradition in Parallele setzt: die Dissonanz im modernen Leben mit der nur dissonanten Musik, die Zuversicht an eine Erneuerung des Glaubens mit der auf die Neubelebung tonaler Lösungen im musikalischen Kunstwerk. Unter Musikschöpfern ist es vor allem Arnold Schönberg, der sich in seinem Schaffen mit den Problemen des betenden und mit Gott streitenden Menschen auseinandergesetzt hat. Als er im Frühjahr 1911 erwog, ein dramatisch-musikalisches Werk zu verfassen, dachte er an August Strindbergs «Jakob ringt», später an das Thema «Das Gebet des Menschen von heute». Er entwarf eine Sinfonie mit Vokalsoli, Chor und Orchester, in dem ein Teil «Unbefriedigt. Der bürgerliche Gott genügt nicht» heißen sollte, ein anderer «Der

Partiturseite aus der «Kaddisch»-Sinfonie: Schluß des zweiten Teils

Glaube des Desillusionierten». Aus Skizzen der Sinfonie, die sich von 1912 bis 1914 hinziehen, wurde einiges in das schließlich unvollendete Oratorium «Die Jakobsleiter» übernommen (STUCKENSCHMIDT, Schönberg, S. 217). Interessant, wie in dem Scherzo dieses Werkes das Dissonante zum ersten Mal in der Formung eines zwölftönigen Themas zum Ausdruck kommt, ähnlich wie in der Musik Leonard Bernsteins. Das Streiten des Menschen mit Gott begleitet das gesamte Werk Schönbergs von der Oper «Moses und Aron» bis zu seiner letzten Meditation, deren Komposition mit den Worten «und trotzdem bete ich» abbricht. «Trotzdem bete ich» könnte auch das Motto von Leonard Bernsteins Kaddisch-Sinfonie heißen – nachdem der Mensch Gott zur Rechenschaft aufgerufen hat, versöhnt er sich mit seinem Schöpfer.

Die Sinfonie ist in drei Teile gegliedert: Invocation – mit dem ersten Kaddisch-Gebet als Schluß, Din-Torah – mit dem zweiten Gebet, Scherzo – mit dem dritten Kaddisch und Finale.

«Invocation» (Anrufung) enthält die Einleitung zum Gebet, dem möglicherweise letzten Kaddisch, der dem Menschen verblieben sein mag; das Gebet folgt, in aramäischer Sprache mit hebräischem Schluß gesungen. «Din-Torah» (Prüfung nach Gottes Gesetz) läßt die Zweifel des aufrührerischen Menschen zum Ausdruck kommen, wieder wird das Gebet intoniert, während der Sprecher sich beruhigt und die Musik wiegenliedartig wird. Im «Scherzo» entsteht eine Vision des himmlischen Königreichs – trotzdem gibt es «nichts zum Träumen. Nirgendwohin zu gehen. Nichts zu erfahren». Die Passage gleicht der Traum-Odyssee aus «The Age of Anxiety». Die Phantasie endet beim Menschen, der Gott auffordert, zu glauben und mit ihm einen Bund zu schließen: «Vater! Glaube, glaube!» Im Finale vereinen sich Mensch und Gott zu neuem Bund; ein neuer Tag ist gekommen, und es erklingt eine neue Lobpreisung mit der Bitte um Frieden.

Musikalisch entwickelt sich die Sinfonie in einer Kompositionsweise, die den kompositorischen Mitteln der früheren neue hinzufügt. In der Jeremias-Sinfonie wurde jeder Satz mit Hilfe einer Verarbeitung und Entwicklung von Themen und ihrer Motive ausgearbeitet, die von dem Motto-Thema des Beginns abgeleitet

sind. In der Zweiten Sinfonie, «Zeitalter der Angst», ist das kompositorische Prinzip der Verkettung von Motiven und Themen konsequent und eindrücklich durchgeführt. In der Kaddisch-Sinfonie scheint die Verkettung von Motiven, die aus melodischen Themen ab*gespaltet* wurden, weniger wichtig als eine sich stetig verändernde Verknüpfung melodischer Motive in oft rhythmisch variierter Gestalt. Diese Kompositionstechnik hatte Bernstein auch in der 1. und 2. Sinfonie bereits angewandt; in «Kaddisch» beherrscht sie einen Großteil des musikalischen Geschehens. Sie bewirkt den Eindruck einer noch stärkeren Zusammengehörigkeit und Einheitlichkeit aller Teile des Werkes, als die fast improvisatorisch anmutende Entwicklung eines Satzes aus der variierten Fortführung früherer Motivteilchen. Bernstein demonstriert in der Kaddisch-Sinfonie die mannigfachen Kombinationsmöglichkeiten seiner melodischen Themen, die durch ihr «Zusammenleben» nichts an Identität verlieren; selbst dann nicht, wenn eine Zwölftonreihe in eine tonale Melodie verwandelt wird. Dies ist hier – wie in anderen Kompositionen Bernsteins – möglich, weil seine Zwölftonreihen stets eine melodische Neigung zu tonaler Harmonik besitzen, wie zum Beispiel auch die dem «Trauergesang» im «Age of Anxiety» zugrundeliegende Reihe in aufsteigenden Terzen. In «Kaddisch» sind Terzen ebenfalls in der Zwölftonreihe vorherrschende Intervalle – sie führt in die Melodie in *ges,* die «das Dunkel durch Licht erhellt» (JACK GOTTLIEB, Perspectives). Die Reihe ertönt zuerst im ersten Satz des ersten Teils, kehrt variiert im Scherzo wieder und wird in die tonale Melodie des «Glaube, glaube» vor dem dritten Teil verwandelt.
Die dramatische Spannung wird in «Kaddisch» durch die in allen Werken des Komponisten dramatisch eingesetzten Intervalle von Septime und None erreicht. In «Invocation» ruft der Sprecher Gott an – «O mein Vater, altehrwürdiger, geheiligter, einsamer, enttäuschter Vater!» –, ein leise summender Chor und Instrumente begleiten ihn. Es werden zwei kurze Hauptmotive intoniert, ein Dreinotenmotiv mit aufsteigender kleiner Sekunde und kleiner Sexte (Anfang- und Endnote des Motivs ergeben eine Septime) und ein Viernotenmotiv aus zwei aufsteigenden Septimen und einer als große Sexte wirkenden verminderten Septime. Es folgt

das von Bernstein als Kaddisch-Melodie bezeichnete Hauptthema, das mit kleinen melodischen Schritten beginnt und über Sext- und Terzintervalle im Crescendo zu Septimen springt. Die Kaddisch-Melodie hat bereits stark chromatischen Charakter; die im zweiten Teil des ersten Satzes Gestalt gewinnende thematische Melodie ist die von Terzen beherrschte Zwölftonreihe, die mit der Kaddisch-Melodie weitere Teile der Sinfonie bestimmend beeinflußt. Dieser zweite Teil hat durch seine rhythmische Vielfalt einen unbändigen Tanzcharakter; der Komponist hat ihn mit dem Tanz Davids um die Bundeslade assoziiert.

Im zweiten Satz der Sinfonie, Din-Torah, dem Teil der «Prüfung», summt der Chor die Kaddisch-Melodie zur Begleitung der Anklage des Menschen gegen einen Gott, der sein «Ebenbild» als törichtes, sterbliches Spiegelbild geschaffen hat. Es scheint, als habe dieser Gott den Regenbogen, der an den ewigen Bund erinnern sollte, vom Menschen fortgenommen. Die Musik führt zu erregenden Dissonanzen und einer chaotischen Chorkadenz. Eine neuartig kombinierte Tonreihe war aus Quartenintervallen entstanden, und ihre Weiterführung leitet zu einer tragisch-grotesken Episode. Die Chorkadenz ist achtstimmig, im äußerst komplizierten Chorsatz werden sinnlose Silben gesungen, die im Finale zum «Amen» werden. Der zweite Teil dieses Satzes ist das zweite Kaddisch-Gebet für Sopransolo und Knabenchor, wieder nach dem überlieferten Text. Der Sprecher beschließt den Satz beruhigend: «Ruhe, mein Vater. Schlafe, träume. Lasse mich Deinen Traum erfinden, ihn, so sanft ich es kann, mit Dir träumen. Vielleicht kann ich Dir im Träumen helfen, Dein Ebenbild neu zu schaffen und es wieder zu lieben.»

Das Scherzo, eigentlicher Mittelpunkt der Sinfonie, läßt den Menschen – durch den Sprecher personifiziert – sich träumend in die Rolle Gottes versetzen. Alle Motive und Themen der Sinfonie spielen in den musikalisch kunstvollen Satz hinein. Mit zunehmender Betonung des neu entstehenden Glaubens verlieren die chromatischen Fortschreitungen ihren dissonanten Charakter und münden in die Melodie in ges, die – vielleicht nicht zufälligerweise – an die Melodie der Traumsequenz «There's a place for us, somewhere a place for us» in «West Side Story» erinnert. Der

Oben: Verständigungsprobe anläßlich der Uraufführung von «Kaddisch» mit Hannah Rowina, Tel Aviv, Dezember 1963

Unten: Felicia und Leonard Bernstein mit Michael Wager, der nach Hannah Rowina und Felicia die Sprechrolle in der «Kaddisch»-Sinfcnie übernahm

Knabenchor schließt mit der fortissimo gesungenen dritten Wiederholung des Kaddisch-Gebetes an. Im Finale der Sinfonie, in dem der Mensch aus dem Träumen erwacht, um einen neuen Bund mit der «geliebten Majestät» zu schließen («Wir sind ja doch eins, Du und ich... Wir müssen gemeinsam leiden und leben»), vereinen sich Sprecher, Sopransolo, Knabenchor und gemischter Chor zu einer gewaltigen Fuge über die letzten Verse des Kaddisch-Gebetes – unter Zusammenfassung und Kombination aller thematischen Gedanken der Sinfonie, deren Quintessenz Bernstein in den Worten ausdrückt: «Ewig werden wir einander aufs neue erschaffen, leiden und einander aufs neue erschaffen.»

Die Kaddisch-Sinfonie – gewagt in der Konfrontation eines bis in Achtstimmigkeit aufgefächerten Chores in Summen, Gesang und freies Lallen von Nonsenssilben mit den reinen Stimmen eines Knabenchors, der von der Musik her bestimmten Rezitation, kühn auch in den Orchesterfarben, ungewöhnlich im Schwanken zwischen Chromatik und Diatonik, Pantonalität und Tonalität – mußte die kritischen Gemüter erhitzen. Man hat das Theatralische in dieser Musik gerügt, ohne zu beachten, daß der vom Komponisten für seine Musik geschaffene Text als dramatische Auseinandersetzung zwischen dem Menschen und seinem Gott naturgemäß kämpferisch gestaltet ist und alle echte Dramatik ans Theatralische grenzen kann. Leonard Bernstein selbst ist sich des theatralisch-dramatischen Charakters seiner Musik bewußt. Er hat an «Kaddisch» mehr und intensivere Arbeit verwandt als an irgendeine andere seiner Kompositionen. Die ersten Aufzeichnungen datierten von Sommer 1961, und die Arbeit wurde vor allem in den Sommermonaten 1962 und 1963 fortgesetzt. Im August 1963 war sie vollendet, und innerhalb von drei Wochen im November 1963 stellte Bernstein die Instrumentation fertig. Es gab kritische Stimmen, die es bedauerten, daß die inhaltsreiche Musik überhaupt mit einem Text verbunden war – aber die religiöse Inspiration und die musikalische Gestaltung waren ja untrennbar miteinander verbunden. Ross Parmenter schrieb in der *New York Times,* daß «die Musik weit genießbarer als der Text» sei... «Es gab erregende Höhepunkte, einige Chorpassagen waren liebenswert, und die Tonmalereien, wie die in der Vision des Himmels und dem ihr folgenden frostigen Morgengrauen, waren voller Leben... Der Rezensent wünschte, daß ihm nur die Musik geboten worden wäre, denn so vieles in ihr war ausdrucksvoll und interessant.» Andere Kritiken bewegten sich zwischen «das ärgste Rührstück seit der Blütezeit des jiddischen Second-Avenue-Melodrams» und «Höhepunkt der diesjährigen Konzertsaison». In Israel, wo Kontroversen zu erwarten gewesen waren, wurden die Kohärenz von Text und Musik und der tiefere Sinn des Werkes verstanden; in Amerika scheinen ihm jüdische Kreise kritischer gegenübergestanden zu haben als religiöse Christen.

Fünf Jahre nach der Zweiten Sinfonie und neun Jahre vor «Kaddisch», vollendete Leonhard Bernstein 1954 zwei wichtige Kompositionen: die Musik zu Elia Kazans Film «On the Waterfront» und die «Serenade» für Solovioline, Streichorchester, Harfe und Schlagwerk – ein vorwiegend dramatisches und ein vorwiegend lyrisches Werk. Der Film erlebte die Erstaufführung am 28. Juli 1954, die «Serenade» spielte Isaac Stern mit dem Israel Philharmonic Orchestra zum ersten Mal im Teatro La Fenice in Venedig unter der Leitung des Komponisten am 12. September desselben Jahres.

Aus der Musik zum Film entnahm Bernstein wesentliche Teile für eine sinfonische Suite, die er mit den Bostoner Sinfonikern am 11. August 1955 in Tanglewood uraufführte – sie ist seinem Sohn Alexander gewidmet. Der Film «On the Waterfront» (deutscher Titel: «Die Faust im Nacken») handelt von den sozialen und wirtschaftlichen Kämpfen der Hafenarbeiter New Yorks, die unter der Diktatur gewalttätiger Gewerkschaftsführer leiden. Der Hafenarbeiter Terry (von Marlon Brando gespielt), der im Dienst der Gewerkschaften gestanden hatte, widersetzt sich ihnen an der Spitze der Arbeiterschaft. Bernsteins Musik in diesem in Handlung und Szenenfolge ungewöhnlichen Filmwerk war sinfonisch konzipiert, und während der Aufnahmen kam es zu Kürzungen und zur Relegation großer Strecken der Musik in einen fast unmerkbaren Hintergrund. Der – natürlich – enttäuschte Komponist beschloß schon während der Fertigstellung des Films «etwas von der Musik zu retten», die «sonst auf dem Boden des Filmstudios liegengeblieben wäre». So entstand die fünfteilige, ohne

Unterbrechung zu spielende sinfonische Suite, die im Konzertsaal stets erfolgreich ist, weil der Hörer den Inhalt des Films nicht zu kennen braucht, um der Dramatik der Musik zu folgen.
Die Suite beginnt (Andante, «mit Würde») mit einem sehr breit ausladenden melodischen Thema, das den charakteristischen Aufbau Bernsteinscher Melodien zeigt: Ein Zweinotenmotiv, eine aufsteigende kleine Terz, wiederholt sich als Folge von zwei kleinen Terzen, aus den vier Noten werden sechs Töne in Aufwärtsbewegung, dann kehrt sich die Bewegung mit den gleichen Tönen um, und eine Art melodische Kadenz – immer mit Terzintervallen – beschließt das nun auf sechs Takte gewachsene Thema, das Hauptthema der Suite. Dieses kehrt vor allem im Finale wieder, als Terry, schwer verwundet, aber als Sieger aus den Kämpfen hervorgeht. Ein Hornsolo hat das Hauptthema angestimmt, Holz- und Blechbläser verarbeiten es kontrapunktisch. Das kurze eröffnende Terzenmotiv des Hauptthemas wird im folgenden Presto-barbaro-Teil Zelle eines Variationensatzes mit Gegenthemen, in dem die brutale Welt angedeutet wird, in der die Hafenarbeiter leben. Schlagzeuginstrumente beginnen den Satz und beherrschen das Orchester auch in seinem Verlauf. Der dritte Teil (Andante largamente) erweitert das Hauptthema – Terrys Thema – zu einer lyrischen Liebesmelodie mit großem Aufschwung. Allegro non troppo, molto marcato ist der vierte Teil überschrieben, der nach einer volltönigen neuerlichen Wiederholung des Hauptthemas folgt. Dies ist eine Art wildes, grimmiges Scherzo, in dem sich der Kampf zwischen Terry und dem Anführer der Gewerkschaft widerspiegelt. Die Wiederkehr des Liebesthemas leitet von dem kurzen Scherzosatz in das Finale über, das – nach Andeutungen und Veränderungen der beiden Hauptthemen – Terrys Sieg mit der Originalgestalt des Anfangsthemas in doppeltem Fortissimo bestätigt.
In der kraftvollen Dramatik dieser Musik hat man in gleichem Maße ein musikalisches Porträt von Auflehnung und Glück, von Leben und Liebe in New York gesehen wie in der Musik der drei Jahre später entstandenen «West Side Story». Im Musical wie im Film ist dabei der eigentliche Ausgang ungewiß – er ist es auch im «Zeitalter der Angst» und in «Kaddisch». Trotz des Fortissimo-

Endes der Filmmusik bleibt auch hier ein Gefühl von Bitterkeit, von Fragwürdigkeit zurück, was sich musikalisch in den für Bernstein charakteristisch dissonanten aufspringenden Septimenintervallen und klagenden steigenden und fallenden kleinen Sekunden ausdrückt. Die in der Musik so stark formulierten Gegensätze spiegeln dabei auch diejenigen des Films wider, der von Elia Kazan in voller Absicht in Schwarzweiß gedreht worden ist, das Milieu und darstellerische Leistung immer noch eindrücklicher wiedergibt als der Farbfilm. Der Film selbst und seine – wenn auch zur Begleitmusik zurückgedrängte – Musik haben international viele Preise gewonnen. In London bezeichnete der bekannt kritische Hans Keller Bernsteins Musik als «wohl die beste Filmmusik, die aus Amerika gekommen ist: In der rein handwerklich außerordentlichen Arbeit übertrifft sie alles, was ich von der Musik seines Lehrers Aaron Copland gesehen und gehört habe (der selbst als einer der wenigen für den amerikanischen Film ernstzunehmende Musik geschrieben hat), während sie in Stil und harmonischem Idiom gewagter ist als es die viel persönlicheren Filmpartituren unserer eigenen (d. h. britischen) führenden Komponisten sind» («The Score and I.M.D. Magazine», vol. XII, 1955, pp. 81 ff.). Keller stellt zwar Einflüsse von Strawinsky und Schönberg, von Copland, Hindemith (durch Piston?) und von Puccini-Nachahmern fest, hört volkstümliche Elemente, Pentatonik und Jazz, vielleicht sogar die «Waterfront»-Atmosphäre aus Brittens' Peter Grimes; jedoch bewundert er die kunstvolle Polyphonie in der Partitur als «hochbedeutendes Ereignis im Feld der modernsten aller Künste, die, was die Musik betrifft, bisher eher eine Vorliebe für altmodische Homophonie gezeigt hat. Von der einzigen thematischen Linie der Anfangsmusik und der folgenden kanonischen Zweistimmigkeit in Oktavenabstand an ist es ersichtlich, daß Bernstein entschlossen ist, die Filmmusik Hollywoods einer gründlichen Reinigung zu unterziehen. Parallel laufen hier ein panchromatischer harmonischer Stil und eine pandiatonische Melodiebildung in weniger kontrapunktisch gebundenen Teilen.» Hans Keller weist weiter darauf hin, daß in Bernsteins origineller Behandlung der Instrumente vor allem Bläser und Schlagwerk neuartig eingesetzt werden, ähnlich wie sie Igor Strawinsky zum ersten Mal verwendet hat – «auch Jazz und Swing sind via Strawinsky gereist». Die Bernsteinsche Variationenform, aus der Variationentechnik in «The Age of Anxiety» entwickelt, ist auch hier eine Art von Schichtung, indem Variationen zu Themen werden: «eine ideale kinematographische Antwort auf Schönbergs Forderung nach *sich entwickelnden Variationen*».

Wie sich bei Bernstein eine Variation aus der vorhergehenden entwickelt und wie schon in seiner Violinsonate ein Satz die Variation des anderen ist, so entsteht in der «Serenade» jeder der fünf Sätze aus Elementen des vorangegangenen. Im Gegensatz zum traditionellen Violinkonzert der Klassik und der Romantik, in dem das Hauptthema oder die Hauptthemen vom Orchester vorgestellt werden, bevor der Solist eintritt – das e-Moll-Violinkonzert von Mendelssohn-Bartholdy ist eine der wenigen Ausnahmen –, läßt Leonard Bernstein die Solovioline in der «Serenade» in den vier ersten Sätzen die Rolle des «führenden Sprechers» in den der Platonschen Vorlage folgenden «Dialogen» übernehmen. Nur der fünfte Satz beginnt mit einer längeren orchestralen Einleitung. Bernstein hat bald nach Beendigung der «Serenade», die auf der letzten Seite das Datum «Vineyard Haven, June 28, 1954» trägt, eine Einführung zu seinem Werk geschrieben, in der er betont, daß der «Serenade» kein «literarisches Programm» zugrunde liegt, «obwohl sie entstanden ist, nachdem ich Platons charmanten Dialog ‹Das Symposion› wieder einmal gelesen hatte. Die Musik stellt wie der Dialog eine Reihe miteinander verwandter Aussagen zum Preise der Liebe dar und folgt der von Platon gewählten Form des Auftretens nacheinander sprechender Figuren der griechischen Intelligenz.» Zur musikalischen Form erläutert der Komponist, daß «die Verwandtschaft der Sätze untereinander nicht auf thematisches Material im gewöhnlichen Sinn gegründet ist, sondern auf ein System, in dem jeder Satz aus Elementen des vorigen entwickelt wird». Er bietet dann «Wegweiser» für den interessierten Hörer, die durch Hinweise auf Personen und Handlung ergänzt werden.

1. Satz: Phaidros und Pausanias. Phaidros, in Platons «Gastmahl» ein «hypochondrischer Literat», beginnt die Gespräche im Hause des Agathon, von Platon als «tragischer Poet» bezeichnet, der mit

seinen Kollegen und Freunden seinen Sieg in einem Tragödienwettbewerb feiern will. Seine Gäste sind – unter anderen, die in Bernsteins Werk nicht genannt sind – der Philosoph Sokrates, der weitgereiste Geograph Pausanias, der Komödiendichter Aristophanes, der Arzt Eryximachos und der Krieger und opportunistische Staatsmann Alkibiades, Schüler und Freund des Sokrates. Nachdem Phaidros die Reihe der Sprecher mit einer Hymne auf Eros, den Gott der Liebe, begonnen hat – in der Musik durch ein Fugato wiedergegeben, das die Solovioline anstimmt und das Streichorchester fortführt –, folgt die Rede des Pausanias, Freund des Gastgebers Agathon, in der er das ideale Verhältnis zwischen Liebendem und Geliebtem darzustellen sucht und die Liebe zwischen Männern als die edelste Liebe preist. Die «Dualität von Liebhaber und Geliebtem ist im Rahmen eines klassischen Allegro-Sonatensatzes ausgedrückt, der aus dem Material des eröffnenden Fugato entwickelt wird» (Bernstein).
2. Satz: Aristophanes. Bei Platon spricht der Arzt Eryximachos vor Aristophanes, weil der Dichter an einem Schluckauf leidet. Bernstein läßt Aristophanes zuerst an die Reihe kommen. Er spielt in diesem Stück «nicht die Rolle des Spaßmachers, sondern die eines Geschichtenerzählers vor dem Schlafengehen, der von der legendären mythologischen Entstehung der Liebe spricht». Eine Floskel des Hauptthemas im Beginn des Werkes war im zweiten Teil des ersten Satzes, dem Sonatensatz, Zelle eines neuen Themas geworden, mit typischen Bernsteinschen Septimen und Nonen. Aus Teilen dieses im ersten Satz neuen Materials entstehen wieder neue Gedanken für das spritzige Allegretto des zweiten Satzes, in dem der heitere Charakter des Aristophanes doch in der amüsanten Kontrapunktierung der Motive und Themen durchbricht. Melodische Erweiterung ergibt einen lyrischen Mittelteil, nach dem die heitere Welt des Beginns wiederkehrt.
3. Satz: Eryximachos. «Der Doktor spricht von körperlicher Harmonie als wissenschaftlichem Modell für die Formen der Liebe. Dies ist ein äußerst kurzes Fugato-Scherzo, aus einer Vermischung von Mysterium und Humor heraus geboren« (Bernstein). Dieser Presto-Satz, voller Gegensätze zwischen fortissimo und pianissimo, Virtuosität und Spielerei, nimmt eine in Kanonimitation

sehr sanglich vorgetragene Melodie aus dem Mittelteil des vorangegangenen Satzes in wild bewegendem Temperament auf. Die beiden Keimzellen des Anfangs der «Serenade» – das dreitönige Motiv aus Terz und Sexte und der folgende Aufschwung – bestimmen die Thematik des Presto-Teils.

4. Satz: Agathon. Im Beitrag des Gastgebers Agathon sieht Bernstein «den vielleicht bewegendsten Vortrag im Dialog. Agathons Lobpreisung bezieht alle Aspekte der Macht, der Reize und der Funktionen der Liebe ein. Der Satz ist in einfacher dreiteiliger Liedform geschrieben.» Hier kehrt motivisches und thematisches Material aus allen vorhergehenden Sätzen wieder. «Murmelnd» beginnt dieser Adagio-Satz im Orchester, darüber singt die Sologeige eine lyrische Kantilene; erst gegen Mitte des Satzes steigen die Bewegung und die Dynamik an, wobei die Geige von Anfang an mit Dämpfer spielt. Erst in der fortissimo vorgetragenen Kadenz wird der Dämpfer abgenommen. Danach folgt eine variierte und verkürzte Wiederholung des ersten Satzteils, wieder mit gedämpftem Geigenklang.

5. Satz: Sokrates. Alkibiades. Zu diesem Satz hat sich Bernstein am ausführlichsten geäußert: «Sokrates beschreibt seinen Besuch bei der Seherin Diotima und zitiert ihre Rede zur Lehre von der dämonischen Liebe. Dieses nimmt die Form einer langsamen Einleitung an, die von größerem Gewicht ist als irgendeiner der vorangegangenen Sätze. Sie dient als weiterentwickelte Reprise des Mittelteils des Agathonsatzes und erinnert dabei an eine Art von Sonatenform. Die berühmte Unterbrechung des Gastmahls durch Alkibiades und seine betrunkenen Zechgenossen leitet den abschließenden Rondo-Satz ein, in dessen Geist die Musik von Aufruhr über jigartige Tanzrhythmen zu fröhlicher Feststimmung führt. Wenn in diesem Fest eine Andeutung von Jazz enthalten ist, schreibt Bernstein, so wird das hoffentlich nicht als anachronistische griechische ‹Party-Music› verstanden werden, sondern als die natürliche Ausdrucksweise eines zeitgenössischen amerikanischen Komponisten, der von dem Geist jener zeitlosen Abendgesellschaft erfüllt ist.» Aus der Kantilene des Mittelteils im Agathon-Satz entstehen die thematischen Linien der Orchestereinleitung des Finalsatzes – wie in Bernsteins Erläuterungen angedeutet.

Dieses Finale ist im Gegensatz zu den Hauptteilen der «Serenade» akkordisch-harmonisch, in stark chromatisierter Tonalität gehalten. Die Sologeige nimmt Motivteile auf, bevor sie das Kantilenenthema pianissimo wiederholt. Dann beginnt das stürmische Rondo (Allegro molto vivace), in dem frühere Motive herrschen und neue Gestalten annehmen. Den abschließenden Presto-vivace-Teil eröffnet das Orchester unter klangstarker, geballter Zitierung des Hauptthemas vom Beginn der «Serenade», und erst dann tritt wieder die Sologeige ein und beschließt das Werk mit einer Begleitung der dauernden orchestralen Betonung des vertrauten Terzenmotivs.

Leonard Bernstein hat gelegentlich geäußert, die «Serenade» sei sein gelungenstes Werk. Ohne Zweifel gehört sie zu seinen originellsten Schöpfungen von Thema und Gestaltung her gesehen. Es fehlt der Komposition an der erregenden Dramatik, die alle drei Sinfonien beherrscht – was aus dem philosophischen Vorwurf erklärbar ist. An ihrer Stelle besticht die zuweilen zu leidenschaftlichem Ausdruck drängende Lyrik, erfrischt manch eine humorvolle Episode. Von großem Reiz ist die instrumentale Anlage. Die Sologeige steht einem Streicherensemble gegenüber, zu dem Harfe, Xylophon, Glockenspiel, Triangel, kleine und große Trommel, Becken, Glocken, Pauken und Tamburin kommen. Wie in anderen Werken arbeitet der Komponist auch hier mit wechselnden Klangmischungen, um die musikalischen Charaktere der Themen – und wohl auch der Figuren des Dialogs – zu kennzeichnen. Durch seine festgefügten Strukturen, die formale Anlage und mittels der Verbindung der Sätze durch immer wiederkehrende Motive und Themen ist die «Serenade» als absolutes Musikwerk verständlich und wirksam, ohne daß der außermusikalische Ansatzpunkt des Werkes wahrgenommen werden muß.

Außer Isaac Stern haben die «Serenade» Zino Francescatti und Gidon Kremer unter Leitung des Komponisten auf Schallplatten eingespielt. Die ursprüngliche Aufnahme mit Isaac Stern war 1984 nicht mehr in den Schallplattenkatalogen verzeichnet.

Kompositionsmethoden, Erfindung von Motiven und Themen, Variation und Satzbau, Lyrik und Dramatik, Klangfarbendisposition und formale Gestaltung verbinden Leonard Bernsteins sinfonische Musik mit seinen Werken für das Tanztheater und das Broadway-Musical. Die Musik für das Theater verrät Handwerk und Meisterschaft des sinfonischen Komponisten, so wie die sinfonischen Kompositionen den Sinn Bernsteins für theatralische Dramatik beweisen. Dabei durchzieht seine Musik der Dualismus von Nostalgie und Modernität, von tonal-melodischer Eindringlichkeit und chromatisch-pantonaler Melodik. In der Thematik der Sinfonien kommen jüdische Religiosität und amerikanische Nonchalance zum Ausdruck, in der «Serenade» ist der Blick zurück auf die griechische Antike gerichtet. Einsam ist der Mensch im «Waterfront»-Film wie in den Musicals von Leonard Bernstein. Jüdische und amerikanische Mentalität vereinen sich in «Mass», einsam ist die Vorstadt-Ehe in «Trouble in Tahiti», Nostalgie liegt hinter den Lied- und Tanzformen des sonst spritzigen «Divertimento».

Man kann den Eindruck von Leonard Bernsteins Musik auf den Nichtmusiker kaum besser charakterisieren, als es Burton Bernstein, der jüngere Bruder des Komponisten und erfolgreicher Schriftsteller, getan hat. In seinem Buch «Family Matters» beschreibt er seine Reaktion, als er einem Liederabend beiwohnen mußte, der ihn recht wenig interessierte; es war Jennie Tourels Liederrezital, die Uraufführung der «Kid Songs»: «Ich erinnere mich nur wenig. Ich war einer jener 11 Jahre alten Spießer, die entschlossen sind, Konzertmusik und vor allem Rezitalmusik zu ignorieren ... Alles was mit seriöser Musik und Kunst zusammenhängt, fand ich nicht meiner Beachtung wert – weibisches Zeug!» Das war eher eine Auflehnung gegen den so plötzlich berühmt gewordenen Bruder und auch gegen die Erwachsenen, die ihn neugierig fragten, ob er auch ein berühmter Dirigent werden wolle. Was Burton Bernstein heute über die Musik des Komponisten Bernstein sagt, trifft den Kern sowohl der Broadway- wie der sinfonischen Musik:

«Als Nichtmusiker bin ich ganz besonders unqualifiziert, über Lennys Werk zu urteilen. Aber als ein echter Verehrer kann ich sagen, mit einiger Objektivität und Verständnis, daß Lennys Musik eindeutig Lenny ist – so unverkennbar wie ein Elentier auf einer Abendgesellschaft. Ja, es gibt vage Einflüsse – Copland, Gershwin, Offenbach, was immer –, aber letzten Endes ist die Musik reinster Lenny. Er hat der amerikanischen Musik einen neuen Stil und ein neues Idiom gegeben, und dies allein ist eine großartige Errungenschaft» (Brief vom 22. September 1982 an den Verfasser).

MUSIK FÜRS THEATER

«Das amerikanische Musiktheater hat einen langen Weg hinter sich; dies hat es von der Oper, jenes von der Revue, hier etwas von der Operette, dort etwas vom Vaudeville ausgeborgt – und alle diese Elemente wurden zu etwas ganz Neuem zusammengemischt, das sich stetig in Richtung Oper entwickelt.»
Leonard Bernstein, Oktober 1956

Anläßlich der Uraufführung seiner Zweiten Sinfonie, «The Age of Anxiety», hatte Leonard Bernstein im April 1949 den «Verdacht» geäußert, daß jedes seiner Werke, «für welches Medium auch immer», in Wirklichkeit «in irgendeiner Weise Theatermusik ist». Es ist daher kein Zufall, daß es Choreographen gereizt hat, auch solche seiner Kompositionen auf der Ballettbühne zu deuten, die ursprünglich für konzertante Aufführungen konzipiert waren, darunter «The Age of Anxiety» (Jerome Robbins, 1950) und die «Serenade» (Herbert Ross, 1959). Für das Theater komponierte Musik beschäftigte Bernstein besonders zwischen 1944 und 1957; danach folgten erst wieder «Mass» 1971 und das «Dybbuk»-Ballett 1974. Verschiedene Versuche in den 70er Jahren, ein neuartiges *Musical* zu schaffen, schlugen fehl. 1982 begann Bernstein an seiner ernsten Oper zu arbeiten, der Fortsetzung der in der Kurzoper «Trouble in Tahiti» angegangenen Thematik.

Die Broadway-Musicals «On the Town» (1944) und «Wonderful Town» (1953) zeigten bereits viele originelle Züge, die sie über die Mehrzahl der Werke der Gattung – textlich wie musikalisch – hinaushoben. «Trouble in Tahiti» (1950) und «Candide» (1956), die Kurzoper und die «Operette», waren in dieser Schaffensperiode die Werke für die Gesangsbühne; sie hatten mit den beiden *Musicals* nur wenig gemeinsam. «1600 Pennsylvania Avenue» war 1976 ein später, wenig geglückter Nachzügler. Sein Originellstes hat Bernstein in der frühen Zeit mit den Ballettpartituren für Jerome Robbins gegeben.

Am 18. April 1944 fand in der (alten) Metropolitan-Oper in New York die vom Komponisten dirigierte Uraufführung des Balletts «Fancy Free» statt, dessen Inhalt und choreographische Gestaltung von Jerome Robbins stammten und das später in der musikalischen Komödie «On the Town» zu einem abendfüllenden Stück entwickelt wurde. Die Balletthandlung hat der Komponist selbst charakterisiert:

Vom Augenblick des Handlungsbeginns an, mit dem Klang einer Musikbox, die hinter dem Vorhang einen *Blues*-Song plärrt (den ursprünglich Billie Holiday aufgenommen hatte und der dann Grundlage für den Pas de deux wurde), ist das Ballett ein genaues Bild der Zeit um 1944, als Amerika in den Krieg eingetreten war. Wenn sich der Vorhang hebt, sehen wir eine Straßenecke, mit einem Laternenpfahl, eine Bar in der Nebenstraße und New Yorks Wolkenkratzer mit Lichterketten als schwindelerregendem Hintergrund. Drei Matrosen platzen herein. Sie haben einen 24stündigen Landurlaub und sind in der Stadt auf der Suche nach Mädchen. Die Geschichte, wie sie erst ein erstes Mädchen, dann ein zweites aufgabeln, wie sie um sie kämpfen, beide verlieren und schließlich einem dritten nachjagen, macht den Inhalt des Balletts aus.

Der melodisch, rhythmisch und harmonisch ungewöhnliche *Blues* «Big Stuff» eröffnet das Ballett und kehrt thematisch im Pas de deux wieder, den ein wilder Kampf zwischen den Freunden und «Rivalen» um die Mädchen unterbricht. Die sieben Szenen des Balletts werden durch in sich geschlossene, aber musikalisch zusammenhängende sinfonische Tänze in Suitenform charakterisiert: Eintritt der Matrosen – Szene in der Bar – Eintritt der zwei Mädchen – Pas de deux – Wettstreit um die Mädchen – Drei Variationen (Galopp, Walzer, Danzon) – Finale. Wenn die Musik als Konzertsuite aufgeführt wird, werden die dritte und fünfte Szene meistens ausgelassen. In der «Szene in der Bar» finden wir die lyrischen Anklänge an das Motiv der ausdrucksvoll absteigenden Terzen aus dem «Klagegesang» in der «Jeremias»-Sinfonie wieder, das auf den Einfluß des *Motto*-Motivs in Coplands Klaviersonate zurückzuführen sein mag. Weitere besondere Charakteristika dieser spritzigen Partitur sind die Konfrontierung eines lateinamerikanischen Tanzes (Danzon) mit traditionellen europäischen Rhythmen (Galopp, Walzer) in den Variationen der sechsten Szene und das Soloklavier, das die einzelnen Sätze der Suite miteinander verbindet – ein Stilmittel, das Bernstein in dem «Fancy Free» folgenden Ballett «Facsimile» ebenfalls verwendet.

Die Originalität des Szenariums und der Musik, dazu die Virtuosität der Wiedergabe und eine gewisse Aktualität, sicherten «Fancy Free» einen lange andauernden Erfolg in Amerika, der sich wiederholte, als das Ballett nach Europa kam. Die Konzertsuite wurde dann im Konzertsaal populär und machte eine amerikanische Musik bekannt, die, durch Verwendung von Jazzelementen, Fachwelt und Liebhabern gänzlich unbekannt war. «Das ist kein Gershwin», scherzte Menachem Avidom, als Bernstein die Suite in Tel Aviv dirigierte. «Das will ich meinen», erwiderte der Komponist.

«Facsimile», wie «Fancy Free» vom «Ballet Theatre» (dem späteren «American Ballet Theatre») in Auftrag gegeben und von Jerome Robbins choreographiert, entstand 1946; die Uraufführung fand am 24. Oktober 1946 im Broadway-Theater in New York statt, und am 5. März 1947 leitete Bernstein die erste Aufführung der im Finale etwas veränderten Konzertfassung, die als «Choreographischer Essay für Orchester» bezeichnet ist.

Das Thema von «Facsimile» ist – wie in vielen Werken Bernsteins – die Einsamkeit des Menschen. So ist die Stimmung der Musik vorwiegend lyrisch; poetisch beginnt sie mit dem Solo einer Oboe, deren melodisches Thema von Soloflöte und Geigen aufgenommen wird. Es leitet vier Episoden der Handlung und ihrer Musik ein. Mann und Frau sind der Stadt entflohen, um am Meeresstrand Entspannung zu suchen, aber es entwickelt sich nur ein «Facsimile» von Kameradschaft; neue Langeweile und seelische Verlassenheit sind die Folgen. In einem «Solo» wird die Frau charakterisiert. Im «Pas de deux» erleben Frau und Mann Flirt und Enttäuschung. Im «Pas de trois» ist die Frau mit einem anderen Mann zusammen, den sie gegen den ersten ausspielt. Die Laune wandelt sich; der Spaß mündet in einen verzweifelten «Stop!»-Ruf. In der Koda ist die Frau wieder allein, ihre Sehnsüchte sind unerfüllt geblieben. Wie in «Fancy Free» spielt auch hier ein Soloklavier die musikalische Rolle einer Verbindung der einzelnen Episoden.

Im Zusammenhang mit Leonard Bernsteins Musik für das Theater kann ein Werk genannt werden, das als Gelegenheitsstück im Auftrag entstanden ist, aber erst als Musik zu einer Choreographie wirklich zur Geltung kam. Dies ist «Prelude, Fugue and Riffs» für Soloklarinette und Jazzensemble, November 1949 komponiert. Der Jazzmusiker Woody Herman, der Igor Strawinskys «Ebony Concerto» in Auftrag gegeben und aufgeführt hatte, bat auch Leonard Bernstein um eine Komposition für sein Ensemble. Das war der Anstoß zu einem ungewöhnlichen Werk, das von Woody Herman jedoch nie aufgeführt worden ist. Erst im Oktober 1955 wurde es von Benny Goodman mit seinem Jazzensemble im Rahmen von Bernsteins Fernsehsendung «What is Jazz» gespielt. Eine Bearbeitung dieser Musik hatte Bernstein als Ballettmusik für «Wonderful Town» hergestellt, doch wurde sie nur in den «Provinz»-Voraufführungen des *Musicals* gespielt. Da «Prelude, Fugue and Riffs» schwer aufzuführen ist, gibt es nur die Möglichkeit, die von Benny Goodman auf CBS-Schallplatte eingespielte Version zu hören. Es ist dies eine erstaunlich virtuose Kombination klassischer Formen und kontrapunktischer Strukturen mit Jazzthemen und Jazzrhythmen, wobei die gegeneinander gesetzten Rhythmen den Eindruck erwecken, als begleiteten sie frei gestaltete, womöglich improvisierte Melodien. John Clifford hat das Stück im Mai 1969 mit dem New York City Ballet choreographiert. Eine neue Version schuf Michael Uthoff mit dem Titel *Patrasolifutricatramerifu* für das Hartford Ballet im Juli 1978, in der University of Massachusetts, Amherst.

Die beiden Bühnenwerke der 50er Jahre hat Leonard Bernstein als «Oper in einem Akt» und als «Komische Operette» bezeichnet. Für die Oper «Trouble in Tahiti» hatte er sein eigenes Libretto verfaßt, für die von Lillian Hellman geschriebene Operette diente Voltaires gesellschaftskritische Komödie «Candide» als Ausgangspunkt. Über die Unterschiede und Charakteristika der einzelnen Gattungen von Bühnenstücken mit Musik hat sich Bernstein gerade zur Zeit der Komposition von «Candide» eigene Gedanken gemacht; am 7. Oktober 1956 behandelte er Geschichte und Typen des *amerikanischen Musicals* in einem seiner «Omnibus»-Fernsehvorträge, deren Text in «The Joy of Music» abgedruckt ist. Er unterscheidet zwischen Varieté-Vaudeville, Revue, Operette, Komische Oper, Opera buffa, Opéra comique, Große Oper und Musikdrama, zwischen «Shows», die lediglich zur Unterhaltung des Publikums dienen, und Werken mit künstlerischem Anliegen, die «das Publikum durch erhabene Empfindungen bereichern und erheben» sollen. Das *Musical* steht für ihn «irgendwo zwischen Varieté und Oper», und «in den letzten hundert Jahren zeigte sich eine anhaltende Strömung, langsam aber sicher fortschreitend, von dem einen Pol zum anderen, von simpler Unterhaltung zu kunstvoller Gestaltung».

In der Geschichte der amerikanischen Musik finden wir frühe singspielartige Bühnenstücke wie auch Opern. Leonard Bernstein sieht den Anfang des amerikanischen *Musicals* in einem Machwerk, «The Black Crook» betitelt, das im Jahr 1866 in New York aufgeführt wurde und eine bunte Zusammenstellung von Melodramen, Balletten und Varietéakten war, miteinander verbunden durch eine lose Handlung. Die mehr als fünf Stunden dauernde Vorstellung, mit einer heute armselig anmutenden Musik, war ein Riesenerfolg: sie lief allein in New York anderthalb Jahre und hielt sich auf Tourneen fast ein Vierteljahrhundert lang. Waren im «Black Crook» Amerikanisches und Französisches bunt durcheinandergewürfelt, so sieht Bernstein in dem 1890 erstaufgeführten Musical «A Trip to Chinatown» den ersten rein amerikanischen Beitrag zur Gattung, denn das Stück hatte eine Handlung mit amerikanischem Hintergrund, und die Lieder waren «typisch amerikanisch». Die Songs waren dabei ohne Bezug auf die Handlung lose eingestreut. Dann aber lernte Amerika die komischen Opern von Gilbert und Sullivan und schließlich Franz Lehárs «Lustige Witwe» kennen, und es entstand die amerikanische Operette, deren großer erster Vertreter Victor Herbert gewesen ist. Die Operette bemühte sich nicht nur um eine interessante Handlung, der Komponist versuchte auch, einen Zusammenhang zwischen ihren Liedern herzustellen und die Musik so auszuarbeiten, wie sie in einer ernsten Opernpartitur steht. Als Gegensatz zur

Operette entwickelten sich die Revue und die Burleske, hier brach sich der Jazz als ureigenes amerikanisches Element seine Bahn.
Das amerikanische *Musical* verdankt der Revue das Unterhaltungselement und der Operette die Integration von Lied und Handlung. In den zwanziger Jahren des Jahrhunderts brachten es die ernsten Zeiten mit sich, daß soziale und andere öffentliche Probleme in die Handlung der *Musicals* Eingang fanden: «Amerika war plötzlich erwachsen geworden.» Die *Musicals* hörten zwar nicht auf, auf Spaß und Unterhaltung zu zielen, aber Kritik und Satire auf Öffentlichkeit und Gesellschaft würzten Handlung und Liedertexte. Als ernsthafteste Satire bezeichnet Bernstein George Gershwins «Of Thee I sing» (1931), Vorbild für eine ganze Reihe von Musicals der dreißiger Jahre: Das Stück hat «hinreißende Melodien, die der Handlung perfekt angepaßt sind, ein typisch amerikanisches Thema, eine natürliche amerikanische Sprache, scharf geschliffene und brillante Gesangstexte, eine größte Abwechslung einschließende Einheitlichkeit des Stils... Charaktere, die weder fremdartig noch exotisch sind, obwohl die Situation ziemlich wild ist», und «es bedient sich in Wort und Musik der Landessprache».
In der weiteren Entwicklung des amerikanischen Musiktheaters bewundert Bernstein die neuartige Verwendung von Ballettszenen, wie sie erstmalig von Moss Hart und Richard Rodgers in «On Your Toes» (1936) im Ballett «Slaughter on Tenth Avenue» kreiert wurden – ein Ballett mit eigener Handlung, die sich ins *Musical* entscheidend einfügt. Kurt Weill und Marc Blitzstein brachten neue Töne in das amerikanische Musiktheater, und Gershwins Oper «Porgy and Bess» übertrug den Songstil des Musicals in kunstvoller Arbeit in die Welt der Oper. Von Oper und Operette wiederum sind Stilmittel ins *Musical* eingedrungen, wie es in den Gemeinschaftsarbeiten von Oscar Hammerstein III und Richard Rodgers zu spüren ist.
Die historischen Überlegungen Bernsteins stammen charakteristischerweise aus der Zeit der Komposition der eigenen Operette «Candide»; die Oper «Trouble in Tahiti» war sechs Jahre früher, 1950/51, entstanden. Nach Bernsteins Definitionen steht auch diese kurze Oper halbwegs zwischen Operette und Oper; der

Hauptunterschied liegt darin, daß «Trouble in Tahiti» trotz separater Nummern durchkomponiert ist und motivische wie thematische Verbindungen zwischen den musikalischen Abschnitten bestehen.
«Trouble in Tahiti» (deutscher Titel «Inselzauber») hat Leonard Bernstein, der Libretto und Musik schrieb, als ein «leichtgewichtiges Stück» bezeichnet. «Das Ganze ist vom *popular song* inspiriert und wurzelt in der musikalischen Komödie, besser gesagt, im amerikanischen Musiktheater.» Daß hier in Handlung, Sprache und Musik auch viel Kritisches, viel Satirisches zum Ausdruck kommt, spiegelt sich wohl auch in der Widmung an Marc Blitzstein. Gefühlsmomente und Ironie, Lebensweisheit und Parodie wechseln oft brüsk einander ab, und in der Musik stehen sich volkstümlich Klingendes und kompliziert Komponiertes gegenüber. Gleich mit den ersten Takten des Vorspiels, die ein «Harmonie-Trio» im Stil des Werberundfunks einleiten, ertönt ein zwölftöniges Thema im *Swing*-Rhythmus, wobei im Thema die in fast allen zwölftönigen Reihen Bernsteins bevorzugten Terzintervalle den Charakter des Themas bestimmen. Das Trio – aus Sopran oder Mezzosopran, hohem Tenor und hohem Bariton zusammengesetzt – begleitet die Handlung im Sinne des antiken griechischen Chors. Die Sängerin soll ein dekolletiertes, möglichst weißes Abendkleid tragen, die möglichst jungen Sänger hellblauen Smoking. Das Trio «soll in flüsterndem, hauchigem Pianissimo singen, das durch das Verstärkersystem wie *Crooning* klingt, und darf niemals aufhören zu lächeln», schreibt Bernstein vor.
Die Personen der Handlung sind Dinah, eine Hausfrau in einem modernen Vorort, etwas über dreißig Jahre alt (Mezzosopran), und ihr etwa gleichaltriger Mann, Sam (Baßbariton). Es sind junge Eheleute, die sich geistig und seelisch anöden und einander vorwerfen, daß ihre Ehe so unglücklich ist. Der auch etwas zweifelhafte «Inselzauber», den Dinah im Kino erlebt, wo ein kitschiger Film «Trouble in Tahiti» gegeben wird, kann an ihrem Zusammenleben kaum etwas ändern.
Das Trio schildert im Vorspiel die Vorzüge des Lebens im Vorort der großen Stadt, doch bereits in der ersten Szene sehen wir das Paar Sam und Dinah beim Frühstück miteinander streiten. Es fehlt

ihnen nicht an Komfort, doch Sam sehnt sich nach Ruhe, Dinah sich nach einem erlebnisreicheren Leben. In der zweiten Szene wird der in seinen Geschäften erfolgreiche Sam von der Erinnerung an den häuslichen Streit geplagt. Die folgende Szene zeigt Dinah in der Klinik eines Psychiaters, sie ist einem Nervenzusammenbruch nahe, der Arzt kann ihr kaum helfen. In der vierten Szene treffen sich Dinah und Sam zufällig auf der Straße, gehen aber weiter ihre eigenen Wege. Es folgt ein Zwischenspiel, mit dem Zwölftonthema des Vorspiels beginnend; jetzt klingt das Lied des Trios vom Glück bereits ironisch. In der fünften Szene fühlt sich Sam nun überglücklich: Im Ankleideraum des Turnsaals bewundert er sich selbst als «Gewinner», als Personifizierung der «amerikanischen Erfolgs-Story», weil er im Handballmeisterschaftsspiel als Sieger hervorgegangen ist. Dinah ist zur selben Zeit ins Kino gegangen und erzählt einer anderen Frau, die mit ihr an der Bushaltestelle wartet, vom exotischen Reiz des Films «Trouble in Tahiti». Sie identifiziert sich schließlich mit der Hauptdarstellerin und bringt Phantasie und Wirklichkeit durcheinander. Nach Hause zurückgekehrt, findet sie Sam, der darüber nachdenkt, wie er seinen Erfolg des Tages weiter nützen könnte. In der Schlußszene versuchen sich Sam und Dinah gegenseitig klarzumachen, wie sie zueinander stehen, doch es kommt keine wirkliche Verständigung zustande. Sam schlägt vor, daß sie der häuslichen Misere entfliehen und ins Kino gehen. Aber es stellt sich heraus, daß in ihrem Vorort nur ein einziger Film auf dem Programm steht, ironischerweise der schreckliche Film «Trouble in Tahiti».

Simpel ist die Moral dieser Szenenfolge: Ein gesellschaftlicher Status, der Besitz von Geld genügen nicht, um ein glückliches Leben zu gewährleisten. Man erkennt in den Debatten von Sam und Dinah unschwer die Spiegelung von so manchen Situationen wieder, die der junge Lenny im eigenen Elternhaus erlebt haben mag. Nicht zufällig heißt der erfolgreiche Geschäftsmann wie der Vater *Sam,* und auch der Name *Dinah* ist aus der Bernstein-Familie bekannt. «Men are created unequal», die Menschen sind ungleich geschaffen – das ist der Kernsatz von Sams Monolog in der fünften Szene, und alles, was der Mensch braucht, ist Sieg und Erfolg.

Man hat «Trouble in Tahiti» vorgeworfen, daß einem Libretto mit simpler Moral, einer fast alltäglichen Szenenfolge, eine anscheinend leicht hingeworfene Musik entspricht, in der sich der Komponist nicht recht entscheiden konnte, ob er ein *Musical,* eine Operette oder eine tragikomische Oper schreiben wollte. Tatsächlich hat die Kurzoper Elemente aller möglichen Stile, und ebenso bleibt die Frage offen, ob Worte und Musik heiter oder traurig stimmen sollen. Dabei eröffnet ein näheres Studium der Partitur einen Einblick in eine kunstvolle kompositorische Arbeit, die anderen, im ganzen eindrucksvolleren, Werken Bernsteins durchaus ebenbürtig ist.

Die aus Terzen, Quarten und Quinten sowie Sekundschritten zusammengefügte zwölftönige Reihe des Vorspiels – die den Gesang des Trios auch immer wieder unterbricht – mündet schließlich in Bernsteins an ausdrucksvoll-dissonanten Stellen bevorzugte None, bei der Wiederholung in die aufsteigende Septime. Septimen und Nonen bestimmen dann die ostinate Begleitung – in Akkorden und gebrochenen Akkorden –, die den dissonanten Dialog Sams und Dinahs untermalt. In Sams Soloszene, einem Telefongespräch in Szene 2, spielt der Komponist mit Terzen und Septimen, auf der Bühne sieht man dabei – unbeleuchtet – Dinah auf der Couch des Psychiaters; Dinah ist ja auch Sam selbst im Sinn. In Dinahs folgender Szene nimmt die Musik nach einem dissonanten h-Moll der Sam-Szene einen g-Moll-Charakter an, der einen mehr diatonischen, romantischen Ton mit sich bringt. Nach der kurzen Straßenbegegnung folgt das Zwischenspiel mit dem Trio und danach die «Erfolgs-Szene» Sams. Das Orchester begleitet Sams stolzen Monolog im «Punching-bag»-Rhythmus, im stark skandierten Sechsachteltakt. Die Tonart wechselt von C-Dur nach G-Dur, f-Moll, und nach mannigfachen Modulationen nach C-Dur zurück. Die harmonische Terz dominiert Melodik und Akkordik dieser Szene. Im nächsten Auftritt berichtet Dinah in der berühmt gewordenen Arie von dem «schrecklichen, fürchterlichen Film»: «What a movie! What a terrible, awful movie!» Hier ist Leonard Bernstein eine witzige Satire auf Inhalt und Musik des Hollywood-Films der 50er Jahre gelungen. Das Trio meldet sich wieder am Ende der Arie mit

«Inselzauber»-Harmonien; Dinah unterbricht sich selbst und das Trio, da sie voller Schrecken merkt, daß sie sich mit ihrem Phantasieren verspätet hat und nach Hause eilen muß. In unsicherer Harmonie beendet das Ehepaar-Duo zusammen mit dem «Zuschauer»-Trio die bittere Fabel. Sie endet mit einem Fragezeichen, auch einem musikalischen Fragezeichen.

Eine fast kammermusikalische Orchesterbesetzung – 15 Bläser, Schlagzeug, Harfe und Streichquartett – trägt zum Kammerspielcharakter der Oper bei. Bernstein läßt das Orchester stets als unauffällig wirkende Begleitung spielen; es darf die musikalische Deklamation der Gesangspartien nicht stören. Die Uraufführung dirigierte er am 12. Juni 1952 am Festival of Creative Arts an der Brandeis University in Waltham, Massachusetts, an der er von 1951 bis 1954 eine Professur bekleidete. Zwei Tage nach «Trouble in Tahiti» leitete er am gleichen Festival Marc Blitzsteins Version der «Dreigroschenoper» von Bertolt Brecht und Kurt Weill.

Zwischen «Trouble in Tahiti» und «Candide» fallen noch zwei Kompositionen von Zwischenaktmusiken. 1955 schrieb er acht Chorsätze für Lillian Hellmans Bearbeitung von Jean Anouilhs Stück «Die Lerche»: drei Chöre mit Trommelbegleitung nach französischen Texten und fünf Chöre mit Glockenbegleitung nach lateinischen liturgischen Texten. Das Theaterstück mit Bernsteins Chören kam zuerst in Boston und New York in der Wintersaison 1955 zur Aufführung, später kam die Musik auch in den Konzertsaal. Im selben Jahr komponierte Bernstein auch ein Stück für Kammerorchester und Gesangssoli für Oscar Wildes «Salome» – eine Musik, die nicht veröffentlicht wurde und nicht bekannt geworden ist. Die gemeinsame Arbeit mit Lillian Hellman an «Candide» begann zu dieser Zeit Gestalt anzunehmen. Mit ihr war eine literarisch-musikalische Zusammenarbeit bereits vorher im Gespräch gewesen. Im Lauf des Jahres 1954 entstand der Plan einer komischen Operette nach Voltaires Gesellschafts-Satire «Candide», die Bernstein seit seiner Studienzeit immer von neuem begeistert hat.

Voltaires Roman, 1759 unter dem Titel «Candide oder der Optimismus» erschienen, richtete sich gegen den philosophisch unterbauten Optimismus, den Gottfried Wilhelm Leibniz in seiner

«Theodizee» 1710 postuliert hatte: «Gott schuf die vollkommenste aller Welten.» Die Wahrheit dieses Satzes will Candide auf die Probe stellen; Voltaire führt ihn *ad absurdum*. Er hatte «Candide» gegen Ende des Jahres 1758 in wenigen Wochen geschrieben. Im März 1759 wurde die Schrift in Genf öffentlich verbrannt, in Paris verboten, drei Jahre später vom Vatikan auf den Index gesetzt. Dabei erlebte das Werk in den ersten zwei Jahren 13 Ausgaben, bis zum Tode Voltaires 1778 40 Ausgaben. Wie Dieter Hildebrandt in seinem Vorwort zur deutschen Übersetzung von Ilse Linden (Berlin, 1963) schreibt, warnt «Candide» die Welt vor dem, wessen sie fähig ist, und ist so über die Jahrhunderte hin in fast grausamer Weise aktuell geblieben. Die Katastrophe des verheerenden Erdbebens von Lissabon 1755, unter deren Eindruck Voltaires «Candide» entstanden ist, «brach ein in ein Zeitalter der Wohlgefälligkeit, das sich angewöhnt hatte, die große Dissonanz des Barocks zur Harmonie des Glücks aufzulösen ... und eröffnet das wahre Zeitalter der Aufklärung, das bis heute nicht vollendet ist» (Hildebrandt). Madame de Staël schrieb dem Werk «eine infernalische Fröhlichkeit» zu – und etwas von solchem Charakter ist kongenial in so manchen Teilen von Leonard Bernsteins «Candide»-Partitur zu spüren.

In der ersten Szene der Operette erklärt dem Jüngling Candide sein Lehrer Dr. Pangloss, daß diese unsere Welt die beste aller Welten und das Eheleben die beste aller Lebensformen ist. Die Operette folgt dem Grundplan des Romans; jede Szene zeigt die Hinfälligkeit der optimistischen Lebenseinstellung auf. Der gutgläubige Jüngling steht vor der Hochzeit mit der edlen Westfälin Cunégonde und singt ein lyrisches Duett mit ihr, als eine Katastrophe hereinbricht und «Westphalia» zerstört. Candide muß annehmen, daß auch seine Cunégonde untergegangen ist. Er tröstet sich mit der Theorie des Dr. Pangloss von der Schönheit dieser Welt und geht auf Reisen. Er gelangt nach Lissabon, nach Paris, Buenos Aires, Venedig, kehrt schließlich desillusioniert in die Ruinen Westphalias zurück. In Lissabon (zweite Szene der Operette) hatte er einen arabischen Beschwörer und Wahrsager getroffen, der schreckliche Ereignisse voraussagte. Zwei alte Inquisitoren erscheinen ihm und drohen, ihn und Dr. Pangloss hinzurichten, als

ein Erdbeben Dr. Pangloss tötet, während Candide wie durch ein Wunder entfliehen kann. In einem Zwischenspiel denkt Candide über den tragischen Verlust von Lehrer und Geliebter nach, der sich gar nicht mit einer optimistischen Weltanschauung vereinen läßt. Doch glaubt er, alle Schuld läge bei ihm selbst, und so will er in Paris sein Glück von neuem versuchen. In der dritten Szene findet er erstaunlicherweise in Paris seine Cunégonde wieder, als Halbweltdame, die mit einem Marquis und einem Sultan zusammenlebt. Eine «Old Lady» ist ihre «Duenna»; sie läßt Cunégonde ihren kostbaren Schmuck anlegen und Candide so entgegentreten. Nach einem Duell, in dem Candide Marquis und Sultan tötet, flieht er mit Cunégonde und der «Old Lady». Die Gruppe schließt sich einer Pilgerfahrt in die Neue Welt an und erreicht in der vierten Szene Buenos Aires, wo alle mit Ausnahme Cunégondes und der «Old Lady» vom Gouverneur gefangengesetzt werden. Ein pessimistischer Straßenkehrer warnt Candide vor der Zukunft. Als er erfährt, daß Cunégonde in den Palast des Gouverneurs aufgenommen worden ist, entflieht er und hofft, eines Tages zurückzukehren, um Cunégonde zu befreien. Mit dieser Szene schließt der erste Akt der Operette.
Der zweite Akt beginnt wieder in Buenos Aires. Der Gouverneur ist nervös geworden und will sich der beiden Damen entledigen. Candide ist aus Eldorado zurückgekommen. Seine Taschen sind voller Gold, und er ist auf der Suche nach Cunégonde. Der Gouverneur hat Cunégonde und die «Old Lady» in Säcke binden und zum Hafen in ein Boot bringen lassen. Er erzählt Candide, daß sie nach Europa abgefahren seien. Candide erwirbt in aller Eile ein segeluntüchtiges Schiff, um ihnen nachzureisen. Das Schiff sinkt; nur der Straßenkehrer Martin und Candide retten sich auf ein Floß. Martin, der Pessimist, wird von einem Hai verschlungen, gleichzeitig aber erscheint auf wunderbare Weise Dr. Pangloss, und Candide glaubt, nun könne das inzwischen so verbitterte Weltbild wieder zum Guten gewendet werden. Er erreicht Venedig und findet in einem luxuriösen Palast Cunégonde als Reinemachefrau und die «Old Lady» als Modedame. Beim Gelage und beim Spiel verliert Candide alles, was ihm an Gold geblieben war. Er verbleibt schließlich ohne Freunde, ohne Geld und ohne Hoff-

nung. So kehrt er in die Ruinen Westphalias zurück, und dort erscheinen wieder Cunégonde, Pangloss und die «Old Lady». Doch mit dem Optimismus Candides ist es vorbei, er macht sich keine Illusionen mehr. Der Gesang des Finale «Make Our Garden Grow» nimmt das Wort von Voltaires letzter Lebensphilosophie auf, daß es der einzige Sinn des Lebens sei, einen Garten zu pflanzen und ihn gedeihen zu lassen.

Zur Mitarbeit an den Texten wurden Dorothy Parker, John La Touche und Richard Wilbur herangezogen. Schon während der Arbeit stellten sich bei Leonard Bernstein gewisse Zweifel ein. Das Buch verlangte vom Zuschauer viel Verständnis und Nachdenken, obwohl Lillian Hellman sich um eine vereinfachte Sprache bemüht hatte. Handlung und Text blieben naturgemäß von Philosophie und bissigen Anspielungen durchsetzt, und Richard Wilbur, der die meisten Gesangstexte schrieb, gab später einmal selbst zu, er sei doch etwas «zu literarisch und zu eigensinnig» für den Publikumsgeschmack gewesen. Leonard Bernstein bewegte sich in seiner Musik zwischen den kurz in seiner Fernsehanalyse beschriebenen Gattungen, war in manchen Teilen seiner Operettenpartitur spritzig und leicht, in anderen musikalisch-sophistisch. In einem «Zwiegespräch mit sich selbst», zweieinhalb Wochen nach der Premiere in Boston, zwei Wochen vor der ersten Aufführung von «Candide» in New York veröffentlicht, stellte er als grundlegendes Problem seiner Operette die Frage: «Klingt dieses *fis* so, als ob es in ein Broadway-Musical paßte?» (New York Times, Sonntagsausgabe vom 16. November 1956).

«Hast du vergessen, was du Millionen von Amerikanern am 7. Oktober im Fernsehen über die amerikanischen Elemente im amerikanischen Musical gesagt hast?» erwidert ihm sein *Alter ego*. «Dein einziges Problem ist es, daß du deine eigene Definition verleugnet hast. Nun laß uns jenes *fis* haben.»

Bernstein entgegnet, das amerikanische Musical müsse, um charakteristisch zu sein, amerikanische Elemente, amerikanische Sujets, amerikanische Thematik und volkstümliche amerikanische Sprache haben – womit Jazz gemeint sei. Er verteidigt die Vorlage: «Voltaires Satire ist international. Sie beleuchtet alle dunklen Stätten, in Amerika sowohl wie in Europa. Es ist zwar kein

amerikanisches Buch, aber es behandelt alles, was uns und alle Menschen angeht. Zuweilen denke ich auch, daß es für uns Amerikaner besondere Gültigkeit hat. Und das schließt auch die Vorwürfe ein, die Voltaire gegen seine eigene Gesellschaft erhebt.»
Bernstein weist darauf hin, daß er die Operette als ernsthafter in musikalischem Inhalt als das Musical bezeichnet hat, und er glaubt, «Candide» folge der Tradition der Operette eher als dem Stil von etwa «Guys and Dolls» oder dem eigenen Musical «Wonderful Town». «Ich beschwöre dich, Dämon», ruft er dem *Alter ego* zu, «ich befehle dir, dich in Frieden niederzulegen. Gute Nacht.» Doch das *Alter ego* «hat immer das letzte Wort» und fragt: «Gute Nacht. Und nun, was wirst du mit jenem *fis* anfangen?»
Die Operette hatte tatsächlich wenig Erfolg. Der New Yorker Premiere am 12. Dezember 1956 folgten nur 73 Aufführungen – für den Broadway eine äußerst geringe Zahl. «Eine Geschichte mit philosophischer Tendenz aus dem 18. Jahrhundert ist kein idealer Stoff für ein Theaterstück», schrieb Brooks Atkinson in der *New York Times* und gab damit die Meinung der meisten Theaterbesucher wieder. Es war aber die Musik wie der Text, die das Publikum nicht entzückte. Sie war zwar charmant, amüsant, spritzig, aber zu kunstvoll für den Rahmen und ohne jede leicht nachzusingende Melodie. Nur die Ouvertüre gefiel wirklich, sie bewies ihren Charme in der Folge auch im Konzertsaal. Die Operette wurde durch ein Tournee-Ensemble in vielen Städten konzertant zur Aufführung gebracht und hatte im April 1959 in London einen weitaus größeren Erfolg als in New York. Die englische Kritik und das englische Publikum bewiesen mehr Verständnis für die Art des sophistischen Humors, der Libretto und Musik beherrscht. Am 20. Dezember 1973 wurde im Chelsea Theater in Brooklyn eine neue Fassung mit überarbeitetem Libretto von Hugh Wheeler, Gesangstexten von Richard Wilbur, John La Touche, Stephen Sondheim und Leonard Bernstein uraufgeführt, in der einige Nummern gestrichen, andere verändert wurden und die Orchestration auf ein Ensemble von 13 Spielern reduziert war (bearbeitet von Hershy Kay).
Wurde Leonard Bernstein beim Roman Voltaires vom mit Lebenslust und Lebensmut gepaarten Pessimismus angezogen, wie

er auch viele seiner eigenen Texte und literarischen Vorwürfe durchzieht, die ihn zum Komponieren angeregt haben? In der *Musik* zu «Candide» ist davon verhältnismäßig weniger zu spüren als etwa in «The Age of Anxiety» oder in der «Kaddisch»-Sinfonie, in «Facsimile», «Trouble in Tahiti», ja bereits in der «Jeremias»-Sinfonie. Die Ouvertüre zu «Candide» gehört zu den heitersten, unbeschwertesten Stücken des Komponisten, voller Laune wie Mozarts «Figaro»-Ouvertüre oder das Vorspiel zu einer Offenbach- oder Gilbert und Sullivan-Operette; nicht einmal das ominöse *fis* stört den Ablauf. Diese Ouvertüre nimmt nicht nur wesentliche Themen aus den Gesangsnummern der Operette vorweg; sie stellt an ihren Beginn das charakteristische Bernstein-Intervall der Septime, gefolgt von einer großen Sekunde, als motivische Zelle für die meisten melodischen Einfälle des gesamten Werkes. Im Rahmen einer klassischen Sonatenform erscheinen Themen und Gegenthemen in Ausarbeitung und Kontrastierung, und einzelne Motivteile wirbeln in immer wechselnden Orchesterfarben durch die beschwingte Ouvertüre. In der ersten Szene nimmt das Duett des Hochzeitspaares «Oh, Happy We» den lyrischen zweiten Gedanken aus der Ouvertüre auf. In der dritten Szene singt Cunégonde ihre in langsamem Walzertempo beginnende, dann in lebendiges *Allegro* übergehende große «Juwelen-Arie» («Glitter and be Gay»), deren Finalteil in der die Ouvertüre beschließenden Kodetta vorweggenommen war. Zu den erstaunlichen Stücken der Partitur zählt das Trio zu Beginn des zweiten Aktes. Das Trio («Old Lady», Cunégonde, Gouverneur) beginnt mit einem von *Fortissimo*-Einsätzen des Orchesters unterbrochenen Dialog. Dann singen die Damen eine verschrobene Arie, vom Gouverneur mehrmals und schließlich erfolgreich durch «Quiet!»-Rufe unterbrochen. Das Orchester spielt in langsamem Tempo, *pesante,* «ohne Ausdruck», ein Thema aus zwölf, sich nicht wiederholenden, Tönen mit sich von kleiner Sekunde bis zur großen Septime weitenden Intervallen, endend mit einem Septimen-Abwärtssprung *F-Fis,* wonach die Septimen als Quasi-Echo zweimal wiederholt werden. Nach dem *Fortissimo*-Beginn wird die Tonreihe *pianissimo,* in langsamerem Tempo um einen Ganzton tiefer wiederholt, dann spricht der Gouverneur einen Gemein-

platz. Das Orchester wiederholt die Tonreihe mit verschobenen Tönen, es folgt Dialog. Wieder folgt die Reihe, stets *pianissimo,* mit ausgewechselten Tönen, und nach einer Fermate beginnt die Arie, abwechselnd von der «Old Lady» und Cunégonde gesungen – sie handelt von ihrer Langeweile im Palast des nun ärgerlich werdenden Gouverneurs. Die zwölftönige Reihe drückt hier die Langeweile der Frauen aus, sie bestimmt den Beginn der Arie und kehrt als Zwischenspiel wieder. Der Hauptteil der Arie dreht sich um stetig wiederholte Sekundintervalle, die in dissonant harmonisiertem D-Dur von der Mittellage in die Höhe steigen und nach einem Zwischenteil in d-Moll in D-Dur-Harmonisierung wiederkehren. Das «Quiet» des Gouverneurs wird gesprochen; erst am Schluß der Szene, als die «Old Lady» sich über «Comfort und Boredom and Quiet» beschwert, ahmt der Gouverneur den absteigenden kleinen Terzschritt auf «Quiet» nach und singt *fortissimo* «Quiet» auf die absteigende große Terz *fis-d.* Die Szene – so dramatisch wie witzig in Text wie Musik – endet mit einer *Fortissimo*-Wiederholung des zwölftönigen Themas durch das Orchester – nach dem markanten Septimensprung folgt die Quinte-Tonika-Kadenz von D-Dur.
Vom Broadway-Publikum war es sicher zu viel verlangt, den Geist und den Witz einer solchen musikalischen Szene zu begreifen, die noch dazu einen nicht besonders originellen Text in dieser Phase der Handlung aufzuweisen hat. Bernstein hatte vorausgeahnt, daß die ehrgeizig und erwartungsvoll begonnene Komposition eines literarischen Librettos nach einem anspruchsvollen klassischen Roman nicht den gewünschten Erfolg bringen würde. Begreiflich ist es, daß ihn trotzdem die Reaktion der ihm bei seinen früheren Werken so positiv zustimmenden Kritiker und Zuschauer-Zuhörer «Candide» gegenüber enttäuschte. Doch verzweifelte er nicht im Versuch, dem amerikanischen Musiktheater etwas gänzlich Neues zu geben. Er hat «Candide» 1973, 1982, 1988 – zuletzt als «Fassung für ein Opernhaus» – neu bearbeitet, doch der bereits ein Jahr nach der Urfassung von «Candide» vollendete ganz neue Versuch – zehn Monate nach der Premiere der Operette uraufgeführt – brachte die Bestätigung und den Durchbruch. «West Side Story», in Thema, Handlung, Gestaltung und Musik

von jedem früheren Broadway-Musical verschieden, ein Broadway-Musikdrama mit tragischem Ausgang, erregte die Musikwelt und eroberte trotz aller seiner typisch amerikanischen Charakteristika als Bühnenwerk wie als Film die gesamte Welt.

Auch in «West Side Story» spielt «jenes *fis*» wieder eine hervorstechende Rolle, um das Leonard Bernsteins *Alter ego* mit dem Komponisten «kämpfte». Es ist dies der Ton, zu dem die Melodie in seinen Gesangslinien an den ausdrucksvollsten Stellen im Nonensprung aufsteigt – bereits im Werk des 17jährigen, dem 148. Psalm, erreicht die Gesangsstimme «jenes *fis*» vom Ton e hinaufspringend an drei Höhepunkten, hier noch im rein harmonisch empfundenen Satz. «Das immer wiederkehrende Anstreben des Tones *fis* der höheren Lage fällt besonders in Bernsteins Gesangskompositionen auf», sagt die Altistin Ursula Mayer-Reinach: «Nun weiß jeder Sänger, daß dieses *fis* der sogenannte Eckton in der aufsteigenden Skala ist. Für Sopran-, Mezzo- und Altstimmen ist es der entscheidende Ton, um die wahre Höhe zu erreichen, und auch für den Bariton die Vorbedingung für das gefürchtete g und gis, für den Bassisten die Krönung seiner Stimme. In seiner Exponiertheit ist daher das *fis* eine stetige Herausforderung, und seine starke Akzentuierung teilt sich dem Hörer mit.» Die energiegeladene Expressivität des Nonen-Aufschwungs in einer betont dissonanten musikalischen Umwelt, nur wenig abgeschwächt in den Septimensprüngen, gehört dann zu den unverkennbaren Merkmalen der Sinfonik wie der Theatermusik Leonard Bernsteins.

WEST SIDE STORY

«Für die nächsten sieben Monate werde ich nicht dirigieren, da ich eine neue Show schreibe, ein ziemlich ernstes und tragisches Musical – man stelle sich das vor ...»
Leonard Bernstein, Februar 1957

Leonard Bernsteins intensive Arbeit an der Musik zu dem in Text, Szenenfolge und realistischer Dramatik ungewöhnlichen, ernsten und tragischen *Musical* «West Side Story» fällt in die Monate Februar bis August 1957. Am 26. Januar des Jahres hatte er sein vorläufig letztes Konzert mit den New Yorker Philharmonikern dirigiert und dabei die erste selbständige Aufführung der «Candide»-Ouvertüre spielen lassen. Die Idee einer in der Gegenwart spielenden Wiederaufnahme des Stoffes von zwei Liebenden, denen eine feindliche Umwelt die Vereinigung versagt, hatte Jerome Robbins und Bernstein bereits acht Jahre lang beschäftigt. Den Anstoß gab William Shakespeares «Romeo und Julia», die romantische Tragödie der zwei jungen Menschen, deren Familien sich in bitterer Fehde bekämpfen. Shakespeare, zu dessen Jugendwerken das Drama gezählt wird, um 1591, als der Dichter noch keine 27 Jahre alt war (vielleicht auch erst 1595), entstanden, hatte den Stoff wahrscheinlich italienischen Novellen entnommen. Die Geschichte erscheint in Erzählungen von Matteo Bandello (geboren um 1485) und Luigi da Porto, dessen vor 1529 entstandene Novelle in England in einer poetischen Version von Arthur Brooke (1562) und einer Prosa-Übertragung von Paynter (1567) bekannt geworden war. Doch scheint die Legende von den zwei feindlichen Familien und den beiden Liebenden, die nicht zueinander kommen dürfen, Dichter sehr viel früher beschäftigt zu haben; aus dem achten Jahrhundert ist ein klassisches indisches «bürgerliches Schauspiel» von Bahavabhūti, «Mālatī-mādhava» (bedeutet «Ministertochter und Ministersohn») überliefert, dem eine ähnliche Fabel zugrunde liegt – und schon in der spät-hellenistischen Literatur findet sich eine vergleichbare Geschichte.

Jerome Robbins und Leonard Bernstein hatten um die Zeit, als Robbins an die choreographische Gestaltung von «Age of Anxiety» ging (1949/1950), über ein *Musical* nachzudenken begonnen, in dem Drama, Gesang und inhaltsvolles Ballett eng miteinander verbunden sein sollten, ein Werk für das Musiktheater, das sich im Grundstil des Musicals der Oper annähern würde. Es war Robbins, der zuerst an die Adaptierung des «Romeo-und-Julia»-Stoffes dachte. Ihm schwebte – einer Aktualität der Zeit entsprechend – ein Liebespaar vor, das durch verschiedene Glaubensbekenntnisse inmitten von sich haßerfüllt bekämpfenden Straßen-Rowdies voneinander getrennt wird. Das Stück sollte an der Ostseite Manhattans spielen und «East Side Story» heißen. Da aber sowohl Robbins als auch Bernstein mit Arbeit überlastet waren, blieb das Projekt an die sechs Jahre unbearbeitet liegen, bis es 1955 gemeinsam mit dem literarischen Mitarbeiter Arthur Laurents wieder aufgenommen wurde. Inzwischen hatten Rassenhaß und jugendliche Kriminalität gegenüber den ursprünglich als Konfliktstoff geplanten religiösen Problemen an Aktualität gewonnen; vor allem hatte das Vordringen puertoricanischer Einwanderer in die westlichen Wohnviertel New Yorks zu schweren rassischen und sozialen Problemen geführt. So wurde aus «East Side Story» eine «West Side Story». Arthur Laurents schrieb das Buch, Stephen Sondheim verfaßte die Gesangstexte. Bernstein machte sich viel Gedanken über die Rolle der Musik in diesem *Musical*, in dem eine nahtlos ineinander übergreifende Integration von brutaler Realität und poetischer Lyrik, von Straßenjargon – in Text und Musik – und gefühlvoller Erotik, von Dramatik in gesungener Musik und explosivem, die Handlung vorwärts treibendem Ballett das Ziel der vier Mitarbeiter an diesem Werk war. Der Ausgangspunkt war zwar die «Romeo-und-Julia»-Legende gewesen, der Schwerpunkt des «West Side Story»-Dramas hat sich aber auf die Probleme unbefriedigter Jugendlicher im modernen Großstadtleben und auf die Kluft zwischen den Generationen verlagert. In Shakespeares Tragödie bleibt trotz des Hasses zwi-

«West Side Story», Zürich 1983

schen den feindlichen Familien die soziale Ordnung und die Autorität der Familienoberhäupter unangetastet. In «West Side Story» bekämpfen sich die «Gangs» auf der Straße nicht nur untereinander, sie lehnen sich auch gegen die Welt der Erwachsenen, gegen die Autorität der Hüter der Ordnung, gegen die soziale Rangordnung auf. Die Jugendlichen fühlen sich – wie es vor allem die satirischen, bitteren an «Officer Krupke» gerichteten Strophen unterstreichen – verlassen, vernachlässigt, unverstanden. Die Erwachsenen bleiben angesichts des tragischen Ausgangs, des Mordens, der Resignation, der Trennung der Liebenden durch den Tod des jungen Tony fassungslos, «einsam, überflüssig» zurück (wie eine Regieanweisung für die Schlußszene besagt). Gegenüber der Anklage der durch Unverständnis und Vernachlässigung zur Kriminalität getriebenen Jugendlichen gegen die Gesellschaftsordnung und die Welt der älteren Generation tritt in «West Side Story» das bei Shakespeare durch die Entsühnung der feindlichen Familien versöhnlich ausklingende Liebesdrama in den Hintergrund; die ihres Geliebten gewaltsam beraubte Maria folgt der Trauerprozession «mit stolz erhobenem Haupt» – der Traum ihrer Liebe wird «irgendwo» – «somewhere» – in Frieden erfüllt werden, während die Älteren den Frieden nicht finden dürfen.*
Die Autoren von «West Side Story» haben ihr vom «Romeo und Julia»-Drama unterschiedliches Konzept von Beginn bis Ende ihres Textbuches konsequent durchgeführt. Dies wird dem aufmerksamen Beobachter bereits zu Beginn des *Musicals* deutlich vor Augen geführt. Bei Shakespeare sowohl wie in «West Side Story» führt der Haß zweier in Unfrieden lebender Parteien zu einer Straßenschlacht. In der ersten Szene von «Romeo und Julia» stehen sich erst die Diener, dann die jungen Edelmänner der feindlichen Familien Montague und Capulet haßerfüllt gegenüber, und aus einem Streit in Worten wird ein Gefecht. Als aber der Fürst eingreift, erreicht es seine anerkannte Autorität, daß die Kämpfenden ihre Waffen niederlegen. Die Straßenschlacht der

* S. die fundierte ausführliche «Marginalie»: «West Side Story: Thema, Grundhaltung und Aussage» von Gertrude Jackson in «Maske und Kothurn» XVI, Wien 1970, Heft 1, S. 97–101.

«Jets» – der jungen Amerikaner – und der «Sharks», der aus Puerto Rico nach Manhattan gekommenen Einwanderer, kann dagegen das autoritäre Auftreten zweier Polizisten nicht beenden; die beiden gegnerischen «Gangs» sind sich darin einig, daß sie die Repräsentanten der Ordnung verhöhnen, bevor sie sich langsam beruhigen: die Jugend erkennt keine Autorität einer älteren Generation an. Die Liebestragödie läßt bei Shakespeare die Gegensätze der verfeindeten Familien, der Jugend zuliebe, vergessen machen. In «West Side Story» bleibt die Kluft zwischen den Generationen unüberbrückbar, und nur der Anspruch auf Liebe und Sicherheit gilt der Jugend als autoritativ. Bei Shakespeare ahnen die Liebenden, daß sie einem ungewissen Schicksal entgegengehen. Als Romeo zum Fest der Capulets aufbricht, glaubt er, daß die Sterne nichts Gutes voraussagen, und Julia drückt in der Balkonszene ähnliche Befürchtungen aus. Tony und Maria in «West Side Story» sehen der Erfüllung ihrer Liebe mit Optimismus entgegen, wie es Tonys Lied vom Schönen, das da kommen muß («Something is coming, something good»), und Marias erwartungsvolles lyrisches «Tonight» unterstreichen. Shakespeares Liebende können ihrem tragischen Schicksal nicht entrinnen, doch die Moral, die Quintessenz des Werkes, daß Liebe alles überwindet, versöhnt. Eine Moral kann – und will – «West Side Story» nicht verkünden: die Liebe triumphiert, aber die bittere Problematik der auf die Straße getriebenen Jugend, der die Erwachsenen-Welt verständnislos – und machtlos – gegenübersteht, bleibt ungelöst. Wie «Facsimile», wie «Age of Anxiety», wie «Candide», wie «Trouble in Tahiti», wie «Kaddisch», endet «West Side Story» mit einem großen Fragezeichen, entläßt seine Protagonisten wie den Zuschauer mit dem Gefühl des Unerfüllten, dem Zweifel am Glück des irdischen Lebens.

Daß «West Side Story» trotz ihres für den Broadway ungewöhnlich tragischen Inhalts, trotz einer auf wenige Episoden zurückgedrängten Romantik und einer das ganze Werk durchziehenden Kritik an den sozialen Zuständen zu einem eklatanten und andauernden Erfolg wurde, liegt an der im *Musical* vorher niemals erreichten – kaum je versuchten – atemberaubenden Abfolge von Szenen, in der Dramatik und Lyrik in stetig wechselndem Rahmen von Melodrama, Solo- und Gruppengesang und Ballетthandlung aufeinander abgestimmt sind. Jede der beiden Gruppen ist musikalisch scharf charakterisiert, und für jede der Hauptpersonen findet Bernstein den eigenen Ton; dabei ist doch die gesamte Musik aus einem einzigen Guß, und jeder Takt der Partitur ist auf motivische Elemente zurückzuführen, die in der orchestralen Einleitung aufscheinen. Nord- und lateinamerikanische Tanzrhythmen unterstreichen die unterschiedliche Herkunft der sich befehdenden «Jets» und «Sharks», die Ballettszenen sind nicht als handlungsunterbrechende Einlagen gestaltet, sondern treiben die Handlung dramatisch weiter. So verlangt auch dieses *Musical* Ungewöhnliches von den Darstellern: sie müssen dramatisch agieren, perfekt singen und virtuos tanzen können, um zu überzeugen – und die einmalige Virtuosität der für die Broadway-Show, für London und für den Film gewählten Ensembles hat das Ihre zum Welterfolg von «West Side Story» beigetragen.

Tony und Maria gehören den miteinander streitenden Lagern an: Maria ist Puertoricanerin, die erst kürzlich nach New York kam; Tony ist ein junger Amerikaner, der einmal zu den Anführern der «Jets» gehört hat. Jetzt steht Riff an der Spitze der amerikanischen Teenagers, die sich durch die «Sharks», die Puertoricaner, herausgefordert fühlen. Es kommt zur Straßenschlacht, und erst nach langen, frechen Ausfällen gegen die Polizei beruhigen sich die Gemüter. Die Sharks verlassen den Kampfplatz, und die Jets beraten nun darüber, wie sie eine entscheidende Auseinandersetzung um die Vorherrschaft auf New Yorks Westseite herbeiführen könnten. Sie wollen die Sharks auf einer Tanzveranstaltung in einer Turnhalle in der Nachbarschaft treffen. In der zweiten Szene überredet Riff seinen Freund Tony, den einst von ihm geführten Jets zu helfen und auf jeden Fall an den Tanzabend zu kommen. In der dritten Szene treffen wir zum erstenmal Maria. Sie ist die Schwester des Bernardo, des Anführers der Sharks, und arbeitet zusammen mit Bernardos Verlobter Anita in einem Brautausstattungs-Atelier. Anita näht ein Tanzkleid für Maria, die sich unbändig auf den Abend freut; sie soll mit dem Puertoricaner Chino, mit dem man sie verlobt hat, und ihrem Bruder zum Tanz gehen. In der Szene auf der Party begegnen sich Tony und Maria und verlieben sich auf den ersten Blick. Bernardo ist wütend und verlangt von Maria, unverzüglich nach Hause zu gehen. Tony fürchtet die bevorstehende Schlacht, kann den Gedanken an Maria nicht loswerden. In der fünften Szene treffen sich die Liebenden heimlich auf der Feuernottreppe an Marias Wohnung und verabreden ein Rendezvous im Atelier. Dort muß sich Tony vor Anita, Chino und Bernardo verstecken und anhören, wie die Puertoricaner an ihr Leben in der Heimat nostalgisch zurückdenken, es mit ihren Problemen in Amerika vergleichen. In der folgenden Szene halten Vertreter der feindlichen Lager in einem «Drugstore» Kriegsrat, wobei der «Doc» in dem Laden etwa die Rolle des Bruders Laurence bei Shakespeare spielt. Ein Polizist in Zivil bringt die Jugendlichen aus beiden Lagern wieder zu gemeinsamem Vorgehen gegen den ihnen allen verächtlichen Feind. Die siebente Szene spielt wieder im Atelier, wo Tony und Maria eine Phantasiehochzeit miteinander feiern. Voller düsterer Erwartungen läuft die achte Szene des ersten Aktes ab. In den Straßen bereiten sich Riff und die Jets, Bernardo und die Sharks auf den nächtlichen Kampf vor – Tony und Maria träumen von ihrer romantischen Liebe. Der Akt schließt mit dem wilden Kampf, den Tony vergeblich zu verhindern versucht hat. Bernardo verhöhnt Tony, der ihn von seinem Freund Riff zurückhalten will. Bernardo ersticht Riff mit dem Messer, und Tony, der Riff mit letzter Kraft verteidigt hat, tötet Bernardo. Als eine Polizeisirene ertönt, fliehen die Banden, nur Tony bleibt zurück, entsetzt über den Tod des Freundes und des Bruders der Geliebten.

Zu Beginn des zweiten Aktes ist Maria noch ahnungslos, was in der Nacht geschehen ist und daß Tony ihren Bruder erstochen hat – erfährt es dann aber von Chino. Sie kniet zum Beten nieder. Tony steigt durchs Fenster herein, wird von Maria zuerst in verzweifelter Wut empfangen, dann aber versöhnen sich die beiden, als Maria versteht, daß Tony ihren Bruder in Notwehr getötet hat. Tony will sich der Polizei stellen. Es folgt eine Traumszene, in der sich Maria und Tony in einer besseren Welt ohne Feinde wiedersehen wollen, in einer Welt, in der sich alle Menschen glücklich fühlen können. Die zweite Szene zeigt die

Gangs dem Polizisten Krupke gegenüber, der sie verhaften will, dann aber einer Art Scheinverhör unterworfen wird, in dem die Jugendlichen die Eltern, die Gesellschaft, die öffentlichen Einrichtungen anklagen. Die Jets erfahren dann von Chinos Schwur, den Tod Bernardos zu rächen, und suchen nach Tony, um ihn vor Chino und den Sharks zu schützen. In der dritten Szene trennt sich Tony von Maria in einer Wohnung, die die beiden für sich gefunden haben, und verabredet ein Rendezvous mit ihr im Drugstore. Als die Polizei Tony suchen kommt, eilt Anita dorthin, um Tony zu warnen; sie selbst liebt Chino und möchte alle überzeugen, daß Liebe anstelle von Haß dem Leben Kraft gibt. Die vierte Szene spielt im Drugstore. Tony hat sich im Keller versteckt, und die Jets erwarten Chino. Sie beargwöhnen Anita und wollen sie angreifen, worauf sie in ihrer Wut herausschreit, Chino habe Maria getötet. «Doc» hat das gehört und glaubt Anita; in der fünften Szene gibt er die falsche Nachricht an Tony in seinem Kellerversteck weiter. Tony stürzt hinaus, entschlossen, Chino und sich selbst zu töten. In der sechsten Szene ruft er nach ihm in wilder Wut, als er plötzlich Maria kommen sieht. Da aber erscheint auch Chino und erschießt Tony hinterrücks. Maria hält Tonys Hand und hofft, er könne am Leben bleiben. Im Affekt ergreift sie auch Chinos Mordinstrument, wirft es aber dann zu Boden. Die herannahenden Polizisten vertreibt sie schreiend vom Schauplatz. Dann reicht sie Chino und einem dabeistehenden Jet ihre Hand. Zwei Jets und zwei Sharks vereinen sich, um Tony hinwegzutragen, und die Mitglieder beider Banden folgen in Eintracht in derselben Prozession, die Maria und Tony in ihrem Traum erträumt hatten. Die Erwachsenen sehen verständnislos zu. «Es liegt etwas Besonderes in der Liebe zwischen Maria und Tony», schrieb Brooks Atkinson, «weil sie im Gegensatz zu der sie umgebenden Verruchtheit und Gewalttätigkeit so rein ist, weil sie einfach und ehrlich ist, aber auch, weil sie zwei junge Menschen eine Ahnung davon spüren läßt, wie ekstatisch und wie reinigend ein Leben in einer anständigen Umgebung sein kann» (New York Times, Beilage vom 6. Oktober 1957). Die Sinnlosigkeit des Hassens wird in «West Side Story» gegen das hintergründige Thema des Generationenproblems, das ewige Glück des Liebens als einzige das Leben bestimmende Kraft literarisch-symbolisch gestaltet und durch eine kongeniale Musik unzweideutig bekräftigt.

Der orchestrale «Prolog» enthält alle Keimzellen des gesamten wesentlichen musikalischen Materials, aus dem Bernstein Songs, Chöre, Melodramen und Ballettmusik entwickelt. Er beginnt mit drei dreitönigen Akkorden, aus kleiner Terz und kleiner Sekunde zusammengesetzt, gegen die in den Baßstimmen eine absteigende Figur steht, welche dieselben Intervalle ergibt: c-a-gis. Da die oberen Töne der Akkorde und die Baßtöne in den ersten Takten im Quintabstand stehen, mag man momentan an einen die Akkorddissonanz verdrängenden Tonalitätsanspruch glauben, doch bei der dritten Transposition des Akkords ergibt die melodische Fortschreitung der oberen Töne zusammen mit dem Baß die Intervalle g-d-gis, Quarte-Tritonus, wobei der Nachdruck auf der Septime g-gis liegt: einer Septime, wie sie bei Bernstein immer wieder eine wichtige Rolle spielt. Aus diesen Intervallen und den in den Akkorden latenten melodischen Motivzellen sind leitmotivisch alle Teile der «West Side Story»-Musik abgeleitet.
Der «Prolog» stellt einerseits das musikalische Material des Werkes vor und macht andererseits mit der Umwelt der Handlung bekannt. Vertreter der Jets und der Sharks (der «Haie») treffen in dem Viertel von Manhattans Westseite aufeinander, das die amerikanischen Teenager, die Jets, für sich alleine beanspruchen. Sie hänseln die Puertoricaner, zeigen ihnen ihre Stärke, werden aggressiv, bis sich zwei Gruppen bilden und sich zu balgen beginnen. Das dreitönige Akkordmotiv mit seinen Verwandlungen wird als Kampfmotiv der Jets erkannt. Aus seinen Intervallen entwickelt sich ein melodisches Motiv aus vier Tönen – zwei Terzen und Tritonus –, das sich in typischer Bernstein-Manier bei der ersten Wiederholung zu einer Melodie aus sechs Tönen (immer mit Oktavauftakt) erweitert und nach Verarbeitung mit den Akkorden melodisch und akkordisch weitergeführt wird. In den eröffnenden Takten waren drei Töne der zwölf chromatischen Töne der Oktave ausgespart worden: f, fis und b. Die Akzente des erweiterten melodischen Motivs bestimmen, gemeinsam dissonant erklingend, f und fis. Der Ton b ist aufgespart für den Auftritt

" West Side Story " - Instrumental Prologue
Transposition :
4 3 2 1
3 6 1 5
Tritonus
4 3 2 1 9 8 7 10 11 12
MA - RI-A
WHO KNOWS ?
" Cool "
8va
BOY, BOY, CRA-ZY BOY,
" West Side Story "
THERE'S A PLACE FOR US
" Kaddish "
(" BELIEVE ! ")

der Sharks. Das Motiv aus Quarte und Tritonus vom Beginn des «Prologs» wird zunächst in As-Dur-Klängen harmonisiert; als der erste Shark erscheint, nimmt sein Motiv die Form eines aufsteigenden Tritonus b-e, gefolgt von der Figur b-ces-a (kleine Sekunde – große Sekunde) an, und hieraus entwickelt sich eine immer weitläufigere melodische Linie, die in Ostinatobässen imitiert auch als rhythmische Stütze gilt. Pantomimisch und musikalisch behalten die Sharks zeitweilig die Oberhand, bis die dreitönigen Akkorde und das zerlegte Jet-Motiv unter den ersten Dialogsätzen (beim Erscheinen des Polizisten) die eigentliche Handlung einleiten.

Der erste Song steht am Ende der ersten Szene. Im Vorspiel des «Jet-Songs» wird der Beginn des «Prologs» wiederholt. Der Oktavauftakt zum melodischen Motiv wird zur None erweitert, und die Akkordfolgen verdichten sich, werden zur Begleitung des von Riff gesungenen Songs. Dieser beginnt in g-Moll, nimmt aber später das absteigende Motiv aus zwei Terzen und Tritonus auch im Gesang auf. Auch das instrumentale Zwischenspiel beim Szenenwechsel behält das motivische Material der Jet-Musik bei. Die nächste musikalische Nummer, am Ende der zweiten Szene, ist das optimistisch-erwartungsvolle Lied des Tony «Something's coming – something good ... Could be, who Knows?» («Kurios? Oh etwas fliegt auf mich zu ... Etwas kommt, ich weiß nicht, was es ist, doch es ist wunderbar schön ...»)*

Die Melodie wendet den Sekundschritt, die Quarte und den Tritonus in harmonische D-Dur-Tonalität; im Refrain wird die Melodie in C-Dur weiter verwandelt, von «jenem *fis*», von dem in der Diskussion um «Candide» die Rede war, in der Harmonie gestört. Die zärtlich vorgetragene Melodie fis-g-a, zu fis-g-c-b erweitert, dann um einen Ton höher als gis-a-d-c bestärkt, «spukt» gemeinsam mit den Jet- und Shark-Motiven durch die Tanznummern der vierten Szene (die dritte Szene, im Atelier, ist Dialog ohne Musik). Nach der ersten Begegnung von Tony und Maria

* Die deutschen Texte sind nach der deutschen Fassung zitiert, die Marcel Prawy in bewundernswerter Anpassung an Dialoge und Gesangstexte vorgelegt hat und die mit freundlicher Erlaubnis der Bühnen- und Musikverlage Dr. Sikorski, Hamburg, hier zitiert werden.

nimmt Tonys Motiv – aus seinem ahnungsvollen Lied – betonte melodisch beherrschende Form an. Der die ersten Tanznummern abschließende «Cha-Cha» ist ausschließlich aus Tonys Sekund-Motiv gebildet, und ihm folgt eine absteigende melodische Linie mit einem aufsteigenden Sekundschritt als Beschluß, das im «Maria»-Lied zusammen mit Tonys Motiv die erste Liedzeile bildet. Diese melodische Zusammenstellung ist bereits in der kurzen melodramatischen Szene des Dialoges von Tony und Maria vorgebildet, ihrem ersten Dialog: «Ich hab' gefühlt – ich hab' gewußt, heute wird... heute muß etwas geschehen», erinnert sich Tony. Marias Hände sind kalt, und Tony hebt sie an sein Gesicht. Bevor noch einmal ein Tanz erklingt, «Jump», wieder aus dem Jet-Motiv komponiert, wirkt ein schon vorher als «Promenade» bezeichnetes Zwischenspiel trotz primitiver F-Dur-Akkordik merkwürdig dissonant, wozu auch «jenes *fis*» beiträgt – hier in F-Dur als *ges* notiert.

Tonys «Maria»-Lied, in Es-Dur mit gelegentlichen Es-Dur-fremden Tönen bereichert, beginnt mit dem Tritonus-kleine-Sekunde-Motiv (es-a-b) und setzt sich mit der vorher angedeuteten absteigenden melodischen Linie aus Sekundschritten fort, deren Kadenz zu einem höheren Ton zurückkehrt. Je ausdrucksvoller Tony singt, um so weiter werden die Intervalle, auf- und absteigend. Sein Sekund-Motiv beschließt das Lied im Orchester *pianissimo*.

Es folgt die romantische «Balkonszene» auf der Feuerleiter an einem rückwärtigen Fenster der Wohnung von Marias Familie. Die Musik beginnt leise unter dem geflüsterten Dialog von Maria und Tony, die Angst haben, entdeckt zu werden. Das ist die Musik, deren vier melodisch absteigende Intervalle, denen Aufstieg und neuerlicher Abfall folgen, an die «Good Night»-Szene in Brittens «Rape of Lucretia» erinnern, in der wie in «West Side Story» ein lyrisches Nachtstück mit latenten düsteren Vorahnungen belastet ist. Das Maria-Motiv wird in seiner melodisch-intervallisch erweiterten Form zum Thema des «Tonight», in das – zunächst nur als Begleitmotiv – eine neue Variation der Grundmotivintervalle hineinspielt: die aufsteigende Septime-absteigende kleine Sekunde-kleine Terz-große Terz as-ges-f-d-b – wird am Ende des Duetts bedeutungsvoll wiederholt und wird später zum

«West Side Story»: Beginn der Fuge («Cool»)

Motiv des lyrischen Gesangs «Somewhere – There's a place for us», «Irgendwo, sehr weit... irgendwann sehr weit kommt die Zeit, wo Liebe siegt».

Als heiteres Zwischenspiel folgt in der fünften Szene das Lied der Puertoricaner über das Schöne und Häßliche im puertoricanischen Heimatland und in Amerika. Das Mädchen Rosalia sehnt sich nach San Juan zurück, Anita preist Amerika: «Schön ist es hier in Amerika.» Leonard Bernstein stellt hier zwei lateinamerikanische Tanzrhythmus-Typen einander gegenüber: «Seis» für das «Couplet», «Huapango» für den «Refrain». In der Musik klingen Shark-Motive an. Die sechste Szene, im Drugstore, spielt gegen Mitternacht – gegen fünf Uhr nachmittags hat die Handlung begonnen, zwischen 10 und 11 Uhr nachts waren die Jugendlichen beim Tanz. «Die Atmosphäre ist gespannt, es kann jederzeit losgehen», heißt es im Textbuch. Die Jets halten Kriegsrat, sind selbst untereinander gereizt. Als die Stimmung kritischer, erregter wird, beginnt die Musik, noch verhalten und leise, unter dem Dialog zwischen Riff und den Jets das Met-Motiv c-fis-g (Tritonus-kleine Sekunde) zu intonieren und zu entwickeln. Dann wird aus ihm eines der erstaunlichsten sinfonischen Stücke der an Überraschungen reichen Partitur. Zuerst singt Riff («immer flüsternd») seinen «Cool»-Song: «Boy, boy, crazy boy, bleib' kühl, boy» nach dem Jet-Motiv.

«Das führt zu einem frenetischen Tanz, in welchem die Jungen und die Mädchen ihre Aufregung abreagieren und ‹kühl› werden.» Der «frenetische Tanz», der zur Hälfte von leiser Musik begleitet wird, mit gelegentlich aufrüttelnden *Sforzando*-Effekten, wächst erst am Ende zu wilder, klanggeballter Orgie an. Dabei hat die Musik die Form einer veritablen Fuge. Sie beginnt mit der Tritonuszelle des Jet-Motivs c-fis (aufsteigend), als Auftakt kommt bei der Wiederholung das tiefer liegende g dazu. Es folgt das «Irgendwo»-Motiv als des-aufsteigende Septime ces-fallende Sekunde b, wonach die ganze Phrase eine kleine Terz höher beginnend, jedoch mit variierter Fortsetzung, wiederholt wird. Nach nochmaligem Zitieren der Motivzellen entwickelt sich eine kunstvolle Fuge, deren gegensätzliche Themen, die eigentlich aus demselben musikalischen Material gewonnen sind, in der klaren

Orchestration dem Hörer plastisch deutlich werden. Der Höhepunkt wird mit einem *Unisono-Fortissimo* des Jet-Themas erreicht, von Pfiff und Schrei eines hereinstürmenden Jets unterbrochen. Doch sogleich beginnt der Tanz wieder, nun in äußerster Wildheit, bis Riff die Menge mit einer kurzen Wiederholung seiner letzten Songstrophe zu beruhigen sucht. Riff beginnt wieder *pianissimo,* zusammen mit einigen der Jets, steigert sich aber zu einem *Fortissimo* «Sei bereit!». Der Tanz hört langsam auf und klingt ab, als die zum Kriegsrat geladenen Sharks in den Laden kommen.
Der ohne Musikbegleitung abgewickelte «Kriegsrat» wird durch den Polizeioffizier Schrank gestört, der nach anfänglicher Ruhe die Gangs wieder in Rage bringt. Die Szene endet mit einer melodramatisch untermalten Aussprache zwischen Tony und «Doc», das Orchester spielt dazu leise die Musik von «Tonight». In der nächsten Szene, es ist Nachmittag, sucht Tony Maria im Atelier auf. Während ihres Dialogs erinnert die Musik an den Cha-Cha-Tanz, in dem das Maria-Motiv zum erstenmal formuliert war. Tony und Maria fingieren eine Heiratszeremonie. Das Septimen-Motiv «Irgendwo» leitet in ein Liebesduett über: «One Hand – One Heart» («Mach' aus zwei Herzen eins»). Die letzten beiden Szenen des ersten Aktes spielen am Abend. Die achte Szene zeigt die beiden Gangs kampfbereit. Ihrer Kriegsbereitschaft steht Tonys sehnsüchtig wiederholtes «Tonight» als erschütternder Kontrast gegenüber; die Szene entwickelt sich zu einem fünfstimmigen vokalen Ensemble: Maria, Anita, Tony, die Jets und die Sharks. Es folgt die große Schlägerei («Rumble»), in der die Motive der Jets und der Sharks durcheinandergewirbelt und kontrapunktisch durchgeführt werden. Als Tony verwirrt und entsetzt mit den Toten Riff und Bernardo alleine zurückbleibt, verhallen die Motive leise, bis auch er die traurige Szene verläßt.
Nach den grauenvollen Erlebnissen des Aktschlusses beginnt der zweite Akt mit einer nur eine Viertelstunde später spielenden, heiteren Szene. Die ahnungslose Maria, die nicht weiß, daß ihr Bruder erstochen und ihr Geliebter schuldig ist, will sich für Tony hübsch anziehen und singt ein fröhliches Lied, «I feel pretty», in spanischen Rhythmen. Ihre Freundinnen amüsieren sich: Sie wolle wohl «Miss Amerika, Miss Westside» sein. Die musikalisch fröh-

lich ausgedehnte Nummer endet, als Chino von der Schlägerei zurückkommt und von ihrem tragischen Ende berichtet. Er holt einen Revolver aus Bernardos verlassenem Zimmer und steckt ihn drohend in die Tasche. Kaum ist er gegangen, als Tony ins Zimmer klettert. Maria schreit ihn an «Mörder, Mörder, Mörder, Mörder!», dazu beginnt das Orchester leise zu spielen. Man hört fast nur das klagende Sekund-Motiv, von spitzen Paukentönen (auf einem einzigen tiefen Ton) *pianissimo* begleitet. Bis zum Ende der kurzen Episode, während derer Maria versteht, daß das Unglück ohne Absicht geschehen ist, bleibt die Musik leise und verhalten. Dann beginnt die Traumsequenz als Vision im Ballett. «Folge mir irgendwohin, weit von hier», leitet Tony sie ein, und Maria beschwört ihn «Nimm mich mit dir, und wir finden ihn irgendwann, den Ort, wo man frei, ohne Haß leben kann ...». Das Sekund-Motiv ertönt in den instrumentalen Baßstimmen und wird im Gesang abgewandelt, während die instrumentalen Oberstimmen die aus dem Maria- und «Tonight»-Motiv bekannte abwärtsgleitende Melodielinie intonieren. Die Musik steigert sich zum *Fortissimo,* als das Paar in die erträumte Ferne, in den weiten Raum hinausläuft. Das Sekund-Motiv wird in der «Ballett-Sequenz» chromatisch abgewandelt und in einem als «Scherzo» bezeichneten Satz von Es-Dur nach F-Dur geführt. Aus der rhythmisch verhaltenen, harmonisch reichen Musik wird eine harmonisch vereinfachte, dafür rhythmisch-tänzerische, ständig zwischen ganz leiser und kräftiger Tongebung schwankende Musik. Dann folgt das träumerische Lied «Irgendwo». Die Liebenden haben inzwischen die Mauern der Stadt durchbrochen und finden sich «in einer Welt des Raums, der Luft und der Sonne» wieder. «Burschen und Mädchen kommen von beiden Seiten auf sie zu, bleiben stehen und starren, glücklich, erfreut... beginnen zu tanzen, zu spielen; keine Parteien, keine Feindschaft mehr, nur Freude, Glück und Wärme... sie formen eine Welt, in der Tony und Maria zu sein wünschen.» Daß das Lied vom Traum einer besseren Welt nicht von dem Liebespaar selbst gesungen wird, ist ein Kunsttrick, der die Unwirklichkeit dieses Traumes unterstreicht: «Während sie die Schritte zu einem zarten Liebestanz beginnen, hört man die Stimme eines Mädchens singen» – so das

Textbuch. Das aus der leitmotivischen aufsteigenden Septime und dem absteigenden Moll-Dreiklang entwickelte Lied endet mit dem ebenfalls leitmotivischen aufsteigenden Sekund-Intervall, das dann wieder die nächste Phase der Ballett-Sequenz einleitet: «Prozession und Alptraum». Zunächst hört man das ganze Ensemble den Beginn des «Irgendwo»-Liedes intonieren, doch unvermittelt bricht es ab, und die Musik wird stockend. Dann setzt ein wilder *Allegro*-Satz ein, die Motive von Jets und Sharks werden durcheinandergewürfelt, und man sieht im Traumbild – als Alptraum – Jets zu Sharks werden, Sharks zu Jets. Sie «formieren sich fast in der Art einer Prozession, die sich ihren Triumphzug bahnt durch diese Wunschwelt ... Dann, plötzlich, gibt es einen toten Punkt. Die Schatten, die Feuerleitern des wirklichen, häßlichen Zinshauses verdunkeln den Himmel, und die Gestalten von Riff und Bernardo kommen langsam heran. Während die Stadt zurückkehrt, gibt es kurze Wiederholungen des Messerkampfes ... Maria und Tony sind wieder voneinander getrennt ... Chaotische Verwirrung und Dunkelheit ... Sie weigern sich, die Wirklichkeit zu erkennen ...». Nach der wilden Musik des Alptraums, bis zum stärksten *Fortissimo* gesteigert, singen die beiden leise die Endzeile des Liedes. Die Musik beschließt die Szene mit dem Fragezeichen des aufsteigenden Sekundintervalls. Die Traumprozession wiederholt sich, als am Ende des zweiten Akts Jets und Sharks sich gemeinsam zum feierlichen Leichenzug formieren, um Tony das letzte Geleit zu geben. Hier sahen die Autoren des Werks eine stille, nachdenklich stimmende Prozession ohne musikalische Begleitung vor, womit, wie Gertrude Jackson es ausdrückt, ein Effekt erreicht wird, «der schlechthin unüberbietbar ist». In der Verfilmung von «West Side Story» und in manchen Inszenierungen hat man die dramatische Wirksamkeit der unbegleiteten Finalszene dadurch zerstört, daß man sie durch eine Reprise der früheren Prozessionsmusik untermalen ließ.

Die dem Traum folgende Szene spielt nur wenig später am Abend in einer kleinen Gasse, in der die führenden Jets von Polizeiinspektor Krupke überrascht werden. Er will sie wegen der Schlägerei verhaften, wird von der Gruppe verhöhnt und zu Boden geworfen und rennt dann einem der Jets nach. Die übrigen Jets verulken ihn in ihrem bitteren, die Eltern und die Gesellschaft anklagenden Song: «Mein werter Herr Inspektor! Verstehen Sie uns recht! Des Pudels Kern, da steckt er: erzogen sind wir schlecht.» Die Eltern, selbst verdorben, der Jugendrichter, die Psychoanalyse, die Sozialarbeiterin werden angeklagt – sie alle tun nichts, um «die Krankheit der Gesellschaft» zu kurieren: «Die Schuld trägt die Gesellschaft, die Schuld trägt jedermann.» Das in der Musik heiter beginnende Spottlied, «im Vaudeville-Stil», mit einer Can-Can-artigen Begleitung unter mokanten synkopierten Dreiklängen, wandert durch viele Tonarten, wobei schon der Anfang der ersten Gesangszeile den im gesamten Werk als Störfaktor auftretenden Tritonus (hier, absteigend, eis-h) anstimmt. Den Ton eis hat das Orchester bereits vorweggenommen, in einem Nonenabwärtssprung fis-eis in reinem H-Dur. Als weiteren «Schock»-Faktor muß man Bernsteins ohne jegliche Modulation oder Überleitung von einem Couplet zum anderen wechselnde Tonart verstehen. Jedesmal wechselt die Tonart zu einer nicht verwandten, wie von H-Dur nach C-Dur – mit «jenem *fis*» als eröffnendem Störton – und von C-Dur nach Des-Dur, wo aus dem dissonanten *fis* ein dissonantes g wird. Dem Des-Dur folgt ebenso unvermittelt D-Dur mit gis als Störfaktor, und in den letzten Zeilen springt die Musik auch wieder ohne Modulation nach F-Dur.

Nach dem Lied machen sich die Jets auf die Suche nach Tony, um ihn vor Chino zu warnen. Die Szene wechselt in die Wohnung über, wobei die Musik leise das «Irgendwo»-Motiv in Erinnerung bringt. Tony ist noch bei Maria, klettert aber schnell durchs Fenster, als er Stimmen hört. Es ist Anita, Marias Freundin, die um Bernardo trauert. In ihrem Lied «Ein Kerl wie der», auf Tony anspielend, «der nicht wie wir ist, weil er von hier ist», will sie Maria überzeugen, nur dem ihr Herz zu schenken, «der so wie wir ist, der nicht von hier ist». Doch Maria hält zu Tony: «Wie groß die Sünde sei – einerlei –, nenn' es Sünde, ich steh' ihm bei», denn «die Liebe verzeiht», Anita stimmt mit ein. Jet- und Sharkmotive und die Motivik der Liebesmusik gestalten das Duett der sich verstehenden Freundinnen. Polizeileutnant Schrank unterbricht sie, um Erkundigungen einzuholen, kann aber über die Vorfälle bei der Schlägerei nichts aus ihnen herausholen. Zum Szenen-

wechsel in Docs Laden ertönt zuerst ominös das Sharkmotiv Quarte-Tritonus und kleine Sekunde-große Sekunde und erweitert sich ähnlich wie im orchestralen Prolog des ersten Aktes, während die rhythmische Begleitung an die Musik zu Beginn der Schlägerei erinnert. Unter dem folgenden Dialog, an dessen Ende Anita von den Rowdies so verärgert wird, daß sie sich zu der Lüge hinreißen läßt, Chino habe Maria erschossen, spielt die Musikbox im Laden leise eine Variation des Mambo aus der Tanzparty. Vor Anitas Wutausbruch bricht die Musik, die ins Orchester übergriff und eine wilde Tanzerei begleitet hat, jäh ab. Gegen wiederholte Motive der Handlung erklingt plötzlich eine *fortissimo* intonierte Erinnerung an den «Amerika»-Refrain Anitas; im G-Dur der Coda stört die Harmonie dauernd der stetig begleitende Tritonus-Akkord b-e, und im jähen Abschluß gleitet das a des G-Dur-Teiles nach as hinunter, ihm folgt die Septime ges-as.
Das tragische Ende der Handlung entwickelt sich ohne musikalische Begleitung: Docs Unterredung mit Tony, der durch die Wiedergabe von Anitas wahnsinnigem Bericht an Marias Tod glaubt, und seine Aufforderung an Chino, zu kommen und ihn zu töten, die Begegnung mit der totgeglaubten Geliebten, während derer ihn die Kugel Chinos erreicht, Marias Versuch zur Rache, doch ihr Einsehen, daß Tony zuliebe Frieden geschlossen werden muß. Tony konnte, sterbend, noch eine Zeile des Traumliedes «Irgendwo» mit Maria singen. «Te adoro, Anton», sind Marias letzte Worte an ihn. Vor der schweigenden Prozession erklingen das allgegenwärtige steigende und fallende Sekundenmotiv und eine Erinnerung an das «Irgendwo» – alles *pianissimo*. Die Musik schließt mit der fragenden aufwärtsgerichteten Sekunde d–e, eingebettet in eine C-Dur-Quinte, zu der in den Bässen das dissonante *fis*, wieder «jenes *fis*», ertönt, das bei Leonard Bernstein so oft eine «offene Frage» zu unterstreichen bestimmt ist.
Die erstaunliche, aus wenigen motivischen Urzellen entwickelte Partitur der «West Side Story» steht vom Blickpunkt der musikalischen Ausarbeitung gesehen der zeitgenössischen Oper näher als jedes andere Werk der nicht als Oper konzipierten Musik für das moderne Theater. Hier ist die von den großen Komponisten geforderte «Einheit durch Vielfalt» bewußt gestaltet. Die Ent-

wicklung der Handlung wird von Variierung und Entwicklung und, wo es die Gegensätze erfordern, Kombinierung der musikalischen Grundmotive begleitet. Die Motive erweitern sich unter Zufügung immer neuer Töne zu ausgedehnteren melodischen Themen, die dann bei verschiedener kontrapunktischer oder auch nur rhythmischer Kontrastierung unterschiedlichen Charakter annehmen können: der Sinfoniker und der Theatermusiker Bernstein arbeitet hier mit den selben sinfonischen Mitteln. Eine der Zwölfton-Chromatik verwandte Melodienbildung – aus den charakteristischen Urmotiven gewonnen –, raffinierte harmonische Fortschreitungen, dissonante Wirkung durch Orgelpunktbässe unter wechselnden Harmonien, eine sinfonische Strukturierung der auf Tanzrhythmen basierenden Ballette und die Entwicklung eines Songthemas zu einer – ebenfalls Tanz begleitenden – veritablen Fuge heben «West Side Story» weit hinaus über ein «Experiment, Drama mit Entertainment zu verbinden», wie Rudolf Klein das Werk in der Österreichischen Musikzeitschrift 1982 bezeichnete. Schon das Drama selbst, in dem Rudolf Klein einen «blauäugigen Versuch» sieht, «die ungeheueren sozialen Probleme der amerikanischen Großstadt zu verniedlichen», in einer «Naivität, die schon vor 25 Jahren sträflich» war, greift die Probleme in einer doch nachdenklich stimmenden Darstellung auf, die zwar das Tragische der Konfrontation einer sich schuldlos fühlenden Jugend mit der ihre Probleme vernachlässigenden älteren Generation und der Obrigkeit nicht löst, aber doch mit dem Hoffnungsschimmer der versöhnenden Liebe endet.

Die Aktualität des Themas gilt sicher nicht nur für die Entstehungszeit von «West Side Story». Die Problematik überspannt Jahrhunderte. Verwilderung der Sitten, Unmoral, Kampf und Mord sind alte Themen, und sie gestalten «West Side Story» kaum zu einem der Werke, die lediglich «verbitterte Unterhaltungswerte in die Gegenwart gerettet» haben (Rudolf Klein). «Soll man zu solchen Problemen singen und tanzen?» fragt der Autor der Besprechung einer Neuaufführung von «West Side Story» an der Wiener Volksoper 1982 – und steht nicht allein mit der Fragestellung. Bereits die Uraufführung in New York löste kritische Fragen und Zweifel in diesem Sinne aus.

«West Side Story»: handschriftliche Skizze zum «Mambo»

Die Frage nach einer Mischung von «Drama und Entertainment» im Kunstwerk greift tief in die Problematik jeder auf die Bühne übertragenen naturalistisch-realistischen oder symbolischen Darstellung tragischer Situationen oder Gedanken. Es macht die Genialität eines Dramatikers oder Operndramatikers aus, wie überzeugend er es versteht, die ja auch in der Wirklichkeit oft so benachbarten Kontraste von Weinen und Lachen, Schmerz und Befreiung, Verzweiflung und Hoffnung gegeneinander auszuspielen, heitere Szenen fragwürdig zu gestalten oder tragischen Situationen eine Vorahnung von Hoffnung beizumischen. Heitere Intermezzi erhöhen die Wirkung dramatischer Tragik in vielen Dramen – vor allen die Rüpel- und Clownszenen bei Shakespeare – und in den meisten Operndramen. Die Frage des Singens und Tanzens inmitten traurigen oder wirklich tragischen Geschehens haben Komponisten von frühen Zeiten bis zur modernen Oper immer von neuem beantwortet. Was für eine Handlung spielt sich ab und was für Musik ertönt in der unterschwellig dämonischen Szene Don Giovannis beim Mahle! Die kranke Violetta – «La Traviata» – fühlt bereits ihr Ende nahen, während die Musik scheinbar heiter dahinplätschert; im letzten Akt liegt sie im Sterben, und hinter der Szene lärmen dazu die Chöre der Fastnacht unter ihrem Fenster. Monterones Rigoletto in Angst und Schrekken versetzender Fluch ist in fröhliche Ballmusik eingebettet. Musette singt ihren anzüglichen Walzer angesichts der todkranken Mimi, und im selben Akt dominieren die heiteren Chöre der übermütigen «Bohème»; in der Szene vor dem Wirtshaus erklingt zu dem schmerzlich-lyrischen, von Todesahnung überschatteten Gesang des Liebespaares das kokett-frivole Lachen von Musette und Marcel. In schwül-tragisch geladener Erotik intoniert das Orchester Walzerrhythmen, als Salome vor Herodes den schicksalsschweren «Tanz der sieben Schleier» zelebriert. Die nicht so recht heiter wirkenden, obwohl in der Musik tänzerisch beschwingten, Intermezzi in Benjamin Brittens «Tod in Venedig» und das unbefangen galoppierende, unbeschwert singende, den Tod seiner Mutter gerade erfahrende Kind am Schluß des «Wozzeck» sind weitere aus der umfangreichen Opernliteratur herausgegriffene Beispiele äußerlicher Fröhlichkeit und latenter Tragik, die hier nicht qualitativ bewertet sein sollen. Die Tragik einer Handlung wird, wie die Musik großer Operndramatiker beweist, gerade dann in aller ihrer Tragweite begriffen, wenn sie mit einer sich heiter gebenden Musik konfrontiert wird. Vor allem die Musik, aber nur eine geniale Musik, kann hier von besonders tiefer Wirkung sein. Man scheut sich nicht, Leonard Bernsteins Musik zur «West Side Story» eine solche Wirkung beizumessen.

«West Side Story» ist eine Art «Zeitoper», die am ehesten vielleicht mit Brecht-Weills «Aufstieg und Fall der Stadt Mahagonny» (1930) verglichen werden kann. Auch dort wurde eine korrupte Gesellschaft einer bestimmten Epoche als Spiegel und Zerrspiegel vorgehalten, und in Berlin bejubelte ein elegantes Publikum ein ihnen selbst entgegengestelltes kritisches Bild häßlicher, unerfreulicher Zustände modernen Lebens.

Auch dort bestimmten die Musik Rhythmus und Geist der Zeit in der melodischen und rhythmischen Sprache des damaligen modernen Jazzidioms. Die *Songs* waren so komponiert, daß in ihrem Vortrag Wort und Inhalt deutlich artikuliert zum Vortrag gebracht werden konnten – wie es auch in den meist komplizierter komponierten Musiknummern Bernsteins gegeben ist. Kurt Weills Musik war auch durch eine schneidend scharfe Instrumentation geprägt. Leonard Bernstein, selbst hervorragender Kenner orchestraler Gestaltung, hat für «West Side Story» zwei Mitarbeiter, Sid Ramin und Irwin Kostal, gewonnen, um mit deren Hilfe ein gelungenes klangliches Portrait zu schaffen. In früheren Bühnenwerken hatte er mit Hershy Kay und Don Walker in der Orchestration zusammengearbeitet, für «Mass» kam Jonathan Tunick hinzu. In den reinen Orchesterkompositionen – den Sinfonien, der Ballettmusik – hat Bernstein die gesamten Partituren orchestral gestaltet. Nur wo das Lokalkolorit von größter Bedeutung war – und wo wohl auch unaufschiebbare Termine drängten –, war ihm die Mitarbeit von speziell geschulten Jazzmusikern von Wichtigkeit.

Die blendende Orchestration unterstrich vor allem auch die Authentizität des Lokalkolorits in den Ballettszenen, die von Akteuren und Sängern, die auch virtuos, zum Teil exzentrisch, tanzen mußten, ausgeführt wurden. Zu ihrer eindringlichen Wirksamkeit gehört auch die Kunst Leonard Bernsteins, seine Musik den Möglichkeiten körperlicher Bewegung anzupassen, so wie sie im *Song* der Sprache angepaßt ist. In einer Unterhaltung über «West Side Story» mit Diana, der Gattin Yehudi Menuhins, die in einer musikalischen Familie aufgewachsen ist und nach gründlicher Ausbildung Ballettsolistin bei Diaghilew wurde, urteilte sie: «Ich kenne keinen zeitgenössischen Komponisten, der so gut wie Lenny für Körperbewegung schreibt, der die Bewegungen des Körpers so gut versteht wie er.»

Übergeordnete Gedanken zur Zeit und zum Sinn von Leben und Glauben haben Leonard Bernstein nach «West Side Story»und nach längerer Schaffenspause in der «Kaddisch»-Sinfonie (1963), in «Mass» (1971) und dem «Dybbuk»-Ballett (1974) beschäftigt. In diesen drei Werken hat er von neuem versucht, Inhalt, gesungenes Wort, Tanz und Handlung in den Rahmen musikalischer Formen zu integrieren und dabei traditionellen Texten neuen inhaltlichen und musikalischen Sinn zu verleihen.

MUSIKALISCHE SYNTHESE IM SPÄTEN WERK

«Als Resultat meines Meditierens, nach zwei Monaten Avantgarde-*Herumirrens, steht mein jüngstes Kind auf altmodisch süßen, eigenen zwei tonalen Füßen.»*
Leonard Bernstein, September 1965

Im Juni 1964 nahm Leonard Bernstein einen fünfzehnmonatigen «sabbatical» Urlaub von den New Yorker Philharmonikern, um sich ganz der Komposition zu widmen. Er unterbrach den Urlaub nur einmal – im Juli 1965 –, anläßlich der Uraufführung seiner im Mai des Jahres vollendeten Chichester-Psalmen. Sein letztes großes Werk war die «Kaddisch»-Sinfonie gewesen, in der es um die Krise des Glaubens im modernen Menschen und um die Krise der Tonalität in der Musik ging. Seit der Vollendung dieser Partitur, die zu Bernsteins kühnsten Orchesterwerken zählt, ließ ihn die Problematik der Vereinigung neuer musikalischer Gestaltungsprinzipien mit dem Herrschaftsanspruch der Tonalität keine Ruhe mehr. Er widmete die Zeit seines «Sabbatical» zwei wesentlichen Beschäftigungen: Versuchen, ein neues Werk für das musikalische Theater zu schaffen, und einem Studium der neuesten Strömungen in der neuesten Musik.
Nach dem Erfolg von «West Side Story», deren Uraufführung zu Beginn des Urlaubs schon fast sieben Jahre zurücklag, wollte Bernstein die Erfahrungen, die er mit einer neuen Gattung von Musiktheater gesammelt hatte, weiterverwenden und möglicherweise der Oper noch näherkommen. Das erste halbe Jahr ohne Lehren und Dirigieren ging vorbei, ohne daß der Komponist mit seinen Mitarbeitern den von ihm gewünschten Fortschritt machte. Er mußte zunächst den Plan aufgeben, Thornton Wilders «The Skin of our Teeth» für die Musikbühne zu gestalten, und auch die Idee eines Musicals nach Brechts «Die Ausnahme und die Regel» nahm nicht die gewünschte Form an. Bernstein las weitere Thea-

terstücke, fand aber keines – weder Drama noch Komödie –, das ihn musikalisch hätte inspirieren können. Er hat seine Enttäuschung und auch die Gestaltung seiner Freizeit in lustigen, teils auch ironischen und satirischen Versen in seinem «Bericht über ein Urlaubsjahr» für die *New York Times* geschildert, der in «The infinite Variety of Music» abgedruckt ist.

In dieser Chronik spricht der Komponist über die verschiedenen «unkonventionellen» Neuerungen in der Musik der jüngsten Zeit, mit denen er sich theoretisch, analytisch, auseinanderzusetzen hat, mit einer neuen Terminologie, die er «Physikomathematomusikologie» nennt. Er betrachtet die Aleatorik, den musikalischen Dadaismus, die «Stücke für meckernde, glucksende Sopranos, mit Schwadronen von Vibraphonen und Flotten von Pianos», das Bearbeiten von Klavieren mit den Handflächen, Fäusten und Ellbögen, den allgemeinen Mangel an Romantik als «kurzlebige Marotten», die ganzen Gruppen von Musikern gemeinsam sind, denen es gar nichts bedeutet, wenn ihnen die Hörer verständnislos gegenüberstehen. Für Bernstein heben sich nur ganz wenige Komponisten aus der Vielzahl der Neuerer heraus, unter ihnen «das Phänomen Pierre Boulez» und Lukas Foss, dessen «unglaubliche Einfallskraft» geradezu «umwerfend» ist. Als Dirigent, sagt Bernstein, ist er von jedem neuen Klangbild, das er kennenlernt, fasziniert und jeder neuen Musik gegenüber aufgeschlossen. Als Komponist müsse er der Tonalität verschrieben bleiben. Der Konflikt, der sich aus musikalischem Studium und musikalischer Erfahrung ergibt, ist Leonard Bernstein gerade in den Freizeitmonaten besonders deutlich bewußt geworden. In seinen nach 1965 entstandenen Kompositionen hat er die Synthese gesucht und in jedem Werk die Lösung des Konflikts in einer neuen Weise angestrebt.

«Die größte Ferientat, die greifbarste wenigstens», sagt Bernstein, war die Komposition der «Chichester-Psalmen», die «ein kühner John Cage kaum ertragen könnte». «Diese Psalmen sind einfach, bescheiden, tonal, melodisch und irgendwie gerade und normal», beschreibt er die Musik, die sich selbst bei kühneren Sprüngen in der Melodik immer auf eine Tonika bezieht und von Dreiklangsharmonien beherrscht wird. Ein solcher Stil war eigentlich bereits durch den Sinn des Auftrags bestimmt, den die Kathedrale von Chichester ihm erteilt hatte. Die Komposition war für die Kirchenchöre der Kathedrale von Chichester und der Nachbarkirchen von Winchester und Salisbury in Auftrag gegeben worden, die das Werk 1965 während ihres traditionsreichen Sommerfestivals uraufführen wollten. Die Auftraggeber erklärten sich mit der Bedingung Bernsteins einverstanden, die Psalmen in einer Komposition des hebräischen Urtextes singen zu lassen. Der Komponist wählte für den ersten der drei Sätze den zweiten Vers des 108. Psalms und den gesamten 100. Psalm aus, für den zweiten Satz Psalm 23 und die ersten vier Verse des 2. Psalms. Der Finalsatz, der längste der drei Sätze, ist nach dem Psalm 131 und dem ersten Vers des 133. Psalms komponiert. Es ist dabei interessant, daß Bernstein nicht wieder auf den Text des 148. Psalms zurückgekommen ist, den er als 17jähriger in freier englischer Nachdichtung vertont hatte.

Die Partitur vollendete Bernstein am 7. Mai 1965; die Uraufführung dirigierte er mit den Camerata Singers unter Leitung von Abraham Kaplan und Mitgliedern der New Yorker Philharmoniker mit dem Knabenaltisten John Bogart als Solisten in New York am 15. Juli 1965.

Diese Aufführung wurde von einem gemischten Chor gesungen. Bernsteins ursprüngliche Konzeption war die eines vierstimmigen Chors von Knabensopran- und -altstimmen, Tenören und Bässen, und in dieser Besetzung wurden die Psalmen in Chichester selbst am 31. Juli 1965 aufgeführt. Es gibt in der Partitur Solostimmen, die von Chormitgliedern gesungen werden können, und ein langes ausdrucksvolles Solo für Knabenaltstimme, die nach den Vorschriften des Komponisten nur durch einen Knaben oder allenfalls durch einen Kontratenor ausgeführt werden darf. Die orchestrale Begleitung des Werks ist für ein kammermusikalisches Ensemble gesetzt: sechs Blechbläser, Glocken, Glockenspiel, Xylophon, zwei Harfen und Saiteninstrumente – es gibt auch eine Bearbeitung mit Orgel, Harfe und Schlagzeug.

Leonard Bernstein beschreibt seine Musik zu diesem Werk als «einfach, bescheiden, tonal, melodisch und irgendwie gerade und normal», sie stehe «auf altmodisch süßen, eigenen zwei tonalen

Beginn der «Mass» (Partitur)

Füßen», Tonikas und Dreiklänge in allen Lagen beherrschten ihre Melodik. Doch so «einfach», wie sie klingen mag, ist diese Musik keinesfalls, man kann sie als Komposition einer komplizierten Simplizität charakterisieren – so wie sie auf anderer Ebene und mit anders konzipierter Absicht etwa die Operette «Candide» kennzeichnet. Wieder entwickelt der Komponist aus einem kurzen Motiv, hier aus fünf Tönen bestehend, melodisch ausgedehntere Phrasen als Themen, wieder ist die Melodik durch in rein tonaler Musik ungewöhnliche Intervalle und harmonische Chromatik bereichert. Schon im Urmotiv reiht sich an die eröffnende (absteigende) Quarte die aufsteigende Septime, das Motiv wird einen Ton höher in variierter Rhythmisierung – dem Text angepaßt – wiederholt, und als der Aufschwung zweimal in absteigender Linie beantwortet wird, verläßt der Chorsatz die B-Dur-Harmonik; vorher war der orchestral begleitete, diatonisch klingende Chorsatz *unisono* mit zugefügten Septimentönen gesungen. Schon im eintaktigen Zwischenspiel (Takt 6) spielt der Ton fis *(«jenes fis»),* der im Takt vorher zum ersten Mal in Baßstimmen und Orchester zu hören war, die Rolle einer None zum melodisch vorherrschenden und die darauffolgenden Takte bestimmenden g. Auch die absteigende Melodie wird von einer None unterstrichen (hier g – f), wobei in den tieferen Stimmen, die in Nonen und Septimen singen, das fis weiter tonartfremd bleibt. Der Konflikt um Tonalität, Pantonalität und chromatische Bereicherung offenbart sich in der Partitur der «Chichester-Psalmen» ebenso wie im gesamten Werk Bernsteins. Dieser Konflikt wird hier aber – wie später wieder in «Mass» – der Bestimmung des Werkes entsprechend in gemäßigter Schärfe, in deutlicher Beschränkung ausgetragen. In anderen Werken dieser Periode der Synthese nimmt er schärfere Formen an.

Der Psalmkomposition des 17jährigen Lenny, textlich frei nachgedichtet, musikalisch frei komponiert, war die «Jeremias»-Sinfonie mit ihrer deutlichen musikalischen Bezugnahme auf traditionell hebräische liturgische Weisen in den beiden Instrumentalsätzen und dem vokalen Finale mit dem religiösen Klagelied auf den originalen biblischen, hebräischen Text gefolgt; das «Klagelied» hatte er bereits 1939 entworfen, die Sinfonie als 24jähriger 1942 vollendet. Zwanzig Jahre später komponierte er die «Kaddisch»-Sinfonie – in der er sich mit der Krise des Glaubens (im Hintergrund der Ermahnungen des Propheten Jeremias steht der Abfall des Volkes vom Glauben) und der Unvollkommenheit der Welt auseinandersetzt und wieder auf traditionelles liturgisches Gut zurückgreift. In den nur zwei Jahren später entstandenen «Chichester-Psalmen» ist trotz der hebräischen Originalsprache des komponierten Textes kein enger Zusammenhang mit musikalisch-traditionellem Material zu spüren. Und dann folgte nach einer Periode, in der nur drei kleinere Gelegenheits-Kompositionen entstanden sind, wieder ein groß angelegtes Werk religiös inspirierten Charakters, von «Psalm», «Jeremias», «Kaddisch» und «Chichester-Psalmen» in Tendenz und Charakter nicht grundlegend verschieden: «Mass» – vom Komponisten als «Theaterstück für Sänger, Schauspieler und Tänzer» bezeichnet – sechs Jahre nach den «Chichester-Psalmen», 1971, vollendet und am 6. September 1971 zur Eröffnung des John F. Kennedy-Center for the Performing Arts in Washington D.C. uraufgeführt. In «Mass» hat Bernstein ein als überreligiös zu bezeichnendes Werk geschaffen, in dem man im Rahmen von Texten nach der altbiblischen Schöpfungsgeschichte, hebräischen Segnungssprüchen, römisch-lateinischer Liturgie und modernen Versen Jüdisches, Christliches und an Buddhistisches Gemahnendes ineinander verschränkt findet und auch die Musik eine Synthese religiöser Traditionen sucht. Es liegt etwas Mystisches über Text und Musik – hier hat auch heftige Kritik angesetzt. Zu reiner Mystik hat sich Leonard Bernstein drei Jahre später gewendet, als er die Musik zu einem Ballett von Jerome Robbins schrieb, dem die jüdische Legende von «Dybbuk» zugrundeliegt. Hier kehrte Bernstein zu reiner jüdischer Tradition zurück und griff musikalische Motive aus hebräischen, liturgischen und volkstümlichen Weisen auf; Gesangssoli sind auf hebräische Gebete und Bibelverse komponiert. So vermitteln die sechs zwischen 1935 und 1974 geschaffenen Kompositionen religiöser Inspiration, vom frühen «Psalm 148» bis zur «Dybbuk»-Musik, einen interessanten Einblick in ein oberflächlich gesehen sich wandelndes, doch im Grunde tief verankertes, einheitlich religiöses Denken Leonard Bernsteins, der seine Herkunft

aus einem traditionsgebundenen jüdischen Hause niemals verleugnet hat. Für «Mass» hat er selbst einige Texte verfaßt; Stephen Schwartz schrieb zusätzliche Texte.
So wie «Kaddisch» mit dem dieser Sinfonie zugrundeliegenden Gedanken eines Haderns des modernen Menschen mit seinem Gott von bestimmten Kreisen als *blasphemisch* abgelehnt wurde, so wurde «Mass» als eine von religiösen Menschen unannehmbare *Verquickung von Liturgie und Show,* als *Blasphemie* verurteilt. Cyrus Gottwald, als Chorleiter und vorbildlicher Vorkämpfer zeitgenössischer sakraler wie profaner Musik, hat in einem bemerkenswerten analytischen Aufsatz eine Zusammenfassung aller gegen Bernsteins Konzeption von Ritual, Liturgie, Gebet und sakraler Komposition möglichen Bedenken und Einwände vorgelegt (GOTTWALD, «Leonard Bernsteins Messe oder die Konstruktion der Blasphemie», Melos – Neue Zeitschrift für Musik, Jahrg. 1976, S. 281–284). Von Beginn des «Spektakels» an, das «zwischen Kult und Show angesiedelt» ist, «verstrickt sich (die Messe) immer mehr in kultische Affirmation und deren Widerspruch und wird am Ende gar zur schwarzen», urteilt Gottwald: «Da werden Volkstümliches und Symphonisches, Musica viva und Rock nicht mehr auseinandergehalten, vielmehr in einer Weise durcheinandergemischt, die jede Sensibilität stillstellt, aber auch jedes Reinheitsgebot beiseiteschiebt.» Bernstein «sucht, was er als Wahrheitsgehalt an Neuer Musik erkannt hat, seiner eigenen Musik als Ferment zuzusetzen. Seine Blues- oder Rockpartien nehmen oft jenen dissonant-geschärften Ton an, den in der Schlagerbranche zu studieren kaum möglich sein dürfte». Gottwald findet in Text und Musik «kaum eine Bestätigung, eine These, die Bernstein nicht sofort wieder in Frage stellt, umstülpt. Auf kaum etwas, was er exponiert, ist Verlaß. Mit Mahlerschem Gestus sammelt er das Zerrissene ein, um es als Trost auszustellen. Aber den Zweifel als letzte Geborgenheit zu verkünden, weigert sich seine Musik.»
Leonard Bernstein wollte in «Mass» – wie in der «Kaddisch»-Sinfonie – ein religiöses Werk schreiben, nach dem vom jüdischen Gebet ausgehenden ein anderes, das im Rahmen einer christlichen Messe konzipiert ist, und in ihm noch einmal die Krise des Glaubens als zentrale Krise des Jahrhunderts behandeln. Die Form

der Kritik an den überkommenen Formen und Formeln des Zelebrierens, die in «Mass» durch textliche Unterbrechungen und Stilwechsel geübt wird, empfindet Gottwald als Blasphemie, wenn auch «die Darstellung des Religiösen als Gefährdetem gleichzeitig Appell sein will, an ihm festzuhalten... ohne Zweifel der affirmative Kanon, der Bernsteins Messe durchzieht». Musikalische Zitate und Phrasen, die wie Zitate klingen, ertönen und werden durch hochentwickelte kompositorische Technik wieder unkenntlich gemacht, kirchlicher und sinfonischer Stil wird mit Rock gemischt, genau wie sakrale Texte und aufsässige Kritik miteinander abwechseln: «Das nicht Kohärente vermag sich so als Einheit zu setzen, das Uneigentliche wird zum Ereignis.»

«Ein Kunstwerk gibt keine Antwort auf Fragen, es fordert sie heraus», schrieb Bernstein im Oktober 1961; «seine wesentliche Bedeutung liegt in der Spannung, welche die gegensätzlichen Antworten hervorrufen.»

Der Dirigent und Komponist Antal Dorati sah in «Mass» 1979 ein modernes «Mysterien-Spiel» (DORATI, «Notes of Seven Decades», London 1979): «Das Werk hinterließ einen tiefen Eindruck auf die emotionell präokkupierte Hörerschaft, vor allem dadurch, daß (mit der Eröffnung des Kennedy-Centers und dem Kompositionsauftrag durch die Witwe des Präsidenten) der Name Kennedys hier wieder ins Bewußtsein trat. Die stark emotionelle Bereitschaft des Publikums stand vielleicht einem wirklichen Verständnis des Werkes entgegen, und das festgesetzte Datum der Aufführung schadete vielleicht auch dem Werk selbst, denn es ist meiner Meinung nach ein ganz außerordentliches Werk und hätte eine Premiere verdient, die ganz unabhängig von irgendeiner Gelegenheit gewesen wäre. Es stellt eine erregende Studie des Dramas der Gottesverehrung dar und damit auch eine Erforschung der Natur der religiösen Messe, wie wir sie kennen. Ich glaube, daß es ein Fehler war, den Titel *Mass* in der Ankündigung nicht in Anführungszeichen zu setzen. In Anführungszeichen wäre er weit richtiger und bedeutungsvoll... Dem Titel *‹Messe›* sollte man in Klammern die Bezeichnung *Ein Mysterien-Spiel* beifügen und damit den Charakter des Stückes klarer beschreiben. Es zeigt in bewegender Weise die Entwicklung von der improvisierten *laudatio* zur Zeremonie und ihrer späteren Dekadenz und endet im Ausdruck der Hoffnung einer Erneuerung, einer Wiederkehr der spontanen, offenen, dankbaren Freude an den Segnungen des Lebens – dem wahren Ursprung und wahren eigentlichen Inhalt aller Verehrung Gottes» (DORATI, S. 288). Dorati fügt hinzu, daß diese Uraufführung, der er als musikalischer Leiter des National Symphony-Orchestra von Washington beiwohnte, nicht nur mit einem an sich originellen Werk bekanntgemacht habe, sondern mit einer für unsere Zeit ganz neuen Art von Werk; denn Mysterien-Spiele hatte es seit vielen Jahrhunderten auf unseren Bühnen nicht mehr gegeben.

Ohne Zweifel ist «Mass» ein Werk, gegen das von Konzeption, Textzusammenstellung, Bühnengeschehen und musikalischen Mitteln her vielerlei Einwände geltend gemacht werden können. Aber dieses «Theaterstück für Sänger, Schauspieler und Tänzer» auf religiös-zeremoniellem Hintergrund stellt doch eins der textlich und musikalisch kühnsten Werke dar, die je geschrieben – und aufgeführt – wurden. Die hier ausgesprochene Auflehnung gegen gedankenlose Übernahme liturgischer Texte, die mit echtem Glauben kaum noch verbunden ist, und gegen ein Zeremoniell, das wenigen Menschen in seiner wahren Bedeutung etwas zu sagen hat, verliert den Charakter einer «Blasphemie», wenn die Hoffnung auf neue Vertiefung des Glaubens Ausdruck gewinnt. Vom christlich-kirchlichen Ritus ausgehend, wird «Mass» zum Gegenstück zu der vom jüdischen Gebet hergeleiteten, ebenfalls streithaften «Kaddisch»-Sinfonie; die Grundtendenz der beiden Werke ist die gleiche. Zur Mischung von sakralem und populärem Stil ist dabei zu sagen, daß es immer Bestrebungen gegeben hat, Kirche wie Synagoge und ihren Gottesdienst einem breiteren Volke nahezubringen, indem man die traditionelle Liturgie durch volkstümliche Gesänge belebte. Das war zu frühen Zeiten schon so, als kirchliche Autoritäten gegen den Usus schrieben, Lieder von der Straße im Gotteshaus zu singen, und es schwebte Martin Luther vor, der bewußt Choräle nach Volksliedern für die Kirche textierte. *Negro Spirituals* mit geistlichen Texten haben Eingang in den amerikanischen Gottesdienst und in geistliche Kompositionen gefunden – wie etwa Michael Tippetts «A Child of our Time»–, in

Deutschland hat Heinz Werner Zimmermann Kirchenkantaten in Jazz-Stil und eine «Missa Profana» geschrieben. In Leonard Bernsteins «Mass» wirken *Rock* und *Blues* und ihre Sänger als Revolte gegen die bestehende, breiten Massen nichtssagende kirchliche Ordnung: «Wenn ich beichten könnte, würde ich gerne alles, was mich bedrückt, loswerden», singt ein *Rock*-Sänger, «aber wie – Gott, ich weiß es nicht. Was ich sage, fühle ich nicht. Was ich fühle, zeige ich nicht. Was ich zeige, ist nicht echt. Gott, nein, nein, nein, ich weiß nicht...» Am Ende aber vereinen sich lateinisch und hebräisch singende Beter, verbinden sich Zelebranten und Volk zum gemeinsamen «Laudate Deum».

Als das letzte «Amen» in der Uraufführung von «Mass» in Washington am 8. September 1971 erklungen war, blieb die Hörerschaft im Saal an die drei Minuten – die wie eine Ewigkeit schienen – wie gebannt auf den Plätzen sitzen. Dann erhob sie sich und applaudierte begeistert fast eine halbe Stunde lang; über sicherlich viele Bedenken hinweg hatte man die «Botschaft» des Werkes in sich aufgenommen, war auch von einer grandiosen bühnentechnischen und musikalischen Realisation ergriffen, wie sie zwei CBS-Schallplatten unter Leitung des Komponisten festgehalten haben. Die Uraufführung selbst dirigierte Maurice Peress. Den Zelebranten sang Alan Titus, die Leitung der Chöre – der Norman Scribner Choir und Berkshire Boy Choir – hatte Gordon Davidson. Alvin Ailey war der Choreograph, das Bühnenbild hatte Oliver Smith geschaffen, und die Gesamtproduktion lag in den Händen von Roger L. Stevens, der bereits in den Aufführungen von «Peter Pan» 1950 und «West-Side-Story» 1957 mit Leonard Bernstein zusammengearbeitet hatte.

«Mass» beginnt bei dunkler Bühne mit antiphonalem Gesang des «Kyrie eleison». Man hört ihn von quadrophonischem Tonband aus vier Ecken des Saales. Aus dem ersten Lautsprecher ertönt eine hohe Soprankoloraturstimme, von Glockenspiel, Xylophon und kleinem Becken begleitet; ein für das gesamte Werk charakteristisches Ausgangsmotiv aus kleiner aufsteigender Terz und zurückfallender großer Sekunde wird gleichzeitig mit dem ersten Ton des Gesanges *marcato* von Glockenspiel und Xylophon intoniert und bald darauf auch von der Gesangsstimme aufgenommen. Im

zweiten und dritten Takt fügen die Instrumente zwei aufeinanderfolgende kleine Terzen (aufsteigend) hinzu, womit das in der Melodik Leonard Bernsteins so oft bestimmende Tritonus-Intervall gebildet wird. Das Koloratur-Kyrie wird von einer von der anderen Seite des Saales erklingenden zweiten Kyrie-Melodie, von einer Baßstimme gesungen, abgelöst; sie wird von drei Pauken begleitet. Diese Melodie stellt eine Ausschmückung des Sopran-Kyrie dar. Aus der dritten Ecke des Saales hört man «Christe eleison», von Sopran- und Altsoli akkordisch in Terz- und Septimenabstand zu Vibraphonbegleitung begonnen. Das Tempo ist belebter geworden, und im dritten Takt treten die vorher gehörten Stimmen – Koloratursopran und Baß – mit ihrem «Kyrie» zu dem «Christe eleison» des dritten Stimmkomplexes kontrapunktisch hinzu. Als diese Phase abbricht, beginnt vom vierten Lautsprecher aus ein neuer «Christe eleison»-Teil, *maestoso* von Tenor- und Baritonsolo angestimmt, zur Begleitung von Marimba und Woodblock, nach der einleitenden Phrase sogleich mit den ersten drei Stimm- und Instrumentenkomplexen konfrontiert. Die kunstvolle quadrophonische Polyphonie steigert sich bis zu stärkstem *Fortissimo* und bricht plötzlich mitten in Text und Musik ab: Man sieht vor dem Vorhang auf der Bühne den Zelebranten, einen jungen Mann in *Blue jeans* und einem einfachen modischen Hemd; ein starker Akkord auf seiner Gitarre hat den fast ins Konfuse gesteigerten liturgischen Gesang jäh zum Schweigen gebracht.
«Singt Gott einen einfachen Gesang» («Sing God a simple Song») stimmt er an: «Gott liebt alles, was einfach ist, Gott ist das Einfachste von allem.« Aus den biblischen Psalmen entnimmt er den Gesang «Ich will dem Herrn ein neues Lied singen» und «Ich hebe meine Augen auf zu den Bergen, von welchen mir Hilfe kommt», wobei sich der Vorhang öffnet, Chorknaben erscheinen, die ihm die Gitarre fortnehmen und ihm ein einfaches Meßgewand überziehen. In freier Kadenz singt der Zelebrant sein «Lauda», wird zunächst leise, dann in anschwellender Lautstärke von sechs Solostimmen unterbrochen, die man aus allen vier Lautsprechern im Saal im *Swing*-Stil singen hört: die Melodik ist aus den Themen des ersten «Kyrie» entwickelt. Auf dem Höhepunkt erklingt «Alleluja»; langsam entwickeln sich polyphone Dichte und Laut-

stärke bis ins *Pianissimo* zurück. Im «Kyrie»-Teil fand übrigens ein Stück Verwendung, das Bernstein 1969 zu Ehren der Jahrhundertfeier des Metropolitan Museum of Art in New York mit dem Titel *«Shivaree«* für zwei Blechbläser-Ensembles und Schlagwerk komponiert hatte; im «Alleluja» ist ein kurzes Chorstück zitiert, das er 1970 unter dem Titel *«Warm Up»* für die «Camerata» Abraham Kaplans geschrieben hatte. «A Simple Song» hatte Leonard Bernstein für den Film konzipiert, den Franco Zeffirelli mit ihm über Franziskus von Assisi kreieren wollte – ein Projekt, das sich zerschlug. Auch im «Sanctus»-Teil der «Messe» ist auf die für den «Franziskus»-Film entworfene Musik zurückgegriffen.
Mit dem «Responsorium», dem «Alleluja», schließt der erste, alle Gegensätze bereits andeutende Teil der «Messe». Es folgen zwei «Introitus»-Teile. «Die Bühne ist plötzlich überflutet von Menschen, Lichtern und Musik.» Chor und Bläser «von der Straße» marschieren ein und intonieren ihr eigenes «Kyrie» in jazzigem Marschtempo, eingeleitet und immer wieder bekräftigt durch das dreitönige «Kyrie»-Thema vom Beginn des Werkes. Der «Introitus» hat Rondo-Form und mündet in einen doppelt-dreifachen Kanon ohne Orchesterbegleitung. Der zweite Introitus, «In nomine Patris», erklingt vom Tonband mit Instrumentalbegleitung; am Ende erfleht der Zelebrant Gottes Segen für das Haus. Nach einem Chor-Choral leitet ein melodisch chromatisches Oboensolo, von verschiedenen Seiten vom Tonband in den Saal geleitet, «Epiphany«, zum vierten Teil, «Confessio», über.
Zelebrant und Chor beginnen «Confiteor» in teilweise stark dissonanten, akkordisch zerlegten Melodien nach dem traditionellen liturgischen Text. Der Chor wird immer leiser, die Instrumentalbegleitung tritt zurück, bis nur noch Schlagwerk übrig bleibt, der Tritonus beherrscht die schließlich zum *Unisono*-Gesang vereinfachte Melodik. Dann beginnen drei hinter der Bühne erklingende Gitarren die in *Swing* gehaltene Fortsetzung des «Confiteor», die sich dann wieder in die vorangegangene Vielstimmigkeit und Dissonanz und ihre Lautstärke hineinsteigert. Der zu Beginn des «Confiteor» von Chor und Orchester schon angedeutete *Rock*rhythmus wird jetzt von einer *Rock*band und einem *Rock*sänger als «Heavy Blues» aufgenommen. Es melden sich die Zweifel an der

Ehrlichkeit und Wirksamkeit der Beichte: «Ich könnte beichten – aber wie, Gott, ich weiß es nicht. Was ich sage, fühle ich nicht. Was ich fühle, zeige ich nicht. Was ich zeige, ist nicht echt.« Ein zweiter Sänger singt zur Begleitung eines *Blues Combo* -Ensembles: «Es ist leicht, eine Beichte abzulegen, es tut nicht weh...»; ein zweiter *Rock*sänger führt weiter, ein zweiter *Blues*sänger, ein dritter *Rock*-sänger, ein dritter *Blues*sänger komplettieren. Der Beichtgesang des Chors wird mit den Zweiflern konfrontiert, und so richtet der erste *Rock*sänger ein leises eigenes Gebet an Gott: «Wenn Du so groß bist, zeige mir, wohin zu gehen, zeige es mir jetzt, ich kann nicht warten, vielleicht ist es zu spät, ich weiß es nicht.» «Gott vergebe dir, Gott sei mit dir» spricht der Zelebrant, und einer der *Blues*sänger singt ein leises «Confiteor». Anstatt eines Gebetes folgt eine «Meditation» für Orchester, aus der Leonard Bernstein die erste der «Drei Meditationen» für Violoncello und Orchester für Mstislaw Rostropowitsch gestaltet hat. In der Thematik sämtlicher Stimmen erkennt man als Grundlage das dreitönige «Kyrie»-Motiv vom Beginn der «Messe».

Nach der «Meditation» beginnt der «Gloria»-Satz. Eine Gruppe von Chorknaben hat dem Zelebranten drei Bongo-Trommeln überreicht, und er hebt «in aufgeregter Freude» den Gloria-Text zu singen an, wobei jede Phrase von den Chorknaben transponiert oder in Intervallumkehrung wiederholt oder variiert wird. Bongos und ein Bläserensemble auf der Bühne begleiten den Gesang, der sich stetig steigert. Der vierstimmige Chor setzt im *Fortissimo* mit der Lobpreisung ein; hier wird in dieser Komposition zum ersten Mal in einem «Kantillations»-Ton gesungen, *unisono,* lange Textstrecken auf einer einzigen Note wie in der Bibellesung in Synagoge und Kirche – die Kadenz der Endsilben sinkt charakteristischerweise zum Tritonus hinunter. Dazu begleitet das Orchester *con fuoco* in Jazzrhythmen, in welche nach dem «Amen» auch der Chor einstimmt, indem die Deklamation des vorangegangenen Teiles rhythmisiert wird. Dieser Teil wird auf einen neuen Text gesungen – für dessen Beitragung Leonard Bernstein dem Freund Paul Simon dankt: «Eine Hälfte des Volkes ist versteinert, die andere Hälfte wartet auf die nächste Wahl. Eine Hälfte des Volkes ist ertrunken, die andere Hälfte schwimmt in die falsche Richtung.« Ein prächtiger Umhang wird dem Zelebranten um die Schulter gehängt, und der Chor fährt in immer prägnanter rhythmisierter Diktion fort: «Das nennen sie ein herrliches Leben, und du, Schatz, wohin führt dich das, dich und deinesgleichen?» Dem «Chor von der Straße», der diese Fragen stellt, antwortet der Chor der Gläubigen in «wilder», rhythmischer Jazzakzentuierung «Miserere nobis», während der «Straßen-Chor» seine Frage wiederholt und sich selbst die Antwort gibt: «Nirgendwohin, nirgendwohin.» Dieser sechste Teil endet mit einem Sopransolo der Danksagung und einem Zweifel an der Danksagung: «Einstmals hatte ich das Gefühl des Dankes, wenn ich Gratias Deo sang, aber ich singe es nicht mehr, ich weiß nicht, wann es geschah, das Danke ist nicht mehr da ...», worauf zum Abschluß der «Straßen-Chor» *pianissimo* wispert: «Eine Hälfte des Volkes ist ertrunken, die andere Hälfte schwimmt in die falsche Richtung.» «Laßt uns beten», spricht wieder der Zelebrant, und es folgt die zweite «Meditation».

Die aus Thema und vier Variationen mit Koda bestehende Meditation beginnt im Thema mit dem absteigenden Tritonus, dem sich eine chromatisch bestimmte melodische Tonfolge anschließt, die in der ersten Variation eine Art *Cantus firmus* zu einer sich mit ihm zu einer Zwölftonreihe ergänzenden Melodie verbindet. Die zweite Variation ballt die thematischen Töne zu Akkorden, die dritte läßt sie in *Unisono*-Akkorden aus der Tiefe bis in höchste Höhe ansteigen, die vierte zerlegt sie wieder in leise, verhaltene Klänge. Die Koda, während derer zwei Chorknaben mit Bibel und Weihrauch auftreten, die der Zelebrant segnet, nimmt alle Gedanken der Variationen nacheinander noch einmal auf und schließt mit den *Unisono*-Akkorden ab.

Der nächste Teil, «Epistel: Das Wort des Herrn», wieder ohne Pause folgend, ermahnt einen Jungen, der zum Mann herangewachsen ist, daß er das Wort des Herrn nicht aus der Welt schaffen kann. «Wir erwarten», singt der Zelebrant deklamierend-rezitierend, «daß die Zeit des Wortes des Herrn kommt, wir erwarten das Wort des Herrn«. Die «Kyrie»-Motive sind in dem Gesang allgegenwärtig. Im nächsten, neunten, Teil erscheint der Priester und predigt. Er erinnert in einer dem Volk angepaßten Sprache an die Schöpfungsgeschichte, der Chor antwortet und repetiert Worte und motivische Fortschreitungen. Was Gott schuf, «das war gut» – wie es in der Bibel heißt. Doch es melden sich wieder die Zweifler: Die Menschheit hat das, was Gott geschaffen und hat verkünden lassen, nicht verstanden und nicht befolgt, hat es so ausgelegt, wie es ihr paßt, ihren Wünschen und Gelüsten entspricht. Der Prediger ermahnt: «Gott gab uns das Kreuz, wir verwandelten es in ein Schwert. Wir nutzten seine Gebote, indem wir taten, was uns gefiel... Und es war, es war gut!», das wird herausgebrüllt, und es beginnt ein Tanz – «machttrunken». In größtmöglichem Gegensatz folgt – als zehnter Teil – «Credo». «Ich glaube an einen Gott», spricht der Zelebrant; er wird vom lateinisch intonierten Gebet des Chores unterbrochen, das von Tonband zu hören ist. Es ist *unisono* gesungen und von einer Vielfalt von Schlaginstrumenten begleitet. Auf der Bühne folgt dann eine textliche Variation – «Non Credo» – des Gedankens «Et homo factus est», eine Anlage, daß der Mensch nicht das aus sich gemacht hat, was er werden sollte, wie kann also irgendjemand Credo sagen? In der Musik herrscht wieder das ursprüngliche «Kyrie»-Motiv. Von Tonband kommt der lateinische Messetext «Crucifixus etiam pro nobis», zu Schlagwerkbegleitung; diesen Gesang unterbricht eine Mezzosopran-Solostimme, wieder eine Stimme der Klage: «Du hast gesagt, Du wirst wiederkehren – wann? – Wenn es wirklich schlimm wird? Sind die Dinge nicht schlimm genug?» Eine dramatische, fünftönig absteigende melodische Linie wird im Orchester – später auch im Gesang – aufsteigend beantwortet. «Beeile Dich, komm, ich bin bereit», steigert sich die Stimme. Und wieder ertönt Messetext vom Tonband «Sedet ad dexteram Patris», vom «Chor der Straße» unterbrochen: «Non erit finis» (einstimmig den Text und das Motiv vom Tonbandchor aufnehmend) – «Welt ohne Ende – wer sie verlassen hat, wartet auf die nächste Schöpfung... Gott, macht es Dir nichts aus, wenn alles eines Tages endet?» Tonbandgebet, das «Beeile Dich» und «Welt ohne Ende» werden kontrapunktiert, und die Szene endet nach einem bekräftigenden mehrmaligem «Amen» mit einem *Rock*solo: «Ich glaube an Gott, aber glaubt Gott an mich?» «Hört Gott meinen Gesang, glaubt er meinem Gesang?» –

«Ich glaube jede Note, die ich singe, aber erreicht sie Dich? Ich glaube an *fis*, ich glaube an *g*, aber bedeutet Dir das etwas? Soll ich nach *as* überwechseln, glaubst Du an *c*? Glaubst Du an irgendetwas, das mit mir zu tun hat?» – «Ich glaube an alles, was schön ist. Wer wird an mich glauben?» Und wieder spricht der Zelebrant: «Laßt uns beten», worauf die dritte «Meditation» folgt, in der ein kanonisch einsetzender Chor «De profundis» singt, sich dann achtstimmig teilt und deklamierend zu Schlagwerkbegleitung das «Clamavi» heraus schreit. Nachdem das Orchester das chromatisch aufsteigende Thema im Kanon wiederholt hat, folgt der zweite Teil des Gesanges, der ebenfalls in schreiende Deklamation führt. Der letzte Teil des Psalms wird wieder im Kanon gesungen. Gegen Ende der Szene bringen vier Chorknaben dem Zelebranten die Gefäße zur Kommunion.
Während des «Offertorium»-Gesanges geht der Zelebrant ab. Nach dem vielstimmigen Chorgesang folgt ein «fetischistisch leidenschaftlicher» Tanz um die heiligen Geräte, an dessen Schluß der Zelebrant in reichen Ornat gekleidet zurückkehrt. Die Szene endet «in eisigem Schweigen», das gesamte Ensemble verläßt die Bühne.
Im dreizehnten Teil singt der Zelebrant das «Vaterunser», zur Begleitung des Klaviers, auf dem er sich zunächst den Beginn der Melodie zusammengesucht hat. Nach dem «Amen» singt er nachdenklich – was mag wohl geschehen, wenn alles untergeht? Er wird weiterhin zelebrieren, den kommenden Tag erwarten, wird Gott loben. Leise verklingt sein «Lauda, Lauda», das wir von seinem «Simple Song» kennen, während die Chorknaben ihm die Hände waschen und trocknen. Die fragend aufsteigende kleine Sekunde, die in Leonard Bernsteins Musik – der Sinfonik wie der «West-Side-Story» – immer wieder das Ungewisse, das Fragliche andeutet, beendet das meditative Lied des Zelebranten.
Als vierzehnte Nummer folgt «Sanctus», vom Knabenchor zweistimmig intoniert; nach dem «Osanna» tanzt der Chor, von einem «mystisch, etwas bewegt» spielenden Orchester begleitet. Plötzlich ergreift der Zelebrant wieder seine, von einem Chorknaben gehaltene Gitarre und beginnt zu singen. Vom lateinischen, christlichen «Sanctus» geht er in das hebräische «Kadosch» («Heilig»)

über, und der Chor – sich um ihn scharend und ihm Geschenke bringend – nimmt «Kadosch» auf und fährt in der hebräisch-liturgischen Tradition mit dem «Heilig sei der Herr!» in hebräischer Sprache fort: «Baruch ha-Ba b'schem Adona'i» – Gesegnet sei, wer da kommt im Namen des Herrn. «Sanctus!» rufen alle Stimmen auf der Bühne noch einmal, und einer Apotheose folgt «Agnus Dei» als fünfzehnter Teil.
«Agnus Dei» singen Solisten des «Chors von der Straße» in Terzenharmonien zu elektronischen Klängen, die aus dem Orchestergraben kommen. Der Zelebrant bemüht sich während des immer weiter gesteigerten Singens von «Dona nobis pacem» vergeblich, die Weihe der Hostie durchzuführen – er kann den Altar nicht erreichen. Er fleht die Menschen an und ruft schließlich mit heiserer erhobener Stimme zum Gebet, worauf die Menge sofort niederkniet, und das «Agnus Dei» leise von neuem anstimmt. Der Zelebrant steigt wie unter einer schweren Bürde wankend die Stufen zum Altar empor. Er fühlt sich seiner Aufgabe unwürdig, nicht gewachsen. Dem Ruf der Gemeinde «Dona nobis pacem» – Frieden – schreit er plötzlich entgegen: «PANEM» – Brot! Nachdem er die oberste Stufe erreicht hat, bleibt er bewegungslos stehen, versucht zu sprechen, bleibt aber stumm. Die Menge ist verwirrt, und in ihr «Dona nobis pacem» hinein singt ein Solotenor «Wir knien nicht, wir beten nicht... wir wollen einen Frieden, an den wir uns halten können... Gib uns unsern Frieden jetzt und nicht später... Wir können das Schweigen des Himmels nicht länger ertragen... Wenn wir die Welt, die wir erwünschen, nicht haben können, müssen wir diese in Brand setzen.» Zu diesen Worten wird der Chorgesang «Dona nobis pacem» wiederholt, und es tritt das quadrophonische «Kyrie»-Tonband vom Beginn der «Messe» – wieder aus den vier Ecken des Saales ertönend – dazu. Jäh unterbricht der Zelebrant mit wildem Schreigesang: «Pacem! Pacem! Pacem!» und schleudert wie von Sinnen die vorher hoch erhobenen Sakramente zu Boden. Es folgt betretene Stille, alle fallen nieder. Das Tritonusthema wird zuerst von Pauken, dann von *Pizzicato*-Streichern intoniert. Der Zelebrant selbst stammelt verwirrt: «Schaut – ist das nicht merkwürdig? Roter Wein ist nicht rot, sondern etwas wie braun, braun

und blau ... Was starrt Ihr her? Habt Ihr noch niemals ein Malheur erlebt?» Er hebt ein zerbrochenes Stück vom Boden und wirft es von neuem krachend hin. «Seht – Glas scheint heller, wenn es zerbrochen ist! Wie leicht zerbrechen Dinge!» Er wirkt verwirrter und wilder: «Was starrt Ihr her? Habt Ihr noch niemals ein Malheur erlebt?», und die Musik zeichnet seine Erregung nach. Doch dann beginnt er zu singen: «Gebt es doch zu, es war Spaß. Ihr wißt, es war aufregend zu sehen, was ich getan habe. Wie alles zerbrochen ist – Ihr habt recht, kleine Brüder und Schwestern – ich war im Unrecht – ich sang so feierlich ‹Lauda, Lauda› – man muß stark sein!» Und er zerbricht Kerzen und andere Gegenstände, wirft sie vom Altar hinunter: «Unser Vater im Himmel, hast Du niemals zuvor ein Malheur mitangesehen?» Aber dann ändert sich der Ton von Text und Musik: «Stille – Gott ist sehr krank – Seine Stimme ist kaum noch zu hören – Seid leise – Betet – laßt Gott nicht nochmals sterben – Gott – bleibe bei uns!» Dann springt er wild auf dem Altar herum und zerreißt, was ihm in die Hände kommt, tanzt wie ein Wahnsinniger, reißt die Roben von seinem Körper, wirft sie in die Menge: «Zieht sie an, und Ihr werdet sehen, jeder von Euch kann jeder von mir sein!»
In immer gesteigertem Wahnsinn wendet er sich an alle Knaben, den Prediger, den Chor: «Worauf wartet Ihr? – Warum schweigt Ihr? — Warum habt Ihr aufgehört zu beten? – Warum singt Ihr nicht, schreit Ihr nicht, entweiht Ihr nicht, lästert nicht?» Er tanzt wie ein Irrer umher, stammelt Teile dieses und jenes Gebetes in allen verschiedenen Sprachen, sinkt geschwächt nieder, steht wieder auf, wankt hinunter in den Orchestergraben. Die Musik klingt in einem leisen sechstönig-dissonanten Akkord aus, dessen oberste und tiefste Note den Tritonus bilden.
Nach kurzer Pause und Stille folgt der letzte Teil, überschrieben «Pax: Communion». Er wird eingeleitet vom Spiel einer Soloflöte, die den expressiven Gesang der Oboe vom Ende des Zweiten Introitus («Epiphany») aufnimmt. Die Oboe war zu Schlagwerkbegleitung vom Tonband über Lautsprecher zu hören gewesen; der Flötist spielt jetzt in leisestem *Pianissimo* von der Bühne her. Der starken Chromatik des 16taktigen Solos gegenüber, welches mit den drei Noten des «Kyrie»-Motivs endet, das im

Solo in verzerrten Intervallen erkennbar blieb, ertönt als «Pax» – Frieden und Versöhnung – die Stimme eines Knaben-Sopran-Solos, der das «Einfache Lied» – «A simple Song» – aus dem ersten Teil der «Messe» aufnimmt. Der Text ist geändert; anstatt «Sing God a simple Song» heißt es nun «Sing God a secret Song» – es wird «heimlich» gesungen und das «Lauda, Laudate» erklingt ganz leise. Der Knabe trifft einen erwachsenen Mann aus dem Chor der Menschen «von der Straße», und er stimmt leise «in mysteriösem Ton» in den Lobgesang ein – die Intervalle des «Kyrie» und Septimensprünge sind allgegenwärtig. Der Knabe und der Mann umarmen sich und singen gemeinsam weiter. Es bilden sich zwei Gruppen von Menschen, später weitere, die sich um den Knaben und um den Mann scharen und in den Lobgesang einstimmen; auch das Orchester wird immer vollstimmiger, bis ein *Fortissimo* erreicht wird.

Der Frevler, der den Altar entweiht hat und an seiner eigenen Tat wahnsinnig geworden war, hat sich selbst gerichtet, ist vergessen. Am Höhepunkt des allgemeinen Lobgesanges erscheint er unauffällig, so einfach gekleidet wie zu Beginn der Handlung, und stimmt mit ein in das «Laudate Deum», im kanonischen Zwiegesang mit dem Knabensolisten. Der gesamte Gesang hatte die Form eines Kanons angenommen, der vor dem Eintritt des Zelebranten durch einen leisen, geflüsterten Zuruf aller Chöre «Pax tecum» – Friede sei mit Dir! – unterbrochen wird. Alle Mitwirkenden reichen sich die Hände, und die Knaben steigen von der Bühne in den Saal hinunter, wie um die Botschaft der Versöhnung allen Menschen zu überbringen. Mit einem Gebetchoral und leisem *Unisono*-Amen schließt das Werk.

Blasphemie hatte man – wenngleich von anderer Warte aus – dreißig Jahre vor Bernsteins «Mass» einem anderen religiös inspirierten Werk vorgeworfen und den Komponisten, der auch selbst seinen Text verfaßt hatte, sogar mit drei Monaten Gefängnis bestraft. Es war Michael Tippett (Jahrgang 1905), der mit seinem Oratorium «A Child of our Time» mitten im Weltkrieg ein Werk gedichtet und komponiert hatte, das tragische Ereignisse zum Anlaß nahm, zu humanitärem Pazifismus aufzurufen. Ein Jahr vor Beginn des Krieges, 1938, hatte ein junger Jude, der aus Nazideutschland hatte fliehen können, in Paris einen deutschen Diplomaten erschossen, der seiner Mutter, die noch in Deutschland war, und ihm selbst die zur Auswanderung und Lebensrettung notwendigen Papiere verweigerte. Die Tat hatte eine Verstärkung der Judenverfolgung und -vernichtung zur Folge gehabt. Tippetts Oratorium war unter dem Eindruck der Tragödie entstanden; der Krieg rüttelte ihn weiter auf. Anstelle der im Oratorium üblichen Choräle setzte er fünf *Negro Spirituals* ein, zuletzt wird «Deep River» gesungen. Das Oratorium, das zu den wertvollsten Kompositionen Michael Tippetts gehört, erregte schon damals viel Aufsehen. Seine pazifistische, humanitäre Einstellung, die Kriegsverweigerung Tippetts, brachten ihm 1943 eine Gefängnisstrafe von drei Monaten ein. Später wurde der Komponist vom Königshaus geadelt.

Unter den jüngsten Kompositionen, die Inhalt und Formen der religiösen Musik in zeitgenössischem Geist zu erneuern suchen, ist besonders die «Missa profana» von Heinz Werner Zimmermann (Jahrgang 1930) hervorzuheben. Nachdem er in verschiedenen Kantaten für die evangelische Kirche in Deutschland traditionelle Psalmtexte in Jazzrhythmen vertont hatte, stellte er in der «Missa profana» vier Vokalsolisten, Chor, Sinfonieorchester und Jazzensemble einander gegenüber. Die textliche Grundlage bilden die fünf Sätze der lateinischen Messe und ein Introitus. Im Kyrie entsteht – wie der Komponist selbst in einer Einführung deutet – «ein Dialog zwischen dem Chor und den Vokalsolisten (sie werden vom traditionellen Orchester unterstützt)und einem Jazzensemble. Die Jazzinstrumente formulieren musikalisch eine eher sorglose, leichtsinnige Welt von naivem Optimismus. Eingebettet in diesen Allegro-Satz ist ein verborgenes Adagio – keineswegs fröhlich oder spielerisch – dessen Part der Chor und die Solisten übernehmen... Umgekehrt haben die Jazzinstrumente ihre eigene depressive Phase am Beginn des Gloria-Satzes. In einer langsamen einleitenden Sektion wird hier das *‹Blues feeling›* der *‹Einsamen Masse›* in den großen Städten dargestellt... Aber auch in diesen Satz ist ein kontrastierender Teil eingefügt: Der Chor und die Vokalsolisten singen ein fröhliches *‹Gloria in excelsis Deo›*, das die gute Botschaft vom Frieden und vom guten Willen überbringt...

Viele Versuche sind bereits unternommen worden, Jazzensembles und Sinfonieorchester miteinander zu kombinieren, meistens aber wurde dabei das Herzstück des Jazz – die Chorus-Improvisation – geopfert. Und auf der anderen Seite, wenn die Jazzimprovisation erhalten blieb, dann mußte das Ideal der Integration der sinfonischen Musik geopfert werden, was gewöhnlich zu dem musikalischen Resultat eines bloßen Wechsels von Jazz und sinfonischen Partien führte.» Aus den Erläuterungen Heinz Werner Zimmermanns zu seiner 1982 in Minneapolis uraufgeführten «Missa profana» erhellt sich, daß hier ganz ähnliche geistige und musikalische Gedanken Gestalt gewonnen haben wie in Leonard Bernsteins «blasphemischer» Messe: die Musik einer Jazz-Combo als Ausdruck des *Blues feeling* der *Einsamen Masse* in den großen Städten gegenüber den individuellen Solisten, die vom herkömmlichen sinfonischen Orchester begleitet werden, die Tendenz, über alle Kontraste hinweg die «gute Botschaft vom Frieden und vom guten Willen» zu überbringen*. So fügt sich dieses Werk mit dem Oratorium Michael Tippetts, mit «Psalmensinfonie» und «Missa» von Igor Strawinsky, mit Kompositionen Olivier Messiaens, Dieter Schnebels, Krzysztof Pendereckis, Frank Martins und mit Leonard Bernsteins «Kaddisch» und «Mass» zu einem bunten Kaleidoskop zeitgenössischer Erneuerung geistlichen Denkens zusammen. Frank Martin hatte den Gedanken gefaßt, ein «Requiem» nach den traditionellen Texten mit einer durchgeführten Jazzbegleitung zu komponieren. Nur teilweise hat er dann den Plan realisiert: im «Requiem» (1973) hat er nur «Dies irae» mit aufregendem Jazz gestaltet.

Leonard Bernstein hat noch im Jahr der Uraufführung von «Mass» zwei Meditationen nach «Mass» für Orgel, Klavier, Harfe, Schlagwerk und Streichorchester geschrieben und im Jahr darauf eine dritte «Meditation» für Orchester (1972). Er hat später diese Fassungen überarbeitet; am 11. Oktober 1977 fand die Uraufführung der einen Monat vorher vollendeten Neufassung der «Drei

* Die deutsche Erstaufführung von Zimmermanns Werk in der Hamburger Musikhalle am 11. Sepbember 1983 unter Leitung von Kirchenmusikdirektor Ernst-Ulrich von Kameke fand trotz des Publikumserfolgs wenig Verständnis bei der Presse.

Meditationen nach *Mass*» für Violoncello und Orchester statt, die der Komponist mit dem National Symphony Orchestra in Washington, mit Mstislaw Rostropowitsch als Solisten, dirigierte. Bernstein dankte bei dieser Gelegenheit dem Dirigenten John Mauceri für seine Mitarbeit bei der Erstellung dieser Fassung für Violoncello und Orchester.

Die Erste Meditation ist eine Bearbeitung der in «Mass» nur vom Orchester gespielten Meditation zwischen «Confessio» und «Gloria». Das Solocello beginnt das ruhige, verhaltene Stück mit dem Hauptthema, das dem «Kyrie»-Motiv der «Messe» nachgebildet ist; g-moll ist als Grundtonart zu erkennen. Das Solo, im höchsten Register des Cello gespielt, wird von Streichinstrumenten, Schlagwerk und Orgel begleitet; die Orgel nimmt dann das Thema auf, und nach einer Folge von Septimenakkorden geht der Solist in eine kantable modale Melodik über, bevor sich ein *Fortissimo*-Rezitativ über das Hauptmotiv ergibt. Nach ausladend expressiver Entwicklung des «Kyrie»-Motivs kehrt das abgeleitete kantable Thema wieder, und die Meditation schließt mit einem nochmaligen Zitat des «Kyrie» ganz ruhig und leise.

Die Zweite Meditation entspricht dem Orchesterstück, das in «Mass» zwischen «Gloria» und «Epistel» eingeschoben ist, dem Thema und vier Variationen mit Koda. Das Thema, das in der ursprünglichen Orchesterfassung von den tiefen Saiteninstrumenten und Schlagwerk ausgeführt und in der ersten Variation von Celli variiert wird, spielt in der neuen Bearbeitung das Solocello *pizzicato;* in der ersten Variation «singt» *(cantando)* das Solocello die Variation, und die tiefen Saiteninstrumente begleiten mit den Tönen des Themas selbst – die Bratschen in langen Noten, Celli und Bässe *pizzicato.* Wie in der Originalfassung verbinden sich hier Variation und Thema-*cantus firmus* zu einer sich ergänzenden Zwölfton-Reihe. In der zweiten Variation trillert das Solocello einen leidenschaftlichen hohen Ton zu den im Orchester erklingenden – aus dem Grundmotiv entwickelten – geballten Akkorden. In der dritten Variation wechseln sich Solist und Orchesterinstrumente im Spielen der aufsteigenden thematischen Passagen ab, die in der leisen vierten Variation in weiten Intervallen, zu ganz langsam intonierten Melodietönen umgewandelt, erscheinen, zu einem in tiefster Tiefe *pianissimo* erklingenden *fis* des Solisten; im zweiten Teil der Variation nimmt er an der melodischen Variation teil. In der Coda läßt Bernstein Solist und Orgel den A-Dur-Dreiklang erklingen, wozu Orchestercelli und Bässe *pizzicato* das Tritonusmotiv des Themas spielen. Dem A-Dur-Akkord, zweimal ertönend, ist das Wort «Brü-der» unterlegt, um an den Verbrüderungsgedanken in Beethovens Neunter Sinfonie zu erinnern. Nach der Aufnahme aller thematischen Wandlungen aus den vorangehenden Variationen, in leiser meditativer Erinnerung, schließt diese Meditation in einem *unisono* von Solo und Gruppen von Geigen und Celli wiederholten Zitat der aufsteigenden thematischen Passagen aus der dritten Variation ab – in dreifachem *Pianissimo,* nicht wie in der Variation vorher – und auch anders als im Orchesterstück der «Messe»: in stark betontem Aufschwung. Die Dritte Meditation ist nicht mit der «Meditation Nr. 3» in «Mass» – «De Profundis», zwischen Credo und Offertorium – identisch. Sie beginnt im Solocello, von Schlagwerk begleitet, mit der Musik aus «Epiphany», die in «Mass» vor «Confessio» von einer Solooboe und später – zu Beginn des letzten Teils, «Pax: Communio» – von der Soloflöte gespielt wird. Eine vom «Kyrie»-Motiv ausgehende, reich chromatisch fortschreitende, leise, ausdrucksvolle Musik, deren Intervallmelodik auch an die Formulierung des «Amen» im «Din Torah»-Teil der «Kaddisch»-Sinfonie erinnert. Diese Musik wird ganz leise, aber «so schnell wie möglich» ausgeführt und endet mit dem «Kyrie»-Motiv, einer lang ausgehaltenen Note zu Schlagwerkbegleitung. Dies leitet über zum zweiten Teil dieser Meditation, «schnell und primitiv», leise beginnend, dann in der Stärke gesteigert; das Solocello spielt die Chormelodie und das Orchester die «Volksmusik»-Begleitung aus dem Zweiten Introitus der «Messe» («In nomine Patris»). Danach intoniert das Solocello das vereinfachte Segensgebet aus dem Finale der «Messe», abwechselnd mit der chromatischen Solomelodie vom Beginn dieser Meditation, die auch wieder ganz leise ausklingt: das Solocello erinnert noch einmal an das «Kyrie»-Motiv, und eine seinen letzten langausgedehnten Ton begleitende, *pianissimo* rhythmisch geschlagene kleine Trommel verklingt bis ins Unhörbare.

Zwischen «Mass» und der Musik für das «Dybbuk»-Ballett von Jerome Robbins, das am 16. Mai 1974 mit dem New York City Ballet im Lincoln Center unter Leitung des Komponisten uraufgeführt wurde, lagen Leonard Bernsteins 1000. Konzert mit den New Yorker Philharmonikern (am 15. Dezember 1971), Opernaufführungen und Konzerte und die sechs Charles Eliot Norton Lectures an der Harvard-Universität (ab 9. November 1973), während deren Vorbereitung Leonard Bernstein sich selbst so manche «offene Frage» über Wege, Stilmittel und Techniken des Komponierens vorlegte und zu lösen versuchte. In der Musik zu Jerome Robbins' Interpretation der «Dybbuk»-Legende, die außerhalb der jüdischen Welt vor allem durch die Dramatisierung von Schlomoh An-Sky bekannt geworden ist – in der klassischen Wiedergabe durch das «Habimah»-Theater –, hat der Komponist zehn Jahre nach «Kaddisch» wieder ein klassisches jüdisches Thema aufgegriffen und auch liturgische und folkloristische hebräische Motive anklingen lassen.
In der jüdischen Mystik ist ein «Dybbuk» die vom Körper losgelöste Seele eines Verstorbenen, die sich wieder mit dem Körper eines lebenden Menschen verbinden will. In An-Skys Drama kommt Channon ums Leben, während er verbotenerweise mystische Kräfte beschwört, um Leah, seine Geliebte, die der Vater mit einem anderen Freier verheiraten will, heiraten zu dürfen. Als Dybbuk kehrt seine Seele wieder und nimmt Besitz von Leah, die nun so wie er zu sprechen und zu denken beginnt. Ein Rabbinatsgericht versucht, ihr den Dybbuk auszutreiben, aber er läßt von der Besessenen nicht ab, und so sterben beide, im Tode vereint.
Aus der Musik zum Ballett hat Leonard Bernstein zwei Orchestersuiten zusammengestellt. Die sechssätzige Erste Suite führten die New Yorker Philharmoniker am 3. April 1975, die Zweite Suite am 17. April 1977 zum ersten Mal auf; vorausgegangen war eine Version «Dybbuk Variations», die dieses Orchester auf einer Tournee unter Leitung des Komponisten am 16. August 1974 in Auckland, Neuseeland, uraufgeführt hatte.
Die Partitur ist für großes Orchester mit ungewöhnlich starker Besetzung der Schlagzeuggruppe komponiert; in der ersten Suite sind Vokalsoli enthalten, die in der Uraufführung (und der Schall-

plattenaufnahme) von dem Tenor Paul Sperry und dem Baßbariton Bruce Fifer interpretiert wurden, während die zweite, kürzere Suite, nur instrumentale Stücke enthält. Die Vokalstimmen sollen die Dualität der äußeren und inneren Welt, um die es in dem Drama geht, unterstreichen helfen. Der erste Gesang – im eröffnenden Teil der Suite Nr. 1., «Anrufung und Versenkung» – gründet auf den Text der häuslichen Zeremonie am Ende des Sabbat, der «Trennung» zwischen dem Heiligen und dem Alltäglichen, das mit dem Beginn der Woche wieder eintritt. Der Mensch befindet sich dabei «Zwischen zwei Welten» – so hatte der Dichter An-Sky sein «Dybbuk»-Drama ursprünglich genannt. Im zweiten Satz der Suite – «Das Gelübde» – wird das Treuegelöbnis von David und Jonathan zitiert: «Was Deine Seele begehrt, will ich an Dir tun» (aus dem 1. Buch Samuel, XX,4). Der dritte Teil, nach dem hebräischen Buch der Mystik «Kabbalah» betitelt, bringt als Gesangssolo eine Zeile aus dem «Hohenlied Salomos» (IV,1): «Siehe, meine Geliebte, du bist schön, deine Augen sind Tauben gleich» und Leahs Name ertönt gleichfalls gesungen. Es folgt ein rein instrumentaler Satz, «Besitzergreifung» oder «Besessenheit», und darauf ein «Pas de deux» zu einem im Kanon gesungenen Text aus dem «Kaddisch»-Lobpreisungsgebet. Die Suite schließt mit der Musik, die im Ballett den «Exorzismus» begleitet. Sie beginnt mit einer an Rituale erinnernden Reihe von Schlägen auf hohles Holz, einer Anrufung und Beschwörung von Seelen aus der jenseitigen Welt. Im Gesang wird ein Fluch aus dem biblischen Buch Deuteronomium (XXVIII,22) zitiert, in dem der Mensch verwünscht wird, der bei der Tochter seines Vaters oder seiner Mutter liegt. Die in der Musik folgenden folkloristisch inspirierten melodischen Motive deuten das Flehen des Menschen um die Befreiung von bösen Geistern und eine Reinigung des Herzens an.
Die Zweite Suite beginnt mit dem «Die Boten» überschriebenen Satz; ihm folgen ein Satz «Leah» und fünf «Kabbalah-Variationen». Eine ursprünglich zum Ballett gehörende Finalvariation hat Bernstein in die Erste Suite aufgenommen, es ist der vokale «Kabbalah»-Satz des dritten Teiles der Suite Nr. 1. Das Finale dieser Suite ist ein «Traum»-Satz.
Leonard Bernstein hat die «Dybbuk»-Legende als eine Allegorie

bezeichnet, in der das Gute vom Bösen geschieden wird, «der Zweck vom Mittel, das Männliche vom Weiblichen und in der Recht und Notwendigkeit, das Selbst und die Gesellschaft und besonders der Dualismus in der sogenannten Wahren Welt im Gegensatz zu der *hiesigen* Welt, in welcher wir zu wohnen scheinen», gesehen werden. Diese Gegensätze sind in Bernsteins Musik seit «Age of Anxiety» immer wieder zu spüren, am stärksten in «Kaddisch», «Mass» und der «Dybbuk»-Musik – in nicht geringerem Maße aber auch in der «Traum»-Sequenz der «West-Side-Story». Jack Gottlieb hat in seinem Begleittext zur Schallplattenaufnahme der DGG der beiden «Dybbuk»-Suiten treffend die folkloristischen Anklänge und Bezüge dieser Musik mit der «Poesie der Erde» in Verbindung gebracht, von der Leonard Bernstein in seinen Vorlesungen im Hinblick auf die seiner Meinung nach niemals zum Sterben verdammte Tonalität spricht; im Gegensatz dazu nennt Gottlieb die in der zweiten Suite zusammengefaßten Teile der «Dybbuk»-Musik eine «Poesie der Luft» – Musik voller «mysteriöser Manipulationen und unvorhersehbarer Rhythmen», die alle tonalen Zentren «zu meiden scheint». In diesen Teilen seiner Musik finden wir die charakteristischen panchromatischen Themen wieder, wie er sie in den dramatischen Teilen von «Kaddisch», «Mass» und «West-Side-Story» gestaltet hat, fünf-, sieben- und zwölftönige Reihen scheinen auf, und die Intervalle des Tritonus, der Septime und der None sind häufig. Sowohl die erste Suite, die mit einem mehrere Male wiederholten Tritonus in den tiefen Instrumenten des Orchesters endet, wie auch die zweite Suite, die mit einem chromatisch zusammengesetzten Akkord beschlossen wird, lassen – wie andere Werke Leonard Bernsteins – eine «offene Frage» zurück, unbeantwortet in geistiger wie in musikalischer Hinsicht.

Der Komposition der «Dybbuk»-Musik folgte eine Schaffenspause, in der der Komponist Bernstein sich von neuem Gedanken über neue Formen des musikalischen Theaters machte. Im November 1975 wurde in New York ein kurzlebiges Musical aufgeführt, das die alten Freunde Betty Comden und Adolph Green in Revueform unter dem Titel «By Bernstein» produziert hatten; die Musiknummern bestanden aus Songs, die Bernstein für

seine früheren Musicals, für «Candide», «Peter Pan», «West-Side-Story» geschrieben, dann aber nicht verwendet hatte, und Stükken, die in die nicht zustandegekommenen Werke nach Bert Brecht und Thornton Wilder hätten aufgenommen werden sollen. Die erfolglose Revue wurde schnell wieder abgesetzt. Ebenso wenig Glück hatte kurze Zeit später «1600 Pennsylvania Avenue. Ein Musical über Haushaltung». Buch und Gesangstexte hatte Alan Jay Lerner verfaßt, der erfolgreiche Autor der Nachdichtung von George Bernard Shaws «Pygmalion» («My Fair Lady») zur Musik von Frederick Loewe. Nach Leonard Bernstein konnte dieses *Musical* keinen Erfolg haben, weil er seine eigenen Ideen und Ansprüche nicht durchsetzen konnte. Die Uraufführung fand am 24. Februar 1976 in Philadelphia statt, in New York brachte es das Stück nach der Premiere am 8. Mai 1976 nur zu wenigen Aufführungen. Einen musikalischen Niederschlag fand es in einem bald darauf komponierten Orchesterstück: «Slawa!» mit dem Untertitel «Eine politische Ouvertüre».
«Slawa» wird der große Cellist Mstislaw Rostropowitsch von seinen Freunden und Kollegen liebevoll genannt, und Leonard Bernstein widmete ihm die «Ouvertüre» aus Anlaß seiner Ernennung zum musikalischen Leiter des National Symphony Orchestra von Washington. Am 11. Oktober 1977, nach Bernsteins Rückkehr von zwei seiner eigenen Musik gewidmeten Festivals – in Israel und beim Carinthischen Sommer in Österreich – fand die Uraufführung der «Slawa»-Ouvertüre, der drei Meditationen nach der Musik von «Mass» und des sinfonischen Liederzyklus «Songfest» im Kennedy-Center in Washington statt. Mstislaw Rostropowitsch dirigierte und war Solocellist, und Leonard Bernstein dirigierte die «Meditationen» und «Songfest». Die Ouvertüre ist der klassischen Ouvertürenform nachgebildet, mit zwei Themen aus der erfolglosen Revue in wechselnden Kombinationen; es entsteht ein Tonbild, das den temperamentvollen und gütigen Virtuosen «Slawa» zu charakterisieren vermag. In der Koda der Ouvertüre, in der auch die Stimme von Slawas Hund «Pooks» ertönt, spielen Posaunen ein Thema aus Modest Mussorgskys «Boris Godunov», und dazu wird der «Heil»-Ruf des Chores aus der Krönungsszene gesungen, der im Russischen «Slawa» lautet.

Im Verlauf der Ouvertüre werden politische Reden über Tonband eingeblendet, die zum dramatischen Charakter des an und für sich kurzen – etwa vier Minuten dauernden – Orchesterstücks beitragen.
Ein weiteres kurzes «Gelegenheitsstück» dieser Jahre ist «Ein musikalischer Toast» betitelt. Es entstand 1980 in Erinnerung an den verstorbenen Dirigenten André Kostelanetz. Das Thema schrieb der Komponist im Sinne eines populären amerikanischen Gesellschaftsspiels: Man unterhält sich dort gerne, indem man berühmte Namen im Rhythmus von George Gershwins Song «Fa-sci-na-ting Rhy-thm» singt. Zu diesem Rhythmus paßt André Ko-ste-la-netz. Später ließ Bernstein dazu singen «Sla-wa Ro-stro-po-witsch» und bei einem Konzert in Jerusalem den Namen des Bürgermeisters «Ma-yor Ted-dy Kol-lek».
Als zusätzliches Gelegenheitswerk war 1977 noch eine «CBS-Musik» entstanden, zum 50-Jahr-Jubiläum des CBS-Network – fünf Stücke, die in einem Arrangement von Jack Gottlieb und Sid Ramin zur Aufführung gelangten.

Die Arbeit für das Musiktheater gab Leonard Bernstein bis in die achtziger Jahre hinein vorläufig auf, begann sich dann aber ausschließlich seiner Arbeit an der als «Tahiti II» geplanten Oper «A Quiet Place» zu widmen. Inzwischen komponierte er nach der großen Vokalsinfonie «Songfest» seine einzigen größeren Orchesterwerke, die weder einen literarischen oder geistigen Ausgangspunkt noch vokale Teile hatten: Das auf musikalisch bedeutungsvollem Grunde heitere «Divertimento» (1980) und das nachdenklich ernste «Nocturno» mit dem Titel «Halil» (1981). Außerdem schrieb Leonard Bernstein nach 27 Jahren sein erstes Klavierstück: «Touches» (1980).
«Songfest» ist «ein Zyklus amerikanischer Gedichte für sechs Sänger und Orchester», der 1976 und 1977 komponiert wurde. Er verlangt die Mitwirkung von Sopran, Mezzosopran, Alt, Tenor, Bariton und Baß und eines großen Orchesters mit starker Schlagwerkbesetzung. Das Werk hat Leonard Bernstein seiner Mutter gewidmet.
Die Gedichte, die der Komponist für diesen Querschnitt durch die Poesie Amerikas ausgewählt hat, stammen aus drei Jahrhunderten

amerikanischer Literaturgeschichte. Das früheste Gedicht, Nr. 6 des Zyklus, hat Anne Bradstreet zur Autorin, die 1672 sechzigjährig gestorben ist. Über Edgar Allan Poe, Walt Whitman, Gertrude Stein, Edna St. Vincent Millay, Conrad Aiken, e.e.cummings, Langston Hughes führt die Anthologie bis zu Julia de Burgos, Lawrence Ferlinghetti, Gregory Corso, Frank O'Hara und June Jordan (1936 geboren). In einem der zwölf Gesänge sind zwei Gedichte kontrapunktisch gegeneinandergestellt; die puertoricanische Dichterin Julia de Burgos (1914–1953) ist in die amerikanische Anthologie mitaufgenommen, da sie amerikanische Bürgerin war – ihr Gedicht hat Jamie, Leonard Bernsteins ältere Tochter, ins Englische übertragen.

Die zwölf Gesänge sind nach einem musikalischen Abwechslungsprinzip geordnet. Der Zyklus beginnt mit einem «Anfangshymnus» und endet mit einem «Abschlußhymnus» – beide vom Sextett der Sänger gesungen. Bariton, Sopran und Baß haben Sololieder nach dem ersten Sextett; Mezzosopran, Tenor und Alt vor dem abschließenden Sextett. Ein Sextett ist auch der Mittelteil des Werkes, und zwischen den drei ersten Soli und diesem Sextett stehen «drei Ensembles»: ein Duett für Mezzosopran und Bariton, ein Trio der drei Frauenstimmen und ein Duett für Sopran und Baß.

Inhaltlich behandeln die Gesänge verschiedene Aspekte von Leben, Liebe, Frauenbewegung, Rasse, Dichtung und Kunst. Die Musik versucht, die Verschiedenheiten in Anschauungen, poetischen Stilen und geistigem Gehalt ebenso differenziert wiederzugeben. Der Text zum eröffnenden Hymnus entstammt einem Gedicht von Frank O'Hara (1926–1966), betitelt «To the Poem», in welchem der Poet die «große Tat» vom Gedicht verlangt, «klein, bedeutend und human» zu sein, «wahr und richtig». Die Parodie auf das «groß» erscheinen Wollende hat der Komponist in einer Polyphonie der sechs Stimmen ausgedrückt, in der Wortakzente versetzt werden. Als es im Gedicht heißt, die wahre Poesie «brauche keine Militärkapelle», läßt Bernstein die Blechbläser ironisch blasen. Das zweite Stück ist nach einem Gedicht des 1919 geborenen Lawrence Ferlinghetti komponiert. In «The Pennycandystore Beyond the El» erinnert sich der Dichter an ein Erlebnis

im billigen Süßwarenladen, in dem der Knabe sich «in Unwirklichkeit verliebt» hat, in ein ihn bezauberndes Mädchen; doch während er ihren Körper bewunderte, riefen ihm die draußen fallenden Herbstblätter zu: «Zu früh, zu früh!» Leonard Bernstein hat hierzu ein Scherzo in einem Jazz andeutenden Stil geschrieben, das «wie ein schneller, dunkler Traum» in leichtem Tempo gespielt und gesungen wird; der Musik liegt eine zwölftönige Reihe zugrunde, in der ein Septimensprung eine eindringliche Rolle spielt. Die Reihe bestimmt die Gesangslinie und die Instrumentalmusik. Es folgt das Poem der Julia de Burgos (1914–1953), in dem die Dichterin sich selbst anspricht: «A Julia de Burgos.» Sie beschreibt in aufgebrachtem Stil den Konflikt ihres Lebens als freiheitliche Dichterin und angebundene Gattin und Hausfrau: sie fühlt sich als «fortgelaufene, ungezügelte Rosinante, die Horizonte von Gottes Gerechtigkeit erschnaufen möchte», als ein Weib, deren «Locken der Wind kräuselt, deren Gesicht die Sonne anmalt». Das von Jamie Bernstein für Konzertprogramm und Schallplattentext übertragene Gedicht wird im Zyklus im originalen Spanisch gesungen. Die Musik, *allegro con fuoco,* zeichnet den wütenden Ton der Dichterin nach; der Rhythmus wechselt ständig, die kurzen Orchestereinsätze unterbrechen mit starken Akzenten, und auch die Tonart wechselt dauernd.
Die Reihe der Gesangssoli beschließt der Bassist mit einem Gedicht von Walt Whitman (1819–1892), zu dem die fünf anderen Sänger begleitend summen. Das nachgelassene Gedicht «To What You Said» behandelt heimliche Zuneigungen des Dichters zu «jungen Männern, die mit mir reisen». Es ist wohl die zentrale Zeile des Poems «I am that rough and simple person», die Bernstein inspiriert hat, diesen Gesang in verblüffend einfacher Melodik, Rhythmik und Harmonik zu komponieren. Das Orchester beginnt mit einem längeren Vorspiel in nur selten chromatisch getrübtem C-Dur über einem ostinat wiederholten *c,* das während des ganzen Stückes beibehalten wird. Der Bassist beginnt mit einer Variante des im Vorspiel prominenten kantablen Motivs. Nachdem im sechsten Takt seiner Melodie die fünf Solisten die Melodie aufnehmen, fährt der Solobassist in melodischem Rezitativ fort, was die Deutlichmachung des Gedichttextes unterstützt.

Im ersten der «Drei Ensembles» hat Leonard Bernstein zwei im Thema ironisch sich gegenüberstehenden Gedichte zu einem zwei Seiten Amerikas beleuchtenden Duett zusammengefaßt: «I, too, sing America» von Langston Hughes (1902–1967) und «Okay *‹Negroes›*» von June Jordan (Jahrgang 1936). In «I am the darker brother» setzt sich der «dunkle Bruder» mit der übrigen Gesellschaft Amerikas gleich: «Auch ich bin Amerika»; in dem satirisch-ironischen Gedicht June Jordans wird beschrieben, wie «rauh der Ritt in der Kinderstube des Freiheitslandes» ist: «Wer, glaubst du, wird dir etwas geben?» Der Bariton singt die Verse des stolz gewordenen «dunklen Bruders», die Mezzosopranistin wirft die textlich und musikalisch kontrapunktierte Ironie als Antwort auf den Optimusmus des sich arriviert Fühlenden ein. Die Musik des kurzen Duetts ist komplex, wobei dem Bariton die chromatische melodische Rezitation zufällt, während die Ironie June Jordans in Scherzostil in melodisch einfacheren Linien – gelegentlich in die Thematik der anderen Stimme eingreifend – ausgedrückt ist. Das nächste Ensemblestück ist das Trio der Frauenstimmen nach dem Gedicht der Anne Bradstreet (1612–1672), die in einfachen, herzlichen Versen die Gattenliebe verherrlicht. Das im Kanon der drei Stimmen in Des-Dur gesungene Thema, in einem C-Dur-Mittelteil variiert, ist von einfachen Harmonien, stets auf Tonika und Terz bezogen, in ruhiger Bewegung begleitet; dem melodischen Aufschwung der Stimmen im Coda-Teil folgt als Abschluß der aus großen Sekunden geballte Akkord f-es-des.

Das letzte Ensemblestück ist das Duett für Sopran und Baß nach dem Gedicht «Storyette H. M.» von Gertrude Stein (1874–1946), der Dichterin, die in die amerikanische Literatur eine ungewöhnlich neue Sprache eingeführt hat. In Paris lernte sie den Maler Henri Matisse kennen, und auf ihn beziehen sich wahrscheinlich die Buchstaben «H. M.» im Titel. Nach dem vorangehenden Gedicht, das die ewige Gattenliebe pries, spricht die «kleine Geschichte» Gertrude Steins von einem Paar, das sich auseinanderlebt. Sopran und Baß teilen sich in die Erzählung, die musikalischen Motive beantworten und ergänzen sich, während Erzählrhythmus und Orchesterbegleitung in pausenloser Bewegung durchlaufen.

Als Intermezzo folgt ein Sextett über das Gedicht «if you can't eat you got to» von e.e.cummings (1894–1962). Die Vertonung dieser Zeilen eines *Bohémien* geht auf ein Chorlied zurück, das Leonard Bernstein vier Jahre vor «Songfest» unter dem Titel «A Little Norton Lecture» im Jahre seiner Harvard-Vorlesungen für den zwölfstimmigen Chor «Crocodillos» in Harvard geschrieben hatte. In «Songfest» singen die fünf tieferen Stimmen in schnellem und rhythmischem *Swing* der zwanziger und dreißiger Jahre, und darüber erhebt sich im zweiten Teil des Liedes der Sopran in ausdrucksvoller Variierung des Liedthemas in den hohen Registern der Stimme. In einem leisen Akkord klingt das Sextett aus. Die drei abschließenden Sololieder entstammen Gedichten von Conrad Aiken (1889–1973), Gregory Corso (Jahrgang 1930) und Edna St. Vincent Millay (1892–1950). In «Music I heard with you» erinnert sich der Dichter an verlorene Liebe. In «Zizi's Lament» betrauert Corso, daß ihm die «Lachkrankheit» nicht gegeben ist, nachdem er alles nur Mögliche mit Frauen und Männern exotischer Länder erlebt hat. Verlassene Liebe ist wieder das Thema des Sonetts «What Lips my Lips have kissed». Das Mezzosopran-Solo – «Music I heard with you» – und seine Begleitung stellen eine lyrische A-Dur-Melodie und einen mit zwölftönigem Reihenthema gestalteten gegensätzlichen Teil einander gegenüber; in der Coda gehen beide ineinander über. «Zizzi's Lament» für Tenor ist ein groteskes Lied mit tänzerischen Elementen, in deren Rhythmen Anklänge an exotische Tänze herauszuhören sind. Das Altsolo zu dem folgenden nostalgischen Sonett ist von starker melodischer Chromatik beherrscht, in die akkordische Terzfortschreitungen sinnlich wirkende Harmonik einbringen. Das letzte Lied des ersten Soloteils (Walt Whitman) und die Musik zu diesem Sonett sind – mit fast fünfeinhalb Minuten Dauer – die ausgedehntesten Kompositionen des gesamten Werkes. Das Sonett enthält die wohl ausdrucksvollste Musik des Zyklus, und der Komponist selbst bezeichnet es als sein Lieblingsstück in diesem Werk.

«Songfest» schließt mit dem Sextett nach dem Poem «Israfel» von Edgar Allan Poe (1809–1849). Der Dichter zitiert eine Sure des Korans, in der es vom Engel Israfel heißt, daß «sein Herz die Saiten einer Laute hat, und er hat die süßeste Stimme unter allen

Geschöpfen Gottes»; er wird am Tage des Jüngsten Gerichts die Trompete erschallen lassen. «Du bist der beste, der weiseste aller Sänger», dichtet Edgar Allan Poe, «Du, Israfeli, haßt den Gesang, der nicht voller Leidenschaft ist»: «Dir gehört der Himmel... O könnte ich wohnen, wo Du wohntest, und Du in meiner Welt, Israfel würde keine sterbliche Melodie so wild singen, während ich im Himmel mit meiner Leier eine kühnere Note erklingen lassen könnte.» Leonard Bernsteins Musik beginnt mit den *unisono* singenden sechs Stimmen in «leidenschaftlichem Walzertempo» zu zerlegten «Leierspiel»-Akkorden im Orchester; aus einem kurzen Motiv entwickeln sich expressive melodische Linien, die Stimmen teilen sich zu Gruppen und nehmen Teilmotive des Themas auf. Schwungvoll entwickelt sich das Sextett; auf seinem Höhepunkt entwickelt ein Solobariton das Thema, die anderen Stimmen treten hinzu, es folgt ein Altsolo, die sechs Stimmen vereinen sich wieder im *Unisono*gesang, teilen sich dann zu kontrapunktierten kurzen Phrasen und beschließen den Lobgesang an die Musik in *fortissimo* im *Unisono* der C-Dur-Coda, in der Tonart des «Songfest» eröffnenden Hymnus, an dessen Melodik der Finalsatz auch bisweilen erinnert.

Die Sängerinnen Clamma Dale, Rosalind Elias und Nancy Williams und die Sänger Neil Rosenshein, John Reardon und Donald Gramm sangen unter der Leitung des Komponisten an der Uraufführung in Washington am 11. Oktober 1977 und nahmen das Werk auch für eine LP der Deutschen Grammophon auf.

Zwischen dem 27. August und dem 9. Oktober 1980 schrieb Leonard Bernstein die acht Sätze seines «Divertimento für Orchester», eins der originellsten Stücke beschwingter zeitgenössischer Musik. Dem Titel des Werkes entsprechend – «divertire» heißt ergötzen – ist das «Divertimento» amüsant und unterhaltend, und der Hörer bemerkt kaum, welch raffinierte musikalische Kunst unter der heiteren Oberfläche verborgen liegt. Die Komposition ist der Jahrhundertfeier des Boston Symphony Orchestra gewidmet, mit dem Bernstein seit frühester Jugend verbunden ist. Der Anlaß ist in der Motivik des Werkes versinnbildlicht. In jedem der acht Stücke des Divertimento wird ein Thema aus dem Sekundschritt *h-c* gebildet: die im Deutschen *h* genannte Note heißt im Englischen *b*, und so steht *b-c* für die Anfangsbuchstaben von *B*oston *C*entenary. Darüber hinaus kehrt das fünftönige fanfarenähnliche Thema, mit dem das «Divertimento» beginnt, in verschiedenen Varianten im Verlauf des gesamten Werkes immer wieder: Es besteht aus den für Leonard Bernsteins Musik charakteristischen Intervallen kleine Terz – Quarte – übermäßige Sekunde – kleine Sekunde, wobei der letzte Schritt *h–c*, das Widmungsmotiv, durch Crescendo und Sforzandoeffekt betont ist. Das Thema wird sogleich ein zweites Mal wiederholt und mit einer Imitation der Intervalle in einer höheren Lage fortgesetzt. Aus kunstvollen Spielereien mit dem Sekundmotiv in aufsteigendem oder absteigendem Intervall und mit den Rhythmen des Fanfarenthemas entwickelt sich der erste Satz des Werkes.

Dieser erste Satz ist «Sennets and Tuckets» überschrieben. Die Bezeichnung stammt aus der englischen Literatur der Shakespearezeit; in den Dramen der Ära der Königin Elizabeth I., etwa bei Marlowe, Shakespeare und Marston, werden Signale und Fanfaren so genannt: «Let the trumpets sound, the tucket sonance, and the note to mount!» («Laßt die Trompeten schallen und lustig blasen» – König Heinrich II.); das Wort «Sennet» kommt von «Signet» = Signal. Das Thema des Satzes leitet eine Reihe bewußter und vielleicht auch unbewußter Erinnerungen des Komponisten ein, Anspielungen an Bekanntes und Vertrautes von Klassik und Romantik bis zu Bernstein selbst. In dem das Divertimento eröffnenden Thema mag man an das Hornsolo zu Beginn des «Till Eulenspiegel» von Richard Strauss denken, vor allem da es im Verlauf der acht Sätze in so vielen schalkhaften Wandlungen und Vermummungen erscheint wie der legendäre Schelm im Volksbuch, dessen Wortwitze lustige Mißverständnisse und Irreführungen verursachen. Für den Dirigenten Bernstein ist das Till-Eulenspiegel-Motiv ein ständiger Begleiter: In jedem Orchester spielen sich die Hornisten vor einem Konzert mit diesem Thema ein.

Der zweite Satz des «Divertimento» ist ein «Walzer» für Streichorchester – nach den in der Partitur vermerkten Daten war dies das erste vom Komponisten fertiggestellte Stück (Fairfield, Connecticut, 27. August 1980). Der «Walzer» hat eine liebliche Melodie in G-Dur zum Thema und wird in ungewöhnlichem 7/8-Takt

«Songfest» in John Neumeiers Choreographie, Hamburgische Staatsoper

gespielt. Das Thema beginnt mit den Grundmotivnoten h–c, nach denen auch die thematische Quarte aus dem Urthema erscheint. Im Verlauf des Stückes teilen sich die Streichergruppen in Soli und Tutti und wechseln sich im Spielen ab. Die folgende «Mazurka» setzt dem Streichorchestersatz in G-Dur ein zartes Stück in c-Moll für Holzbläser und Harfe entgegen. Die Melodie beginnt mit der Umkehrung des Grundmotivs, c – h absteigend mit nachfolgender absteigender großer Terz. Dazu erklingt in begleitender zweiter Stimme die Aufwärtsbewegung des Urthemas: h – c – es. Die «Mazurka», in 3/4-Takt, schließt mit einem kurzen Oboensolo und einer Erinnerung an den Beginn dieses Stücks mit dem absteigenden Motiv c – h – g.
Auf die beiden Sätze nach klassischen Tanzmodellen folgen zwei Stücke in Rhythmen der neueren Zeit: «Samba» und «Turkey Trot». «Samba», in lustigem, bewegtem Vierertakt, beginnt mit dreimaligem Zitat des Fanfarenthemas, aus dem sich dann ein längeres Thema entwickelt; weiter wird mit dem Urmotiv der kleinen Sekunde gespielt. Im Verlauf der «Samba» glaubt man Anklänge an «Fancy Free« zu erkennen. Von einzigartigem Witz und Humor ist der fünfte Satz, «Turkey Trot», mit abwechselndem Vierer- und Dreiertakt.
Die schwingende C-Dur-Melodie enthält in absteigender Form das Urmotiv (c – h), das so schon in der rhythmisch vertrackten akkordischen Einleitung des Stückes zu hören war. In einem G-Dur-Mittelteil spielen die Holzbläser mit Elementen des «Turkey Trot»-Themas in Intervallumkehrungen. Nach einem Überraschungseffekt – «Silenzio» – schließt das amüsante Stück, das sich in Aufführungen als veritabler «Schlager» erwiesen hat.
Stärkster Gegensatz zu diesem lustigen Tanzsatz ist das folgende kurze Stück in «düsterem» Adagio. Der Komponist hat es «Sphinxe» überschrieben: Es besteht aus einer in fünf Takten melodisch aufsteigenden zwölftönigen Melodie, deren erste vier Töne die Fanfare sind; c und h, erster und vierter Ton der Reihe, stehen am betonten Beginn des ersten und zweiten Taktes. In der aufsteigenden Linie ist hiermit auch betont, daß das Urmotiv in Umkehrung und Aufstieg eine Septime ergibt – eins von Leonard Bernsteins bevorzugt verwendeten Intervallen. Die Zwölftonreihe

wird nach eintaktiger Phase um einen ganzen Ton tiefer transponiert wiederholt; nach dem Streichorchester intonieren sie nun die Holzbläser in der gleichen Tonfolge.
Das Rätsel der Sphinxe ist für die Zuhörer nicht leicht lösbar, und zum Nachdenken verbleibt keine Zeit, denn ohne Pause folgt der «Blues» mit Blechbläserensemble, Klavier und Schlagzeug. Für Leonard Bernstein ist der Satz der «Sphinxe» ein musikalisch zentrales und bedeutungsvolles Stück. Wie in «Halil», sieben Monate später komponiert, stellt der Komponist hier die Frage nach dem Konflikt von Tonalität und Nichttonalität. «Warum sind das Sphinxe?» fragte er während eines Gesprächs April 1982. «Für mich ist dies ein tiefgründiger Spaß – und niemand außer mir wird den Witz der Sache verstehen! Ich lache über die rätselhaften Sphinxe. Da nehme ich das Grundmotiv, aus dem im ‹Divertimento› alles gestaltet ist, und bilde mit ihm eine Tonreihe, zwei Tonreihen – die zweite transponiert –, und lasse die erste mit einer Dominantkadenz, die andere mit einer Tonikakadenz enden. Das ist der Witz dabei: Man baut diese Tonreihen in strenger Arbeit aus dem Grundmotiv und kommt schließlich auf Dominante und Tonika zurück. Ich finde das ausgesprochen lustig.»
Zwischen den beiden je fünftaktigen Reihen steht ein Takt Generalpause. Nach dem Erklingen der zweiten Tonreihe beginnt sogleich der langsame «Blues», der von Trompeten mit Jazzdämpfern und «klagenden» Jazzposaunen intoniert wird, dazu treten Klavier und Schlaginstrumente. Das Fanfarenthema mit dem h – c an der Spitze nimmt in diesem Stück immer neu variierte Formen an. Auch hier bildet sich wieder eine zwölftönig-chromatische Melodie in Abwärts- und Aufstiegbewegung. Im Mittelteil des Satzes wird ein von Trompeten und Vibraphon begleitetes Tubasolo von Posaunen aufgenommen, bis eine Solotrompete pianissimo zur Anfangsmelodie des «Blues» zurückkehrt.
Der Schlußsatz, «The B.S.O. forever» (im Titel den berühmtesten Marsch des John Philip Sousa zitierend), beginnt mit einem elegischen «In memoriam», in Erinnerung an dahingegangene, unvergessene Musiker des Boston Symphony Orchestra, als Kanon für drei Soloflöten über ein erweitertes h-c-Motiv. Dann folgt der voll orchestrierte Marsch, in dem man Anklänge an den «Radetzky-

Marsch» erkennen mag. Das Sekundmotiv und das volle Fanfarenthema, das auch schon in der Andante-Einleitung angedeutet war, beherrschen den Marsch mit seinen beiden, lyrischen und parodistischen, Trio-Intermezzi. In der Coda erscheinen das Fanfarenthema und melodische Varianten aus den verschiedenen Sätzen des «Divertimento» in kunstreichen Kombinationen.

Nur wenige Werke der «leichteren» Musik weisen ein so hohes Maß an musikalischer Kunstfertigkeit und bedeutungsvollem Witz auf wie dieses Konzertstück Leonard Bernsteins, der sich hier und da an Musik zu erinnern scheint, die er dirigiert und kennen- und liebengelernt hat.

Kurz vor der Komposition des «Divertimento» hatte Bernstein noch das Klavierstück «Touches» geschrieben: Choral, acht Variationen und Coda, «meiner ersten Liebe, dem Klavier, gewidmet» – seit der dritten Serie von «Anniversaries» («Five Anniversaries») von 1954 hatte er das Klavier nicht mehr mit Soli bedacht. «Touches» wurde für den sechsten Internationalen Pianistenwettbewerb auf den Namen Van Cliburn, der in Fort Worth, Texas, stattfand, im Juli 1980 in Fairfeld, Connecticut, komponiert. Seiner Bestimmung entsprechend ist es ein Klavierwerk, das vom Interpreten verschiedene Techniken intelligenten und ausdrucksvollen Spiels, Virtuosität im nicht alltäglichen Sinne und ein Verständnis für zeitgenössische Kompositionsweisen verlangt. Das Thema der Variationen – mit viel Rubato, singendem Ausdruck, in Bluesstimmung vorgetragen, ungebunden an Taktstrichakzentuierungen – beginnt mit einem melodischen Aufschwung. Dieser wird von einer aufsteigenden großen Septime eingeleitet, sinkt dann langsam melodisch ab und endet eine Quarte oberhalb des Ausgangstons. Im Baß wird die Melodie von mit Pedal nachklingenden zweitönigen Septakkorden unterbaut. In der Urform enthält das Thema eine Reihe von zehn der zwölf Töne der Oktave in verschiedenen charakteristischen Intervallschritten. In einer verlängerten und in ihren Intervallen erweiterten Wiederholung der Urform sind alle zwölf Töne der Skala vertreten. Die Phrase kehrt ein weiteres Mal und in zwei Varianten wieder, bis schließlich die Urform des Themas noch einmal erscheint und nun in Schlußakkorden die anfangs ausgesparten zwei Töne c und gis/as in die

Kadenz einfügt. Die Vorstellung des Themas endet mit der Quinte des Ausgangstons. Bernstein bezeichnet dieses Thema als «Choral», seine sechs melodischen Abschnitte sind durch Fermaten gekennzeichnet. Akkordharmonik in Sexten und Terzen ergibt sich in der letzten Choralphrase bis zum Ausklang in der leeren Quinte mit dem Nachklang einer dissonanten Septime im Baßregister. Schnell aber «elegant» wird die erste Variation gespielt, die den Tönen der thematischen Reihe folgt, sie melodisch und akkordisch miteinander verbindend. Ihre Kadenzmotivphrase (zweimal wiederholt) f-fis-a leitet als f-ges-a die zweite Variation ein. Da werden Töne aus verschiedenen Abschnitten des Themas zu neuen melodischen Abfolgen zusammengefügt und auch zu Akkorden geballt. Zum Abschluß der Variation erinnern zwei durch eine Oktave laufende Passagen an das Septimenintervall des Variationenthemas, gleichzeitig auch zwei viertönige Akkorde mit Septabstand des höchsten und tiefsten Tones. Hier setzt dann die dritte Variation an, in der mit Sekund- und Quintintervallen des Themas gespielt wird. Die Töne des Schlußakkords leiten zu der vierten Variation über, in der Molldreiklänge gegen Kurzmotive aus dem Thema gesetzt werden. Die am Ende der Variation erreichte Variante des Hauptmotivs aus dem Choralthema steht dann am Beginn der folgenden fünften Variation. Diese läuft dann, nach der spielerischen vorigen Variation, leise, ausdrucksvoll, in langsamer Bewegung ab. Ihr folgt eine akkordische Variation, in der 12/8-Bewegung in der rechten Hand einer Achtelbewegung im 4/4-Takt entgegensteht. Die siebente Variation, in virtuosen Oktavgängen, nimmt Figuren aus der dritten Variation zum Ausgangspunkt, und die letzte, achte Variation ist eine Abwandlung der ersten Variation. Sie endet mit der aufsteigenden großen Septime, die Beginn und weite Strecken des originalen Themas beherrschte. Hier setzt die Coda an, die von Beginn bis Schluß von Septimenintervallen bestimmt ist. Zweitönige Septimenakkorde, nach den Begleitakkorden des Choralthemas gestaltet, begleiten in lang ausgehaltenen Klängen die Bewegung der Oberstimmen in Viertelwerten nach Motiven des Themas. In der vollstimmigen «Instrumentation» des Klaviersatzes klingt die Coda stärker als die Gestaltung des Themas wie ein Choral. Das etwa neun Minuten dauernde Werk klingt leise mit derselben thematischen Kadenz aus wie der das Stück beginnende «Choral»; es schließt mit der leeren Quinte zur Begleitung eines dissonanten Septimenklanges.

Im Vorwort zu dem interessanten Werk erläutert Leonard Bernstein die Bedeutung des Titels, den man französisch oder englisch aussprechen kann, wie folgt:

Touches = (französisch) die Tasten (der Tastatur)
= unterschiedliches «Fühlen» der Finger, der Hände oder der Arme: tief, leicht, schlagwerkartig, gleitend, verlängernd, streichelnd usw.
= (englisch) Hauch (wie z. B. ein Hauch von Knoblauch); jede Variation ist ein Hauch von je 20 bis 100 Sekunden Dauer
= Vignetten diskreter Emotionen: kurze musikalische Darstellungen von Berührt- oder Bewegtsein
= Gesten der Liebe, besonders zwischen Komponisten und Interpreten, zwischen Interpreten und Hörer

«Halil», das «Nocturno für Soloflöte, Streichorchester und Schlagwerk», trägt in der Partitur das Datum des 13. April 1981, an dem die Niederschrift vollendet wurde. Am 27. Mai 1981 dirigierte Bernstein die Uraufführung in Israel, in Tel Aviv, mit den Israel Philharmonikern und Jean-Pierre Rampal als Solisten. Dieses letzte bedeutende Werk vor der Vollendung der Opernpartitur stellt zweifellos eine der persönlichsten Schöpfungen des Komponisten dar. Sie entstand unter dem Eindruck des Schicksals eines begabten israelischen Flötisten, der im Alter von nur 19 Jahren bei der Verteidigung der Grenze 1973 den Tod fand. Leonard Bernstein widmete «Halil» dem «Geiste Yadins und seiner gefallenen Brüder» und kommentierte: «Ich habe Yadin Tanenbaum nie gekannt, aber ich kenne seinen Geist.» Auch ohne daß man den emotionellen Anstoß zur Komposition kennt – oder etwa zur Grundlage einer Analyse macht –, beeindruckt hier eine im Vergleich zu anderen Kompositionen Bernsteins außergewöhnliche musikalische Verbindung und Gegenwirkung ausdruckstark lyrischer und heftig dramatischer Elemente, rhapsodisch erscheinender Melodik und klar gestalteter Strukturen – ein

ideales Zusammentreffen von dem, was Arnold Schönberg vom Kunstwerk verlangt: Gefühl und Verstand, Herz und Hirn.
Leonard Bernstein sagt selbst, «Halil» sei «formal ein gänzlich anderes Werk als alles, was ich geschrieben habe. Doch es ähnelt vielem in meiner Musik, in dem hier ausgedrückten Kampf zwischen tonalen und nichttonalen Kräften. Hier fühle ich diesen Kampf als Verwicklung in Kriege und in Kriegsgefahr, als das übermächtige Verlangen zu leben und als Trost, den uns Kunst, Liebe und die Hoffnung auf Frieden spenden. Es ist dies eine Art *Nachtmusik,* die von der Zwölftonreihe zu Beginn bis zur zweideutigen diatonischen Schlußkadenz einen andauernden Konflikt nächtlicher Bilder heraufbeschwört: Wunschträume, Alpträume, Ausruhen, Schlaflosigkeit, nächtlicher Terror und Schlaf, selbst *‹Zwillingsbruder des Todes ...›*» Im Gespräch über das «Rätsel der Sphinxe» sprach Bernstein auch über den musikalisch präsenten Konflikt von Tonalität und Nichttonalität in «Halil»: «Musikalisch ist es wie ein *Essay,* wie eine *Studie* über diesen Konflikt – fast wie eine Dissertation zum Dr. phil. Da wird das Problem vorgelegt und irgendwie gelöst ... Die Frage der *Sphinxe* im *‹Divertimento›* ist genau dieselbe: Tonal oder nichttonal, was ist die Lösung?»
Wie im «Divertimento», und in den meisten seiner früheren Kompositionen, zeigt Leonard Bernstein in «Halil» tonal erklärbare Grundlagen in zwölftönigen Reihen und tonale Kadenzen in einer chromatisch reichen, farbigen Musik. «Halil» (das hebräische Wort für Flöte) beginnt mit der Soloflöte, deren expressive Melodie eine aus vier Motivgruppen zusammengesetzte Zwölftonreihe enthält. Die erste Gruppe besteht aus einem viertönigen Motiv aus kleiner Terz und kleiner Sexte in Abwärtsbewegung, zusammen eine Septime, und einer Aufwärtsbewegung in kleiner Terz. Es folgen zwei dreitönige Motive in den absteigenden Intervallen große Sekunde, Quinte, wobei das zweite Motiv eine Wiederholung des vorigen, um einen halben Ton tiefer versetzt, darstellt. Die Schlußkadenz dieser zwölftönigen Melodie besteht aus einer absteigenden kleinen Sekunde. Zwischen dem ersten und dem letzten Ton der Reihe liegt das Intervall einer kleinen Septime. Das Thema, dessen melodischer Gehalt das gesamte Werk beherrscht,

wird unmittelbar nach dem ersten Ablauf in rückläufiger melodischer Bewegung und darauf wieder in Originalgestalt wiederholt. Melodische und rhythmische Figuren erscheinen im Verlauf des Werkes in immer neuen motivbezogenen Varianten. Die Struktur wird dabei allmählich dichter, die Musik dramatischer bis zu einem in stärkstem Fortissimo steigenden Allegro-con-brio-Teil. Die Soloflöte schweigt einige Takte lang, während die Schlagzeugsektion dramatisch gegen das Streichorchester (das ohne Bläser besetzt ist) anzukämpfen beginnt. Dann tritt die Flöte wieder hinzu, sie spielt grazioso, singend, zu einer tänzerischen Begleitung, in ausdrucksvollen, lang ausgehaltenen melodischen Linien. Die Musik wird dadurch wieder lyrisch, fast esoterisch, und ist dabei kammermusikalisch durchsichtig instrumentiert. Zarte Töne und dynamische Aufschwünge wechseln einander ab und steigern sich schließlich zu einem wilden Fortissimo-Unisono. An diesem Höhepunkt beginnt die Flöte eine längere Kadenz: Zuerst spielt sie erregt «kreischend», mit «rohem» Ausdruck, wild, unbarmherzig klingend, von Schlaginstrumenten unterstrichen; dann findet sie in die melodischen Grundmotive zurück, beginnt «wie ein Kind» zu singen, und zärtlich gespielt kehrt die melodische Linie des Themas wieder. Doch die Erregung hallt noch immer nach; es folgt ein neuerlicher dramatischer Ausbruch. Das Stück endet schließlich, mit immer neuen Varianten der vier Grundmotive, in stiller und ruhiger werdender Bewegung, in einem ergreifenden Largo, leise verklingend, mit einer Des-Dur-Kadenz, der der Komponist «zweideutig diatonischen» Sinn gegeben hat.

Die Oper, die Bernstein lange zu schreiben vorhatte, nahm Gestalt an, als der Komponist 1980 den jungen Schriftsteller Stephen Zinsser Wadsworth (Jahrgang 1953) kennenlernte. Für «Trouble in Tahiti» hatte Bernstein sein eigenes Libretto geschrieben. Schon früh dachte er daran, eine Fortsetzung zu schreiben, ein Stück, in dem die Figuren der Kurzoper 30 Jahre nach der Handlung von «Trouble in Tahiti» wieder auftreten – aber es war ihm klargeworden, daß er für das Buch einen professionellen Librettisten brauchte. Um die Weihnachtszeit 1980 legte ihm Wadsworth einen ersten Entwurf vor, doch es dauerte noch einige Zeit, bis die beiden regelmäßig zusammenkommen konnten, um an der Oper gemeinsam zu arbeiten. Gegen Ende 1981 wurde es plötzlich dringend mit der Oper. Die Autoren erhielten einen dreifachen Auftrag mit fest bestimmten Aufführungsdaten: von der Houston Grand Opera für eine Premiere im Juni 1983, vom J. F. Kennedy Center in Washington für den Herbst desselben Jahres und vom Teatro alla Scala in Mailand für die Saison 1983/84. Autor und Komponist begannen, fieberhaft an der Oper zu arbeiten. Sie trafen sich in Leonard Bernsteins Haus in Fairfield. Änderungen an Text und Musik waren noch während der Theaterproben häufig. Eine Stelle aus «Trouble in Tahiti» zitierend, wurde die neue Oper «A Quiet Place« genannt. Die Uraufführung fand in der Jones Hall for the Performing Arts, Houston, Texas, am 17. Juni 1983 statt. Ein festliches Publikum spendete reichen Beifall, die Fachkritik reagierte mit gemischten Gefühlen. Die Regie führte Peter Mark Shifter, Dirigent war John DeMain.

«A Quiet Place» spielt in derselben Vorstadtsiedlung «Suburbia, U.S.A.» wie «Trouble in Tahiti». Die Zeit ist «jetzt», das heißt 31 Jahre später. Dinah, die unglückliche Frau von Sam, der von sich glaubte, ein «geborener Gewinner» im Sport, im Business und im Leben zu sein, ist bei einem Autounfall, der wahrscheinlich gewollt war, ums Leben gekommen. Die erste der vier Szenen der Erstfassung der Oper spielt in einem Begräbnisinstitut. Dinahs Familie und Freunde treffen sich hier. Sam und Dinahs Kinder, der vierzig Jahre alte «Junior» (wie er in der Kurzoper genannt war) und die zehn Jahre jüngere Dede, sind aus Kanada herübergekommen. Junior, fröhlich, aggressiv, psychotisch, hatte dort eine Affaire mit dem Kanadier François gehabt, der dann die Schwester Dede geheiratet hat. Während Sam bewegungslos in einer Ecke des Raumes steht, treffen die Trauergäste ein: Dinahs Bruder Bill, ihre Freundin Susie, der Hausarzt und seine Frau und der Psychiater, dem Dinah in «Trouble in Tahiti» ihren Traum erzählt hatte – sie kämpfte darum, einen Ausweg aus einem verdorrenden Garten zu finden, als sie eine Stimme hörte, die ihr versprach, Liebe würde sie zu einem ruhigen Ort führen: «A quiet place».

Die makabre Szene an Dinahs offenem Sarg gipfelt in einer Zeremonie von Erinnerungsreden und Lesungen aus der Bibel und aus Gedichten. Nachdem die Gäste gegangen sind und Sam mit seinen Kindern und dem Schwiegersohn allein bleibt, bricht er in eine wütende Arie aus, in der sich seine Gefühle der Enttäuschung darüber entladen, daß er dreißig Jahre lang nur gelitten habe. Schließlich kommt es zu einer Schlägerei mit dem psychotischen Sohn.

In der Urfassung verband ein Orchester-Zwischenspiel die erste mit der zweiten Szene – die Oper wurde ohne Pause aufgeführt. Sam ist am Abend allein im Kinderzimmer seines Hauses. Er hat einen nachgelassenen Brief von Dinah gefunden, aber man erfährt nicht, was darin steht. Dede kommt herein und probiert eines der Kleider ihrer Mutter an – man sieht neuem Streit entgegen. François macht Junior Vorwürfe wegen seines Benehmens bei der Trauerfeier, was beim Sohn sofort eine psychotische Reaktion auslöst, in der Form von Visionen von Inzest, von abnormer Erotik. Man fühlt im Grunde die Abhängigkeit Juniors von seinem Vater. Dede und François sind zutiefst erregt und finden allein Trost in ihrer Liebe zueinander.

In einem vokalen Zwischenspiel tauschten in der Urfassung Dinahs Bruder Bill und die Frau des Hausarztes bei einem Rendezvous in der Stadt Erinnerungen und Gefühle über Dinah aus. Dann folgte die dritte Szene: Dede spricht zu ihrer Mutter, während sie am Morgen nach den Geschehnissen in dem nun überwachsenen Garten der Mutter Unkraut jätet. Junior kommt zum Frühstück, und Bruder und Schwester spielen eine streitbeladene Frühstücksszene nach, wie sie sie bei ihren Eltern erlebt haben – sie erinnert an den Beginn von «Trouble in Tahiti». François tritt als Dritter hinzu, dann kommen Sam und einige Nachbarn in den Garten. Es scheint, als ob die Stimmung sich verbessern könnte. Die Arztfrau versteht es sogar, etwas gute Laune zu schaffen, und die Szene schließt mit befreiendem Gelächter.

In die vierte Szene leitete wieder ein Orchester-Zwischenspiel über. Die Gesellschaft hat sich zerstreut, Sam und seine Kinder freuen sich, daß sie einige Tage miteinander verbringen werden. Aber eine kleine Meinungsverschiedenheit führt bereits von neuem zu bitterem Streit und temperamentvollen Ausbrüchen. François möchte schließlich der kleinen Familie nahelegen, Dinahs

Tod als Mahnung zu gegenseitigem Verstehen aufzufassen. Aber es ist nicht so leicht, zu wirklichem Verständnis zu gelangen – mehr ist nötig als nur das oberflächlich gute Leben, von dem das Jazztrio in «Trouble in Tahiti» singt.

Das Libretto kann man kaum als erfreulich oder gar ergötzlich bezeichnen, und seine Charaktere sind im Grunde recht uninteressant. Ann Holmes, Fine Arts Editor im «Houston Chronicle», hat in ihrer Besprechung der Uraufführung (19. Juni 1983) treffend formuliert, daß «die innere psychologische Landschaft, in der diese unerfreulichen Seelen sich selbst und ihre Verhältnisse bloßlegen» das Libretto «so kompliziert und verworren gestaltet und ein so heikles Gewebe darstellt, daß es ihm an der Einfachheit und Kühnheit, an der entscheidenden Motivierung der Charaktere fehlt, die ein ideales Opernbuch ausmachen». Zusätzlich ist zu sagen, daß die Personen auf der Bühne mit ihrer Oberflächlichkeit, ihren perversen Anlagen, Idiosynkrasien, Qualen und Ängsten, ihrer Geschwätzigkeit und Streitsucht, ihrer Verständnislosigkeit für einander kein wahres Mitgefühl erwecken. Obwohl der Komponist versucht, die Personen dem Hörer nahezubringen, scheint auch ihm selbst der Umgang mit ihnen nicht durchweg zu behagen. Die Charaktere sind nur oberflächlich gesehen kompliziert; die Musik ist in ihrem komplexen Gefüge wesentlich interessanter als ihr Sujet. Die Partitur hat bewundernswerte einzelne Abschnitte, doch gibt es in der Musik wenige Höhepunkte, wie sie der Komponist in seinen von religiösen oder literarischen Vorlagen inspirierten Werken erreicht hat. In der Oper beeindrucken charakteristischerweise besonders die Musik zu der Bibellesung in der Trauerszene und der Choral zu den Worten «Gott hat Seine Wege. Wer sind wir, darüber zu urteilen?» Das Ensemble singt den Choral in einem nur äußerlich einfach scheinenden Gefüge über ein vorher gesungenes Motiv zu «Dinah war lieb». Sehr wirkungsvoll ist der Prolog zur ersten Szene, in dem man Stimmen hört, die hinter der Bühne in dissonantem Kontrapunkt einen Eindruck von Dinahs Autounfall vermitteln.

Eine Reihe von Motiven und Themen der Oper hat der Komponist aus «Trouble in Tahiti» übernommen, ganz besonders deutlich in der Gartenszene, in der Dedes Musik ihre Verbundenheit mit der verstorbenen Mutter andeutet. Konflikte zwischen Tonalität und Panchromatik werden in dieser Oper so häufig wie in allen reifen Werken Bernsteins ausgetragen. Meisterhaft ist es zu nennen, wie der Komponist selbst die seichteste Textphrase so zu vertonen versteht, daß sie fast überzeugend wirkt. Dies ist nicht zuletzt eine Folge seiner Fähigkeit, auch die ausdrucksvollsten melodischen Linien so zu setzen, daß Sänger die Worte deutlich verständlich machen können.

Lukas Foss, der zwei Monate vor der Uraufführung von Houston einem musikalischen Treffen bei Leonard Bernstein beiwohnte, an dem Teile der Musik der Oper durchgenommen wurden («alle waren zu Tränen gerührt», so Bernstein in einem Telefongespräch mit dem Autor kurz danach), schrieb uns am 7. April 1983: «Wieder einmal war ich ergriffen davon, wie Lenny sich in ein neues Projekt hineinstürzt und es vollständig zu seinem eigenen macht. Er mischt Pop und Opernelemente, und es kommt ein typischer Bernstein heraus. Einmalig ist die Virtuosität, mit welcher er die englische Sprache in Musik umsetzt. Ich kenne niemanden, der es ihm hierin gleichtut.»

Wenn man Leonard Bernsteins Weg als Musikschöpfer von den frühesten Juvenilia bis zu «A Quiet Place» überblickt – eine Spanne von mehr als 45 Jahren –, bemerkt man bei ihm eine Tendenz, die bei wenigen Komponisten in gleichem Maße zu finden ist. Im Laufe seiner langen Entwicklung hat er immer wieder dahin tendiert, in einem neuen Werk auf Motive, Themen oder sogar ganze Teile aus früheren Werken zurückzugreifen, auch auf solche, die er einmal verworfen hatte. Einige seiner umfangreichen Kompositionen hat er lange nach der Entstehung neu geprüft und dann «endgültige Fassungen» vorgelegt und aufgeführt. Ob all dies auf eine unterschwellige Unsicherheit oder auf einen sich entwickelnden kompositorischen Reifeprozeß zurückzuführen ist, scheint schwer festzustellen. An erfinderischer Phantasie hat es Bernstein gewiß nie gefehlt. In «A Quiet Place» erscheint die Bezugnahme auf «Trouble in Tahiti» von logischer Konsequenz, da die Charaktere der Opern identisch, beziehungsweise miteinander verwandt sind. Die Frage, die sich nach der Uraufführung 1983 in Hinblick auf Leonard Bernsteins frühere Praktiken stellt,

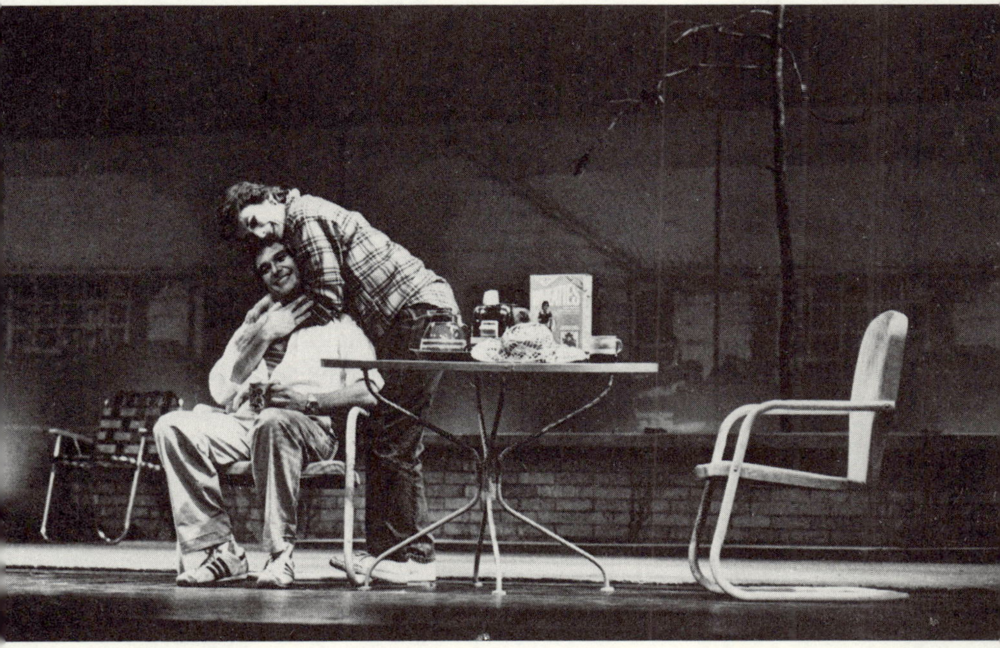

Oben: Leonard Bernstein und der Librettist Stephen Wadsworth an der Arbeit zu «A Quiet Place»

Unten: Szene aus der Uraufführung von «A Quiet Place», Houston, Juni 1983

ob diese Oper eine endgültige Fassung oder ein «work in progress» darstellt, hat der Komponist gemeinsam mit seinem Librettisten ein Jahr später beantwortet.
Einen Grundfehler in ihrem ursprünglichen Konzept – der Aufführung von «Trouble in Tahiti» als «Vorspiel» zu «A Quiet Place» – erkannten Stephen Wadsworth und Leonard Bernstein während der Aufführungen in Houston. In einem Brief vom 28. Dezember 1983 schrieb uns Stephen Wadsworth, daß die einzige Möglichkeit einer dramaturgisch überzeugenderen – und theatralisch wirksameren – Verbindung der beiden Opern darin liegen müßte, daß «Trouble in Tahiti» in die neue Oper eingearbeitet würde. So beschlossen Autor und Komponist, die beiden Hälften der früheren Kurzoper in «A Quiet Place» als Rückblenden einzuführen: der alternde Sam erinnert sich an die Zeit vor dreißig Jahren und versucht sich mit dem Verlauf seiner Ehe und den Ereignissen der letzten Tage, mit der gegenwärtigen Lage und mit der Zukunft seiner Familie auseinanderzusetzen. Die Oper «A Quiet Place» wird nun in drei Akte gegliedert. Der Erste Akt besteht aus Vorspiel und der – nun gekürzten – ersten Szene der neuen Oper. Im Zweiten Akt werden die beiden Hälften von «Trouble in Tahiti» in textlicher und musikalischer Logik eingeblendet. Im Ganzen haben Autor und Komponist Kürzungen und Straffungen vorgenommen, die – wie Stephen Wadsworth glaubt – auch dem Zuschauer und Hörer die tieferen Zusammenhänge klarer und glaubhafter machen können. Stephen Wadsworth drückte uns sein Erstaunen darüber aus, daß «Lenny . . ., ein Mann voller wirklich großer Einfälle, seinen eigenen Instinkten chronisch mißtraut. Aber schließlich und endlich gilt dies für uns beide, indem wir versuchen, einen wirklich neuen, frischen Schritt vorwärts im Schaffen einer amerikanischen Musiktheatersprache zu tun. Es ist nicht leicht zu wissen, was der nächste Schritt sein sollte, wenn niemand zuvor einen getan hat.» Stephen Wadsworth, der selbst Regie und Darstellung studiert (und gelehrt) hat, war froh darüber, daß er am Teatro alla Scala und im Kennedy Center, wo die Aufführung vom Herbst 1983 auf Herbst 1984 verschoben wurde, die neue dramaturgische Lösung in eigener Regie zu realisieren beauftragt wurde.

Aus dem Manuskript von «A Quiet Place»

In der neuen Fassung besteht der Erste Akt aus dem «Prolog», in dem bei geschlossenem Vorhang verschiedene Stimmen und Geräusche die Wirren von Dinahs Autounfall vergegenwärtigen, der Szene im Begräbnisinstitut und einem Orchesternachspiel. Zu Beginn des Prologs singt ein Chor im Orchestergraben – nach einer orchestralen Einleitung (sechstöniges Flötensolo mit Nonenabwärtssprung, das durch ein die Zwölftonreihe ergänzendes *Pianissimo*-Motiv einer gedämpften Trompete fortgeführt wird) – *pianissimo,* choralartig, einen Satz, der im Verlauf der Oper leitmotivisch wiederkehrt: «The path of Truth is plain and safe» (Der Weg der Wahrheit ist eben und sicher), *forte* weitergeführt: «My Heart shall be the Garden» (Mein Herz soll dein Garten sein), und am Ende des Prologs, nach dem vokalen und instrumentalen Stimmengewirr der Unfallszene: «Give All for Love, for Love is strong as Death» (Liebe ist stark wie der Tod – nach dem Hohenlied Salomos VIII, 6). Der inhaltlich und musikalisch der ersten Szene der Erstfassung nachgestaltete, doch wesentlich gestraffte Erste Akt klingt mit einem lyrischen Adagio-Orchestersatz aus, in dem verhaltenes, leises *piano* und *pianissimo* nur einmal episodisch durch dramatische Steigerung bis zu einem schnell wieder verebbenden *fortissimo* unterbrochen wird. Ein lyrisches Violinsolo beschließt den Akt.
Im Zweiten Akt greift Sam erschüttert Dinahs Tagebuchnotizen auf; während er liest, erscheint das *Jazz-Trio* vom Beginn der Kurzoper «Trouble in Tahiti» und eröffnet damit die als Rückblende zu verstehenden ersten Szenen von «Trouble in Tahiti» bis zu Dinahs Traum vom friedlichen Garten und einem stillen Ort («A quiet Place») und dem Duett Dinah-Sam auf der Straße: «Können wir nie mehr den Weg zurückfinden zu dem Garten, in dem wir einst begonnen haben?» Ohne Pause folgt als dritte Szene die Fortsetzung der ersten: Sam ist weiter mit dem Öffnen von Dinahs Papieren beschäftigt, bis die Familie eintrifft und Ärgernis ausbricht. Nachdem Junior beruhigt wurde und eingeschlafen ist, bleibt Sam wieder nachdenklich allein; der Chor singt *pianissimo* den leitmotivischen Choral, und unvermittelt schließt sich an ihn – weiterhin noch *pianissimo* – als vierte Szene der zweite Teil von «Trouble in Tahiti» an, vom *Jazz-Trio* eingeleitet und bald in Sams

stolzes Bekenntnis zum Erfolgsmenschen mündend. Der Zweite Akt schließt mit den letzten Szenen der früheren Oper – Dinahs Arie über den schrecklichen Film vom «Inselzauber» und ihrer Rückkehr nach Hause, wo Harmonie zwischen den Ehepartnern sich nicht einstellen will.

Der Dritte Akt beginnt mit einem Orchestervorspiel, der Szene im Garten (die in der Erstfassung der Oper die dritte Szene war) und der Nachahmung des unharmonischen Elternfrühstücks durch Dede und Junior. Dann bricht wieder Streit mit dem Vater Sam aus, der schließlich die Notizen Dinahs aus der Tasche zieht und Satzfragmente vorliest – dazu hört man die Stimme Dinahs (alles ist jetzt ohne Instrumentalbegleitung) Echos und Kommentare singen. Das imaginäre Duett steigert sich, Instrumente treten hinzu. Dann bricht ein mysteriöses, unheimliches leises Lachen aus, das der Chor *fortissimo* aufnimmt. Plötzlich machen Sam und die Kinder wieder gemeinsame Pläne für eine glücklichere Zukunft, man hört das *Jazz-Trio* aus «Trouble in Tahiti»: doch der «Frieden» dauert nicht lange an – die Zukunft bleibt offen.

Auf der letzten Seite seiner Partitur hat Bernstein vermerkt, der Chor könne zum Beschluß «Amen» intonieren.

Es ist kein Zweifel, daß die Neufassung der Oper durch die logische Verknüpfung und Integrierung der ironisch-heiteren Frühgeschichte des Paares Dinah-Sam mit den sich nach Dinahs Tod abspielenden Szenen dramaturgisch und musikalisch gewonnen hat. Beim Einbruch der Jazz-Sänger in die ernste Atmosphäre des Zweiten Aktes mag man an den Einschub der Harlekinszenen in Hugo von Hofmannsthals und Richard Strauss' «Ariadne auf Naxos» denken; haben Autor und Verfasser von «A Quiet Place» diese Verquickung von Ernst und Spaß vielleicht auch im Auge gehabt? – «Ja, es stimmt», sagt Lenny (Mai 1984), «in beiden Werken gibt es eine Oper in der Oper..., aber bei uns hat es ja doch ganz andere Bedeutung...»

Leonard Bernstein erläutert zum Wesen seiner Oper (in einem Gespräch in Salzburg im Januar 1984), daß es für ihn als Komponisten hier noch weit wichtiger als in anderen Werken für das Musiktheater war, die Worte so zu vertonen, daß sie immer verständlich bleiben. Unter den vielen in der Oper wesentlichen

Dingen nimmt die textliche und musikalische amerikanische Sprache Vorrang ein: «Ich glaube nicht», sagt Bernstein, «daß die amerikanische Sprache, so wie *wir* sie sprechen, in einer Oper jemals in Musik gesetzt wurde in der Art, wie ich es versuche. Das ist nicht dasselbe Englisch wie wir es in Benjamin Brittens Opern hören; *sein* Englisch klingt wundervoll, aber es ist *britisches Englisch* ... Ich habe versucht, eine Art von Musik zu schreiben, die sich der Sprache anfügt – das ist schwer zu realisieren, und wenige Menschen haben die Absicht verstanden. In Houston haben die akustischen Bedingungen dazu beigetragen, daß die Diktion der Sänger kaum verständlich war, und in einer Oper muß man die Worte verstehen können» – schon im Vorwort zu «Trouble in Tahiti» hatte Bernstein geschrieben: «Wo die Worte nicht zu hören sind, da ist keine Oper.»

Die von Autor und Komponist beabsichtigte Stilisierung amerikanischen Lebens, amerikanischer Sprache und Vertonung hat unter den Kritikern der Uraufführung vor allem Andrew Porter verstanden; er sprach in der Wochenzeitschrift «The New Yorker» (11. Juli 1983) von der Primitivität der Gefühle, des Denkens und des Sprechens der Charaktere in der Oper: «Sie sprechen geistlos und ungenau, ihre Sätze beenden sie nicht, ihre Gedankengänge führen nirgendwohin, die Sprache ist teilweise grob. Aber all dies ist voller Absicht. Die Oper stellt einen hochstrebenden, fesselnden Versuch dar, ein geordnetes Kunstwerk aus einem Material zu schaffen, das in seiner Unbestimmtheit und Unbändigkeit aus dem Leben gegriffen ist. Die Musik gibt dem Stück seine Form.» Andrew Porter sieht in der Partitur «eine der reichsten, die Bernstein komponiert hat». Die musikalische Form des Werkes wird dabei durch die Rückblenden auf «Trouble in Tahiti» in der neuen Fassung kaum beeinträchtigt: «A Quiet Place» hatte Leonard Bernstein als musikdramatische Übertragung der Form einer viersätzigen Sinfonie konzipiert, in der «Nocturno-Duette» die Rolle eines langsamen Satzes einnehmen und die Spiele in der Gartenszene an ein sinfonisches Scherzo erinnern. «A Quiet Place» ist dazu bestimmt, «Europa zu beweisen», schrieb Andrew Porter angesichts der zur Zeit seines Aufsatzes noch bevorstehenden Aufführ-

rung am Teatro alle Scala, «daß gute amerikanische Opern über zeitgenössische Themen noch immer komponiert werden.»
Die Uraufführung der neuen Fassung von «A Quiet Place» am Teatro alla Scala (Regie: der Autor Stephen Wadsworth; musikalische Leitung: John Mauceri) am 19. Juni 1984 hatte bei Publikum und Presse einen weit größeren Erfolg als die Premiere in Houston im Jahre zuvor. «Dramma e sogno americano di Bernstein», überschrieb Duilio Courir seine ausführliche Rezension im «Corriere della Sera» vom 21. Juni – ein «Spiel von Spiegeln» sah er im Bild amerikanischen Familienlebens sowohl wie in der von vielen Einflüssen geprägten Musik. Auch Angelo Foletto («La Repubblica») sprach vom amerikanischen Traum Leonard Bernsteins: «Bernstein sogna (ma non troppo)» und attestierte der Oper einen bedeutenden Erfolg beim milanesischen und internationalen Publikum des Teatro alla Scala. In der «International Herald Tribune» (Pariser Ausgabe vom 27. Juni 1984) schrieb dagegen William Weaver, das Mailänder Publikum habe wenig Interesse an Bernsteins Werk gezeigt, die Kritiker hätten aber die Oper enthusiastisch gelobt und «ihr zustimmendes Urteil ist leicht zu verstehen und zu akzeptieren».
Einen Monat nach der Premiere der Neufassung am Teatro alla Scala fand die Erstaufführung (am 22. Juli) im Kennedy Center Opera House in Washington, D.C., statt; wiederum dirigierte John Mauceri. Stephen Wadsworth berichtete uns damals über die «sehr gemischten Rezensionen ... die meisten waren nicht besonders günstig; jedoch da gab es einige Kritiker, die das Werk in Houston gehaßt hatten und jetzt fanden, daß sie es liebten». – «Manche Kritiker», meint Wadsworth, «amüsiert es immer noch, mit Scherben auf Lenny zu schießen, sie finden die Ansprüche der Oper anmaßend.» Viel Lob wurde überall dem Dirigenten gezollt. John Mauceri hatte an der Neugestaltung von «A Quiet Place» auch beratend mitgewirkt. Leonard Bernstein hat seine Oper zum erstenmal selbst dirigiert, als sie am 10. April 1986 – nach nochmaliger Revision – an der Wiener Staatsoper in Szene ging und dort für eine Schallplatte aufgezeichnet wurde.

LEONARD BERNSTEIN ALS MUSIKALISCHER PÄDAGOGE

«Der einzige Weg, wirklich etwas über Musik zu sagen, ist: Musik zu schreiben.»
Leonard Bernstein, Dezember 1957

Von Natur aus bin ich kein Dozent», sagte Leonard Bernstein in einem Vortrag an der Universität von Chicago am 19. Februar 1957 (abgedruckt in der Essay-Sammlung «The Infinite Variety of Music», «Von der unendlichen Vielfalt der Musik», im letzten Kapitel): «Wenn ich unterrichte, stelle ich an meine Studenten eine Menge Fragen und freue mich, wenn ich von ihnen etwas lernen kann.» Der Weg des Komponisten und des Dirigenten Bernstein zeigt dabei, daß er von frühester Jugend an einen Drang – und auch hier ein ungewöhnliches Talent – gehabt hat, in Wort und Schrift Freunde, Musikhörer, Studierende an seinen Gedanken über Musik teilhaben zu lassen. Im Sinne seines Ausspruchs, daß man Musik *schreiben* müsse, um etwas über Musik zu *sagen,* hat er im Laufe seiner Schaffenszeit in Werken jeglichen Genres die Probleme des Komponierens – Grundlagen, Techniken, Stilmittel, Ausdrucksweisen – darzustellen und zu lösen gesucht und damit wie jeder bewußt und ernsthaft schaffende Künstler eine über jede Theorie erhabene Lehre vermittelt und über all das Auskunft gegeben, was ihm Musik bedeutet. Klarer als er es selbst auch in seiner ersten «Einführung in die Welt der Musik zum Lesen und Hören», am 18. Januar 1958, im ersten «Konzert für junge Menschen» in New York, vom Fernsehen ausgestrahlt, ausgedrückt hat, kann man seine Einstellung zur Musik und zum Deuten von Musik nicht beschreiben: «Was bedeutet Musik? – Die Bedeutung von Musik liegt in der Musik und nirgendwoanders.»
Von Anbeginn seines Lebens mit Musik hat sich Leonard Bern-

stein über die verschiedensten Aspekte musikalischen Schaffens, nachschöpferischer Interpretation, historischer und aktueller Analyse von Meisterwerken der Musik Gedanken gemacht. In seiner Studienzeit an der Harvard-Universität und später am Curtis Institute of Music hat er mit seinen Lehrern und seinen Mitschülern Probleme des Musizierens, des Komponierens und der Musiktheorie diskutiert, hat für die Studentenzeitung der Universität Konzertbesprechungen und Artikel und von 1938 bis 1946 Beiträge für das Musikjournal «Modern Music» geschrieben. Seine Dissertation für Harvard (1939) galt dem Thema «Das Aufgehen von Elementen verschiedener Rassen in der amerikanischen Musik». Seitdem hat er mehr als hundert Aufsätze und Fernsehmanuskripte verfaßt, von denen nur ein Teil in Buchform greifbar ist. 1959 erschien in New York die erste Sammlung – «Freude an der Musik» –, 1962 die zweite – «Von der unendlichen Vielfalt der Musik» – sowie der Band «Konzert für junge Leute». 1982 folgte eine dritte Aufsatzsammlung.
Die Vorlesungen an der Harvard Universität wurden 1976 unter dem Titel «Die offene Frage» in Buchform veröffentlicht.
Der anmutige Plauderton, in dem Leonard Bernsteins Essays auch in der gedruckten Form ansprechen, kann den aufmerksamen Leser nicht über den Ernst der Gedanken hinwegtäuschen, der hinter jedem Satz, jeder Formulierung steht. Darüber hinaus erstaunt auch immer wieder die Großzügigkeit des Denkens und das Maß an ungewöhnlich umfassender Bildung. Vor allem die sechs Harvard-Vorlesungen weisen auf tiefgehende Kenntnis von Philosophie, Psychologie, Literatur- und Kunstgeschichte sowie der Musik aller Epochen und Völker. Es fällt schwer, in Geschichte und Gegenwart einen Musiker zu nennen, der mit praktischer Musiziertätigkeit und schöpferischer Kraft ein vergleichbar tiefes Wissen – gepaart mit der Fähigkeit allgemeinverständlicher Darstellung – aufweist. Man mag vielleicht an den vielseitig gebildeten und belesenen Richard Wagner denken, der über Sage, Legende, Literatur, Philosophie, Kunst und Musik aller Völker und Zeiten forschte und schrieb; aus allem jedoch, was er fand, was er verarbeitete und zu lehren bemüht war, zog er persönliche Schlüsse, nutzte er zum Erhärten seines egozentri-

schen Weltbildes. In neuerer Zeit wäre Arnold Schönberg zu nennen als genial schaffender Musiker umfassender Bildung, egozentrisch in gewisser Weise auch er, aber ein Leben lang auf der Suche nach einer ewig gültigen Wahrheit, einer gottgegebenen Ordnung, der auch die Kunst gehorchen müsse. Auch Pierre Boulez mag man zu den ausübenden und schöpferischen Musikern rechnen, die in wissendem Überblick über die gesamte Welt der Künste in Wort, Schrift, Interpretation und Musikwerk etwas zu sagen haben.

«Ich liebe die Musik fanatisch. Ich kann nicht einen Tag leben, ohne Musik zu hören, Musik zu spielen, Musik zu studieren oder über sie nachzudenken. Und all dies getrennt von meiner beruflichen Tätigkeit als Musiker», schrieb Leonard Bernstein am 21. Juni 1966: »Ich bin ein *Fan,* ein einfacher Musikliebhaber, ich fühle mich als Teil der musikalischen Öffentlichkeit mit besonderer Verpflichtung» («The Infinite Variety of Music»). Für Bernstein gibt es keinen Unterschied zwischen «ernster» und «leichter» Musik – «Für mich ist jede gute Musik *ernste Musik!*» –, und «gute Musik» kann Musik der Klassik, aber auch guter Jazz sein. Musik mag von einer Geschichte oder einem Erlebnis angeregt worden sein, erklärte Bernstein seinen jugendlichen Hörern in New York, aber «was auch immer die Musik wirklich meint, es ist *nicht* die Geschichte – auch wenn eine Geschichte mit ihr verbunden ist ... die Erzählung ist nicht ein Teil der Musik». Musik «drückt das aus, was der Komponist plante. Aber es ist immer ein *musikalischer* Plan, der nur eine musikalische Bedeutung und nichts mit irgendwelchen Geschichten, Bildern oder ähnlichen Dingen zu tun hat.» Bernstein beweist das schlüssig, indem er zu bekannter Programm-Musik oder zu Musikstücken mit außermusikalischen Titeln Geschichten erzählt, die nicht mit dem Titel oder «Programm» der Stücke zusammenhängen, aber ohne weiteres aus der Musik herausgelesen werden könnten. Denn «Musik drückt das aus, was Ihr Hörer empfindet, wenn Ihr sie hört ... Wir brauchen nichts über Halbtöne, Ganztöne und Akkorde zu wissen, um Musik zu verstehen. Wenn sie uns etwas sagt – nicht etwas erzählt oder ein Bild beschreibt, sondern ein Gefühl erweckt – wenn sie in uns eine Veränderung bewirkt, dann verstehen wir Musik.»

Leonard Bernsteins «Konzerte für junge Leute», seine «Omnibus»-Fernsehvorträge und musikalischen Vorführungen sind von Millionen gesehen und gehört worden, und haben dieser Musik der Vergangenheit wie der Gegenwart nahegebracht. Als Kommentator und Dirigent ist es ihm gelungen, eine vorher jeder Art von zeitgenössischer Musik abgeneigte Hörerschaft so weit zu beeinflussen, daß sie einem neuen Werk zum mindesten zuzuhören bereit war. Titel, Einleitungen, Kapitelüberschriften seiner Essaysammlungen und Fernsehsendungen mögen den Eindruck hervorrufen, es handle sich bei Bernsteins Plaudereien um eine weitere der verbreiteten populärmusikalischen, zuweilen mit wissenschaftlichem Anspruch auftretenden Reihen der Art «Wie soll ich Musik hören», «Wie verstehe ich Musik» oder gar «Was ist Musik». Solch erster oberflächlicher Eindruck wird nach dem Lesen nur weniger Sätze in Bernsteins Essays entkräftet. Im Gegensatz zu der überwiegenden Menge musikanalytischer Schriften zeichnen sich diese vor allem durch den uneingeschränkten Respekt aus, den Bernstein jedem musikalischen Kunstwerk entgegenbringt – so wie das vom Dirigenten Bernstein zu sagen ist. Wo die allgemeine populäre Erläuterung und «Erklärung» von Musik Details in Thematik und Ablauf eines musikalischen Werkes beschreibt und der handwerklichen Kunst eines Komponisten womöglich poetische oder emotionelle Bedeutung zuzumessen versucht, richtet sich Leonard Bernsteins Blick auf den Gesamtgehalt des Werkes und von ihm aus gesehen auf die Bausteine, die es ausmachen: «Über Beethovens *Eroica*-Sinfonie sind mehr Worte geschrieben worden als sie Noten enthält. Ist es aber irgendjemandem gelungen, die *Eroica* zu *erklären*? Läßt sich überhaupt das Wunder in prosaischen Worten beschreiben, daß eine Note der anderen folgt oder mit einer anderen zusammen erklingt und wir das Gefühl haben, so und nicht anders *mußten* diese Noten sein? Wie rationalistisch wir auch zu denken vorgeben, müssen wir doch an der Grenze dieses mystischen Bereichs halt machen. Es ist nicht übertrieben, von *Mystik* oder sogar von *Magie* zu sprechen; kein Kunstliebhaber kann ein echter Skeptiker sein. Wer Musik liebt, ist ein Glaubender und daran kann keine Dialektik etwas ändern.» («Freude an der Musik», Dez. 1957, eigene Übersetzung)

PHILHARMONIC HALL | LINCOLN CENTER

New York Philharmonic Young People's Concert

339th Concert — 41st Season
(Founded by Ernest Schelling in 1924)

LEONARD BERNSTEIN, *Music Director*

Saturday, November 2, 1963, at 12:00 Noon

Leonard Bernstein, *Conductor*

"A Tribute to Teachers"

MOUSSORGSKY	Prelude to "Khovantchina"
THOMPSON	Scherzo, from Symphony No. 2
PISTON	Suite from "The Incredible Flutist"
BRAHMS	*Academic Festival Overture, Opus 80

Program subject to change

*Recorded by the New York Philharmonic

Columbia Records | Steinway Piano

The telecast of today's concert will be shown on CBS Television, Channel 2, on Friday, November 29, at 7:30 p.m., sponsored by Shell Oil Company.

Mr. Bernstein plays the Baldwin Piano

THE PHILHARMONIC-SYMPHONY SOCIETY OF NEW YORK, INC.
Philharmonic Hall, Lincoln Center, Broadway at 65th St., New York 23, N. Y.
Carlos Moseley, *Managing Director* William L. Weissel, *Assistant Manager*

Programm eines Konzerts für junge Hörer, November 1963

2

BERNSTEIN

Welcome back to Phil. Hall

My dear young friends: ~~It is good to be back with you all again for another season of YOUNG PEOPLE'S CONCERTS here in Philharmonic Hall.~~ You may think it strange that I have chosen to open this new season of Young People's Concerts with the subject of <u>teachers</u>. After all, aren't these programs always about <u>music</u>? And what have teachers got to do with music? The answer is: everything. We can all imagine a ~~self-taught~~ painter, a writer, who's self-taught ~~think of painters as being completely self-taught, and maybe some writers too~~, but it is almost impossible to imagine a professional musician who doesn't owe <u>something</u> to one teacher or another. The trouble is that we don't always realize how important teachers are, in music or in anything else. Teaching is probably the noblest profession in the world -- the most unselfish, difficult, and honorable profession. But it is also the most unappreciated, underrated, underpaid, and underpraised profession in the world.

(MORE)

Beginn von Bernsteins Manuskript für seine Einführung in dieses Konzert

Die hier zitierte Einleitung – «Die goldene Mitte» betitelt – zu Leonard Bernsteins erster Essaysammlung enthält nicht nur die Grundsätze seines *Credo* als Musiker, Komponist und Wegweiser zum Verständnis der Geheimnisse großer Kunst. Sie weist deutlich auf die Tiefe und die Weite seiner philosophischen, literarischen und musikalischen Forschungen hin. Er setzt sich mit der «glücklichen Verbindung von wissenschaftlichen und *spirituellen* Eigenschaften» der Philosophie Platons und Sokrates' auseinander, mit der Rolle von Akustik, Mathematik, Logik und Psychologie im Versuch, das Wesen eines Kunstwerks zu begreifen. Mit scharfen Worten lehnt er die aus rein kommerziellen Gründen – zur Medienpropaganda der Musikindustrie – fabrizierte *«Musikverständnis»-Schreiberei* ab, die «aus jeder Note, jeder Phrase, jedem Akkord eine Wolke, einen Felsen oder einen Kosaken macht» und damit, wie auch mit Anekdoten über Komponisten und ihre Werke, den Zuhörer nur von der Musik ablenkt. Aber auch die lobenswerte, ernsthafte, dabei aber doch langweilige Analyse, die «in Baedeker-Art durch die kahle Landschaft einer Komposition führt» («jetzt kommt das Thema umgekehrt in der zweiten Oboe»), «sagt nichts aus über Musik – außer die oberflächlichen geographischen Tatsachen».

«Wenn wir Musik erklären wollen, müssen wir die *Musik* erklären..., über die *Noten* der Musik sprechen», sagt Bernstein. Man muß auch schon einmal auf außermusikalische Erscheinungen hinweisen – wie Religion, gesellschaftliche Verhältnisse, historische Einflüsse –, die bisweilen auf die Musik einer Epoche oder eines Komponisten gewirkt haben, doch nur soweit es die Noten der Musik selbst zu zeigen scheinen. Man darf – meint Bernstein – die Öffentlichkeit nicht als «ein großes Untier» betrachten, das man mit billigen Erzählungen, bildhaften Beschreibungen und emotionellen Eindrücken füttert, sondern sie wie «ein intelligentes Gemeinwesen» behandeln, das sich wirklich «nach Einsicht und Wissen» sehnt. Den idealen Weg zur Einführung in die Geheimnisse des musikalischen Kunstwerks – so weit sie ergründbar sind – sieht Bernstein in einer «goldenen Mitte» zwischen einer Erkenntnis der Bedeutung der *Noten* und einer außermusikalischen Bezugnahme, wo diese die Noten erklären *hilft*. Die «Baedeker-Art» kann dienlich sein, «wenn sie eine leitende zentrale Idee im Auge behält, die Aufmerksamkeit und den Verstand des Zuhörers fesseln kann».

Unter diesen Aspekten gelingen Leonard Bernstein prägnante kurze Definitionen wie auch ausführliche Darstellungen musikalischer Meisterwerke. Für die jugendlichen Konzerthörer faßt er das Wesen der «klassischen Musik» als «Versuch, Regeln auf ein Höchstmaß an Vollendung zu bringen» zusammen: «Musik, in der Form und Gestalt von gleicher Vollkommenheit sind». Aber «es gab Hunderte von klassischen Komponisten, die zur Zeit Mozarts schrieben – schöne Stücke, die nach genauen Regeln komponiert, elegant und richtig waren. Aber ihre Musik ist dennoch nicht von Dauer, weil sie in den Menschen, die sie hören, kein Gefühl auslöst – sie spüren nicht die klassische Vollkommenheit, die gewisse besondere Note. Dieses gewisse Etwas ist die Schönheit, und was wir Schönheit nennen, hat mit unseren Gefühlen zu tun.» Beethoven: «Er wandte alle die klassischen Regeln von Haydn und Mozart an und erweiterte sie, bis seine Musik in jeder Hinsicht größer wurde ... Es ist, als würden wir die klassische Musik durch ein Vergrößerungsglas betrachten: alles wird monumental.» Mit der Romantik kommt eine stärkere Betonung des Gefühlsmäßigen in die Musik – «Gefühle von Geheimnis, Sehnsucht, Feuer, Sieg und Freude». «Was macht Musik lustig?» fragt Bernstein in seinem dritten Fernsehprogramm für junge Hörer: «Musik kann mit nichts anderem Spaß treiben als mit Musik» – sie kann keine Witze erzählen, aber kann Geräusche nachahmen und überraschende Wendungen nehmen, falsch klingende Noten einführen, Instrumente lustig spielen lassen. Doch Humor ist ja nicht nur etwas, was uns zum Lachen bringt: «Humor bewirkt es, daß wir uns im Innern *wohl*fühlen. Und das ist ja schließlich, wozu die Musik da ist.»

In weiteren Kapiteln spricht Leonard Bernstein von nordamerikanischer Musik, vom Volksliedcharakter sinfonischer Melodien, vom Impressionismus als «Farbe, Bewegung und *Suggestion*» im Musikstück, von charakteristischer Verwendung der Instrumente des Orchesters im sinfonischen Werk und vom Schlüssel zum Verständnis und Erleben einer Sinfonie als Spiegel menschlicher

Lebenszeit mit Beginn, Wechsel, Wachsen, Blühen, Entwicklung, Veränderung, Ende. Das 1962 zuerst in New York veröffentlichte Buch (deutsch in Tübingen 1969) erweiterte Leonard Bernstein 1970 um Kapitel über das Wesen der Melodie und eine Studie über die Intervalle als «musikalische Atome».
Dem Ziel der durch musikalische Ausschnitte bereicherten Vorlesungen für junge Menschen entsprechend, legte Bernstein hier lapidare, unmittelbar zum Denken anregende Grundgedanken zum Erleben von Musik vor. Es ging ihm darum, bereits bei jungen Menschen die «Freude an der Musik» zu wecken, ihr Verständnis für die «unendliche Vielfalt der Musik» zu gewinnen, wie es die anspruchsvolleren Essays und Fernsehvorträge anstreben, die in den 1959 und 1962 erschienenen Büchern gesammelt sind. Zu den Kernstücken dieser Bände zählen die Ausführungen über einige große sinfonische Werke (Beethovens Fünfte Sinfonie in «Freude an der Musik», die «Eroica», Antonín Dvořáks «Aus der neuen Welt», die Vierte von Brahms und Tschaikowskys «Pathétique» in «Von der unendlichen Vielfalt der Musik»), über den «zeitlosen Mozart» im zweiten und über Johann Sebastian Bach im ersten Buch. Hier vor allem zeigt Bernstein, was er unter einer *Deutung von Musik durch Musik* versteht.
Die nur anscheinend «legere», ungezwungene Art, in der Bernstein sein jugendliches Publikum – aber auch die Hörer der philharmonischen Konzerte – anspricht, bringt die Musik der Zuhörerschaft nahe. In so einem Jugendkonzert steht er vor dem Orchester, «im Pullover, vor dem Mund ein Mikro, in der Hosentasche ein Kabel ... Er stellt jedes Stück, jeden Komponisten, jedes Detail der musikalischen Machart mit flink treffenden Worten vor. Nennt er ein Instrument, so steht der Spieler auf, intoniert kurz, läßt eine charakteristische Figur hören. Das Programm ist auf Vielfalt der Typen und Farben gestellt. Da blasen vier alte Schalmei- und Pommerinstrumente einen spanischen Tanz der Lutherzeit; gleich danach drei funkelnde Zwergposaunen und ein Kornett einen Canzonensatz von Giovanni Gabrieli. Und Bernstein kommentiert alles populär-fachmännisch: *Aren't they beautiful, these trombones, or, as they were called: sackbuts?* Man lernt sogar die Etymologie der Namen kennen» (STUCKENSCHMIDT,

Musik eines halben Jahrhunderts, S. 176 f.). Dieses 1960 beschriebene Programm führte dann über ein Brandenburgisches Konzert von Bach mit einer Gegenüberstellung alter und moderner Instrumente bis zum Konzert für Magnetophon und Orchester von Otto Luening und Wladimir Ussachewsky. Mit den Programmen für die Jugend und den Sinfoniekonzerten hat Bernstein dem New York Philharmonic Orchestra «eine Anziehungskraft gegeben wie Rudolf Bing den Aufführungen der Metropolitan Opera. Wie Midas verwandelt er in Gold, was er anrührt», schrieb Stuckenschmidt 1960, «nur fragt man sich, ob die Edelmetallschicht sehr dick ist und was unter ihr liegt» (ib. S. 178).
Beethovens Fünfter Sinfonie war Bernsteins allererster Fernsehvortrag gewidmet. Er wurde am 14. November 1954 ausgestrahlt und 1959 in seinem ersten Buch veröffentlicht; Idee und Text gingen auf die Vorlesung zurück, die wir im Sommer 1948 in Tanglewood von ihm erlebt hatten – das «sonderbare und ziemlich schwierige Experiment, den ersten Satz der Fünften neu zu schreiben». Die Analyse von Beethovens ersten Skizzen und ein Versuch sich vorzustellen, was aus der Sinfonie geworden wäre, wenn diese weiterentwickelt worden wären, ergibt im Vergleich mit der endgültigen Gestaltung des Satzes einen Einblick in die Werkstatt des Künstlers, sein Ringen um Logik und Vollkommenheit: «Das ist der Schlüssel zum Geheimnis des großen Künstlers: daß er aus Gründen, die weder ihm selbst noch jemand anderem bewußt sind, seine Kräfte und sein Leben dafür hingibt, sicher zu sein, daß eine Note der anderen in unvermeidbarer Ordnung folgt. Das scheint eine merkwürdige Art zu sein, ein Leben zu verbringen, aber es erscheint weniger merkwürdig, wenn man bedenkt, daß es einem Komponisten auf diese Weise gelingt, uns das Gefühl zu vermitteln: Es gibt etwas auf der Welt, das immer richtig ist, stets seinen eigenen Gesetzen folgt, dem wir immer vertrauen können, das uns niemals im Stich läßt.»
Das Aufzeigen musikalischer Entwicklung in der Musik von Johann Sebastian Bach, Wolfgang Amadeus Mozart und Johannes Brahms, stets rein musikbezogen, beweist Bernsteins tiefe Einsicht in Wesen und Gehalt der besprochenen Werke ebenso wie seine Verehrung für die großen Meister, seine Geistigkeit, sein

Wissen, seine Humanität. Dabei scheut er sich nicht, auch technische, akustische, mathematische, strukturelle und formale Betrachtungsweisen heranzuziehen, zwischen Jazz und «klassischer» Musik zu vermitteln, Musical, Oper, Nationales, Persönliches zu behandeln. Seine eigene Liebe zur Musik, jeglicher Musik, durchzieht als zentrales Thema jeden Vortrag, jeden Essay. Nicht vielen Musikschriftstellern kann man eine ähnliche Liebe zur Musik, Freude an der unendlichen Vielfalt der Musik, eine ähnliche Vertrautheit mit jeder Art von Musik aller Zeiten und Völker nachsagen, wie sie aus Leonard Bernsteins Vorträgen und Schriften – ebenso wie aus seinen Konzerten – spricht.

Den beiden Aufsatzsammlungen von 1959 und 1962 und dem 1970 in erweiterter Auflage veröffentlichten Band (mit Schallplatten-Kassette) «Konzert für junge Leute – Einführung in die Welt der Musik zum Lesen und zum Hören» – in zwölf verschiedenen Sprachen verbreitet – folgte 1982 eine weitere Sammlung von Essays unter dem Titel «Findings». In vier Abschnitten hat Bernstein hier Briefe, Gedanken, Gedichte, Aufsätze, Ansprachen aus vier Lebensepochen gesammelt: «Juvenilia» (1935–1939), «Nachkriegs-Meditationen» (1946–1957), «Die Jahre mit den New Yorker Philharmonikern» (1959–1967), «Die Zehn Jahre von 1969–1980».

Von besonderem Interesse sind Artikel, die der junge Student Bernstein in seinen Universitätsjahren schrieb, seine Dissertation für Harvard, seine Briefe an Helen Coates über die Konzerte in den Flüchtlingslagern, Ausschnitte aus einem Tagebuch zur Entstehung von «West Side Story», Gedanken und über Wege und Irrwege national-gefärbter Musik in Amerika und in Israel, Würdigungen bedeutender Komponisten – Edgar Varèse, Marc Blitzstein, Carl Nielsen, Aaron Copland, Igor Strawinsky, George Gershwin –, ein ergreifender Nachruf auf die Sängerin Jennie Tourel, Erinnerungen an den Dirigenten Victor de Sabata und an Maria Callas, der von uns zitierte Brief an Franz Endler über die verschiedenen möglichen Auffassungen und Aufführungen von Beethovens Neunter und Aufzeichnungen über Aufgaben und Erfordernisse der Erziehung und Bildung. In Faksimile ist in «Findings» Leonard Bernsteins Manuskript zu dem einführenden

Vortrag abgedruckt, den er vor einem Konzert für jugendliche Hörer in New York gehalten hat – sein für Bernsteins Charakter bezeichnendes Thema war «Ein Lob den Lehrern». Das Vorwort zu der amerikanischen Erstausgabe schrieb Bernstein am Tage seines 64. Geburtstages, am 25. August 1982.
Eine Auswahl aus «Findings» legte 1983 der Albrecht Knaus-Verlag, Hamburg, unter dem Titel «Erkenntnisse. Beobachtungen aus fünfzig Jahren» vor: von den 62 Essays der amerikanischen Ausgabe wurden 42 Aufsätze, Erinnerungen, Briefe, Betrachtungen ausgewählt – übertragen von Peter Weiser (Gedichte von Elly Weiser).
Die in den Büchern zusammengefaßten Vorträge und Essays stellen eine lose Folge von Abhandlungen über verschiedene Aspekte der musikalischen Situation unserer Zeit, über Grundlagen des Musizierens und des musikalischen Verständnisses, über Komponisten und ihre Werke und über den Autor selbst dar. Sie wenden sich an eine aufgeschlossene Hörerschaft, das «intelligente Gemeinwesen, das sich nach Einsicht und Wissen sehnt», von dem er in der Einleitung zu «Freude in der Musik» spricht. Die ganze Tiefe und Breite seines Wissens und seiner Bildung treten dem ernsthaft Interssierten in den sechs Vorlesungen entgegen, die Bernstein als Charles Eliot Norton Professor of Poetry im Wintersemester 1973/74 an seiner alten Harvard-Universität gehalten hat: Sie sind als Fernsehsendungen aufgezeichnet und in vielen Ländern der Welt ausgestrahlt und in Buchform veröffentlicht worden – 1976 von der Harvard University Press, Cambridge (USA) und London; 1979 von Fritz Molden, Wien-München-Zürich-Innsbruck; außerdem in französischen, japanischen und ungarischen Ausgaben, 1981 als deutsches Taschenbuch (Goldmann-Schott) ohne die den Originalausgaben beigefügten Ausschnitte aus Bernsteins Vorlesungen auf Schallplatten.
«The Unanswered Question» – deutsch als «Musik – die offene Frage» veröffentlicht – ist ein geistig sehr anspruchsvoller Versuch, die Probleme musikästhetischer und musiktheoretischer Erkenntnis in ihren Zusammenhängen mit anderen Wissensgebieten anzugehen. Sprachwissenschaft, Dichtkunst, elementarphysikalische Grundlagen, historische Perspektive, Ästhetik, Philoso-

phie und musikalische Analyse werden miteinander in logisch erscheinende Verbindung gebracht, wobei die «offene Frage», die Charles Ives in seinem so betitelten Orchesterstück gestellt hatte – als Frage der Zweideutigkeit von Musik, als Auseinandersetzung zwischen Tonalität und Nicht-Tonalität die Vorlesungen immer von neuem durchzieht. Ihre Titel weisen auf den weitgespannten Umfang der Untersuchungen hin: «Musikalische Lautlehre», «Musikalische Satzlehre», «Musikalische Bedeutungslehre» («Semantik»), «Die Wonnen und Gefahren (deutsch etwas unglücklich mit «Wehen» übersetzt) der Zweideutigkeit», «Die Krise des zwanzigsten Jahrhunderts», «Die Poesie der Erde».
Leonard Bernstein wurde zu einer Verbindung musikästhetischer Überlegungen mit Disziplinen der Sprachwissenschaft durch die Arbeiten des Sprachwissenschaftlers Noam Chomsky angeregt, der dem Menschen – und nur dem Menschen – eine angeborene grammatische Befähigung, ein genetisch gesteuertes, universell erkennbares Sprachvermögen zuschreibt. Bernstein stellt sich die Frage, ob wir musikalische Universalität mit Analogien aus der Sprachwissenschaft ergründen können; eine musikalische Universalität gibt es, wie er es beim Vergleichen von Motiven aus Musik von Johann Sebastian Bach, Maurice Ravel, Igor Strawinsky, Aaron Copland und Hindu-Tanzmusik, aus ihren Zusammenhängen gerissen, festzustellen glaubt. Analog der Sprachwissenschaft erkennt Bernstein die Notwendigkeit, musikalische Forschungen unter den Gesichtspunkten der Phonologie, der Syntax und der Semantik vorzunehmen. Musik geht ja wie Sprache von Lautmaterial aus; die Sprache gestaltet es verbal, die Musik in Tönen und Klängen. Obwohl Bernstein auch an den Satz Michel de Montaignes denkt, der vor vierhundert Jahren schrieb, jene Eigenschaft, die allen Menschen gemeinsam sei, sei ihre Verschiedenheit, meint er, daß so wie über diesen scheinbaren Widersinn hinaus grammatische Ähnlichkeiten zwischen Sprachen oder Sprachfamilien gefunden worden sind, auch in der Musik «allgemeingültige» Merkmale universaler Bedeutung festgestellt werden können. In der Sprache hat man gewisse «Urwörter» gefunden, die aus den einfachsten Lauten gebildet sind, deren Klang von der physiologischen Beschaffenheit des allen Menschen eigenen Mundes, der

Kehle und der Nase abhängt. Musik als «überhöhte Sprache» muß wie die Sprachen selbst gemeinsamen Ursprung haben; die biblische Vorstellung, daß Gott bei seinem Schöpfungsakt *sprach* und daß «am Anfang *das Wort* war» kann nur bedeuten, daß es ein *gesungenes Wort* war, denn ein bloßes Vorsichhinsprechen von Worten wie «Es werde Licht» ist schlechthin unvorstellbar.

Die Erklärung gewisser universaler Gemeinsamkeiten wäre in der Musik leichter zu finden als in der Sprachwissenschaft, postuliert Bernstein. Die Sprachlehre hat viele Hypothesen entwickelt, bewiesen und widerlegt, warum es in der Menschheit so viele unterschiedliche Sprachentwicklungen gegeben hat, während derer die Entfernung von einer Ursprache immer größer und die Unterschiede immer stärker wurden. Die Musiklehre kann dagegen zum mindesten auf eine universal naturgegebene Grundlage aufbauen, die Obertonreihe, die allen Klängen gemeinsam ist, die von in Schwingung versetzten Körpern ausgehen. Die abendländische Kultur hat eine Musik entwickelt, die durch *Temperierung* (Nichtnutzung von bestimmten Tönen der naturgegebenen Reihe) eine Auswahl der Obertöne in einem System geordnet hat; außerhalb der westlichen Welt gilt diese Auswahl nicht, aber das Phänomen der durch Saiten, Luftsäulen oder fellbespannte Körper erzeugten Klänge und Oberklänge ist universal. So entstanden in den verschiedenen Regionen der Welt Sprachen gemeinsamen Ursprungs wie «Tonsprachen», die aus einer allgemeinen, von der Natur festgesetzten Anordnung der Töne entstanden sind. Die abendländische Musik hat spätestens seit Bach die Tonsprache durch die Herrschaft der ersten Intervalle der Tonreihe zu kontrollieren begonnen, der Tonika (Grundton) und Dominante (Quinte).

«Als Musiker spüre ich, daß es eine Möglichkeit geben muß, mit gescheiten, aber berufsfremden Musikliebhabern – die zum Beispiel nicht wissen, was der Unterschied zwischen einer Engführung und einer verminderten Quinte ist – über Musik zu reden, und die beste Möglichkeit, das zu tun, besteht in anwendbaren Vergleichen mit der menschlichen Sprache, die etwas ist, das wir alle besitzen, verwenden und kennen», sagt Bernstein in der Einleitung zum Kapitel über «Musikalische Syntax». Die Satzlehre

der Sprachwissenschaft behandelt die strukturellen Grundlagen, auf denen Laute sich zu Worten und Worte sich zu Sätzen fügen. Der Begriff läßt sich ohne weiteres von der Sprache auf die Musik übertragen, aber wo – fragt Bernstein – soll man ansetzen? Wenn man eine Note mit einem Buchstaben vergleicht, wäre eine Tonleiter einem Alphabet gleich, doch dann müßte man fragen, welches Alphabet und welche Tonleiter soll man miteinander vergleichen? Verschiedene Kulturen haben verschiedene Alphabete, Zahl und Art der Töne sind in den Tonleitern verschiedener Völker unterschiedlich. Besser scheint es, wenn man eine Note der kleinsten denkbaren Lauteinheit gleichsetzt – in der Terminologie der Sprachwissenschaft ein *Phonem* (etwa *Mmm*) – und ein musikalisches Motto oder Motiv oder Thema der kleinsten sinnvollen Lauteinheit – *Morphem* (etwa *Ma*). In diesem Falle entspräche eine musikalische Phrase einem Wort, ein musikalischer Satzteil einem verbalen Satzteil, der Satz eines Musikstückes einem vollständigen Satz und ein ganzes Musikwerk einem ganzen Prosastück.
Die Anwendbarkeit dieser Gleichsetzung erprobt Bernstein am Beispiel einer Phrase aus Mozarts g-Moll-Sinfonie KV 550, aber die Gleichung zeigt sofort ihre Grenzen: Der Komponist kann die letzte Note des ersten «Wortes» einer Phrase als erste Note eines zweiten «Wortes» derselben Phrase verwenden – was in der Wortfolge eines gesprochenen oder geschriebenen Satzes undenkbar ist; man kann nicht «dasalz» anstelle von «das Salz» schreiben. Zusätzlich aber gilt es zu bedenken, daß es in der Musik keine Sätze gibt, die *Prosa*-Sätzen vergleichbar sind: «Fast alle zusammenhängenden Musikstücke erreichen erst an ihrem tatsächlichen Ende einen Schlußpunkt», während ein Prosastück in seinem Verlauf viele Pausen, viele satzbeendende Punkte hat.
Leonard Bernstein sieht den besten Ansatz zu einer Parallele in der Gleichsetzung eines musikalischen Mottos oder Themas mit einem grammatischen Hauptwort. Ein solches musikalisches Substantiv ist etwa das aus drei Noten bestehende sogenannte «Schicksalsmotiv» in Richard Wagners «Ring des Nibelungen»; die drei Noten gleichen drei Buchstaben, die ein Wort bilden – ein musikalisches Wort, dem Wagner die Bedeutung «Schicksal» gibt, ohne daß die Noten an sich eine solche Bedeutung haben. Wenn

man die drei Melodienoten mit einem Substantiv gleichsetzt, kann man die harmonische «Bedeutungsfärbung» durch den die Noten modifizierenden Akkord mit einem Adjektiv vergleichen, das dem Motiv eine zusätzliche Bedeutung, eine Eigenschaft beimißt. Der Rhythmus übernimmt dabei die Aufgabe eines Verbums, das den Zeitwert der Wortaussage feststellt. Die Entwicklung und Veränderung der Aussage läßt sich dann mit dem vergleichen, was Noam Chomsky als «Umwandlungsgrammatik» bezeichnet hat: die Regeln einer Verwandlung der Bedeutung von Sätzen durch Umstellungen, Fragestellungen, Verneinungen, Umgestaltung durch passive anstatt aktive Sinngebung und Kombinationen aller dieser Möglichkeiten. Diese Grundlagen der Oberflächenstruktur sprachlicher Grammatik sind für die Musik bis zu gewissen Grenzen anwendbar. Jedoch «die Sprache führt ein Doppelleben: sie hat die Aufgabe, etwas mitzuteilen, und hat eine ästhetische Aufgabe. Die Musik hat *nur* eine ästhetische Aufgabe... Die Sprache muß über ihre gesprochene Oberflächenstruktur, den Prosasatz, hinauswachsen, um die Entsprechung für eine musikalische Oberflächenstruktur zu erreichen. Und selbstverständlich handelt es sich bei dieser Entsprechung um die Poesie.» Bernstein nimmt dann wieder Mozarts g-Moll-Sinfonie zum Ausgangspunkt seiner Untersuchungen, welche *Tiefenstruktur* die Musik von der verbalen Sprache scheidet, wo es die der Musik innewohnende Poesie zu entdecken gibt.

In der dritten Vorlesung geht Leonard Bernstein über die Grundlagen einer musikalischen Lautlehre und musikalischen Syntax hinaus und fragt nach der *Bedeutung,* die Komponisten ihren Motiven und den musikalischen Umwandlungen ihrer Themen und Motive geben können. Die Lautlehre beschäftigt sich mit der sinnvollen Ordnung der Klangeinheiten der harmonischen Reihe, grenzt also an *semantisches* Denken. Auch die Satzlehre zielt auf eine *bedeutungsvolle* Ordnung, auf Ordnung von Strukturen. Musikalische Semantik will die *rein musikalische Bedeutung* ergründen, die sich aus der Verbindung von Lautbedeutung und Strukturbedeutung und ihren verschiedenen Umwandlungsmöglichkeiten ergibt. An einer langen Reihe von Beispielen aus der klassischen und romantischen Musikliteratur zeigt Bernstein, wie beziehungsreich und bedeutungsvoll die großen Komponisten ihr «Lautmaterial» und ihre «Struktur-Ordnung» in ihren Werken organisiert, umgewandelt und poetisch gestaltet haben. Dabei spielt es keine Rolle, ob der Komponist selbst oder der Hörer einem Werk zusätzliche außermusikalische Bedeutung zumessen; hier kommt Leonard Bernstein ausführlich nochmals auf seine früheren Bemerkungen zu Beethovens «Pastorale» zurück, deren rein musikalische Bedeutung weit über die dem Werk beigegebenen «programmatischen» Hinweise hinausreicht.

In den drei folgenden Vorlesungen kommt Bernstein zu den zentralen Problemen, die ihn sein Leben lang als Schöpfer von Musik beschäftigt haben: Die Möglichkeit, Musik in verschiedenster Weise zu deuten («Die Wonnen und Gefahren der Zweideutigkeit»), die «Krise des Zwanzigsten Jahrhunderts» (für Bernstein Krise des Glaubens wie der Tonalität) und die sich daraus ergebende «Unbeantwortbare (offene) Frage».

Die Einbeziehung immer entfernter liegender Töne der naturgegebenen Obertonreihe in das Gefüge musikalischer Werke in der Entwicklung der abendländischen Musik – das ist die immer weiter fortschreitende Bereicherung durch Chromatik – hat die Musik zum Teil stark von tonalen Zentren entfernt und die ihr seit dem 18. Jahrhundert innewohnende tonale Eindeutigkeit in Frage gestellt. Es gibt in der Musik aber die verschiedensten Arten von «Zweideutigkeit»: sowohl klangliche und strukturelle wie auch semantische – wie zum Beispiel die Möglichkeiten beschreibender oder auch rein musikalischer Bedeutung in Beethovens «Pastorale». Zweideutigkeit ist in der Musik eine ästhetische Kraft. Je mehrdeutiger Musik ist, um so ausdrucksvoller wird sie, doch die quantitativen Veränderungen berühren nicht etwa die Qualitätsbeurteilung: Die ausdrucksvolle Chromatik in Chopins Musik stellt diese nicht über die Musik eines Mozart, Béla Bartóks Ausdruckskraft steht wegen der Mehrdeutigkeit ihrer musikalischen Grundlagen nicht höher als die Beethovens. Bernstein fügt einen interessanten Exkurs in die Sphäre der Poesie ein und zitiert Beispiele «chromatischer Dichtkunst», in der ein Poet «die Möglichkeiten des Alphabets bis an dessen Lautgrenzen ausschöpft». Die Analyse der «Wonnen und Gefahren der Zweideutigkeit» in der Musik

führt Leonard Bernstein vom Werk Beethovens über die musikalische Romantik bis zu Debussy, dessen Musik einer «totalen Vieldeutigkeit den Weg weist». «Die Krise des Zwanzigsten Jahrhundert» hat die von Richard Wagner in «Tristan und Isolde» aufgeworfenen Probleme zu einem Punkt vorangetrieben, «der eine radikale Lösung verlangte». Zu der radikalen Lösung einer Verneinung tonaler Bezüglichkeit und der Entwicklung einer Musik, in der alle zwölf Halbtöne der chromatischen Leiter nur aufeinander bezogen sind, kam Arnold Schönberg, doch bemerkt Leonard Bernstein, daß in Schönbergs bedeutendsten Werken immer wieder «ein deutlicher Hauch von Tonalität», «tonale Eigentümlichkeiten», «tonale Empfindung» spürbar sind. Bei Alban Berg bricht sich das Tonalitätsempfinden noch stärker Bahn, was vor allem in dem Violinkonzert demonstriert wird.
«Die schönsten Stellen in Schönbergs Musik, bei Alban Berg, in den letzten Werken Gustav Mahlers sind tonalitätsbezogen», ergänzte Bernstein seine Darstellung in den Harvard-Vorlesungen, als wir über Tonalität und Nicht-Tonalität in unseren persönlichen Gesprächen debattierten, «und das gibt viel zu denken: Es ist ein Grundfehler der auf den Serialismus eingeschworenen Komponisten, zu glauben, die tonale Musik sei überwunden, das Zeitalter des Serialismus sei angebrochen.» «Ich bin gewiß nicht der Ansicht», fügte er hinzu, «daß Tonalität die einzige Lösung der musikalischen Probleme darstellt. Die serielle Musik ist hier, die Tonalität ist nicht verschwunden. Nicht-tonale Musik steht immer in irgendeiner Verbindung zu Tonalität, immer ...!»
Das Studium von Gustav Mahlers Neunter Sinfonie führte Leonard Bernstein zur Erkenntnis, daß «unser Jahrhundert das Jahrhundert des Todes ist, und Mahler ist sein musikalischer Prophet». Aber «sind nicht alle Jahrhunderte, alle Menschheitsgeschichten ein einziges langes Verzeichnis des Kampfes ums Überleben, der Auseinandersetzung mit dem Problem des Sterbens? Doch niemals zuvor stand das Menschengeschlecht vor dem Problem, den globalen Tod überleben zu müssen, den totalen Tod, das Auslöschen der menschlichen Rasse. Mahler hatte diese Vision nicht allein ... Freud, Einstein und Marx, Spengler und Wittgenstein, Malthus und Rachel Carson haben ihn prophezeit»; jeder von

ihnen hat in seiner Weise von der Apokalypse gesprochen. Und Bernstein kommt zum Schluß, daß die großen Komponisten des Jahrhunderts, beginnend mit dem «übersensiblen» Mahler, so verschieden sie auch waren, «darum gekämpft haben, daß der musikalische Fortschritt lebendig bleibt». In allen bedeutenden Kunstwerken des Jahrhunderts sieht Bernstein Züge der Verzweiflung, der Auflehnung, des Versuchs einer Überwindung unheilvoller Gefühle. Er führt Werke von Jean-Paul Sartre, Albert Camus, André Gide, Ernest Hemingway, Thomas Mann, Vladimir Nabokov, T. S. Eliot, W. H. Auden, Boris Pasternak, Pablo Neruda, Sylvia Plath, Samuel Beckett, Pablo Picasso, Chirico, Dalí an, nennt Alban Bergs «Wozzeck» und «Lulu», Schönbergs «Moses und Aron», Bert Brechts «Mutter Courage». Den wahren Grund, daß die Musik Gustav Mahlers ein halbes Jahrhundert lang nach seinem Tod vernachlässigt wurde, daß die Welt sie nicht hören wollte, sieht Bernstein in der «unheilverkündenden Botschaft, die sie uns überbrachte»: «Alle üblichen Entschuldigungen, die wir immer hören, sind erlogen, daß diese Musik zu lang sei, zu schwierig, zu bombastisch. Sie ist zu wahr, erzählte zu viel Schreckliches, als daß man sie hören mochte.» Mahlers letzte Werke sind Ausdruck eines letzten Lebewohls an das Leben, aber auch an die Musik, an eine Musik, die den Tod der Tonalität ankündigen mußte, und «an die faustische Kultur», den Tod der Gesellschaft.

Die «faszinierende Zweideutigkeit» des mit Mahler angebrochenen Zeitalters der Verzweiflung und Todesahnung liegt in der beflügelnden Kraft der Hoffnung und des Glaubens, die uns ein Kunstwerk verleiht, aus dem echte schöpferische Kraft zu uns spricht, wie sie den größten dichterischen, plastischen, malerischen und musikalischen Werken der Zeit innewohnt.

«Die Poesie der Erde» benannte Leonard Bernstein seine abschließende Harvard-Vorlesung nach einem Gedicht von John Keats, das mit den Worten beginnt: «The poetry of earth is never dead» («Die Poesie der Erde endet nie», nach Heinz Piontek). Hier erläutert Bernstein am Beispiel Igor Strawinskys, wie Komponisten in der «Krise des Jahrhunderts» nach Möglichkeiten einer Erneuerung klassischer Werte, klassischer Formen, gesucht haben

– und weiter suchen. Er spricht über «moderne Kunstgriffe», über Eklektizismus, über das «Neoklassische» und zieht auch hier wieder aufschlußreiche Parallelen zwischen Dichtung und Musik. Einen anscheinend neuen «Frühling» in der Musik der siebziger Jahre glaubt Bernstein der «Wiederentdeckung und Wiederzulassung der Tonalität» zuschreiben zu können, «diesem allumfassenden Erdboden, der solche Vielfalt hervorbringen kann», wie sie neuere Musik zeigt. «Ich glaube», sagt Bernstein, «daß, wie immer seriell oder stochastisch oder intellektualisiert Musik auch sein mag, sie immer als Dichtung wird gelten können, solange sie in der Erde wurzelt.» Und weiter heißt es im Schlußkapitel der Vorlesungen: «Ich glaube auch, genau wie Keats: Die Poesie der Erde endet nie, solange auf den Winter Frühling folgt und Menschen dessen gewahr werden. Ich glaube, daß dieser Erde eine musikalische Poesie entspringt, die durch die Natur ihrer Quellen tonal ist.»

Die Quellen, faßt Leonard Bernstein zusammen, sind die auf die Allgemeingültigkeit der Obertonreihe gegründete Phonologie, eine ebenso allgemeingültige musikalische Syntax und musikalisch bedeutungsvolle Sprachen, die auch dann «unerhört ausdrucksvoll» sein können, wenn sie sich von ihrem Ursprung weit entfernt haben, aber ihre Wurzeln in der Erde behalten. Allen Menschen ist die Gabe gefühlsmäßiger Rezeption verschiedenster Sprachen und musikalischer Sprachen angeboren; die einzelnen Sprachen befruchten einander, vereinigen sich zu immer neuen Idiomen, und alle diese Idiome können zu einer Sprache verschmelzen, «die allgemeingültig genug ist, um der gesamten Menschheit zugänglich zu sein», wobei «die Verschiedenheiten des Ausdrucks dieser Idiome letztlich vom Rang und von der Leidenschaft der einzelnen schöpferischen Stimme abhängen».

Wir zitierten bereits an anderem Ort die charakteristisch «vieldeutige» Schluß«kadenz» der Vorlesungen: «So glaube ich, daß es auf die *Offene Frage* des Charles Ives eine Antwort gibt. Ich weiß zwar nicht mehr genau, welche Frage er stellt, aber ich weiß, die Antwort ist *Ja*.»

Bernstein am Klavier

NEUE WERKE – NEUE PLÄNE

«Die ganze Welt ist eine Bühne. Das Publikum sucht nach dem richtigen Stück ... Wir werden vielleicht die Vollkommenheit nicht erreichen ... aber was wir alle tun können, ist, dem Vollkommenen entgegenzustreben ... Dieses zu tun: Probiert weiter!»
Leonard Bernstein, Mai 1985

Zu Leonard Bernsteins 70. Geburtstag am 25. August 1988 kamen berühmte Musiker und viele Freunde aus aller Welt nach Tanglewood zu einem mehrere Tage währenden Geburtstags-Marathon, den auch Millionen von Fernsehzuschauern weltweit miterleben konnten. Als Leonard Bernstein von den vom Boston Symphony Orchestra, Veranstalter und «Hausorchester» der Tanglewood-Festivals, zwei Jahre lang geplanten ihm gewidmeten Feierlichkeiten erfuhr, war seine erste Reaktion: *«What? The Biblical Birthday? At Tanglewood? Why Tanglewood? In my end is my beginning ...»*, womit er einerseits aus «East Coker» (aus «Four Quartets» von T. S. Eliot) zitierte, andrerseits auf den Beginn seiner musikalischen Karriere anspielte und den Entschluß zum «Weitermachen» unterstrich.
Ein erlebnis- und ereignisreiches Leben lang hat Leonard Bernstein das «Tun» – «doing» –, Aktivität, Für-die-Zukunft-Planen, Hoffen in den Vordergrund eigenen und allgemein-menschlichen Verhaltens gestellt: Die zu seinem 70. Geburtstag veröffentlichte Sammlung von Aufsätzen seiner Mitarbeiter und Freunde, «Sennets & Tuckets» (nach dem so benannten Satz im «Divertimento» Bernsteins betitelt), enthielt auch Leonard Bernsteins im Juli 1970 als neu ernannter Direktor des Berkshire Music Center Tanglewood vorgetragene Ansprache «The Principle of Hope» – auf Ernst Blochs «Das Prinzip Hoffnung» hinweisend und im Sinne des Philosophen entwickelt; Bernstein unterstrich hier die wichtige Rolle der Künste und besonders auch der Musik in der menschlichen Gesellschaft, rief die versammelten jungen Musiker zu nütz-

lichem Tun in der Gemeinschaft und Gesellschaft auf und gab seiner Hoffnung auf eine glückliche Zukunft Ausdruck.*

Dem 70. Geburtstag waren arbeitserfüllte, zum Teil für Bernstein auch aufregende Jahre vorangegangen. Die Oper «A Quiet Place» war nach der Umarbeitung durch die Autoren am Teatro alla Scala am 19. Juni, im Kennedy Center Opera House am 22. Juli 1984 und zum erstenmal unter der Leitung des Komponisten selbst an der Wiener Staatsoper am 10. April 1986 erstaufgeführt worden, und am 8. März 1987 ging sie in deutscher Textfassung («Ruh und Frieden» betitelt) am Opernhaus von Bielefeld in Szene; die Aufführung der Wiener Staatsoper mit amerikanischer Besetzung und dem Orchester des Österreichischen Rundfunks erschien als Schallplatte. Im September 1984 dirigierte Leonard Bernstein eine Schallplattenaufnahme von «West Side Story» mit Opernsängern – Kiri Te Kanawa, José Carreras, Tatiana Troyanos, Kurt Ollmann, Marilyn Horne. 1985 leitete er das European Community Youth Orchestra auf einer von ihm geplanten «Reise für den Frieden», deren Programm seine «Kaddisch»-Sinfonie einschloß und die bis nach Hiroshima führte, wo ein Konzert am 40. Jahrestag des Abwurfs der Atombombe stattfand. Vom 29. April bis 11. Mai 1986 veranstalteten das Barbican Centre in London und das London Symphony Orchestra ein Leonard Bernstein Festival, in dem er selbst in Gegenwart von Königin Elizabeth II. und des Duke of Edinburgh ein Konzert dirigierte. Im Sommer 1986 wirkte er im Gründungsjahr des Schleswig-Holstein-Musikfestivals als Dirigent und Orchestererzieher mit. Er komponierte für das Fünfzig-Jahr-Jubiläum des Israel Philharmonic Orchestra «Jubilee Games» und zur Neueröffnung der renovierten Carnegie Hall in New York «Opening Prayer». Am 4. März 1987 wurde er Großvater einer Enkelin – seine älteste Tochter Jamie hatte im Vorjahr David Evan Thomas geheiratet. Seinen 69. Geburtstag feierte Leonard Bernstein am 25. August 1987 in Salzburg, wo er eine unvergeßlich erregende Wiedergabe von Gustav Mahlers Fünfter Sinfonie

* In deutscher Sprache ist der Text dieser Ansprache unter dem etwas umständlichen Titel «Über Tanglewood, Koussevitzky und die Hoffnung» in dem Band «Erkenntnisse. Beobachtungen aus fünfzig Jahren» (nach Bernsteins «Findings»), Hamburg/München 1983, auf S. 189–201 abgedruckt.

Don't Miss

Bernstein at 70! Tanglewood

The Gala Celebration of Leonard Bernstein's 70th Birthday at Tanglewood
Thursday, August 25

Ann Getty, Kitty Carlisle Hart, James Wolfensohn
Co-Chairmen

Cast Additions!!!

Patti Austin • Victor Borge • Van Cliburn
Lukas Foss • Quincy Jones • Roddy McDowall
Bobby McFerrin • Kurt Ollman • Dawn Upshaw

joining

The Boston Symphony Orchestra and The Boston Pops Orchestra

conducted by

Seiji Ozawa • John Williams • John Mauceri • Michael Tilson Thomas

with
Beverly Sills as Host
and

Lauren Bacall • Hildegard Behrens • Betty Comden • Adolph Green
Barbara Hendricks • Gwyneth Jones • Christa Ludwig • Yo-Yo Ma
Midori • Phyllis Newman • Mstislav Rostropovich • Frederica von Stade

Join us for this glorious celebration at Tanglewood
including
Pre-Gala Supper at Highwood
Post-Gala Cast Party at Blantyre
Supper on Saturday at Seiji Ozawa's
Lunch at Serenak, historic home of Serge Koussevitzky
for Benefactors and Patrons

For information and assistance with accommodations call (413) 637-4567
Ticket Master (617) 787-8000

Bernstein Gala Birthday Performance Ticket Prices
Lawn $20 Shed Seating $200 $100 $50 Patrons $1000 Benefactors $5000
To Benefit the Tanglewood Music Center
All contributions are tax deductible according to applicable Federal tax laws

Einladung nach Tanglewood zu den Feierlichkeiten zum 70. Geburtstag

dirigierte und bei einer Geburtstagsfeier in kleinem Kreis meine gerade erschienene englische Bernstein-Biographie überreicht bekam. Im April 1988 leitete Robert Shaw die Uraufführung einer «Missa Brevis», der Neubearbeitung Bernsteins einer Chormusik, die 1955 für Lillian Hellmans amerikanische Version von Jean Anouilhs Stück «Die Lerche» entstanden war. Am 9. Mai – die Ereignisse überstürzten sich – wurden in einem New Yorker Wohltätigkeitskonzert Bernsteins «Arias und Barcarolles» zum erstenmal gesungen, und zwei Tage später sang Leonard Bernstein in der Carnegie Hall im Rahmen einer Gala zum 100. Geburtstag von Irving Berlin – der aber einer Feier für seine Person nicht beiwohnen wollte – ein für den Anlaß geschriebenes Lied «My Twelve-Tone Melody», in dem er an Irving Berlins große frühe Erfolge «A Russian Lullaby» und «Always» erinnert: «Ich bin ja selbst fast 100 Jahre alt», führte Bernstein seinen Song ein: «Die Zeiten haben sich geändert, gute alte tonale Songs gibt es kaum noch (vor allem weil sie Irving Berlin alle selbst geschrieben hat), und so biete ich ergebenst meine *12-Ton-Melodie* dar!»
Am 21. Mai 1988 leitete John Mauceri in Glasgow die Premiere einer für ein Opernhaus erweiterten und neu eingerichteten Fassung von Bernsteins «Candide». Im Juli des Jahres dirigierte Leonard Bernstein drei Konzerte mit dem Jugendorchester des Schleswig-Holstein-Musikfestivals in Moskau. Am 1. Juli 1988 war in Budapest seine «Mass» zum erstenmal in einem osteuropäischen Land aufgeführt worden. Dann fand vom 25. bis 28. August das Leonard-Bernstein-Geburtstagsfest in Tanglewood statt, in dessen Programm kaum ein Künstler fehlte, der zu Lennys Freunden zählt und mit dem er in Oper, Konzert, Film-, Fernseh- und Schallplattenaufnahmen zusammengearbeitet hat. Der Textdichter (u.a. der Songs der «West Side Story») und Komponist Stephen Sondheim schrieb für Lauren Bacall «The Sage of Lenny», frei nach Ira Gershwins und Kurt Weills «Saga of Jenny» (aus «Lady in the Dark»), Kammersängerin Christa Ludwig sang und tanzte den «Old Lady's Tango» aus «Candide» in jugendlichem Temperament, Lennys Kinder Jamie, Alexander und Nina und Schwiegersohn David Thomas sangen «The Seven-Oh Stomp» (Text von Jamie Bernstein). Beverly Sills begrüßte die Künstler, Seiji Ozawa,

Direktor des gastgebenden Boston Symphony Orchestra, John Williams, John Mauceri und Michael Tilson Thomas waren die Dirigenten. Für ein Konzert am Nachmittag des 28. August hatte der britische Komponist Oliver Knussen (Jahrgang 1952) acht Komponisten gebeten, Orchesterstücke von je etwa neunzig Sekunden Dauer, Variationen über ein Thema von Leonard Bernstein, zu komponieren – über den ersten Song aus «On the Town»: «New York, New York». Die Komponisten waren Luciano Berio, Leon Kirchner, Jacob Druckman, Lukas Foss, John Corigliano, John Williams, Toru Takemitsu und William Schuman – der Senior der Gruppe, 1910 geboren, der Lenny «mit Liebe und tiefer Ehrfurcht zum siebzigsten Geburtstag und zum fünfzigsten Jahr unserer Freundschaft» grüßte. Seiji Ozawa hatte die Leitung dieses «Bernstein Birthday Bouquet» übernommen.

Bald nach dem Tanglewood-Fest ging Leonard Bernstein wieder auf Konzertreise. Die aufregendsten Konzerte des Herbsts 1988 dirigierte er wieder einmal in Israel: Er brachte die Wiener Philharmoniker mit, die er liebevoll «meine Brüderlein» nennt. Es schien zunächst wegen eines gespannten diplomatischen Verhältnisses Israel–Österreich ein Wagnis zu sein, die Wiener zum erstenmal nach Israel zu bringen. Das herrliche Orchester, das auch eine Sinfonie von Gustav Mahler und Werke Leonard Bernsteins (darunter das «israelische» Werk «Halil») im Programm hatte, wurde bejubelt, und die Wiener fühlten sich in Israel wohl, waren vom Land und seinem Konzertpublikum und dem herzlichen Empfang beeindruckt.

In den folgenden Wintermonaten, die Leonard Bernstein nur allein dem Schaffen widmete, entstand ein neuer Satz – «Mixed Doubles» – für das Orchesterwerk «Jubilee Games», das der Komponist nun als viersätziges Werk, mit einem Finalsatz, dem «Opening Prayer», «Benediction» überschrieben, «Concerto for Orchestra» betitelte. Die Uraufführung dirigierte er mit den Israel-Philharmonikern in Tel Aviv am 24. April 1989 und in den folgenden Konzerten einer Abonnementskonzertreihe. Während der Konzerte wurde das Werk für Schallplatten aufgezeichnet.

Im Sommer 1989 war Leonard Bernstein wieder beim Schleswig-Holstein-Musikfestival aktiv. Seiner Arbeit mit den jungen Menschen, die aus Ost und West zu den sommerlichen programmgefüllten Treffen kommen, galt seit 1986 seine ganze Liebe. Die Idee, in die Städte und die ländlichen Gebiete des deutschen Bundeslandes Schleswig-Holstein Konzerte mit weltbedeutenden Künstlern und jungen Musikern zu bringen und auch Kurse für Musikinterpretation einzurichten, war, wie uns Leonard Bernstein erzählte, Justus Frantz bei einem Besuch in Tanglewood gekommen, wo ihn die Gleichzeitigkeit eines Festprogramms für Musiker und Musikliebhaber und Ausbildungs- und Fortbildungsmöglichkeiten für junge Musiker durch die Künstler des Festivals beeindruckte – als Festival und Lehrzentrum war das Berkshire Music Center von Serge Koussevitzky bestimmt worden. Justus Frantz, 1944 in Hohensalza nahe Bromberg (heute polnisch) geboren, in Kiel aufgewachsen, Absolvent der Hamburger Musikhochschule und Wahlhamburger, Klaviersolist der bedeutenden europäischen und amerikanischen Orchester und Duopartner Christoph Eschenbachs, erkannte in der ehemaligen preußischen Provinz Schleswig-Holstein mit ihren zahlreichen Bürger- und Herrenhäusern, Schlössern, geräumigen Bauernhöfen und Mehrzweckhallen eine ideale Landschaft für ein «deutsches Tanglewood» und brachte es fertig, Freunde aus Wirtschaftskreisen und der politischen Führung zu tatkräftiger Unterstützung zu mobilisieren. An 15 Spielorten wurde im ersten Sommer (1986) musiziert und gelehrt, 1989 zählte man bereits 24. International berühmte Künstler wechseln in den Konzerten in bunter Folge mit jugendlichen Musikern ab, und ein volles Sinfonieorchester junger Spieler arbeitete zunächst mit Leonard Bernstein und Sergiu Celibidache und Dirigieraspiranten, wobei Instrumentalisten aus westlichen wie östlichen Ländern mitwirkten und das Orchester auch in anderen Ländern, auch in der Sowjetunion, gastierte. Celibidache kam 1989 nicht wieder nach Schleswig-Holstein. Leonard Bernstein hatte sich noch eine neue Hilfe für junge Musiker ausgedacht: Eine kleine Auswahl «angehender Komponisten» wurde eingeladen, ihre Werke mit dem Festivalorchester durchzunehmen und mit Bernstein Vorzüge und Schwächen der Erfindung und der Instrumentation zu besprechen und Fehler gemeinsam mit ihm zu korrigieren. Schleswig-Holstein, früher niemals als besondere Stätte für Musik bekannt, wurde nun ein sommerliches Musikland; die Organisatoren sorgen auch dafür, daß die Teilnahme selbst an «großen Festivalereignissen» zu erschwinglichen Eintrittspreisen möglich ist. Ausschnitte aus Orchesterproben mit jungen Dirigenten – von denen einige zum Abschluß der Festwochen mit Preisen ausgezeichnet werden – und Festkonzerte werden vom Fernsehen in kürzeren oder ausführlichen Sendungen ausgestrahlt.

Gegen Ende des Jahres 1988 und zu Beginn 1989 wurden zwei Alben mit Kompositionen Leonard Bernsteins veröffentlicht: ältere, bisher unveröffentlichte oder neu bearbeitete sowie neu entstandene Stücke. In einem neuen Song-Album, dem einführende Worte Jack Gottliebs vorangestellt sind, wurden, mit einer einzigen Ausnahme, bereits bekannte vokale Solowerke zusammengestellt: «I Hate Music» (1943), «La Bonne Cuisine» (1947), «Two Love Songs» nach Rilke (1949), «So Pretty» – ein Anti-Vietnam-Krieg-Song (1968), Piccola Serenata, für Karl Böhms 85. Geburtstag von Christa Ludwig mit James Levine am Klavier (an Bernsteins eigenem Geburtstag, dem 25. August 1979, komponiert) in Salzburg am 27. August 1979 vorgetragen, «Silhouette» («Galilee») (1951), zwei Songs aus «Mass» (1971), ein Song aus der mißglückten Revue «1600 Pennsylvania Avenue» (1976), ein Song aus «Candide» (1955) und Lieder aus der Bühnenmusik zu «Peter Pan» (1950). Das gesamte Repertoire dieses Albums ist von Roberta Alexander mit Tan Crone am Klavier auf Schallplatte aufgenommen worden. Die «Piccola Serenata» für den durch seine Nazivergangenheit belasteten, doch von Bernstein als Musiker verehrten Karl Böhm ist auf «Nonsense-Silben» – da ga da ga dum da lai la lo ... – komponiert; Jack Gottlieb fühlt sich an chassidische Vokalisationen («vielleicht ein wenig ironisch gemeint?») erinnert.

Das zweite Album (1989) enthält dreizehn neue «Geburtstagsstükke» – «Thirteen Anniversaries» – für Klavier. In der veröffentlichten Reihenfolge sind die Klavierstücke den folgenden Freunden, Kollegen und Mitarbeitern gewidmet: «For Shirley Gabis Rhoads Perle» (einer Jugendfreundin), 1981 komponiert, «In memoriam: William Kapell» (gleichfalls Juli 1981), «For Stephen Sondheim»

(März 1965), «For Craig Urquhart» (seinen Assistenten) – im November 1986 nach einem 1960 verfaßten Stück neugeschrieben, «For Leo Smit» (Februar 1988), «For my Daughter Nina» (Januar 1986 – ein durchweg leise gehaltenes, zärtliches Stück mit interessanten Harmonien), «For Helen Coates» (Juli 1970), «In memoriam: Goddard Lieberson» (der lange Jahre der liebenswerte und aktive Präsident der Columbia Records war, die Zeit der Entstehung der Langspielplatte miterlebte und förderte – Dezember 1964), «For Jessica Fleischmann» (Juni 1977), «In memoriam: Constance Hope» mit einem Zitat aus Edgar Allan Poes «To One in Paradise» zu einer in Rezitativstil gespielten zwölftönigen Diskantmelodie der rechten Hand des Pianisten (Oktober 1977), «For Claudio Arrau» (Februar 1974), «For Aaron Stern» (November 1986) und «In memoriam: Ellen Goetz» (März 1986). Das Aaron Stern gewidmete Stück basiert auf einem «Sean Song», den Leonard Bernstein 1986 zu einem Text von Yoko Ono und Sean Lennon mit Instrumentalbegleitung von Geige, Bratsche, Cello, Harfe oder Klavier (oder einem «ähnlichen japanischen Instrument») komponiert hatte; das langsame Gesangssolo in «Opening Prayer» – «Benediction» in «Jubilee Games» – «Concerto for Orchestra» – enthält gleichfalls die Melodie des «Sean Song». Das dem Andenken Ellen Goetz' gewidmete Stück findet sich als Finalgesang in «Arias and Barcarolles» wieder; dort schreibt Leonard Bernstein als Entstehungsdatum «Fairfield March 1986, revised April 1988, New York City».

«Arias and Barcarolles» ist ein achtteiliger Liederzyklus für vier Vokalisten – zwei Frauen- und zwei Männerstimmen (kann auch von nur einer Sopranistin und einem Bariton gesungen werden) und zwei Pianisten an einem Klavier. Der Zyklus wurde als «Work in Progress» am 9. Mai 1988 im Rahmen eines Konzerts zugunsten der Organisation «Young Concert Artists» uraufgeführt: Joyce Castle, Louise Edelkin, John Brandstetter und Mordechai Kaston sangen abwechselnd und in Duetten, im Präludium und Nachspiel gemeinsam; am Klavier begleiteten der Komponist und Michael Tilson Thomas. «Work in Progress»: Bernstein beabsichtigte, den acht Liedern noch ein oder zwei Stücke hinzuzufügen; doch anläßlich der «offiziellen öffentlichen Uraufführung» in Tel Aviv am

Beginn des jiddischen Liedes aus «Arias and Barcarolles» in Leonard Bernsteins eigener Handschrift

22. April 1989 sagte er, daß er die acht Lieder, wenn auch in neuer Anordnung, als Zyklus belassen wolle, aber einen gänzlich neuen Vokalzyklus zu schreiben vorhabe. In Tel Aviv fand die Aufführung in einem Museumskonzert zur Erinnerung an die israelische Pianistin und Korrepetitorin Ruth Mense statt, die im Vorjahr gestorben war – eine herzliche menschliche und berufliche Freundschaft hatte Bernstein mit ihr verbunden. Die Sopranistin Amalia Ishak und der Bariton Raphael Frieder sangen, das Tel Aviv Piano Duo (Irit Rub-Levy und Ariel Cohen) spielten den Duo-Klavier-Part; Leonard Bernstein war anwesend und hielt eine kurze Gedenkrede auf Ruth Mense.

Sechs der Texte dieses Zyklus hat Leonard Bernstein selbst verfaßt; einen Text hat er einer Sammlung von jiddischen Gedichten entnommen, und für ein Lied hat er sich an eine kleine Kindergeschichte erinnert, die ihm seine Mutter erzählte, als er kaum vier Jahre alt war. Der Titel des Zyklus geht auf einen Ausspruch Präsident Eisenhowers zurück. Leonard Bernstein war im April 1960 als Solist in einem Konzert im Weißen Haus in Washington aufgetreten und hatte ein Klavierkonzert von Mozart und den Klavierpart in Gershwins «Rhapsody in Blue» gespielt. Nach dem Konzert begrüßte ihn der Präsident, dankte ihm und schüttelte ihm die Hand. Am besten habe ihm das letzte Stück gefallen, erzählt Bernstein, «das hatte ein Thema. Ich liebe Musik mit einem Thema.» – «Wir waren sprachlos», sagt Bernstein, «nicht einmal meine sonst so schlagfertige Frau wußte etwas zu sagen. Dann faßte ich mir ein Herz: Herr Präsident meinen mit Rhythmus, etwas jazzy?» – «Nein, wie ich gesagt habe: Musik mit einem Thema! Nicht alle diese Arien und Barcarolen!»

Alle acht Lieder des Zyklus handeln von der Liebe: «Es sind verschiedene Aspekte der Liebe», erklärt der Komponist und Textdichter: «Liebe zu den Kindern, zur Familie, Liebe im Sinne der Philosophen von Platon bis zu Kant und Hegel, Liebe zur Musik, ja etwas zynisch sogar das Fehlen von Liebe.» Über allem schwebt ein feinsinniger Humor in Text und Musik; man möchte die Vertonung jedes Sololiedes und auch die kommentierende Klavierbegleitung als liebevoll bezeichnen. Nach einem von den Sängern mitgesungenen Klaviervorspiel, melodisch sehr einfach gehalten, harmonisch ausdrucksvoll umrankt, folgt ein «Liebesduett» («Love Duet»), das eine veritable Miniaturopernszene darstellt: Es geht um die Musik, Liebe zur Musik, um die Frage, was die wahre Kunst ist – Minimalmusik, Klassisches, Popsong? Das duettierende Paar schweift mehrere Male zu alltäglichen Themen ab, kehrt aber immer wieder zur Musik zurück. Das nächste Lied ist das Kindergedicht der Mutter, textlich sehr einfach, musikalisch sehr vielseitig; nur einer der beiden Pianisten begleitet, und er greift nur spärlich ein, wohl um der Sängerin die Diktion leichter zu machen. Das vierte Lied, «Die Liebe meines Lebens» («The Love of my Life», Bariton) beginnt mit einem längeren erst einstimmigen, dann kontrapunktisch entwickelten Klaviersatz über eine 13-Ton-Reihe, in der sich nur im Zentrum ein einziger Ton wiederholt; sie endet auf den Ton «Fis» («jenem Fis», über das Leonard Bernstein verschiedentlich als einen die Popularität von Musik störenden Ton gesprochen und geschrieben hat) – Text und Musik dieses Liedes enden melancholisch, enttäuscht vom Leben. Es folgt ein poetischer Gruß an ein Neugeborenes: Bernstein hat hier («Greeting») ein Lied für Frauenstimme und einen Pianisten neu bearbeitet, das er im Jahre 1955 bei der Geburt seines Sohnes Alexander geschrieben hat. Das sechste Lied heißt «Oif Mayn Chass'neh» (bedeutet «Bei meiner Hochzeit»); den Text entnahm der Komponist einer Sammlung jiddischer Poesie, er stammt von Jankev-Jizchok Segal. Ein «Klezmer», ein jüdischer Wandermusikant, der bei festlichen Gelegenheiten aufspielt, «hot geschpielt oif mayn chass'neh» («hat gespielt auf meiner Hochzeit») – es ist ein lustig-nachdenklich-wehmütiges Lied für Baritonstimme. Das folgende Lied ist – wie das zweite – ein Duett, «Mr. and Mrs. Webb say Goodnight», auch dies hat die Form einer Miniaturopernszene, es ist das «Gute-Nacht-Duett» eines Ehepaars, für dessen Text Bernstein einige Zeilen eines Songs benutzt hat, der ursprünglich für einen Musikfilm geschrieben war: «Ich verfaßte ihn zusammen mit meinen lieben alten Freunden und Kollegen Betty Comden und Adolph Green», sagt er. Zuerst hört man «Stimmen aus dem Kinderzimmer», von den Pianisten nachgeahmt, nachdem die beiden Pianisten mit einer Art von «jazzy» Zirkusmusik im 6/8-Marsch-Stil begonnen hatten. «Stop that noise!» ruft dann die

Mutter und bemerkt, daß es schon fast vier Uhr gegen Morgen ist und Vater und Mutter im Gespräch unterbrochen worden sind. Das Ehepaar sagt sich dann «Gute Nacht», will beten, aber es kommen Erinnerungen an frühere Zeiten; Nostalgie wechselt mit Alltagssorgen und Gezänke, dann wieder Zärtlichkeit ab, die Frau plappert über alle möglichen täglichen Dinge, der Mann erinnert sich an eine Nacht im April, als sie glücklich miteinander tanzten. «Du sagtest», singt er, «daß ich wie Fred Astaire tanze, und dann *war* ich Fred Astaire, und wir flogen fort...» Schließlich schlafen sie betend ein, das «Zirkusthema» ertönt nochmals leise, und «quasi aus der Ferne» hört man wieder die «Kinderstimmen». Die sechseinhalbminütige Szene wird vom vierhändigen Klavierspiel in wechselnden Stimmungen, meist fast als nur Hintergrundsbegleitmusik kommentiert. Das «Nachspiel», Adagio in As-Dur-Grundtonart, fast durchweg sehr leise gesungen und gespielt, sehr melodiös gehalten, mit tonalen Melodien, von den Sängern nur gesummt, hat einen fast «chopinesken» Charakter.

Der «Songfest» betitelte «Zyklus amerikanischer Gedichte für sechs Sänger und Orchester» – elf Jahre früher (1977) komponiert – hatte ebenso wie «Arias and Barcarolles» den Charakter einer Anreihung kleiner opernhafter Szenen, und man versteht, warum Leonard Bernstein einmal sagte: «Jedes Werk, das ich schreibe, ist in Wirklichkeit in irgendeiner Weise Theatermusik...»; auch die drei Sinfonien – von denen keine als «absolut rein-musikalisches» Werk betrachtet werden; jede hat religiöse, literarische, weltanschaulich bedingte Themen – sind dramatische Kompositionen, die bisweilen ans Theatralische grenzen. Kein Wunder also, daß sich Bernstein sowohl als Komponist wie auch als Dirigent immer wieder zum Musiktheater, zur Oper, hingezogen fühlt und nach «A Quiet Place» die Suche nach neuen Stoffen, neuer dramatischer Literatur fortsetzt, dabei allerdings vielmals Enttäuschungen erlebt hat. Unter den zahlreichen kritischen Urteilen über «A Quiet Place» beschrieb John von Rhein die Oper in der «Chicago Tribune» vom 24. Juli 1984 als «sicherlich... Bernsteins gefühlvollstes Werk für das Musiktheater... unverkennbar die Arbeit eines amerikanischen Komponisten mit weitgefächerter musikalischer Kultur»; aber «man kann trotzdem nicht behaupten, daß Bernstein und Wadsworth für ihr Werk die ideale Struktur gefunden haben, sie zu finden bleibt vielleicht überhaupt illusorisch». In einem sehr ausführlichen Artikel in «Voice» vom 21. August 1984, «Der furchterregende Garten» überschrieben, sieht Leighton Kerner in der Oper «ein hart gefügtes und quälendes Werk, dabei von großzügiger Schönheit... ein Stück, das zu den fünf oder sechs stärksten amerikanischen Opern zu zählen ist». Daß «A Quiet Place» sogar von einer *ad hoc* zusammengestellten privaten Operntruppe aufgeführt werden kann, bewies eine Produktion, die am Corn Exchange Theatre in Cambridge, England, in Szene ging; Bernstein kam im Dezember 1987 speziell, um sie zu erleben. James Kelleher dirigierte, und Elmar Otthental war der Regisseur. Der Komponist Malcolm Hayes schrieb in «Tempo» Nr. 168, März 1988, daß die Aufführung «mehr als gut genug war, um diese Oper als ein brillantes und gar nicht anmaßendes Meisterwerk zu erkennen».

Der Librettist der Oper, Stephen Wadsworth, mit dem Bernstein auch an den ersten Plänen zu einer neuen Oper zusammenarbeitete, die aber unterbrochen wurde, hat sich in Anmerkungen zu «A Quiet Place» im Beiheft zur Schallplattenaufzeichnung der Aufführung in der Wiener Staatsoper (Poly 419761) treffend über Bernstein als Opernkomponisten geäußert: «In gewissem Sinne war Leonard Bernstein vom Broadway betrogen worden; dieser war nicht mehr Medium für schöpferische Künstler, sondern für Produzenten des Big Business. Unterdessen beschritt Bernstein, vielleicht weil er am Musiktheater seiner Nation verzweifelte, tapfer einen neuen Weg – mit *Songfest,* einem weiteren Geburtstagsgeschenk an sein Land, das er eine Studie zu einer amerikanischen Oper genannt hat... in der Tat Ausgangspunkt für eine eigenständige Bernstein-Oper mit Arien, Szenen und Ensembles.» In den acht Stücken in «Arien und Barcarolen» war Bernstein diesen Weg weitergegangen, und ein neuer Zyklus ist in Aussicht gestellt. Daß eine neue Oper mit Libretto von Stephen Wadsworth nach längeren Vorarbeiten nicht zustande kam, hatte mannigfaltige Gründe.

Leonard Bernstein hatte selbst grundlegende Gedanken für ein Musikdrama gefaßt und hoffte, es bereits im Sommer 1988 für Uraufführungen an drei Plätzen fertigzustellen: Er hatte einen

Oben: Leonard Bernstein mit seiner Mutter und seinen drei Kindern in seiner Suite im Tel Aviv Hilton im April 1977
Unten: Leonard Bernstein dirigiert die c-Moll-Messe von Mozart in der Stiftsbasilika in Waldsassen mit dem Chor und dem Sinfonieorchester des Bayerischen Rundfunks und den Solisten Arleen Augér, Frederica von Stade, Frank Lopardo, Cornelius Hauptmann, April 1990

Auftrag für ein Opernwerk von der Chicago Lyric Opera, der Wiener Staatsoper und dem Jerusalem Festival erhalten. Jedoch einen Sommer später war weder das Textbuch noch eine Zeile einer Partitur geschrieben – Grund zu tiefer Depression des Komponisten. Der Hauptgrund liegt in Bernsteins kühner Konzeption des geplanten Musikdramas und der Schwierigkeit, einen Librettisten zu finden, der allen seinen weltanschaulichen Gedanken und dramatischen Forderungen kongenial folgen kann; Stephen Wadsworth blieben manche Vorstellungen fremd. Leonard Bernstein will in einer dramatisch-aufwühlenden Reihe von Handlungen und Szenen ein Bild der letzten fünfzig Jahre zeichnen, Ereignisse und Erlebnisse von Menschen in verschiedenen Ländern, Städten, Plätzen. Wien vor dem «Anschluß» an Nazideutschland, die Folgen der Kriegsjahre, die Massenmorde in den osteuropäischen Gettos, Lagern und Gefängnissen und der Widerhall der Greuel in heutiger Zeit: Dies alles «soll zeigen, daß die Welt im Laufe eines halben Jahrhunderts aus der Geschichte nichts gelernt hat», und «zu neuer Menschlichkeit aufrufen». Dies ist ein schwieriges Thema für einen Autor, ganz gewiß, «aber all das muß einmal gesagt und durch Bild und Musik ausgedrückt werden», sagt Bernstein. Nachdem er im August 1987 Jean-Pierre Ponnelles grandiose Inszenierung von Arnold Schönbergs «Moses und Aron» bei den Salzburger Festspielen erlebt hatte – «ein tief aufrüttelndes Ereignis» in Ponnelles genialer Verbindung der Versklavung der Juden im pharaonischen Ägypten mit ihrer Verfolgung in neuester Zeit –, war Bernstein überzeugter denn je, daß sein Musikdrama geschrieben werden müsse.

Leonard Bernsteins stetige Auseinandersetzung mit weltanschaulichen Problemen und ihrer Verbundenheit mit Musik, die ihn besonders beschäftigt, spiegelt sich auch wieder in zwei Fernsehfilmen, die er seit 1985 vorbereitet und aufgezeichnet hat. Der erste ist Gustav Mahler gewidmet, mit dessen Werk er sich seit frühester Jugend verbunden fühlt. In dem neunzig Minuten dauernden Film, der 1985 zum erstenmal ausgestrahlt wurde, geht Bernstein den «jüdischen Wurzeln» der Musik Mahlers nach. Er räumt ein, daß Mahlers Musik zweifellos deutsch oder österreichisch klingt, es halle in ihr die Musik Bachs, Mozarts, Schuberts und Bruckners nach, doch sie sei «überlagert» – so Bernstein – «vom Echo der Diaspora, vom Leiden der Juden in vielen Jahrhunderten und vielen Ländern». Vor allem in den Orchesterliedern, «Keimzellen» des sinfonischen Werks Gustav Mahlers, findet Bernstein «ausgesprochen jüdisches Flair» – Armut, Hunger und Elend, wie sie Mahler in seiner Jugend gekannt habe, sprechen aus vielen der Lieder; das Christentum, zu dem sich Mahler so hingezogen fühlte, übertöne die jüdischen Züge kaum stark genug, um es glaubhaft zu machen. «Fragwürdig und doch meisterhaft» war die ausführliche Würdigung dieses Fernseh-«Essays» überschrieben, die der deutsche Literaturkritiker Marcel Reich-Ranicki am 31. Juli 1985 im Feuilleton der «Frankfurter Allgemeinen Zeitung» veröffentlichte.

In seinem Porträt von Richard Wagner zeichnete Leonard Bernstein auf eindrückliche Weise die Wesensseiten dieses großen Musikers und oft nicht gerade edeln Charakters. Er nahm seinen Fernsehfilm im Hause Siegmund Freuds in Wien auf und unterstrich damit ausdrücklich seine Absicht, den Menschen und Musiker Wagner von allen nur möglichen Blickpunkten der offensichtlich so diametral gegensätzlichen und radikalen Ansichten von Leben, Denken und Schaffen her zu analysieren: «Da saß ich und wartete darauf, mich meiner Wagneritis zu entledigen», sagte Bernstein in einem Gespräch im August 1985.

Als der Pianist James Tocco 1983 das Album «First Recordings: Bernstein Complete Works for solo piano» (Pro Arte PAD 109) veröffentlichte, wurden einige bisher noch kaum bekannte kürzere Klavierstücke des Komponisten bekannt: Außer «Touches» und früheren «Anniversaries» enthält die Schallplatte neue «Anniversaries», die inzwischen in dem neuen Klavieralbum gedruckt sind, Bernsteins Klavier-Transkription von Aaron Coplands «El Salón México» und «Moby Diptych», zwei Klavierstücke des Jahres 1981. Die beiden Sätze, im Titel an Herman Melvilles Meisterwerk «Moby Dick» erinnernd, sind «Sarabande» und «Spout» überschrieben. Das ganze Werk, kaum zwei Minuten dauernd, ist Tony Kuerti zugeeignet; jedem der beiden Teile ist ein Motto beigegeben mit Zitaten aus dem 105. Kapitel von Melvilles aufregendem Roman – in beiden wird das Nachdenken über die Kraft des Überlebens angeregt: «The moot point is, whether Leviathan can long endure so wide a chase, and so remorseless a havoc..., like the last man, smoke his last pipe, and then evaporate in the final pull» steht als Anmerkung zur «Sarabande», und zum zweiten Stück, «Spout», zitiert Bernstein: «... The eternal whale will still survive, and rearing upon the topmost crest of the equatorial flood, spout his frothed defiance to the skies.» Dies sind Sätze, die recht tief in Leonard Bernsteins eigene Lebensanschauung und Philosophie hineinblicken lassen.

Ähnlich sprach er, als er im Mai 1985 in Philadelphia die Ehrung des «National Fellowship Award» entgegennahm, den ihm die «Philadelphia Fellowship Commission» verlieh. Er erinnert bei dieser Gelegenheit an die Zeit seiner frühen Studien am Curtis Institute und seine frühe Beziehung zu dem Freund und Mäzen Fredric R. Mann; doch schmerzlich brachte er auch den Mißerfolg seiner Show «1600 Pennsylvania Avenue» in Erinnerung, die vor den dann schnell abgebrochenen Broadway-Aufführungen in Philadelphias Forrest Theater «ausprobiert» worden war: «Dieser Mißerfolg quält mich immer noch zutiefst», sagte er damals, und immer kam er später wieder darauf zurück: «Diese Show habe ich mehr als alle anderen geliebt... An ihr habe ich am intensivsten gearbeitet... Sie handelte von meinem geliebten Amerika... Sie wurde verfaßt, um die Vaterlandsliebe von den Krallen der Egoisten und Schlechtberatenen zu befreien.» Er sprach dann von der danach im Sommer durchgeführten «Friedensreise» mit dem Jugendorchester, das er nach Hiroshima führte, um anläßlich des vierzigsten Jahrestages des Abwurfs der ersten Atombombe «für die Unmenschlichkeit der Menschen um Vergebung zu bitten». Er beschloß seine Ansprache in Philadelphia aber doch in mehr optimistischem Ton; die Schrecken der Vergangenheit sollten die Menschen nicht verzagen lassen, auf eine bessere Zukunft zu hoffen. Wie Michael Elkin im «Jewish Exponent», Philadelphia, 10. Mai 1985, berichtete, zitierte Bernstein Shakespeares Wort «Die ganze Welt ist eine Bühne» und fuhr fort: «Das Publikum sucht nach dem richtigen Stück... Wir werden vielleicht die Vollkommenheit nicht erreichen... wir leben nicht in einer utopischen Welt – aber was wir alle tun können, ist, dem Vollkommenen

entgegenzustreben... Dieses zu tun: *Keep rehearsing!*» («Probiert weiter!»)
Der «National Fellowship Award» von Philadelphia war eine der nahezu unzähligen Ehrungen, die Leonard Bernstein in mehr als vierzig Jahren erfahren hat: Die von Jack Gottlieb in seinem dokumentarischen Büchlein 1988 zusammengestellte Liste aller Auszeichnungen füllt vier engbedruckte Seiten! Unter ihnen sind einundzwanzig Ehrendoktorate von Universitäten seit 1957, dreizehn Orden von Regierungen in acht Ländern seit 1948, Preise für Schallplatten und Fernsehproduktionen, Kunstpreise vieler Städte und Länder, Ehrenschlüssel zu Städten und Ländern, Ehrenbürgerschaftsurkunden, Ehrenmitgliedschaften internationaler Gesellschaften. Leonard Bernstein ist Ehrenpräsident der Accademia di Santa Cecilia in Rom, Hon. President des London Symphony Orchestra, Laureate Conductor des New York Philharmonic Orchestra und der Israel-Philharmoniker. Als letzte ehrende Auszeichnungen vor seinem 70. Geburtstag verliehen ihm die Stadt Venedig den Schlüssel zur Stadt und den Preis «Omaggio a Venezia» 1988 und die italienische Regierung den Großen Verdienstorden der Republik, gleichfalls 1988. «Ich habe eine neue große Liebe, und das hat mir gerade noch gefehlt», sagte uns Lenny im Mai 1989, «das ist Rom!»
Die Liebe zur Jugend, die Liebe zur Oper, die Liebe zu Italien – wohl auch die Sympathie für das schwere Los junger Künstler – spiegeln sich in einer der jüngsten Schallplattenaufnahmen, die Bernstein inspiriert und geleitet hat: Giacomo Puccinis Oper «La Bohème» mit jungen, bislang noch kaum bekannten Sängern und Chor und Orchester der Accademia Nazionale di Santa Cecilia. Angelina Réaux, Jerry Hadley, Barbara Daniels, Thomas Hampson singen die Hauptpartien, und der Produzent der Deutschen-Grammophon-Veröffentlichung Hanno Rinke gibt im Beiheft zur Schallplatte die treffende Erklärung für Bernsteins Wahl dieser Oper: «Es ist die Oper junger, talentierter, bettelarmer Menschen in bewegter Zeit» – man hat Parallelen gezogen zum Familienmilieu in Bernsteins frühesten Jugendjahren und zu der Jugend in «West Side Story». Die Sympathie des Dirigenten für Sprache und Musik der Figuren der Oper erschließt sich dem Hörer.

Dramatisch bewegt wie fast alle größeren sinfonischen Kompositionen Leonard Bernsteins ist auch das 1988/89 vollendete «Concerto for Orchestra», das aus dem ursprünglich zweisätzigen «Jubiläums»-Werk «Jubilee Games» hervorgegangen ist und im April 1989 vom Israel Philharmonic Orchestra in der «vorläufig endgültigen» Form uraufgeführt wurde. Nach dem Uraufführungskonzert «schwor» Bernstein: «Das ist nun die endgültige Fassung, an der ich nichts mehr ändern werde.» Nachdem das Stück im Laufe einer Woche mehrere Male gespielt und für einen Live-Mitschnitt für Schallplatte aufgezeichnet worden war, begann Lenny zu zweifeln: «Vorige Woche habe ich *geschworen,* daß ich nun die unumstößlich endgültige Fassung gespielt habe. Aber, ... wer weiß ..., soll ich damit wirklich zufrieden sein ...?»
Die zwei Orchestersätze «Jubilee Games» komponierte Bernstein im Jahre 1986 zur Feier des fünfzigjährigen Bestehens des Israel Philharmonic Orchestra, das im Dezember 1936 als «Palestine Orchestra» zum erstenmal vor die Öffentlichkeit trat: Es war das historische, heute legendäre Konzert des von Bronislaw Huberman ins Leben gerufenen und von Arturo Toscanini dirigierten Orchesters. Für das «Jubiläum» griff Bernstein auf das hebräische Wort «Jowël» zurück, das dem Begriff «Jubel», «Jubiläum» zugrunde liegt. Im 3. Buch Mose, Kapitel 25, wird dem Volke Israel geboten, nach sieben Sabbatjahren, das sind 49 Jahre, das heilige Horn erschallen zu lassen, und das 50. Jahr soll ein heiliges Jahr sein: «Und der Herr redete mit Mose auf dem Berge Sinai und sprach: Rede mit den Kindern Israel und sprich zu ihnen: Wenn ihr in das Land kommt, das ich euch geben werde, so soll das Land seinen Sabbat dem Herrn feiern ... aber im siebenten Jahr soll das Land seinen großen Sabbat dem Herrn feiern ... Und du sollst zählen solcher Sabbatjahre sieben, daß sieben Jahre siebenmal gezählt werden, und die Zeit der sieben Sabbatjahre mache neunundvierzig Jahre. Da sollst du das heilige Horn lassen blasen durch all euer Land am zehnten Tage des siebenten Monats, eben am Tage der Versöhnung. Und ihr sollt das fünfzigste Jahr heiligen und sollt Freiheit verkünden im Lande allen, die darin wohnen, und es soll jeder zu seiner Habe und zu seiner Familie kommen. Denn das fünfzigste Jahr ist euer Jubeljahr ... und es soll euch heilig sein ...

«My Twelve-Tone Melody». To honor Irving Berlin on his 100th birthday. Handschrift von Leonard Bernstein

Darum soll auch niemand seinen Nächsten unterdrücken, doch du sollst fürchten deinen Gott, denn ich bin der Herr, euer Gott...»
Bernstein hat diese Verse zum Ausgangspunkt seiner Komposition gewählt und unterstrichen, daß in den Bibelversen zur Freiheit aller im Lande Wohnenden aufgerufen wird – ein Passus, der auch in die American Liberty Bell in Philadelphia eingraviert ist.*
Die beiden sinfonischen Sätze «Jubilee Games» sind «Freigestaltete Ereignisse» und «Diasporatänze» betitelt. Im «freien ersten Satz», in den aleatorische Passagen eingestreut sind, gibt es viele vom Stil des Schofar-(Widderhorn-)Blasens beeinflußte Motive. In beiden Sätzen spielt Bernstein mit der mystischen Bedeutung hebräischer Zahlen, was zwar bei der reichen melodischen, rhythmischen und klanglichen Palette nur das Studium der Partitur erschließt, aber das Spiel der Zahlen wird durch Ausrufe der Zahlen durch die Orchestermusiker während ihres Spiels angedeutet. In den «Diasporatänzen» finden sich Anklänge an osteuropäisch-jüdische, nahöstliche und New Yorker Folklore. Der Komponist hat diesen Sätzen erläuternde Anmerkungen beigegeben: «Der erste Satz, die ‹Freigestalteten Ereignisse›, enthält musikalische Athletik, mit Ausrufen und was dazu gehört. Da gibt es Charaden, Anagramme und Abzählspiele, wie sie Kinder spielen. Aber hauptsächlich ist alles feierlich, deshalb spontan, deshalb aleatorisch, von formalen Improvisationen bis zu ganz freier orchestraler Invention *in situ*. So ist es unvermeidlich, daß dieser Satz von einer Aufführung zur nächsten sehr verschieden ausfallen wird, selbst von einer Orchesterprobe zur nächsten. Aber in seiner Form ist der Satz jedenfalls kontrolliert, zum mindesten was die Abfolge Beginn–Mitte–Ende betrifft, da auch Wiederholungen da sind, die auf Tonband aufgenommen sind und abgespielt werden.» Vor allem sind die traditionellen liturgischen «Schofar»-Blasen-Motive auf Band aufgenommen und dienen als Kontrapunkte zu choralartigen Sektionen des vielfarbigen Satzes, die von Beginn an wiederkehren.

* In Martin Luthers deutscher Bibelübersetzung ist gerade dieser Passus (V. 10) ungenau wiedergegeben; wir haben für das gesamte Zitat den originalen hebräischen Bibeltext verglichen. Im Englischen, von Bernstein für sein Werk zitiert, ist die Übersetzung genauer ausgefallen.

Der zweite Satz beginnt in $^{18}/_{8}$-Takt, womit Bernstein auf den alten hebräischen Brauch anspielt, den Buchstaben des Alphabets Zahlenwerte beizuordnen: Das hebräische Wort «CHA'I» entspricht der Zahl achtzehn, und ähnliche «Gematria»-Spiele in diesem Satz erinnern an musikalische Gematria in Bernsteins «Dybbuk»-Musik des Jahres 1974. Der Komponist hat auch diesem Satz eigene Anmerkungen beigegeben: «Die Diaspora-Tänze sind frei gestaltet nur im sozio-kulturellen, geo-judaistischen Sinne, daher notwendigerweise eklektisch im Stil. Ihre musikalischen Beziehungen reichen bis in den Mittleren Osten, ziehen mitteleuropäische Gettos ein, greifen in eine New Yorkische Art von Jazzmusik über. Horras sind strikt ausgeklammert und ebenso alles, was unter die Rubrik *Disco* fallen könnte.»

Anläßlich der Uraufführung der beiden «Jubilee Games»-Sätze schrieb Leonard Bernstein: «Ich hoffe, daß ich eines Tages noch einen Satz, vielleicht auch zwei, dazuschreiben kann – ‹Halleva'i› [hebräisch für ‹möge es gegeben sein!›] noch bevor Israel selbst das Jubiläum feiert.»

Zwei neue Sätze sind schon sehr bald danach entstanden: Als Finalsatz bestimmte der Komponist das ursprünglich «Opening Prayer» genannte Gebet zur Neueröffnung von New Yorks Carnegie Hall, zwischen die «Freigestalteten Ereignisse» und die «Diasporatänze» setzte Bernstein einen neukomponierten konzertanten Satz, «Mixed Doubles»; des konzertanten Charakters des Werkes wegen nannte er es nun «Concerto for Orchestra»; wir schlugen ihm vor, es «Jubilee Concerto for Orchestra» zu nennen, um an Anlaß und Ursprung der Komposition zu erinnern und um es gegen Béla Bartóks berühmtes Konzert für Orchester abzugrenzen.

Der neu komponierte Satz, der den vom Komponisten etwas gekürzten, gestrafften «Freigestalteten Ereignissen» folgt, bringt in seinem Titel «Mixed Doubles» sowohl das Tennisspiel als auch den Scherzo-Satz – «Giuoco delle coppie» – in Bartóks «Concerto for Orchestra» in Erinnerung. Der Satz besteht aus Thema, sieben (wiederum die Zahl sieben! – wie im «Jubilee»-Satz) Variationen und Coda. Das Thema hat Bernstein aus einer für seine «Dybbuk»-Ballettmusik geschaffenen Tonreihe gestaltet: Es besteht aus

acht aufsteigenden Tönen, in deren Abfolge stetig Ganz- und Halbtonschrittte abwechseln. Das Thema spielen die Streichertutti. Jede Variation ist für zwei gegensätzliche Instrumentalsolisten gesetzt; in der Mitte steht ein typisch jazzy-Bernsteinsches Intermezzo für ein Schlagwerkensemble. Die ihm vorangehenden drei Variationen des Themas sind für Flöte und Horn, für Trompete und Kontrabaß, für Klarinette und Posaune geschrieben; nach dem Intermezzo folgen Variationen für zwei Soloviolinen, für Altflöte und Baßklarinette und für Oboe und Fagott. Die Adagio-Coda wird von Bratsche und Violoncello geführt, zum Abschluß intonieren alle Solisten des Satzes mit Ausnahme der Schlaginstrumente ein Unisono-G. In der grundlegenden Tonskala des Themas hört Jack Gottlieb nahöstliche, vielleicht hebräische Färbung heraus. In die Partitur des Satzes hat der Komponist am Beschluß «Hodu l-Adona'i ki tov» (hebräisch: «Danket dem Herrn, denn er ist gut», Psalm 108, 1) eingeschrieben.
Dem Variationensatz folgt der ursprünglich zweite Satz der «Jubilee Games»: «Diaspora-Tänze». Der vierte Satz des «Concerto for Orchestra» heißt nun «Benediction». Das Carnegie Hall «Prayer», das bei einigen früheren Aufführungen von «Jubilee Games» an zweiter Stelle gespielt wurde, beginnt mit Bläserfanfaren, die an den ersten «Jubilee»-Satz erinnern. Das Thema der «Benediction» intonieren Holzbläser, und es wird vom Streichensemble aufgenommen. Eine Baritonstimme singt dann – in der originalen hebräischen Sprache – das im 4. Buch Mose (4, 24–26) enthaltene Gebet: «Der Herr segne dich und behüte dich, der Herr hebe sein Angesicht über dich und gebe dir Frieden.» So klingt das etwa halbstündige «komplettierte» Werk hoffnungsvoll, in leise schwingenden Tönen aus.

Neue Werke, neue Pläne: 1989 – Frühjahr in Israel, Sommer Schleswig-Holstein, im September Beethoven-Fest in Bonn, in dessen Rahmen auch eine Reihe von Bernstein-Werken eingebaut ist, dazu viele neue Projekte, neue Ideen, neue Tätigkeitsfelder: «Ich habe so viele Vorhaben, auf so verschiedenen Gebieten, ich kann gar nicht alles im Kopf behalten.» Es ist die Rede von dem geplanten neuen Zyklus von Liedern und Duetten, auch von einem oder zwei Streichquartetten – einer Gattung, für die Leonard Bernstein noch nie ein Werk komponiert hat. Aber immer wieder kommt das Gespräch auf «die Oper» zurück: «Es ist mir so wichtig, diese Oper zu schreiben», sagt Bernstein, deprimiert darüber, daß es ihm bisher nicht gelungen ist, einen mit seinen Vorstellungen konform gehenden Mitarbeiter zu finden. «Die Oper soll aus einer Reihe von *short stories* bestehen, die zunächst unabhängig voneinander bleiben, dann allmählich miteinander in Verbindung gebracht werden. Es ist ein gewaltiges Konzept: eine Folge kleiner mosaikartiger Stücke, die sich dann zu einem großen Zusammenhang fügen», erklärt Bernstein (April 1988): «Ich brauchte einen Tolstoi, um ein solches großes Opernbuch zu schaffen. Der Autor von *Anna Karenina* hätte diese Oper schreiben können! – Auf der Suche nach einem Autor hatte ich ein sehr langes Telefongespräch mit Anthony Burgess. Ich dachte, wenn irgendein Schriftsteller das schreiben könnte, dann ... wäre es der Autor von *The Kingdom of the Wicked;* da gibt es viele, viele kleine Geschichten, viele verschiedene Plätze der Handlung, viele Charaktere, die Aktion geht in ferne Vergangenheit zurück und wieder in neue Zeit, meisterhaft. Ähnlich ist es in anderen seiner Romane. Ich beschloß, ihn anzurufen, und fand ihn irgendwo in Monaco, wo er lebt. Im Laufe des Gesprächs wurde mir aber klar, daß es nicht mit ihm ginge. Zunächst einmal hält er sich selbst für einen Musiker, einen Komponisten, und er stellte mir dauernd Fragen wie ‹Wird das tonal sein?›, ‹Wird es so wie Benjamin Britten werden?› – Ich weiß es nicht, habe ich ihm geantwortet. Wie kann ich es wissen, ich habe ja noch nichts geschrieben! Schließlich mußte ich feststellen, daß er keine Ahnung davon hatte, was mir vorschwebte. Mit vielen anderen Schriftstellern habe ich gesprochen. Keiner versteht so ganz, worum es mir geht!»

«Warum schreibst du das Buch nicht selbst?» – «Jeder sagt das», antwortet Bernstein. «Ich habe es probiert. Ich kann es nicht. Vielleicht soll ich sagen: ich kann es *noch* nicht. Aber was ich tue, ich schreibe die ganze Zeit Probestücke für die Oper, so wie sie mein Liederzyklus darstellt: Alle Lieder sind kleine Opernszenen, Studien für eine Oper, sehr persönliche Studien.»

Fast ein Jahr später, Ende April 1989, kamen wir wiederum auf das

Problem dieser Oper zurück. Bei all den vielen Projekten, die Leonard Bernstein beschäftigen, bedrückt es ihn weiterhin zutiefst, daß er noch immer keinen Mitarbeiter für die geplante Oper gefunden hat. «Vielleicht bin ich eines Tages soweit, daß ich den Text selbst schreiben kann», erklärt er, «aber ich bin doch kein Dramaturg. Wenn man einen brillanten Theaterschriftsteller findet, der möchte sein Stück nicht mit einem anderen Autor teilen. Das ganze Sujet muß vor allem sehr feinfühlig behandelt werden. Es muß dabei sogar ein Schuß Komik sein, in dem Sinn, in dem Kafka komisch ist: nichts zu lachen, nein, ironisch. Es ist eine tiefe Tragödie, wenn man nicht imstande ist, das mit einigem Humor zu betrachten, man stirbt ja sonst. Es hat niemals etwas gegeben, was sich mit dem Holocaust vergleichen läßt und was ihn künstlerisch verarbeitet, ganz bestimmt jedenfalls gibt es im gesamten 20. Jahrhundert nichts Vergleichbares. Und es ist sehr, sehr schwer, dies zu behandeln. Meine Oper kann nicht ein Schaustück werden, denn das würde einfach wiederholen, was wir alle sowieso wissen, von Dokumentarstücken sowie aus Filmen. Es muß in einer wirklich künstlerischen Weise geschaffen sein, es muß Menschen so bewegen, daß sie es verstehen und ertragen können. Das schrecklich Ironische ist, daß wir alle damit so beschäftigt sind, dieselbe Situation wieder eintreten zu lassen, daß wir niemals lernen – dieser Ironie stehen wir gegenüber. Wenn man das versteht, ist man erschrocken, zutiefst innerlich schockiert, diese fürchterliche Distanzierung davon, daß wir es gestatten konnten, daß so etwas passierte, daß wir – ‹wir›: das heißt das Menschengeschlecht – zusehen und gestatten, daß es sich wiederholen wird. So oder so stellt sich immer wieder die Frage: Warum lernen die Menschen nichts? Nein, es muß etwas getan werden, die Menschheit durch Schock zum Lernen zu bringen! Man kann nicht einfach sagen: So sind wir eben, wir sind dumm, wir sind eben wie Tiere. Wir sind keine Tiere; der große Unterschied zwischen dem Menschengeschlecht und den Tieren liegt darin, daß ein Mensch sich ändern kann, ein Mensch kann lernen. Eine Katze kann nicht lernen. Ein Mann und eine Frau können sich entwickeln, anders werden. Das ist der Inhalt aller großen Werke. Darum geht es beim Faust, darum geht es bei Hamlet: sie erstreben ein Anderssein; sie scheitern, doch sie versuchen es, darin liegt das Tragische. Wir können es uns aber nicht mehr leisten zu scheitern; denn das nächste Mal ist das letzte Mal . . .!»

«Lenny, was du brauchst, ist eigentlich nicht ein Schriftsteller, du bist selbst so ein Meister des Wortes. Was du brauchst, ist ein intelligenter und verständnisvoller Theatermann, ein Regisseur, der helfen kann, das, was du schreibst, in eine überzeugende, eindringliche dramatische Abfolge zu bringen, die auf der Bühne gut realisiert werden kann. Schreiben kannst du – und wie gut!»

«Bis jetzt ist es mir nicht gelungen! Inzwischen habe ich aber auch etwa zehn Dramen in der letzten Zeit gelesen, die mir Anregung geben sollten oder die sich für ein Opernbuch eignen könnten. Ich habe nichts gefunden. Natürlich kommt auch dazu, daß ich mich in so viele Projekte hineingezogen fühle – Komponieren, Dirigieren . . . und zu viele Orchester, mit denen ich gerne musiziere, so viele Plätze, die ich besuchen will . . . and I'm only one person! That's the trouble!»

DIE UNENDLICHE VIELFALT DER PERSÖNLICHKEIT

«Wenn Lenny ins Zimmer tritt, ändert sich die Temperatur. Er verändert das Klima.»
Shirley Bernstein, Sommer 1967

Der Dirigent und Komponist Leonard Bernstein, der Pianist, der schreibende und vortragende Musikpädagoge beweist nicht nur die in seinen Schriften angesprochene «unendliche Vielfalt der Musik». Es ist die unendlich vielfältige Begabung, der ewig forschende und zweifelnde Geist dieses schaffenden und nachschaffenden Musikers und seine Überzeugungskraft, die seine Umwelt immer von neuem fasziniert – die fachlich gebildete wie die weniger anspruchsvolle musikliebende Hörer- und Leserschaft. Fachwelt wie Liebhabern gibt Bernstein mannigfaltige Gelegenheit, ihn nicht nur auf dem Konzertpodium, nicht nur im Fernsehen und im gedruckten Essay und Buch kennenzulernen. Er sucht den Kontakt zu Kollegen, den Kontakt zu Lesern und Hörern. Er umgibt sich mit einer Reihe von Mitarbeitern, Helfern, Freunden, von denen ihn viele auf weiten Reisen begleiten. «Er ist ein Mensch, der die menschliche Nähe braucht», charakterisierte ihn Christa Ludwig treffend in unserm Gespräch: «Er ist nicht der Typ, der sich zurückzieht – nicht wie zum Beispiel der Karajan, der sich immer nur zurückzieht, der ja scheu vor Menschen ist, absolut scheu, und der nur dadurch hochnäsig und eingebildet *wirkt,* weil er uns so reserviert scheint. Und dagegen der Bernstein, der sich immer gibt, gibt, gibt.» Man möchte noch tiefer gehen und sagen, Herbert von Karajan ist nur durch sein Musizieren kommunikativ, Leonard Bernstein drängt es, sich vielfach künstlerisch und menschlich mitzuteilen, etwas zu «geben». Aber er bleibt im Grunde seines Herzens, seines Denkens und Fühlens ein Einsamer. Am allerwohlsten fühlt er sich im Kreise seiner Familie und im Gespräch mit langjährigen Freunden und Kollegen im Gespräch zu zweit. Solche Gespräche, Erinnerungen und Gedankenaustausch können viele Stunden, können eine ganze Nacht bis in die frühen Morgenstunden andauern.

Daß er beim Komponieren an Musikhörer denkt, deutete Leonard Bernstein in einem «improvisierten Vortrag» an der Universität von Chicago im Februar 1957 (für die Veröffentlichung im Buch «Von der unendlichen Vielfalt der Musik» von ihm bearbeitet – im Kapitel «Etwas zu sagen...») an: «Ich weiß, daß ich immer an die Hörerschaft denke, wenn ich komponiere – nicht wenn ich eine Komposition plane, auch nicht während ich sie niederschreibe – doch irgendwo im Akt des Schreibens verfolgt diesen Akt der Gedanke an die Menschen, die die Musik hören werden» (Übersetzung des Autors). Das heißt dabei keinesfalls, daß er lediglich *für ein Publikum* schreibt und konventionelle stilistische Konzessionen macht, um des Erfolges sicher zu sein. Dies beweisen zur Genüge die Partitur der «West Side Story», die Konzeption und Ausführung der «Kaddisch»-Sinfonie und «Mass» wie auch die anspruchsvolle Gestaltung der Programme für das Fernsehen. Wo Zugeständnisse an konventionelle Erfolgsrezepte von ihm verlangt wurden – wie für die von Mitarbeitern entworfenen und von Bernstein schließlich zurückgezogenen Musiktheaterstücke –, hat sich Leonard Bernstein distanziert; im einzigen Fall, wo er sich ein Einverständnis hatte abringen lassen, dem Musical «1600 Pennsylvania Avenue», stellte sich der von ihm selbst erwartete Mißerfolg ein, und doch war es für ihn dann eine schwer überwindbare Enttäuschung.

Der Zwiespalt des schaffenden Musikers, der einerseits den Empfänger seiner *Botschaft* – der geistigen wie der musikalischen – im Sinne hat, andrerseits aber sein Werk der eigenen Inspiration, Konzeption und Ausdrucksweise entsprechend gestaltet, ohne Konzessionen an Tradition, an Zeitstil oder Publikumsgeschmack zu machen, hat seine Entsprechung in dem Widerspruch zwischen dem anscheinend extrovertiert musizierenden und gesellschaftlichen Bernstein und seinem Innenleben, das nur nach intimer Aussprache, im Grunde nach Einsamkeit verlangt.

«Wenn man nach einem Konzert Lenny allein im Künstlerzimmer oder in der Suite seines Hotels gegenübersitzt – er noch erhitzt von dem totalen sich Verausgaben – spricht er nur über die Musik, es quillt aus ihm hervor», gibt die Sängerin Ursula Mayer-Reinach ihre Eindrücke wieder. «Die ganze soeben zum Klingen gebrachte Musik rollt er noch einmal vor uns auf. Dabei spricht er *nur* über die Musik, über die Komponisten, es ist als ob er Rechenschaft ablegen wollte über das, was er empfindet, was er glaubt, dem Komponisten schuldig zu sein. Niemals spricht er dabei *von sich*. Fast beschwörend läßt er das gesamte Musikerlebnis noch einmal in seinem Geiste Gestalt annehmen. Und wer in Augen zu lesen weiß, sieht in seinem Blick ein Schwanken zwischen Wissen und einem Anflug von bewahrter Kindlichkeit und über allem die leise Furcht, nicht verstanden zu werden.»
Er genießt es, wenn viele Menschen um ihn herum sind, umgibt sich selbst mit einer ganzen *Entourage* von Begleitern, nimmt an Partys teil – und wird sofort deren Mittelpunkt –, setzt sich gerne ans Klavier und improvisiert, wo immer er in Gesellschaft oder in der Hotelsuite ein Instrument findet. Er singt im Gespräch über ein Musikwerk erläuternd dessen Themen und erstaunt immer wieder durch sein phänomenales Gedächtnis auch an Situationen, Ereignisse, Begegnungen. Nach außen hin ist er ein typischer «Gesellschaftsmensch». Mehr als diese Eindrücke sagt bereits ein Blick in sein Künstler- oder in sein Hotelzimmer, ein Besuch im Arbeitsraum in seiner Wohnung. Da hängen keine Widmungsbilder berühmter Zeitgenossen oder Lorbeerkränze, nur die Bilder seiner Frau Felicia und der Kinder und andere Familienbilder – und diese begleiten ihn auf den Reisen in alle Welt. Nächst der Musik sind die Kinder sein liebstes Gesprächsthema; ihre Arbeit, ihre Fortschritte, beruflichen Erfolge. Zu dem in jüdischen Familien traditionell gemeinsam gefeierten Pessachfest (Ostern) treffen sich meist alle Generationen der Bernstein-Familie zum gemeinsamen Lesen der Historie von der Befreiung der Hebräer vom Joch ägyptischer Sklaverei, der göttlichen Verheißung vom Berge Sinai und der Volkwerdung im Gelobten Land.
Wer Leonard Bernstein seit seiner frühesten Jugend kennt und seinen Weg verfolgt hat, muß mit gewissem Erstaunen feststellen,

daß seine Einstellung zu Leben und Arbeit bereits in jungen Jahren ausgebildet war; unbeirrbare Willenskraft mit Zweifeln, ein Hineinstürzen in den Trubel der Gesellschaft, zusammen mit der Sehnsucht nach Zurückgezogenheit und intimer Aussprache, sind von jeher miteinander gepaart erschienen. Als junger Mensch beeindruckte er auch schon durch sein Verständnis für die Probleme anderer Menschen, sein Stets-verstehen-Wollen, seine Großzügigkeit, seine Menschlichkeit.

«Solange ich Leonard Bernstein kenne, war er immer eine in dramatischer Weise besondere Persönlichkeit», schreibt uns Fredric R. Mann, musikalisch gebildeter Philanthrop und Mäzen, Stifter der nach ihm benannten Konzerthalle in Tel Aviv und des «Mann Music Center» in Philadelphia, «und das beobachte ich seit der Zeit, als er 21 Jahre alt war, wir beide am Curtis Institute of Music in Philadelphia studierten und er bei Bekannten von mir wohnte. Wir wurden gute Freunde, und mit der Zeit lernte ich seine ganze Familie gut kennen. Damals wie heute besaß Lenny die Gabe einer seltenen Kombination von tiefem Verstand und Talent und einer liebenswerten Natur. Als ich ihn zum erstenmal traf, fielen mir sofort seine erstaunliche Geistigkeit und die warme Ausstrahlung seiner Persönlichkeit auf.» «Lenny und ich sind bis heute Freunde geblieben», fährt Fredric Mann fort, der ihm seinerzeit auch zu seinem Studienstipendium verholfen hatte. «Als ich 1948 Präsident des *Robin Hood Dell* wurde (dem Sommerheim des Philadelphia Orchestra, heute ‹Mann Music Center›), dirigierte Lenny eine Konzertaufführung von *Tristan und Isolde*. Die gesamte Oper! Mit Künstlern wie Helen Traubel und Lauritz Melchior! Das war zu einer Zeit, als solch ein Programm zu *hochgegriffen* für ein sommerliches Publikum galt, aber das Konzert wurde ein Riesenerfolg. Das war das erste einer langen Reihe von Konzerten Lennys am ‹Mann Music Center›: Er trat als Pianist und als Dirigent auf und musizierte mit großen Solisten wie Milstein und Piatigorsky. Im Jahre 1977 wiederholte sich sein allererster Erfolg, als er wiederum *Tristan und Isolde* in Konzertfassung dirigierte, diesmal mit Ingrid Bjoner und James King. 1979 war seine Aufführung der Neunten Sinfonie von Mahler einer der Höhepunkte der Saison.

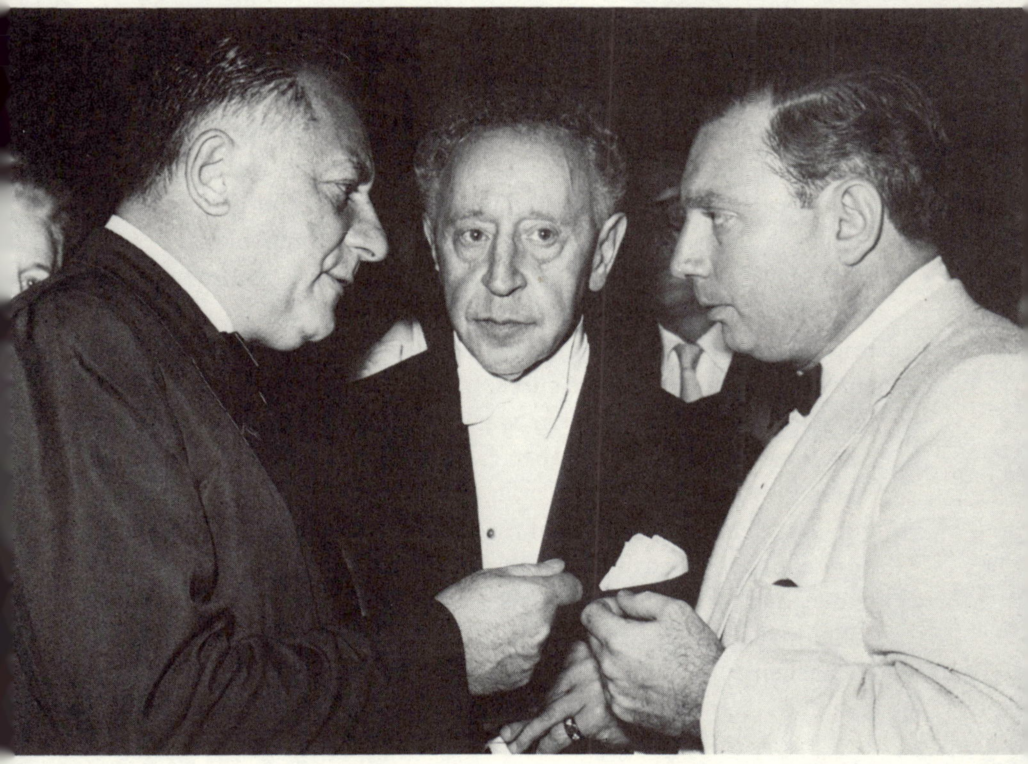

Oben: Bernsteins 60. Geburtstag am 25. August 1978 mit Yehudi Menuhin, «Slawa» Rostropovitsch, Bernstein und André Prévin nach einer Aufführung von Beethovens Tripelkonzert

Unten: Fredric R. Mann mit Arthur Rubinstein und Isaac Stern

Es ist schwierig, vielleicht unmöglich, zu sagen, auf welchem Gebiet Lennys größtes Talent liegt. Seine Gaben wie seine Interessen scheinen unbegrenzt zu sein, im Reich der Künste und außerhalb ihres Reichs. In der Musik ist er in der Welt der Klassiker ebenso zu Hause wie im Jazz und Musiktheater, und innerhalb der *ernsten* Musik hat er es verstanden, die verschiedensten Formen zu meistern: Sinfonie, Kammermusik, Chormusik, Lied und Ballett. Die gesamte Welt der Musik ist von jeher seine Heimat gewesen.
In allem, was er tut, ist Lenny durch und durch und einzigartig *amerikanisch,* und dabei ist er immer seinem Erbe treu geblieben, indem er als Schöpfer und Interpret von Musik die jüdische und israelische Kultur gepflegt hat. Im Jahre 1957 hat er zur Eröffnungsfeier des Mann-Auditoriums in Tel Aviv dirigiert.
Für mich ist Lenny stets eine dauernde Inspiration gewesen, eine immer liebenswerte, reale Persönlichkeit, die der Erfolg nicht verdorben hat. Im Grunde ist er heute so, wie er immer gewesen ist, so lieb wie von jeher, nur reifer. Aber selbst in seiner Jugend war er reif, darin seiner Zeit voraus wie in anderen Dingen.»
Über das gemeinsame Arbeiten mit Lenny haben sich Mitarbeiter und Freunde in einem Album geäußert, das 1981 in New York erschienen ist und *Songs* aus Leonard Bernsteins Bühnenwerken enthält («Bernstein on Broadway», Amberson Enterprises und G. Schirmer, illustriert, XXIV + 320 Seiten). George Abbott, der das erste *Musical* («On the Town») herausbrachte, schreibt unter anderem, wenn man damals versucht war, zu denken, man habe es mit einem unsicheren Anfänger zu tun, der sich vorsichtig auf einem ihm neuen Gebiet zurechtzufinden bemüht ist, habe man ihn ganz falsch beurteilt: «Er war fast arrogant selbstsicher. Nicht daß er eingebildet war – aber er wußte, was er für seine Musik wollte, und das verteidigte er, mitunter heftig... Da war also ein gut aussehender junger Mann (der etwa so aussah, wie ich mir vorstelle, daß Lord Byron sich gewünscht hätte, auszusehen), der feinen Intellekt und ein damals schon erkennbares Talent besaß – sollte man nicht annehmen, daß sich der Lebensweg eines solchen Menschen ruhig und sicher entwickeln würde? Doch das war gar nicht so... er hatte viele Probleme...»

George Abbott berichtet, wie Lenny die Arbeit und die Proben oft unterbrach, um für einen guten Zweck irgendwo eine Rede zu halten oder weit weg von New York ein Orchester zu dirigieren. «Warum», fragte Abbott, «ist das so wichtig, den Taktstock zu schwingen?» Und Bernstein antwortete: «Das macht mehr Spaß als irgend etwas anderes in der Welt. Ich liebe es, Musik zu machen!»
George Abbott sagt, Lenny sei «ein komplizierter Mensch, aber in allem zu Hause, von Kreuzworträtseln bis zur Politik. Wenn ihn ein Schicksal gezwungen hätte, Anwalt oder Börsianer zu werden, wäre er ganz bestimmt auch erfolgreich gewesen. Aber er wurde Musiker und macht wundervolle, originelle Musik.»
Hier kann man darauf hinweisen, daß Leonard Bernstein von seinem Vater allerlei Eigenschaften geerbt hat, nicht nur die Anlage zur Religiosität, nicht nur die tiefverankerte Gläubigkeit. Durch Denken und Forschen, das den talmudgeschulten Bernsteins mehrerer Generationen eigen war, hat der junge Leonard viel in sich aufgenommen und verarbeitet. Aber auch von dem geschäftlichen Sinn des Vaters lebt in ihm einiges weiter. In der Musikindustrie hat er sich früh die Rechte an seinen eigenen Kompositionen gesichert und hat mit *Amberson Enterprises* (Amber = Bernstein) eine Organisation geschaffen, die Management und Verlagsunternehmen zugleich betreut. Von seinen beträchtlichen Einnahmen hat er einen Fonds abgezweigt, der seinen Namen trägt und gemeinnützigen Zwecken dient. Vor allem unterstützt er *Amnesty International.* Für eine Reihe späterer Werke hat er die Rechte einem Verlagszweig überschrieben, den er *Jalni Publications* nennt – nach den Namen seiner Kinder: Jamie, Alexander, Nina. Seine Großzügigkeit äußert sich auch in der Förderung junger Talente, und selbst während Konzertverpflichtungen mit einem ungewöhnlich gedrängten Programm von Proben, Besprechungen und Interviews, Schallplatten- und Fernsehaufzeichnungen findet er Zeit, einen jungen Pianisten zu hören, einen aufstrebenden Dirigenten bei der Arbeit zu beobachten. Für seinen Mitarbeiter und Freund Jack Gottlieb, der einen großen Teil der Kompositionen für Konzert und Schallplatte kommentiert hat und der auch selbst als Komponist bekannt geworden ist, schrieb Bernstein

1960 während der zweiwöchigen Japantournee der New Yorker Philharmoniker unter seiner Leitung eine Reihe von kurzen Gedichten in der Form des japanischen *Haiku*. Jack Gottlieb hat die «Haiku Souvenirs» im August 1967 vertont und 1978 – für Gesangsstimme und Klavier – herausgegeben. Die Bibliographie der musikalischen Werke, Schriften, Schallplatten, Fernseh- und Videoaufzeichnungen Leonard Bernsteins hat ebenfalls Jack Gottlieb herausgegeben, mit einer kurzen Zeittafel der wichtigsten Ereignisse in Bernsteins Leben.

In dem erwähnten Album «Bernstein on Broadway» berichten außer George Abbott auch Stephen Sondheim, Textautor der *Songs* in «West Side Story», das Freundespaar Betty Comden und Adolph Green («On the Town», «Wonderful Town»), Hal Prince (an «Wonderful Town», «West Side Story» und einer Neufassung von «Candide» beteiligt), Roger Stevens (Produzent von «Peter Pan», «West Side Story», «Mass») und Jerome Robbins über ihre – oft dramatische – Zusammenarbeit mit dem dynamischen und einfallsreichen Komponisten. Von besonderem Reiz ist die Beschreibung einer Szene in Bernsteins Arbeitsstudio, die Jerome Robbins beisteuert. In der eigenen Autobiographie des großen modernen Choreographen erfährt man viele zusätzliche interessante Einzelheiten.

Hier erzählt Robbins, was sich gewöhnlich abspielt, wenn er zu Lenny kommt und hören will, was er gerade Neues komponiert hat. «Ich kann das nicht selbst spielen», ist dann die erste Reaktion. «Es sind zu viele Stimmen darin, und es kann auch nicht so klingen, wie es im Orchester klingen wird.» Es folgt, so Robbins, ein zehnminütiger analytischer Vortrag über die Komposition, «damit will Lenny wohl eine gewisse Ängstlichkeit verdecken. Doch dann setzt er sich hin und spielt, daß es wie ein Orchester klingt. Die Füße stampfen den Rhythmus, er singt Soli, Duette, Chöre, Orchesterstimmen in den verschiedensten Stimmlagen, und seine Ekstase ist ansteckend...»

Zu den langjährigen Freunden zählt der große Geiger Isaac Stern, mit dem er oft musiziert hat und für den er die «Serenade» komponierte. «Ein herrliches Werk», sagt Isaac Stern, «mit ganz wundervollen Momenten. Ich habe niemals verstehen können,

warum es nicht ein Repertoirestück der Geiger geworden ist. Allerdings ist es schwierig für das Orchester, und der letzte Satz, der so ganz Lenny, so ganz Bernstein ist, scheint den meisten Violinisten gar zu ungewöhnlich zu sein – das Werk ist für die Spieler nicht leicht und nicht leicht für das Konzertpublikum.»
Was Isaac Stern an dem Freund am meisten bewundert, ist seine Geistigkeit und die Vielseitigkeit der Interessen und des Wissens: «Lenny beobachtet, forscht, versucht, prüft dauernd, und jeden Augenblick nimmt sein Geist neue Erfahrung und neues Wissen in sich auf, und das bereichert unaufhörlich den unglaublich großen Speicher des angesammelten Wissens. Dazu kommt ein erstaunliches Gedächtnis, das ihm all das, was er für wichtig und notwendig und erinnerungswert hielt, immer parat sein läßt. Erinnerungsvermögen und Erfahrung treten zu einer Art umfassender *Gestalt*-Anschauung von der Musik hinzu; sein Geist filtert alle musikalischen Erscheinungen und Erfahrungen. Lenny hat von Anbeginn den Sinn für echte Erregung, für Drama, für Kontraste, für Farbe besessen und stets frisch behalten – das ist geradezu unglaublich. Im Laufe seiner Entwicklung ist er so weit gekommen, daß er nun das Feld der Musik reifer und in all seiner Weite überblickt. Er feuert sich selbst und seine Orchester weiterhin mit allem Temperament an, aber die Konturen sind weiter geworden, das Konzept ist umfassender.»
– Wenn Sie mit Lenny nicht seit so langer Zeit vertraut wären, wen würden Sie am meisten schätzen – den Dirigenten, den Komponisten oder den Schriftsteller?
«Zuallererst, glaube ich, imponiert mir sein Geist, seine Geistigkeit. Danach kommt für mich der Dirigent.»
– Es ist einmal gesagt worden, Lenny sei inwendig doch wohl vor allem ein Komponist. Ich habe ihn danach gefragt. Und er hat *ja* dazu gesagt.
«Ja, so fühlt er. Aber was er wirklich ist – zuallererst doch ein Mensch von unerhörtem Intellekt.»
– Kann man das auch fühlen, wenn man mit ihm musiziert?
«Ganz bestimmt. Aber sein Musizieren strahlt die tief bewegende Geistigkeit aus. Zunächst einmal vereinen sich bei ihm zwei Eigenschaften, die man nur sehr, sehr selten antrifft: ein unge-

wöhnlich weit gefächertes Wissen und ein tiefes intellektuelles Verständnis. Dazu kommt noch eine dritte Eigenschaft, die sich kaum beschreiben läßt – es ist die Ausstrahlung eines leidenschaftlichen Mystizismus. Das ist es, was allem eine besondere Bedeutung gibt; er glaubt an gewisse mystische Kräfte im Leben des Menschen – eine Folge seiner Erziehung – und glaubt auch, daß es hier und da echte *Wunder* als Randerscheinungen im Leben gibt.»
– Sein eigenes Leben ist ja voll von wirklich wundersamen Zwischenfällen, die zu entscheidenden Wendungen geführt haben... darunter der Beginn seiner Karriere als Dirigent. Aber Musiker, Dirigent wäre er ja auf jeden Fall geworden.
«Er ist so ein Meister als Dirigent, er ist überzeugend, von größter Sicherheit.»
Wir kamen auf Persönliches zu sprechen: «Ich erinnere mich an so viele ganz besondere unvergeßliche Momente», sagt Isaac Stern. «Stunden, in denen wir beide allein waren, über Musik, Musikleben, Menschen und uns selbst sprachen, über unsere Familien, Hoffnungen und Ideen. Da gab es eine Nacht, als wir in Venedig die *Serenade* uraufgeführt hatten und nach einem Abendessen anfingen, uns zu unterhalten – und die Unterhaltung ging bis sechs Uhr morgens. Wir sprachen über unser eigenes Leben, unsere Hoffnungen, über alles, was uns bewegte. Seine Gedankentiefe, sein Mitgefühl für seine Freunde und für alle Menschen, und dann seine Ungewißheit, wohin die Welt steuert, sind erschütternd. Er sieht so viel in der Welt, denkt nach, sucht die Menschen seiner Umgebung und die Ereignisse zu erforschen, zu verstehen – es ist erstaunlich.»
– Spürt man in seinem Musizieren auch etwas von der Komplexität seines Geistes?
«In der Kunst, im Aufführen von Musik, liegt eines der schwierigsten Dinge – auch für Lenny. Hier liegt eine seiner größten Schwächen: zu erreichen, einfach zu sein. Man darf nicht versuchen zu *interpretieren,* man soll die Musik frei fließen lassen, wie durch ein Glas, ein reines Glas, ein wunderschönes Glas. Das ist für mich der Gipfel der Kunst, und so denken die größten Künstler. Dann ist alles so einfach, so richtig, so klar. Jetzt kommt Lenny dem schon ziemlich nahe. Zu Beginn ging es ihm vor allem um

das Emotionelle, dann kam das Intellektuelle dazu – was er aus seinen Analysen von Brahms, Beethoven, Mozart, Bach lernte, er kennt sämtliche Kantaten und alles, was Bach sonst geschrieben hat, und selbstverständlich die gesamte sinfonische Literatur. Darüber hinaus ist er zum rein menschlichen Gehalt der Musik gekommen.»

Yehudi Menuhin bedauerte in einem Gespräch, das wir im Oktober 1982 über Lenny führten, nur selten die Gelegenheit gehabt zu haben, mit ihm gemeinsam zu musizieren: «Das ist ja nun einmal so: wenn ein Dirigent auch Komponist und Pädagoge und Dozent ist und selbst auch Solist, hat er weniger und weniger Zeit für gewöhnliche Solisten. Zuletzt spielte ich in Washington in dem Festkonzert anläßlich seines 60. Geburtstags: er dirigierte, und ich spielte mit Rostropowitsch und André Prévin in Beethovens *Tripelkonzert* – das war ein herrliches Konzert. Aber das war nicht lange nach Felicias Tod, und Lenny machte einen todunglücklichen Eindruck. Er ist überhaupt ein Mensch, der alles sehr tief fühlt. Es gibt einige Menschen, vor allem einige Frauen, deren Gefühle kostbar sind, ich meine damit ihren Gehaltswert, die Art ihrer Äußerung, ihre Spontaneität. Schöpferische Menschen müssen spontaner Emotionen fähig sein, die nicht unterdrückt werden. Denn wir sind abhängig von der Ausdruckskraft ihrer Schöpfungen, während durch das Schaffen von Menschen, die ihre Emotionen unterdrücken, die Welt wohl nicht viel verliert.

Wahrhaft schöpferischen Menschen war meist ein inneres vulkanisches Element zu eigen – denken wir vor allem an Beethoven –, ein Element, das in der Form starker Ausdruckskraft hervorbrach und sich in ganz natürlicher Weise in ihrer Kunst den Weg bahnte. Lenny ist so ein markantes, wahrhaft markantes menschliches Wesen; er hat mit allem und jedem Mitgefühl, und selbst wenn seine Gefühle abstoßend wären – was sie niemals gewesen sind –, würde ich sie so wertvoll für die Welt finden, daß ich sie als Kostbarkeit umarmen würde, wogegen sich andere Menschen in Gefühlen ergehen, die niemandem etwas sagen, weil sie keine Tiefe haben.

Es gab eine Zeit, wo Lenny mit mir nicht einverstanden war, zu der Zeit, als die Unesco sich gegen Israel stellte und ich dem

Musikrat vorstand. Lenny ist mit Israel so innig verbunden, und die Entschließungen der Unesco müssen ihm das Herz gebrochen haben. Wir waren uns damals uneinig, aber ich achtete seine Gefühle, weil sie so überzeugend und so echt sind. Die Freundschaft war bei allem so stark und überdauerte die Meinungsverschiedenheit. Später hat er sogar die höchste Auszeichnung für Verdienste um die Musik angenommen, die die Unesco zu vergeben hat, und er tat es mit all dem Charme und der Großmut, die er in sich vereint. Ich war so froh darüber.»

Abba Eban, israelischer Politiker und Historiker, hochgebildeter Liebhaber der Künste, kam in ähnlicher Weise auf Wesen und Charakter Leonard Bernsteins zu sprechen, als er anläßlich der Verleihung des Ehrendoktorats der Hebräischen Universität Jerusalem im Frühjahr 1981 die Laudatio auf ihn hielt: «Lenny hat uns das Verständnis dafür nahegebracht, daß Musik die reinste und weltweit gültigste Form der Sprache ist. Sinfonische Musik verkörpert in den Händen großer Meister und Dirigenten wie Lenny den unbemerkbaren inneren Fluß des Lebens. Indem wir zuhören, überwinden wir vielleicht die Unsicherheit, das Fehlen von Zusammenhängen, die Unvollständigkeit und die Relativität unseres täglichen Lebens.» Um das Wunder der Bereicherung durch die Musik als Spiegel des inneren Lebens zu erfahren, müssen wir gewillt sein, in ihr transzendentale, unbeweisbare Elemente zu spüren, die ein Kunstwerk durchziehen, sagte Abba Eban. «In dieser Erfahrung erscheint Lenny vor uns einmal als Interpret, ein andermal als Schöpfer und wieder als Dirigent... Es ist in der Musikwelt wohl anerkannt, daß er als Schöpfer von Musik bereits ein *Klassiker* ist. Ich definiere Klassizismus als die Fähigkeit von Kunstwerken, Zeiten zu überdauern und spätere Geister zu bereichern, nachdem die gesamte gesellschaftliche Umgebung, in der sie entstanden sind, schon lange verschwunden ist.»

Lenny gibt dem Schlagwort vom *Eskapismus* einen wahren Sinn, sagte Abba Eban: «Kunst läßt den Menschen die tatsächliche Welt fliehen. Doch die wesentliche Frage ist: *Entfliehen wohin?* In die innerste wahre Welt des Gefühls zu flüchten zählt zu den beglükkendsten Erfahrungen, die Menschen haben können.»

Das Komponieren besteht zu zehn Prozent aus Inspiration und

neunzig Prozent Perspiration, hat Igor Strawinsky postuliert. Ebenso verlangte Arnold Schönberg vom Komponisten Eingebung, gepaart mit kunstfertiger Arbeit, eine sinnvolle Verbindung von Herz und Hirn, Gefühl und Verstand: Wenn er sein Werk in verantwortlichem Schaffen vollendet habe – «Kunst kommt vom Müssen, nicht vom Können allein» –, dürfe er es voller Befriedigung betrachten und beurteilen, ob es gelungen, ob es schön sei. So habe Gott die Welt erschaffen und nach getaner Arbeit, sagt die Schöpfungsgeschichte, «sah er, daß es gut war».

In seiner «Plauderei» vor Studenten der Chicagoer Universität im Februar 1957 hat Bernstein sich über seine kompositorische Arbeitsweise geäußert und uns einen Einblick in seine «Werkstatt» ermöglicht. «Manchmal komponiere ich am Klavier, manchmal an einem Schreibtisch, ein andermal im Flughafen, manchmal beim Spazierengehen», sagt Bernstein. «Aber meistens komponiere ich, wenn ich im Bett oder auf einem Sofa liege. Ich möchte meinen, daß fast alle Komponisten im Liegen komponieren ... Da ist man in einer Art von Trance ..., eine Vorbedingung zum Nachdenken. Zwischen schöpferischer Arbeit und Kontemplation besteht ein enger Zusammenhang ... Dieser Zustand ist, glaube ich, am treffendsten in gewissen mystischen Schriften des Orients beschrieben.» Bernstein nennt Zen-Buddhismus und die Kunst des Bogenschießens, «das Einssein des Bogenschützen und des Zieles, die Gleichsetzung des Zielenden mit dem Ziel. Es ist eine Art von Verlust des eigenen Ego ... Das Mystische hierin ist oft beschrieben worden, doch muß man so einen Zustand selbst erleben ... Ich habe noch keine gültigere Darstellung des schöpferischen Aktes gefunden.»

«Phantasie arbeitet, wenn das Bewußtsein allmählich ausgeschaltet wird – jeder hat diese Erfahrung, ob er schöpferisch ist oder nicht ... Wenn aber die Phantasie schöpferisch wirkt, dann kann sie die Form von Noten annehmen, oder für den Dichter oder den Maler die Form von Worten oder von Bildern ... Wenn man das Bewußtsein wieder erlangt hat und in wachem Zustand genug Erinnerung an die schöpferische Vision bewahrt und es versteht, die Vision in etwas umzuwandeln, das sich anderen Menschen mitteilen läßt, dann ist das etwas Ideales.»

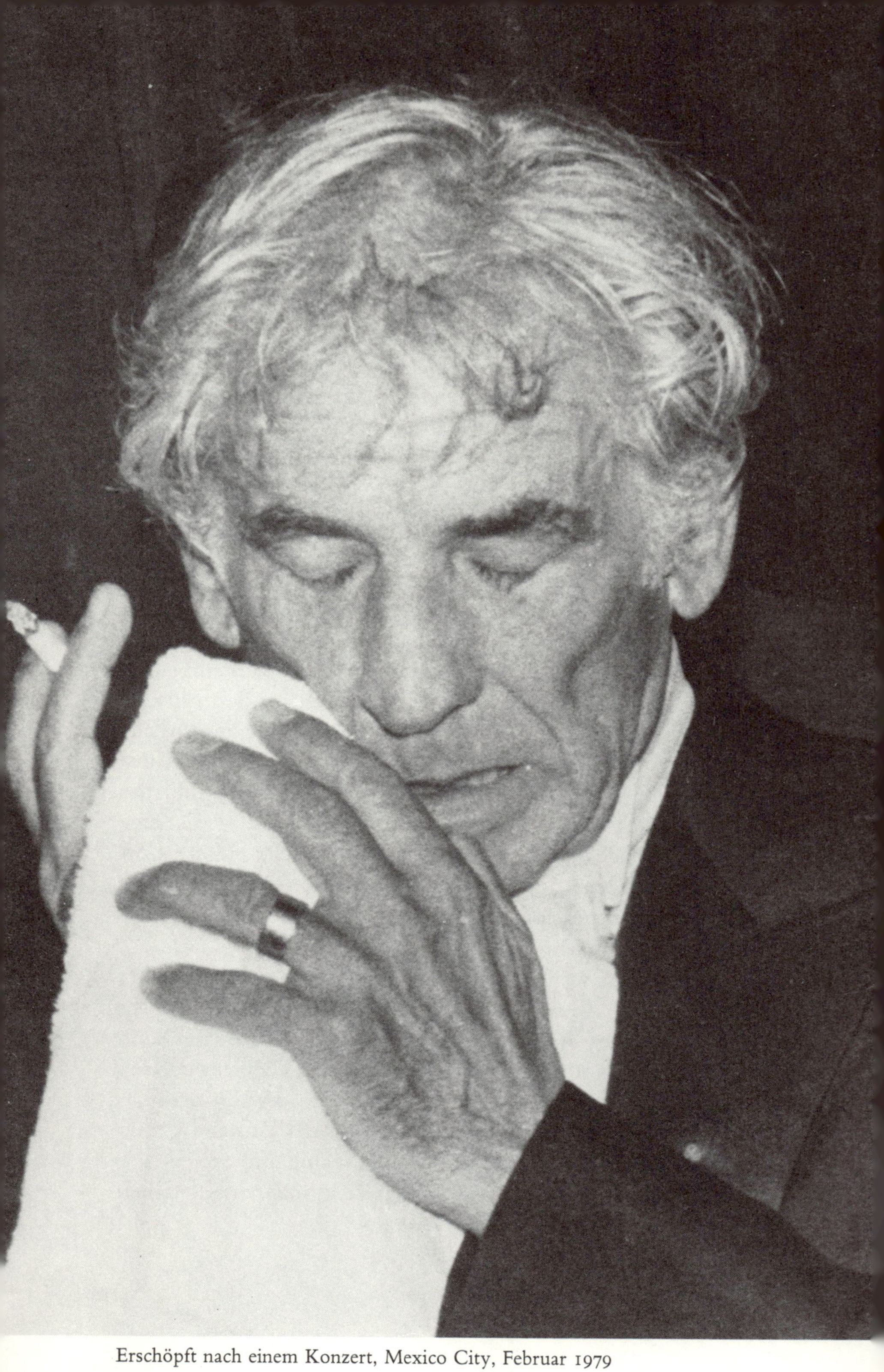

Erschöpft nach einem Konzert, Mexico City, Februar 1979

Leonard Bernstein zitiert Carl Gustav Jungs Vergleich des Unbewußten mit dem Inneren einer porösen Eierschale; Jung nennt die Schale «Persona», das Innere «Anima». Wenn man dies auf eine Analyse der schöpferischen Persönlichkeit anwendet, sagt Bernstein, so wird man finden, daß ein Komponist, der wie etwa Franz Schubert unaufhörlich schöpferisch war, eine sehr poröse «Eierschale» hatte, die «Persona» vernachlässigte. Andere Komponisten können die innere Substanz nur unter sehr viel größeren Schwierigkeiten an die Oberfläche bringen. Der Zustand des «Von-Sinnen-Seins», der Trance, in dem Konvention und Wachsamkeit vergessen sind, führt an die Grenzen von Genie und Wahnsinn.

«Was empfängt man im Zustand der Trance?» fragt Leonard Bernstein. «Das Beste, das Äußerste, das sie uns geben kann, ist etwas Totales, eine Gestalt, ein Werk als Ganzes. Man hat viel Glück, wenn das geschieht. Mit anderen Worten, man weiß noch nicht, was die erste Note sein wird ... Die Hauptsache ist, man hat die Vorstellung vom Ganzen – und darauf muß man hinarbeiten.»

«Jedes Kunstwerk lebt in seiner eigenen Welt», heißt es weiter in der packenden Darstellung des schöpferischen Prozesses, und «von innen heraus muß sich für das Werk eine Atmosphäre, eine allgemeine Stimmung einfinden, die mit dem formalen Aufbau nichts zu tun hat ... Von der Stimmung aus kann sich dann die Gesamtheit der formalen Struktur entwickeln ... Doch auch ohne dies kann sich ein *Thema* einstellen, und wenn es Möglichkeiten fruchtbarer Entwicklung hat, wird sich das sofort bemerkbar machen. Auch ohne daß man damit herumwurstelt, wird man wissen, daß man es in Umkehrung und Rückwärtsbewegung verwenden kann, daß es sich zu herrlichen Kanons und Fugen hergibt. Das ist nicht dasselbe wie eine Melodie – die viertbeste Sache, die einem einfallen kann: Wie schön eine Melodie auch sein mag, wenn sie einmal zu Ende ist, ist es vorbei. Melodien lassen sich nicht entwickeln, wie Themen es können ... Schließlich können einem auch harmonische Fortschreitungen oder Figuren einfallen, irgendwelche Zeichnungen oder Effekte, instrumentale Kombinationen; daraus kann in irgendeinem Zusammenhang vielleicht auch etwas werden, oder es wird auch zu einem Ansatz zu etwas Größerem.»

Wenn man aber in dem beschriebenen Zustand von *Trance* ist, kann es da nicht passieren, daß man einschläft?
«Das passiert oft, ich glaube sogar meistens... Wenn in der *anderen Welt,* in der man war, nichts vorgegangen ist... Der Komponist betet, daß eines Tages ein Instrument erfunden werden könne, das man an seinem Kopf anbringen kann und das all den Unsinn, der im Trance-Zustand vorbeizieht, aufzeichnet.»
Schließlich fragt Bernstein, was es ist, was der Komponist «empfangen» kann, und woher das kommt. Jeder musikalische Einfall vermischt sich mit all dem, was man je früher gehört hat. «Alle Komponisten schreiben ihre Musik in Verbindung mit all der Musik, die vor ihnen geschrieben wurde. Jede Kunst erkennt die Kunst an, die vor ihr da war oder die überliefert und gegenwärtig ist... Selbst Komponisten, die sich *experimentell* nennen (und sich der Idee hingeben, Musik zu schreiben, die von allem, was früher komponiert wurde, verschieden ist, und damit ihre Musik nur deshalb wertvoll machen, weil sie anders als Musik der Vergangenheit ist), erkennen die Gegenwärtigkeit der Kunst von früher an... Es herrscht damit eine Antithesis anstelle einer Imitation.»
Das, was den guten Künstler vom schlechten unterscheidet, ist das «Etwas-sagen-Können». «Doch warum will der Komponist überhaupt etwas sagen? Wenn er etwas zu sagen hat? Warum behält er es nicht für sich? Es ist der Zwang, der den Künstler ausmacht.» Wir erinnern an Arnold Schönbergs «Kunst kommt vom Müssen, nicht vom Können». Den Zwang, sich auszudrücken, fühlt der schaffende Künstler genau wie der ausübende. «Ich fühle das, wenn ich dabei bin, aufs Podium zu gehen und zu dirigieren: irgend etwas stößt mich hinaus auf die Bühne, ein Kobold hinter meinem Rücken... Es ist ein Trieb, ein Zwang, es ist fast Wahnsinn... Und so geht es dem Komponisten, der etwas auszudrükken hat.»
Ist das, was man als Komponist zu sagen hat, «emotionell»? «Tatsachen kann man nicht in Noten feststellen. Man kann keine Musik schreiben, die irgend jemanden über irgend etwas informieren kann, und auch keine Musik, die etwas beschreibt, es sei denn, der Komponist sagt dem Hörer, was er beschreiben will... Was der Komponist sagt, ist also niemals etwas Tatsächliches,

etwas Literarisches, es *muß* emotionell sein. Doch muß es Emotion sein, die sich in Stille gesammelt hat, und diese Stille ist eben der Zustand im Halbschlaf. Die Ruhe und Stille ist notwendig; die romantische Ansicht vom Komponieren muß ein und für alle Male zurückgewiesen werden: Erregte Musik wird niemals von einem erregten Komponisten geschrieben, verzweifelte Musik nie von einem verzweifelten Komponisten...» Leonard Bernstein zitiert den Dichter William Wordsworth: Wenn man mit Menschen kommunizieren will, muß man sich ihnen in einem Zustand mitteilen, in dem man sich verständlich machen kann, nicht aber in einem Zustand von Verzweiflung, von festgebundenen Gefühlen.

Trance und Einfall können natürlich auch von verschiedenen äußeren Dingen beeinflußt werden: Gedanken an volkstümliche Traditionen, Gegebenheiten der Zeit, gesellschaftliche Formen des Musiklebens, kritische Stimmen, Bestimmung eines Werkes laut Auftrag, von anderen Kunstwerken empfangene Impressionen, Bücher, Geschichten von anderen Menschen, Charakter und Persönlichkeit von ausübenden Musikern, für die eine Komposition geschrieben wird. Der allerletzte, vielleicht wichtigste Aspekt ist der der Selbstkritik, der «Zensor im Komponisten, dieser Störenfried, oder wie immer man ihn nennen mag, ist tätig, ob man schläft oder wacht, wenn man glücklicherweise ein guter Komponist sein will».

Das hier zusammenfassend wiedergegebene *Credo* des Komponisten Leonard Bernstein vermittelt einen Eindruck von den magisch-mystischen Kräften, denen er die Schöpferkraft wie die Fähigkeit des Nachschaffens zuspricht, wie sie auch alle seine nächsten Freunde – und so mancher ernste und aufmerksame Beobachter – in ihm spüren, die mystischen Neigungen in seinem Wesen erkennen. Es beweist auch, wie anspruchsvoll und kunstbewußt er als Musiker arbeitet, wie hohe Ansprüche er an den wahren Künstler und besonders an sich selber stellt. Aus allem spricht nicht ein erfolgsbedachter «Weltstar», wie ihn Medien und Musikindustrie gern darstellen, sondern der vor den Großen der Musik demütige, in sich gekehrte, zweifelnde, bescheidene Diener an der Musik, der Komponist, der zwar sein Werk von einer

großen Hörerschaft verstanden wissen will, aber keine Zugeständnisse an äußerliche Forderungen und Geschmacksrichtungen zu machen bereit ist.
«Lennys Beiträge zu Musik und Musikpflege und sein Image werden über seine Zeit hinaus nachhallen», sagt Yehudi Menuhin. «Da ist nicht nur seine große Bedeutung als Komponist, der etwas vom Geist – es ist mir fast zu banal, es auszusprechen – New Yorks verkörpert. New York ist eine große Nation, eine große Kultur und in vieler Hinsicht ganz unamerikanisch, der Rest des Landes ist völlig verschieden von New York. New York ist eines der großen Phänomene der Welt und eines seiner Juwele ist Lenny. Lenny ist die Verkörperung, die Kristallisierung von vielem im Leben von New York, nicht nur was zum Ausdruck des Jüdischen gehört, sondern der vielen verschiedenen Elemente und der Qualität der Stadt selbst. Und Lenny ist ein amerikanischer Pädagoge geworden. Ich glaube, niemand hat den Menschen in den Vereinigten Staaten – und durch Videobänder in der ganzen weiten Welt – Vergleichbares gegeben: eine Einsicht, was Musik wirklich bedeutet. Er hat dem Publikum einen intelligenten Weg zum Musikverständnis gezeigt, auch einem Publikum, das keine Musikerziehung genossen oder nur sehr oberflächliche Beziehung zur Musik hat. Musik kann natürlich von verschiedensten Ansatzpunkten her erläutert und genossen werden, aber er hat den Amerikanern Musik in ihrer tieferen Bedeutung nahegebracht. Ohne ihn, glaube ich, wäre das Musikverständnis oberflächlicher geblieben.»
«In einem Zeitalter *unpersönlicher* und *undurchdringlicher* Musik wagt es Leonard Bernstein, persönlich, human, sogar verletzlich zu sein. Seine Musik besitzt die seltene Eigenschaft einer *unmittelbaren Kommunikation*», schreibt Lukas Foss in Jack Gottliebs Bernstein-Katalog (1978). «Als ich Lenny kennenlernte, war er kaum zwanzig Jahre alt, bereits ein junger Meister, und seine Lehrer (meine Lehrer) wie seine Mitschüler sahen auf zu ihm. Jetzt, ein Sechziger, ist er noch immer ein junger Meister, und ich als sein früherer Mitschüler blicke immer noch zu ihm auf.»
Abba Eban bezeichnete Lenny in seiner Laudatio in Jerusalem als Klassiker, dessen Werk – wie auch Yehudi Menuhin sagte – die

Bernstein und Lukas Foss

Qualität des Dauerhaften hat: «Es ist tröstlich zu wissen, daß Kunst niemals überholt wird, wie es in der Wissenschaft geschieht, und so sind Menschen wie Lenny dem Unvergänglichen nahe.»
Die breite Öffentlichkeit kennt Leonard Bernstein als den temperamentvollen Dirigenten, der die Welt bereist, in Musik, Wort und Schrift seiner Kunst lebt und sie den Menschen nahezubringen versucht. Seine Kompositionen wirken in den mitreißenden Rhythmen, im beflügelten Schwung, man bewundert die emotionelle Ausdruckskraft seiner Musik, die für viele Hörer etwas Unstetes, ja Beunruhigendes vermittelt. Es ist nicht immer leicht, das Tiefe, Hintergründige in einer Musik zu erspüren, die sich äußerlich oft leicht und schäumend gibt. Wo der Urgrund von Lenny Bernsteins Wesen, Charakter und schöpferischer Triebkraft liegt, kann nicht besser und nicht treffender in Worte gefaßt werden, als er es selbst poetisch geformt hat. Im Jahr 1977 schrieb er als Vorwort zu einem Bildband von Alexandra von Malaisé einen Beitrag zum Thema des Bandes mit dem Titel «Stille», den wir, in eigener Übertragung, als Charakterbild Lenny Bernsteins an den Schluß unseres Versuchs einer Darstellung der wohl vielfältigsten musikalischen Persönlichkeit der Zeit setzen möchten:

STILLE ist unsere innerlichste Art
des Tuns.
In unseren Augenblicken tiefer Ruhe
entstehen alle Gedanken,
Gefühle und Kräfte, die wir schließlich
mit dem Namen des Tuns beehren.

Unser gefühlvollstes aktives Leben
wird in unseren Träumen gelebt,
unsere Zellen erneuern sich
am eifrigsten in unserm Schlaf.
Wir erreichen das Höchste in Meditation,
das Weiteste im Gebet.

In Stille ist jedes menschliche Wesen
fähig der Größe;
frei von der Erfahrung
von Feindseligkeit, ein Dichter,
und am ähnlichsten einem Engel.

Doch Stille verlangt eine tiefgründige
Disziplin, man muß sie sich erarbeiten,
und sie gilt uns um so mehr darum
als kostbarer Schatz.

Leonard Bernstein, 1977

LEONARD BERNSTEINS KOMPOSITIONEN

(nach Entstehungsjahren)

1935 Psalm 148, für Gesang und Klavier

1937 Trio für Klavier, Violine und Violoncello in 3 Sätzen
Musik für 2 Klaviere: Largo-Andante und Allegro

1938 Klaviersonate: Cadenza-Presto und Largo-Moderato-Cadenza
«Music for the Dance», No. 1., No. 2.
«The Birds», Musik für «Die Vögel» des Aristophanes

1939 «Scenes from the City of Sin», acht Miniaturen für Klavier, 4händig
Sonate für Violine und Klavier: Moderato assai, Variationen

1940 «The Peace», Musik zu Aristophanes' «Frieden»
Vier Studien für 2 Klarinetten, 2 Fagotte und Klavier: Präludium, Fughetta, Choral, Finale

1942 Sonate für Klarinette und Klavier: Grazioso, Un poco mosso und Andantino-Vivace e leggiero
Erste Sinfonie: «Jeremiah»

1943 Seven Anniversaries, Piano solo
«I Hate Music»: «Five Kid Songs» (Bernstein) für Sopran und Klavier

1944 «Fancy Free», Ballett
«On the Town», Musical Comedy

1945 «Hashkivenu», für Kantor (Tenor), 4stimmigen Chor und Orgel
«Afterthought» (Bernstein) für Gesang und Klavier

1946	«Facsimile», Ballett und «Choreographic Essay for Orchestra»
1947	«La Bonne Cuisine», «Vier Rezepte» für Gesang und Klavier «Ssimchu na» (Hebräisches Volkslied nach Mattityahu Weiner-Schelem) für 4stimmigen Chor und Klavier oder Orchester «Re'ena» (Hebräisches Volkslied) für Chor und Orchester
1948	Rondo for Lifey (Trompete und Klavier), Elegy for Mippy I (Horn und Klavier), Elegy for Mippy II (Posaune solo), Waltz for Mippy III (Tuba und Klavier), Fanfare for Bima (Trompete, Horn, Posaune und Tuba) Four Anniversaries, Piano solo
1949	Two Love Songs (Rainer Maria Rilke), für Gesang und Klavier: «Extinguish my Eyes», «When My Soul Touches Yours» Zweite Sinfonie: «The Age of Anxiety», für Klavier und Orchester «Prelude, Fugue and Riffs», für Solo-Klarinette und Jazzensemble
1950	Musik für «Peter Pan» von J. M. Barrie; Gesangstexte von Leonard Bernstein «Yigdal» (Hebräische liturgische Melodie) für Chor und Klavier «Trouble in Tahiti», Oper in einem Akt (Libretto: Bernstein)
1951	Five Anniversaries, Piano solo «Silhouette: Galilee» (Bernstein) für Gesang und Klavier
1953	«Wonderful Town», Musical Comedy

1954	Serenade (nach Platos «Gastmahl») für Violine solo, Streichorchester, Harfe und Schlaginstrumente «On the Waterfront», Filmmusik
1955	Sinfonische Suite nach der Filmmusik «On the Waterfront» «The Lark», Französische Chöre und Lateinische Chöre für Lillian Hellmans Bearbeitung von Jean Anouils «L'alouette» «Get Hep!», Marschlied (Bernstein) «Salome», Musik für Oscar Wildes Drama, für Kammerorchester und Gesangssoli
1956	«Candide», «Comic Operetta» von Lillian Hellman nach Voltaire (mehrmals neu bearbeitet) Orchester-Ouvertüre zu «Candide»
1957	Zwei Chöre für Harvard (Allan Jay Lerner) «West Side Story», Musical
1958	«The Firstborn», zwei Stücke für Gesang und Schlagwerk für das Drama von Christopher Fry
1960	«Symphonic Dances» nach der Musik zu «West Side Story»
1961	Zwei «Fanfaren» für Orchester
1963	Dritte Sinfonie: «Kaddisch», für Orchester, gemischten Chor, Knabenchor, Sprecher und Sopransolo
1965	«Chichester Psalms» für Chor, Knabensolo und Orchester Two Anniversaries, Piano solo
1968	«So Pretty» (Betty Comden und Adolph Green) für Gesang und Klavier
1969	«Shivaree», für 2 Blechbläser-Ensembles und Schlagwerk

1970	«Warm-Up», für gemischten Chor
1971	«Mass», «Theater Piece for Singers, Players and Dancers» «Two Meditations from *Mass*», für Violoncello und Klavier
1973	«A Little Norton Lecture» (e.e.cummings) für Männerchor
1974	«Dybbuk», Ballettmusik und 2 Orchestersuiten «Song without Words – for Felicia»
1975	«By Bernstein», Revue mit Songs, die ursprünglich für frühere Theaterwerke komponiert, dann aber nicht zur Aufführung gekommen waren
1976	«1600 Pennsylvania Avenue», «A Musical about the Problems of Housekeeping»
1977	«Three Meditations from *Mass*», für Violoncello und Orchester «Songfest», ein Zyklus amerikanischer Gedichte für 6 Sänger und Orchester «Slava!», Ouvertüre für Orchester oder Blasorchester «CBS Music», 5 Stücke für Orchester
1979	«My New Friends» (Bernstein) für Gesang und Klavier Piccola Serenata für Gesang und Klavier
1980	Divertimento für Orchester «A Musical Toast», für Orchester «Touches», Piano solo
1981	«Touches», Piano solo «Halil», Nocturno für Soloflöte, Streichorchester und Schlaginstrumente «Moby Diptych», für Klavier

1983	«A Quiet Place», Oper in vier Szenen (Stephen Wadsworth)
1984	«A Quiet Place» (Neufassung), Oper in drei Akten mit «Trouble in Tahiti» in den 2. Akt integriert (Stephen Wadsworth und Leonard Bernstein)
1986	«Jubilee Games» für Orchester «Sean Song» für Gesang und Streichinstrumente «Opening Prayer» für Orchester mit Bariton solo
1987	«Trial Song» aus «The Race to Urga»
1988	Missa Brevis für A-cappella-Chor und Schlaginstrumente «My Twelve-Tone Melody», Lied mit Klavier Thirteen Anniversaries, Piano solo «Arias and Barcarolles» für 2 oder 4 Sänger und Klavier zu vier Händen
1989	«Concerto for Orchestra»: 2 Sätze aus «Jubilee Games», «Mixed Doubles» für Soli und Orchester und «Benediction», identisch mit «Opening Prayer»

LITERATURVERZEICHNIS

LEONARD BERNSTEINS EIGENE SCHRIFTEN:

Leonard Bernstein hat mehr als 50 Artikel und Essays und etwa 80 Manuskripte für Fernsehprogramme verfaßt, deren Daten und Titel in Jack Gottliebs Katalog (Amberson-Boosey & Hawkes) verzeichnet sind. Von diesen sind von Bernstein ausgewählte Essays und Vorträge in fünf Büchern (1959–1983) veröffentlicht worden:

THE JOY OF MUSIC, New York 1959. Deutsch: FREUDE AN DER MUSIK, Stuttgart 1961, Taschenbuch dtv, München 1963. In vielen Auflagen erschienen, auch in tschechischer, ungarischer, japanischer, chinesischer, dänischer, schwedischer, hebräischer, spanischer, portugiesischer, slowenischer Übersetzung veröffentlicht.

LEONARD BERNSTEIN'S YOUNG PEOPLE'S CONCERTS FOR READING AND LISTENING, New York 1962. Erweiterte Neuauflage New York 1970. Deutsch: KONZERT FÜR JUNGE LEUTE, Tübingen 1969. Auch in ungarischer, japanischer und portugiesischer Sprache erschienen.

THE INFINITE VARIETY OF MUSIC, New York 1962. Deutsch: VON DER UNENDLICHEN VIELFALT DER MUSIK, Tübingen 1968. Taschenbuch Goldmann-Schott 1975. In vielen Auflagen erschienen, auch in ungarischer, japanischer und portugiesischer Sprache veröffentlicht.

THE UNANSWERED QUESTION, SIX TALKS AT HARVARD, Cambridge und London 1976. Deutsch: MUSIK – DIE OFFENE FRAGE, München 1979. Die amerikanische und deutsche Originalausgabe enthält 3 kleine LP-Schallplatten mit Auszügen aus den Vorlesungen (im englischen Original) und Musikbeispielen. In der Taschenbuchausgabe (Goldmann-Schott) sind die Schallplatten nicht beigegeben. Das Buch wurde u. a. auch ins Französische, Ungarische und Japanische übersetzt.

FINDINGS, New York 1982. Deutsch: ERKENNTNISSE. BEOBACHTUNGEN AUS FÜNFZIG JAHREN (Autorisierte Auswahl aus «Findings»), Hamburg 1983

HANS CHRISTIAN MEISER (Hrsg.) Leonard Bernstein, Ausgewählte Texte. München 1988

In Konzertprogrammen verschiedener amerikanischer Orchester und auf Schallplattenbeigaben sind Leonard Bernsteins Anmerkungen zu folgenden Werken veröffentlicht: «Jeremiah»-Sinfonie, «Fancy Free», «On the Town – Three Dance Episodes», «Facsimile», «The Age of Anxiety», «Serenade», «On the Waterfront – Symphonic Suite», «Dybbuk – Suite No. 1, Suite No. 2». Die Deutsche Grammophon hat Auszüge aus einigen dieser Anmerkungen in ihren Bernstein-LPs wiedergegeben.

BIOGRAPHISCHE LITERATUR:

BURTON BERNSTEIN
Family Matters. Sam, Jennie, and The Kids. New York 1982

SHIRLEY BERNSTEIN
Making Music: Leonard Bernstein. (Jugendbuch) Chicago 1963

JOHN BRIGGS
Leonard Bernstein, The Man, His Work and His World. Cleveland and New York 1961

MOLLY CONE
Leonard Bernstein (Jugendbuch). New York 1970

JUHÁSZ ELÖD
Bernstein Story (in ungarischer Sprache). Budapest 1972
Bernstein in Budapest. Budapest 1988

DAVID EWEN
Leonard Bernstein, A Biography for Young People. (Jugendbuch) Philadelphia 1960
Leonard Bernstein. London 1967

DIANE HUSS GREEN
Lenny's Surprise Piano. (Jugendbuch) San Carlos, Ca., 1963

JOHN GRUEN & KEN HYMAN (Fotos)
The Private World of Leonard Bernstein. New York 1968

ARTUR HOLDE
Leonard Bernstein (deutsch). Berlin 1961

JOHN P. REIDY & NORMAN RICHARDS
People of Destiny: Leonard Bernstein. (Jugendbuch) Chicago 1967

JACK GOTTLIEB
A Complete Catalogue of His Works. New York 1978:
Katalog der Werke, Biographischer Kalender, Verzeichnis von Film- und Video-Tapes, Liste der Schriften Leonard Bernsteins, Aufführungsdaten der Kompositionen und Anschriften der Verleger von Bernsteins Werken. Aktualisierte Neuausgabe. New York 1988

Die wichtigsten Informationen zu Bernsteins Leben und Werken in Lexikonform:
LEONARD BERNSTEIN VON A–Z
Broschüre der Deutschen Grammophon Produktion, Hamburg, 2. Auflage 1983, mit Einführung.

KLAUS GEITEL
Leonard Bernstein – Der musikalische Humanist

INGEBORG NERIUS
Leonard Bernstein, Ausdruck eines großen Musikers. München 1978

PAUL ROBINSON
Bernstein (The Art of Conducting Series). New York 1982

JOAN PEYSER
Bernstein. A Biography. New York 1987, deutsch Hamburg 1988

MICHAEL FREEDMAN
Leonard Bernstein. London 1987

JOACHIM KAISER (Hrsg.)
Leonard Bernsteins Ruhm. München 1988

STEVEN LEDBETTER (ed.)
Sennets & Tuckets. A Bernstein Celebration. Boston 1988

REINHOLD DUSELLA und HELMUTH LOOS (Hrsg.)
Leonard Bernstein, der Komponist. In der Reihe «Musik der Zeit». Bonn 1989

ANALYTISCHE SCHRIFTEN:

DON A. ANDRÉ
Leonard Bernstein's Mass as Sound and Political Commentary on the 1960's. University of Washington 1979

DAVID ERNEST BOELZNER
The Symphonies of Leonard Bernstein: An Analysis of Motivic Character and Form. Master of Arts thesis, University of North Carolina, 1977

JOSEPH B. CARLUCCI
An Analytical Study of Published Clarinet Sonatas by American Composers. Doctor of Musical Arts thesis, Eastman School of Music, Rochester, N.Y. 1957

WILLIAM A. COTTLE
Social Commentary in the Twentieth Century as Evidenced by Leonard Bernstein's Mass. University of Northern Colorado 1978

DAVID DREW
Leonard Bernstein: «Wonderful Town», The Score and I.M.A. Magazine, vol. XII, 1955, pp. 77 et seq.

IRVING FINE
Young America: Bernstein and Foss. Modern Music, vol. XXII, No. 4., 1945, pp. 238 et seq.

JACK GOTTLIEB
The Music of Leonard Bernstein: A Study of Melodic Manipulations. Doctor of Musical Arts thesis, University of Illinois, 1964
Leonard Bernstein: Kaddish Symphony. Perspectives of New Music, Fall-Winter 1965, pp. 171 et seq.
Erläuterungen zu Leonard Bernsteins drei Sinfonien und «Chichester Psalms», Broschüre zum Deutsche-Grammophon-Album der Werke 2530 968/969/970 und «Dybbuk» DGG 2531 348

PETER GRADENWITZ
Leonard Bernstein. Music Review, Cambridge (England), vol. X, No. 3., August 1959, pp. 191–202

GERTRUDE JACKSON
West Side Story: Thema, Grundhaltung und Aussage. Maske und Kothurn, XVI, Heft 1, Wien 1970, S. 97–101

HANS KELLER
Leonard Bernstein: «On the Waterfront», The Score and I.M.A. Magazine, vol. XII, 1955, pp. 81 et seq.

LEONARD J. LEHRMAN
An Analysis of Bernstein's Serenade after Plato's Symposium.
Cornell University 1977

SIGRID LUTHER
The Anniversaries for Solo Piano by Leonard Bernstein. Doctor of Musical Arts, Louisiana University 1986

ANTHONY T. McDONALD
A Conductor's Analysis of Leonard Bernstein's Serenade. Doctor of Musical Arts, Stanford University 1982

JAMES W. MOORE
A Study of Tonality in Selected Works of Leonard Bernstein. PhD., Florida State University 1984

IRENE NOTHBAUER
Leonard Bernstein als Musikpädagoge. Diplomarbeit Hochschule für Musik und darstellende Kunst, Wien 1986

ALAN J. PEARLMUTTER
Leonard Bernstein's Dybbuk. Doctor of Musical Arts, Peabody Conservatory of Music 1985

ANDREW PORTER
Harmony and Grace (über «A Quiet Place»), The New Yorker, July 11, 1983, p. 88–89

MARY RHOADS
Leonard Bernstein's West Side Story. Master of Fine Arts thesis, University of Michigan 1964

GARY DE SESA
A Comparison between a Descriptive Analysis of Leonard Bernstein's Mass and The Musical Implications of the Critical Evaluations thereof. PhD., New York University 1984

GRANT P. SHERIDAN
A Twentieth Century Rite: A Critical Study of Leonard Bernstein's Mass. Adelaide University, Australia 1983

LINDA J. SNYDER
Leonard Bernstein's Works for the Musical Theatre, Doctor of Musical Arts, University of Illinois 1982

WILLIAM WARNER TROMBLE
The American Intellectual and Music: An Analysis of the writings of Suzanne K. Langer, Paul Henry Lang, Jacques Barzun, John Dewey, and Leonard Bernstein – with Implications for Music Education at the College Level. Dissertation Ph. D. Music, University of Michigan 1968

ALLGEMEINE LITERATUR: MUSIK IN AMERIKA, AMERIKANISCHE MUSIK, BERNSTEIN-KONZERTE, BERNSTEINS PERSÖNLICHKEIT, BERNSTEIN ALS DIRIGENT, KOMPONIST, PÄDAGOGE (Auswahl):

GILBERT CHASE
America's Music: From the Pilgrims to the Present. New York 1955

HENRY & SIDNEY COWELL
Charles Ives and His Music. New York 1955

ANTAL DORATI
Notes of Seven Decades. London 1979

URSULA GÄTZKE
Das Amerikanische Musical: Vorgeschichte, Geschichte und Wesenszüge eines kulturellen Phänomens. Dissertation, Philosoph. Fakultät München 1969

ELLIOT W. GALKIN
A History of Orchestral Conducting in Theory and Practice. New York 1988

PETER GRADENWITZ
The Music of Israel. Its Rise and Growth Through 5000 Years. New York 1949
Music in War-Time Israel. Horizon, New York Cheshvan 5710, Herbst 1949, p. 39 et seq.
Die Musikgeschichte Israels. Von den biblischen Anfängen bis zum modernen Staat. Kassel-Basel-London-New York 1961

HENRY ANATOLE GRUNWALD
A Bernstein Suite. American Horizon, July 1959

HANS W. HEINSHEIMER
Best Regards to Aida: The Defeats and Victories of a Music Man on Two Continents. New York 1968
Deutsch: Schönste Grüße an Aida: Ein Leben nach Noten. München 1969

JOHN TASKER HOWARD
Our American Music. Three Hundred Years of it. New York ³1946

CHARLES EDWARD IVES
Essay before a Sonata. New York 1919

PAUL HENRY LANG (ed.)
One Hundred Years of Music in America. New York 1961

JOSEPH MACHLIS
Introduction to Contemporary Music. New York 1961

CLAIRE REIS
Composers in America. New York 1938

ARTHUR RUBINSTEIN
My Many Years. New York 1980.
Deutsch: Mein Glückliches Leben. Frankfurt/M. 1980

HAROLD C. SCHONBERG
The Great Conductors. New York 1967.
Deutsch: Die Großen Dirigenten. Bern-München-Wien 1970. List-Taschenbuch, München 1973

NICOLAS SLONIMSKY
Music Since 1900. Mehrere stets aktualisierte Ausgaben seit [1]1937

ARIANNA STASSINOPOULOS
Maria – Beyond the Callas Legend. London 1980
Deutsch: Die Callas. Hamburg 1981

HANS HEINZ STUCKENSCHMIDT
Die Musik eines halben Jahrhunderts: 1925–1975, Essay und Kritik. München 1976
Arnold Schönberg: Leben, Umwelt, Werk. Zürich und Freiburg/Br. 1974

VIRGIL THOMSON
American Music since 1910. New York 1971
Music Right and Left. New York 1951, [2]1969

ADOLF WEISSMANN
Der Dirigent im XX. Jahrhundert. Berlin 1925

FILME UND VIDEO-TAPES MIT EIGENEN WERKEN LEONARD BERNSTEINS UND MIT SEINER EIGENEN MITWIRKUNG (Auswahl):

«The Age of Anxiety», Symphony No. 2. – mit Lukas Foss, Klavier, und dem Israel Philharmonic Orchestra. Berlin 1977

«Jeremiah», Symphony No. 1. – mit Christa Ludwig, Israel Philharmonic Orchestra, Berlin 1977; mit Santa Cecilia Orchestra, Rom 1983

«Kaddish», Symphony No. 3. – mit Michael Wager als Sprecher, Florence Quivar, Sopran, gemischten Chören und Israel Philharmonic Orchestra. Tel Aviv 1977

«Chichester Psalms» – mit Wiener Jeunesse Chor, Israel Philharmonic Orchestra. Berlin 1977 – mit RAI (italien. Rundfunk)-Orchester, RAI-Chor, «Concerto del Papa» – Vatikanstadt 1973

«Candide»-Ouvertüre – mit New York Philharmonic Orchestra, London und Frankfurt 1976

«West Side Story», Symphonic Dances – mit New York Philharmonic Orchestra, Frankfurt 1976. Die gesamte Musik mit den Opernsängern der Schallplatte, New York 1984

«Take Care of This House», aus «1600 Pennsylvania Avenue» – mit Frederica von Stade, Sopran, National Symphony Orchestra, Washington D.C. – Kennedy Center 1977

«To My Dear and Loving Husband», aus «Songfest» – mit Benita Valente, Sopran, Nancy Williams, Mezzosopran, Elaine Bonazzi, Alt, und National Symphony Orchestra, Washington, D.C. – Kennedy Center 1977

«Songfest» mehrere Videos 1978–1988

«Trouble in Tahiti» – mit Solisten und Orchester – London 1973

Die vollständigen sechs Harvard-Vorlesungen: Charles Eliot Norton Lectures at Harvard: «The Unanswered Question» – 1973

«A Quiet Place» – Aufführung der Wiener Staatsoper 1986

«Royal Gala for Leonard Bernstein» – London 1986

Aufnahmen wurden auch in Israel anläßlich der Uraufführungen von «Halil» und der Erstaufführung von «Divertimento» in Tel Aviv 1981 mit dem Israel Philharmonic Orchestra gemacht.

SCHALLPLATTEN MIT WERKEN LEONARD BERNSTEINS (Auswahl):

Ein großer Teil von Leonard Bernsteins Kompositionen – die Sinfonien, Chorwerke, Kammermusik, Klaviermusik, Lieder und die Shows in Original- oder Filmbesetzung – ist auf Schallplatten aufgenommen worden.
Von den *frühen Aufnahmen* sind nur noch wenige in den handelsüblichen Katalogen verzeichnet; man findet sie nur noch gelegentlich in Spezialgeschäften, darunter sind die *Erstaufnahmen* der folgenden Werke:
Sonate für Klarinette und Klavier
«Jeremiah»-Sinfonie
«Seven Anniversaries» für Klavier
«Four Anniversaries» für Klavier
«Five Anniversaries» für Klavier
«I Hate Music», Liederzyklus (mit Barbra Streisand)
«Fancy Free», Ballettmusik, und «Three Dances»
«On the Town», Musical
«Facsimile», Ballettmusik und Auszüge
«La Bonne Cuisine», Liederzyklus (mit Felicia Sanders)
Chöre «Ssimchu na» und «Réene»
«Elegy for Mippy I» (Joseph Eger, Yalta Menuhin)
«Elegy for Mippy II» (Alan Ralph Coronet, auch Robert Gillespie)
«The Age of Anxiety»
«Prelude, Fugue and Riffs»
«Peter Pan» – Auszüge
«Trouble in Tahiti»
«Wonderful Town», Musical
«Serenade» für Sologeige und Kammerorchester
«On the Waterfront», Filmmusik und Sinfonische Suite
«The Lark», Chöre
«Candide», Vollständige Operette, Auszüge, Ouvertüre
«West Side Story», Musical, Filmmusik, Einzel-Songs, Sinfonische Tänze
«Kaddish»-Sinfonie
«Chichester Psalms»
«Shivaree»
«Mass»
«Dybbuk», vollständiges Ballett und Suiten
«1600 Pennsylvania Avenue», Auszüge
«Songfest», vollständiger Zyklus und Einzellieder

Leonard Bernsteins Kompositionen auf Schallplatten, die in den einschlägigen Katalogen und im amerikanischen «Schwann Record & Tape Guide» und dem deutschen «Bielefelder Katalog Klassik» angezeigt sind, einschließlich Neupressungen älterer, vergriffener Aufnahmen:

KLAVIER- UND KAMMERMUSIK:

«Seven Anniversaries» – Leonard Bernstein, Klavier (mit der Klaviersonate von Aaron Copland, dem ersten zeitgenössischen Werk, das den Komponisten Bernstein zutiefst beeindruckte und beeinflußte). RCA Music Archive SMA 7015

«Seven Anniversaries», «Five Anniversaries», «Four Anniversaries», «Touches», «Moby Diptych»
James Tocco: Pro Arte 109

«Four Anniversaries», «Five Anniversaries» – David Arden: Mixtur Musica Magna MM 50017

Complete Works for Solo Piano (mit Copland-Bernstein «El Salón México»). Alle Klavierkompositionen Bernsteins, einschließlich der bis dahin unveröffentlichten «Two Anniversaries» (1965), «Song without Words – for Felicia» (1974) und «Moby Dyptich» (1981). James Tocco, Klavier. Pro Arte PAD 109

Sonata for Clarinet and Piano – Stanley Drucker, Leonid Hambro. ODYSSEY Y 30492

«Elegy for Mippy I» – CRYSTAL – John Russo, Ignacio. ORION 79330 S 375

«Elegy for Mippy II» – Alan Ralph: Coronet S 1407, Robert Gillespie: Mace MCS 9112, Christian Lindberg: Fermat (Schweden) FLPS

THEATER- UND FILMMUSIK:

«Candide» – vollständige Operette: Originalaufführung COLUMBIA OL 5180, OS 2350, Stereo – 02350
Originalbesetzung der Neufassung 1973 COLUMBIA S2X 32923

Opera House Version. NEW WORLD RECORDS NW 340/341

«On the Town» – vollständiges Musical in Originalbesetzung COLUMBIA S 31005
(«Dance Episodes» – s. Orchesterwerke)

«Fancy Free» – Leonard Bernstein und New York Philharmonic Orchestra COLUMBIA MG 32174
Leonard Bernstein und Israel Philharmonic Orchestra DEUTSCHE GRAMMOPHON DG 2531196
s. auch Orchesterwerke

«Wonderful Town» – Originalaufführung DECCA DL 9010, MCA 2050

«Facsimile» – Ballettmusik – s. Orchesterwerke

«West Side Story» – Originalaufführung COLUMBIA JS 32603
«Soundtrack» der Filmversion COLUMBIA JS 2070, JST 20004
zahlreiche Einzelaufnahmen der Songs
1985: Vollständige Aufnahme mit Opernsängern in den Hauptrollen – auf Wunsch des Komponisten –: Kiri te Kanawa (Maria), José Carreras (Tony), Tatiana Troyanos (Anita). Dirigent: Leonard Bernstein. DEUTSCHE GRAMMOPHON 415253-1
«Sinfonische Tänze» – s. Orchesterwerke

«Mass» – mit den Sängern und Musikern der Uraufführung. COLUMBIA M2 31008
«Meditationen» – s. Orchesterwerke

«Trouble in Tahiti» – frühe Aufnahmen MGM E 3646, HELIODOR H/HS 25020, COLUMBIA KM 32597, KMQ 32597 – 1984 nicht im Katalog

«A Quiet Place» – Mitschnitt der Aufführung in der Wiener Staatsoper 1986 unter Leitung des Komponisten. DEUTSCHE GRAMMOPHON CD 419761-2

«On the Waterfront» – s. Orchesterwerke
«The Dybbuk» – s. Orchesterwerke

DIE SINFONIEN:

«Jeremiah» – Jennie Tourel, New York Philharmonic Orchestra, Leonard Bernstein. COLUMBIA ML 5703/MS 6303
Christa Ludwig, Israel Philharmonic Orchestra, Leonard Bernstein. DEUTSCHE GRAMMOPHON DG 2530 968 IMS

«The Age of Anxiety» – Philippe Entremont, New York Philharmonic Orchestra, Leonard Bernstein. COLUMBIA MS 6885
Lukas Foss, Israel Philharmonic Orchestra, Leonard Bernstein. DEUTSCHE GRAMMOPHON DG 2530 969 (revidierte Fassung)

«Kaddish» – Felicia Montealegre (Rezitation), Jennie Tourel, Camerata Singers, Columbia Boychoir, New York Philharmonic Orchestra, Leonard Bernstein. COLUMBIA KL 6005/KS 6605, CBS 72265
Michael Wager (Rezitaton), Monserrat Caballé, Wiener Jeunesse Chor, Wiener Sängerknaben, Israel Philharmonic Orchestra, Leonard Bernstein. DEUTSCHE GRAMMOPHON DG 2530 970
(DG 2709 077 enthält die drei Sinfonien und «Chichester Psalms».)

CHORWERKE:

«Mass» – s. unter Theater- und Filmmusik

«Chichester Psalms» – John Bogart (Knaben-Alt), Camerata Singers, New York Philharmonic Orchestra, Leonard Bernstein. COLUMBIA MS 6792, CBS 72374
Wiener Jeunesse Chor und Knaben-Solist, Israel Philharmonic Orchestra, Leonard Bernstein. DEUTSCHE GRAMMOPHON DG 2530 968/IMS (mit «Jeremiah») und DG 2709 077 (Album mit den drei Sinfonien)
In der Version mit Orgel, Harfe und Schlagwerk – James Bowman (Counter-Tenor), King's College Choir of Cambridge; Dirigent Philipp Ledger. ANGEL S 37119; HIS MASTER'S VOICE ASD 3035

ORCHESTERWERKE (außer Sinfonien):

«Candide»-Ouvertüre – unter vielen verschiedenen Einspielungen in aktuellen Katalogen:
Leonard Bernstein mit New York Philharmonic Orchestra, in LP «The Best of Bernstein», «The Bernstein Years», vol. I., CBS CLASSICS 60334, CB 251, s. auch «Bernstein conducts Bernstein» (2)

Zubin Mehta mit Los Angeles Philharmonic Orchestra. LONDON CS 7031, DECCA SXL 6811

Eric Rogers mit Royal Philharmonic Orchestra, London. DECCA 6 48 48 172
Arthur Fiedler mit Boston Pops Orchestra. RCA LSC 2789
Leonard Bernstein mit Los Angeles Philharmonic Orchestra. DEUTSCHE GRAMMOPHON 2532 083.

«Bernstein conducts Bernstein» (1) – «West Side Story Symphonic Dances», «On the Waterfront Symphonic Suite», mit New York Philharmonic Orchestra, COLUMBIA MS 6251

«Bernstein conducts Bernstein» (2) – «Fancy Free», «Candide-Ouvertüre», «Prelude, Fugue and Riffs» (mit Benny Goodman, Klarinette, und Jazz Combo). New York Philharmonic Orchestra. COLUMBIA ML 6077

«West Side Story Symphonic Dances» (s. auch «Bernstein conducts Bernstein»/1) – New York Philharmonic Orchestra, Leonard Bernstein. CBS 61 096
San Francisco Symphony Orchestra, Seji Ozawa. DEUTSCHE GRAMMOPHON DG 2530 309
Los Angeles Philharmonic Orchestra, Leonard Bernstein. DEUTSCHE GRAMMOPHON 2532 82
Atlanta Symphony Orchestra, Robert Shaw. VOX C 9002, FONO SCHALLPLATTEN MÜNSTER FSM 9002

«On the Waterfront Symphonic Suite» (s. auch «Bernstein conducts Bernstein»/1)
Leonard Bernstein und Israel Philharmonic Orchestra. DEUTSCHE GRAMMOPHON DG 2532 051

«The Dybbuk», Suite Nr. 1 und Nr. 2 – Paul Sperry, Tenor, Bruce Fifer, Baß-Bariton, New York Philharmonic Orchestra, Leonard Bernstein.
DEUTSCHE GRAMMOPHON DG 2531 348

«Fancy Free» – s. Theater- und Filmmusik und «Bernstein conducts Bernstein» (2)

«Facsimile» – New York Philharmonic Orchestra, Leonard Bernstein. COLUMBIA ML 6192
Israel Philharmonic Orchestra, Leonard Bernstein.
DEUTSCHE GRAMMOPHON DG 2532 052

Serenade für Violine solo, Streichinstrumente und Schlagwerk – Zino Francescatti, New York Philharmonic Orchestra, Leonard Bernstein. COLUMBIA MS 7058.CBS 72643
Gidon Kremer, Israel Philharmonic Orchestra, Leonard Bernstein. DEUTSCHE GRAMMOPHON DG 2531 196
(Die Originalaufnahme mit Isaac Stern und Symphony of the Air, Leonard Bernstein, COLUMBIA CML 5144, ODYSSEY 434633, war 1984 nicht im Katalog)

Divertimento für Orchester – Israel Philharmonic Orchestra, Leonard Bernstein. DEUTSCHE GRAMMOPHON DG 2532 052

«A Musical Toast» – ebd.

«Slava!» – ebd.

«On the Town» – ebd.

Divertimento – Transkription für Blechbläser. VDE GALLO 30-450

«Halil». Nocturno für Solo-Flöte, Streichorchester und Schlagwerk –

Jean-Pierre Rampal, Israel Philharmonic Orchestra, Leonard Bernstein. DEUTSCHE GRAMMOPHON DG 2532 051

Drei Meditationen aus «Mass» für Violoncello und Orchester – Mstislav Rostropowitsch, Israel Philharmonic Orchestra, Leonard Bernstein. DEUTSCHE GRAMMOPHON DG 2532 051

GESANG UND ORCHESTER

(s. auch Chorwerke, «Kaddish»-Sinfonie, «The Dybbuk»):

«Songfest», 12 Gesänge für sechs Sänger und Orchester – Aufnahme der Uraufführung aus Washington. DEUTSCHE GRAMMOPHON DG 2531 044

Einzelaufnahmen aus «Songfest», aus «Candide», aus den Broadway-Shows und aus Musical und Film «West Side Story»

Auf DG 2531 196 («Serenade» und «Fancy Free») singt Leonard Bernstein mit eigener Klavierbegleitung und mit Baßgitarre und Schlagzeug seinen Song «Big Stuff» aus «Fancy Free»

GESANG UND KLAVIER

«I Hate Music», «La Bonne Cuisine» (französisch und englisch), Two Love Songs (Rilke), «Piccola Serenata», «Silhouette», «So Pretty». Roberta Alexander, Sopran, und Tan Crone, Klavier. ETCETERA RECORDS ETC 1037

JAZZ:

«Prelude, Fugue and Riffs» – s. «Bernstein conducts Bernstein» (2) unter Orchesterwerke

«What is Jazz» – Leonard Bernstein spricht über Charakter und Stile im Jazz, mit vielen Musikbeispielen bedeutender Jazzmusiker. COLUMBIA CL 919

ABBILDUNGSVERZEICHNIS

BILDNACHWEISE

Umschlagbilder: Unitel, München
Seite 2: Foto Ellinger, Max Reinhardt-Gedenkstätte, Salzburg
Seite 28: Foto Naftali, Ein Gev
Seite 48: Besitz des New York Philharmonic Orchestra
Seite 56: Foto Naftali, Ein Gev
Seite 59 oben:
Foto R. Weissenstein, Tel Aviv, im Besitz d. Israel Philharmonic Orchestra
unten:
Foto Triest, Tel Aviv, im Besitz d. Israel Philharmonic Orchestra
Seite 60: Archiv des Verfassers
Seite 68: Besitz Bayerische Staatstheater
Seite 75: Archiv des Verfassers
Seiten 80/81: Besitz Israel Philharmonic Orchestra
Seite 87: Foto Prior, Tel Aviv
Seite 88: Besitz Teatro alla Scala, Mailand
Seite 91: Foto Teatro alla Scala, Mailand
Seiten 98/99: Foto Kim
Seite 105: Archiv des Verfassers
Seiten 116/117: Foto von Hunstein, Columbia Records
Seite 125: Amberson Enterprises, Inc.
Seite 133: Columbia Records
Seite 134: Foto Lauterwasser, Deutsche Grammophon
Seite 149: Columbia Records
Seite 177: Foto Grossman, Deutsche Grammophon
Seite 193: Amberson Enterprises und G. Schirmer, Inc.
Seite 197: beide Fotos v. Isaac Berez, Tel Aviv, im Besitz d. Israel Philharmonic Orchestra
Seite 227: Opernhaus Zürich
Seite 237: Amberson Enterprises und G. Schirmer, Inc.
Seite 245: Amberson Enterprises und G. Schirmer, Inc.
Seite 252: Amberson Enterprises und G. Schirmer, Inc.
Seite 283: Foto Thomas Kaiser, Hamburg, Besitz Hamburg. Staatsoper
Seite 295: Besitz Houston Grand Opera
Seite 297: Verlag Jalni Publications, Inc., New York
Seiten 306/307: Amberson Enterprises
Seite 322: Archiv des Verfassers
Seite 325: aus dem Archiv des Verfassers
Seite 331: Reproduktion mit spezieller Erlaubnis von Leonard Bernstein
Seite 336 oben: Berg Publishers, Oxford, UK
unten: Foto Hannes Bassermann
Seite 342: Reproduktion mit spezieller Erlaubnis von Leonard Bernstein
Seite 353: beide Bilder aus dem Archiv des Verfassers
Seite 362: Foto Christa Cowrie
Seite 367: Foto Lauterwasser, Deutsche Grammophon

Notengraphik von Bruno Reinhardt, Tel Aviv

REGISTER